인공지능 기반의

국가위기관리정책발전론

인공지능 기반의

국가위기관리정책발전론

National Crisis Management Policy Development
Based on Artificial Intelligence

저자 최원상
발행일 1판1쇄 2021년 9월 1일 1판2쇄 2022년 10월 15일 **발행인** 이진숙
펴낸곳 충남대학교출판문화원 **주소** 대전광역시 유성구 대학로 99
전화 042-821-6045 **홈페이지** http://www.cnupress.co.kr E-mail cnupress@cnu.ac.kr

ISBN 979-11--6503-129-9 93390
정가 25,000원

National Crisis Management
Policy Development
Based on Artificial Intelligence

인공지능 기반의
국가위기관리 정책발전론

최원상

충남대학교출판문화원

프롤로그

『불확실성의 시대(The Age of Uncertainty)』저자인 미국 경제학자 갤브레이스(Jhon K. Galbraith)는 현대사회를 '주도적인 지도원리가 사라진 불확실한 시대'라고 규정하였다. 이러한 불확실한 시대에서 세계경제포럼(WEF: World Economic Forum) 의장 슈밥(K. Schwab)의 주장처럼 제4차 산업혁명 시대가 진행되고 산업 기술이 발전하면 미래에 대한 추론과 예측이 가능할까? 미국의 미래학자 토플러(A. Toffler)도 1980년에 집필한『제3의 물결(Third Wave)』에서 21세기 정보화 시대를 예견하고, 정보통신기술(ICT: Information and Communications Technology)과 생명공학이 사회 전반에 혁명적인 변화를 가져올 것으로 예측했다. 그의 예언대로 정보화의 시대는 도래하였으며, 현대의 국가나 조직은 정보화의 발전에 적응하거나 이를 최대한으로 활용해야 하고 정보화시대의 요구에 부합되도록 조직을 혁신하지 않으면 위험사회에서 예상되는 위협에 효율적으로 대응하기가 제한되는 시대가 되었다.

국가안전보장의 궁극적 목표는 다양한 형태의 위협으로부터 국민과 영토 그리고 주권을 방위하는 것이므로, 평상시 국가가 수행할 핵심적 책무는 제반 유형의 위기에 능동적이고 효율적으로 대처하는데 역량을 집중해야 할 것이다. 국가위기관리체계는 군사적 위협에 대한 위기뿐 아니라 재난 및 테러 등 다양한 유형의 위협에서 비롯되는 국가보전과 국민보호를 위해 국가가 관장하는 위기관리 방식이다. 탈냉전 이후 국가안보를 위협하는 요인이 군사 위주에서 다변화됨에 따라 국제사회는 포괄안보 개념 하에 국가위기관리의 패러다임 혁신을 노력하고 있다.

안보환경의 변화 속에서 포괄안보의 개념이 확대되고 고조되어가는 다양한 형태의 위기에 효율적이고 효과적으로 대응하기 위한 국가정책에 대한 요구는 점차 증가하고 있다. 또한 산업 기술의 발전으로 제4차 산업혁명 시대가 도래하여 다양한 정보통신기술(ICT)이 안보 변화에 대한 대응을 위한 추론과 예측의 수단과 방법으로 모색되고 활용되어지고 있다. 이는 안보 환경의 변화뿐만 아니라 자연 및 사회재난 등의 포괄안보 개념이 적용되는 모든 위협에 대한 예방과 대응을 위한 국가정책의 수립과 결정에 적용되고 있다.

포괄안보 개념은 위기관리를 위한 혁신적인 과학기술의 개발을 필요로 하며, 과학기술의 발전은 사회적 비용을 보다 적게 투입하여 최소의 비용으로 최대의 효과를 기대할 수 있는 위기상황 관리를 가능하게 해주고 국가안보를 유지하게 해준다. 특히, 정보통신기술(ICT)이 급속하게 발전하고 있는 한국에서는 범정부적 인프라를 갖추고 통합된 플랫폼에서 초연결성을 확보하여 국가위기관리를 효율적으로 할 수 있는 가능성이 커지고 있다.

본서는 포괄안보 개념이 적용되는 제4차 산업혁명시대의 도래에 의해 국가위기관리정책의 패러다임이 전환되어야 한다는 것과 이에 따라서 인공지능(AI: Artificial Intelligence)을 기반으로 하는 국가위기관리정책의 발전을 위해서 중요하고 시급한 요소가 무엇인지를 탐색하고 발전방향을 제시하고 있다. 즉, 포괄안보의 개념이 적용되는 제4차 산업혁명시대의 전개로 인해서 가장 괄목할만한 정보통신기술(ICT)은 인공지능(AI)으로 추정됨에 따라 더욱 복잡해지는 현대사회의 다양한 현상을 원인으로 하는 국가위기를 합리적이고 효율적으로 관리하고 대응하기 위해 인공지능(AI)을 기반으로 하는 국가위기관리정책의 발전을 위해서 어떤 요소가 중요하고 시급한지를 탐색하고 발전방향을 제시하고 있다.

포괄적 안보개념에 의한 위기관리는 혁신적인 과학기술의 발전이 필요하며, 이는 효율적이고 효과적인 국가위기관리를 위한 인프라의 구축과 통합된 플랫폼의 운용을 가능하게 해준다. 따라서, 제4차 산업혁명시대에서 인공지능(AI) 등 주요 정보통신기술(ICT)을 국가위기관리에 어떻게 활용하여야 하는가를 탐색하여 국가위기관리 기능을 혁신적으로 개선하고 미래 위협 요소와 위기환경 변화에 선제적으로 대응하기 위해 예상되는 위기는 회피하고 위기상황 발생 시에는 피해를 최소화하기 위해 국가위기관리 패러다임의 전환이 필요하다.

제4차 산업혁명시대에서 정보기술(IT: Information Technology)의 급속한 발전은 정부의 정책결정에도 영향을 준다. 정보화는 정부 정책결정의 패러다임에 근원적으로 변화를 주고 있다. 정보기술(IT)은 정책결정에 필요한 데이터의 수집과 분석, 정책결정과정에 다양한 이해관계자들의 참여와 논의의 활성화, 다양한 대안의 발굴과 비교 · 평가, 정책의 집행과 성과평가 결과의 환류 등으로 정책의 품질을 향상시키는 것을 가능하게 해준다. 따라서 급박한 국가위기상황 시에 정책결정권자가 데이터에 근거한 합리적인 정책결정을 할 수 있도록 정보기술(IT)에 의한 지원체계가 필요하다.

산업문명의 급속한 발달은 산업화에 참여하지 못하는 국가간에 현격한 격차를 만들고 있다. 또한 문명의 충돌에서 보는 바와 같이 국가 간 소규모 분쟁에 의한 안보 위협부터 다양한 유형의 재난에 이르기까지 국가의 안보를 위협하는 요인과 현상은 다양하게 나타나고 있다. 제4차 산업혁명시대에서 과학기술의 발전은 이러한 다양한 위기에 신속하고 효율적으로 대응할 수 있는 가능성을 제공하고 있다.

제4차 산업혁명시대에는 사물인터넷(IoT)에 의해 데이터가 수집되어 빅데이터가 되고, 인공지능(AI)이 이를 분석하고 예측하여 새로운 가치를 창출한다. 정보통신기술(ICT)의 발전으로 기존에는 효율성이 없었던 비정형데이터도 가치와 의미가 있는 정보를 생산하여 새로운 사회적 가치와 효율성을 창출하고 있다. 따라서, 제4차 산업혁명시대에는 사물인터넷(IoT) 기술로 디지털화된 대량의 정보를 수집하여 알고리즘에 의한 인공지능(AI) 분석으로 데이터에 근거한 국가위기관리정책의 수립이 필요하다.

세계 각국은 인공지능(AI) 기술을 새로운 국가 경쟁력으로 인식하고, 인공지능(AI) 산업 육성을 국가 정책적으로 추진하고 있다. 인공지능(AI)의 잠재력이 증가하고 지능화된 혁신 서비스들이 지속적으로 등장하면서, 인공지능(AI)을 통한 패러다임 변화가 가속화되고 있다. 인공지능(AI) 경쟁력 강화를 위한 기술 확보, 인재 양성 및 유치 등 국가 차원의 인공지능(AI) 운용과 적용이 활성화되어가고 있다. 이미 주요 국가들은 미래 경쟁력 향상을 위해 인공지능(AI) 서비스를 활용하여 산업의 경쟁력 강화, 생산성 향상, 사회시스템 최적화 등에 중점을 두고 국가 차원의 전략을 수립하고 다양한 정책을 추진하고 있다.

정책결정을 하는 인간 자체가 오류를 내포하고 있어 정책결정권자로 불리우는 인간의 정책결정도 본질적으로는 오류를 내포할 수 밖에 없다. 또한, 정책결정권자의 도덕성과 윤리의식의 결여, 준법정신의 부족 등으로 왜곡되거나 편향된 정책결정도 있을 수 있다. 이러한 인간의 이해관계와 관련된 정치적 성향의 경로의존성에 치중된 정책보다는, 인공지능(AI)의 지원에 의한 정책이 정보 수집과 분석의 시간 단축과 정확도 향상, 오류 발생의 문제 개선, 자원과 예산의 효율적 집행 등으로 이성적이고 합리적인 정책의 집행의 가능성이 상대적으로 더 높기 때문이다. 또한 인간의 이성적이지 못하고 감성적인 판단에 의한 실수나 정책결정권자 개인의 역량에 의한 오류와 문제점도 해결되고, 국가의 공공활동과 대국민 지원 등을 위한 정책역량을 향상시키는데 기여하기 때문이다.

지금 세계는 인공지능(AI) 기술의 시조로 불리우는 영국의 수학자 앨런 튜링(Alan M. Turing)이 1950년대에 생각한 것 이상으로 인공지능(AI) 기술의 빠른 발전으로 산업과 사회, 인간의 삶에 전반적으로 문명사적 거대한 변화를 겪고 있다. 인공지능(AI)은 산업과 사회 등 전 분야에서 패러다임의 변화를 촉발하여 지능정보사회를 이끌고 있다. 또한 국가위기관리 패러다임 혁신에도 크게 영향을 줄 것은 자명하다.

이 책이 출간되기까지 아낌없는 도움과 조언을 주신 모든 분들에게 진심으로 감사드린다. 특히, 연구활동으로 바쁘신 와중에도 본서의 추천사를 써주신 충남대학교 신진 교수님과 충북대학교 이재은 교수님께 감사드린다. 또한 우수도서 선정의 영예를 안겨준 충남대학교 출판문화원과 발간이 되기까지 교정을 맡아주신 편집 관계자분들에게도 감사드린다.

사랑하는 아내와 쌍둥이 남매 준범이와 현서에게 고맙다는 말을 전한다. 집필 중 휴일을 함께 하지 못했지만 이해하고 응원해준 덕분에 집필을 마칠 수 있었다. 이 책을 사랑하는 가족에게 바친다.

2021년 8월 세종에서

저자 **최원상**

추천사

탈냉전 이후 전면전의 위협은 현저하게 감소하였으나, 다양한 요인에 의한 갈등으로 소규모 분쟁이 점차 증가하고 있다. 특히 현대 국가의 안보는 테러와 감염병 등 새롭게 등장한 초국가적 위협에도 대처해야 하며, 기후변화로 인한 자연재해의 증가와 같은 급격한 안보환경의 위기에도 신속하고 효율적으로 대응해야 한다. 이와 같이 현대국가의 안보영역은 군사적 위기와 비군사적 위기를 포괄하여 국가위기관리의 개념을 재정립하고 국가위기관리시스템을 혁신적으로 개편하여 복합적으로 대응하는 추세이다.

따라서 현대국가의 위기관리 개념은 안보 · 경제 · 사회 등 다양한 분야에서 위기 상황을 예측하고 효과적으로 대응하여 위기 상황을 해결하는 일련의 과정과 체계를 의미한다. 이러한 개념의 확장은 탈냉전기에 발생되고 있는 테러, 경제위기, 환경재난 등과 같은 비전통적 위협을 위기관리의 대상에 포함하고 있다. 특히 제4차 산업혁명시대에서는 국가위기 상황 시 효율적이고 효과적인 위기관리를 위해 국가위기관리체계에 영향을 주는 요인을 재조명하는 것이 필요하다.

정보화의 시대가 성숙되어 지능정보사회로 일컬어지는 현대사회는 발전을 할수록 내재된 위험과 구조적 위험이 더욱 커지는 위험사회로 볼 수 있다. 사회의 발전이 진행되고 고도화, 네트워크화, 정보화 되어가면서 사회의 위험도 점차 증가하고 있다.

정보통신기술(ICT)의 급격한 발전은 범정부적 국가위기관리를 위한 인프라를 구축하고 통합된 플랫폼을 운용하는 것을 가능하게 해준다. 정부는 이를 바탕으로 초연결화되어 초지능화를 확보하고 이전과 다른 패러다임으로 국가위기관리가 가능해진다. 따라서 제4차 산업혁명시대에 인공지능(AI) 등 주요 정보통신기술(ICT)을 국가위기관리에 어떻게 활용하여야 하는가를 탐색하여, 국가위기관리 기능을 혁신적으로 개선하여 미래 위협 요소와 위기환경 변화에 선제적으로 대응하기 위한 국가위기관리 패러다임의 전환이 필요하다.

본서는 최원상 박사가 그간 연구한 국가위기관리를 위한 인공지능(AI)의 활용 가능성을 더욱 심도 있게 고찰하여 포괄안보 개념이 적용되는 제4차 산업혁명시대에서 국가위기관리정책의 패러다임 전환과 발전방향을 실증적으로 연구한 것이다. 이러한 저자의 학술적 노력이 인공지능(AI)을 기반으로 하는 국가위기관리정책의 발전에 기여되기를 바란다.

2021년 8월

충남대학교 정치외교학과 교수

국가전략연구소 / 평화문제연구소 소장

신 진

추천사

위기관리 선진국은 전통적 군사안보 위주에서 포괄적 위기관리로 개념을 확대하였다. 냉전 종식 이후 전통적인 군사안보 위기는 감소하였지만, 자연재난과 사회재난 등의 재난위기는 더욱 대형화하고 복잡화되었다. 이에 따라 안보의 개념도 전통적 군사안보뿐만 아니라 인권, 평등, 복지 등 인간의 보편적 가치를 보호하는 방향으로 변화되었다. 이와 동시에 국민의 생명과 재산을 보호하려고 하는 안보의 관점도 포괄적 안보 관점으로 변화하였다.

포괄적 안보개념에 기반한 위기관리는 혁신적인 과학기술의 발전이 필요하다. 혁신적인 과학기술의 발전이야말로 효율적이고 효과적인 위기관리를 가능하게 해주기 때문이다. 제4차 산업혁명 시대에서 정보통신기술(ICT)의 발전은 다양한 유형의 위기에 대응하고 관리할 수 있는 가능성을 제공해준다.

국가안보환경의 변화는 정치·경제·사회·문화 등의 분야에서 나타나는 다양한 위기의 원인이 될 수 있다. 탈냉전 이후 기술적 요인이라 할 수 있는 제4차 산업혁명시대의 도래는 각 국가의 안보 환경에 많은 변화를 주고 있다. 이러한 안보 환경 변화에 따른 대응 전략도 변화하고 있다. 안보 환경 변화의 속도와 폭은 이전의 산업혁명 시기와 달리 더욱 빠르고 크게 안보 분야뿐만 아니라 거의 모든 분야에 영향을 준다는 것이 가장 큰 특징이다.

국가위기를 체계적으로 관리하기 위해서는 위기 발생 가능성을 정확히 예측하고, 위기가 발생하기 전에 치밀한 예방과 대비 활동을 수행하는 것이 필요하다. 그리고 위기가 발생할 때는 기존에 운영하는 위기관리 담당 조직이 신속한 대응을 함으로써 그 피해를 최소화하고, 신속하게 국가의 제반 기능이 안정적으로 회복될 수 있는 회복력(resilience)을 갖춘 위기관리가 필요하다.

2016년 스위스 다보스에서 개최된 세계경제포럼(WEF)에서 '4차 산업혁명의 이해'가 논의된 이후, 주요 선진국들은 인공지능(AI), 빅데이터, 사물인터넷(IoT) 등 정보통신기술(ICT)의 발전을 위한 국가전략을 수립하여 추진하고 있다. 인공지능(AI) 등 주요 정보통신기술(ICT)은 이전 산업혁명시대에 불가능하다고 여겨졌던 다양한 산업 난제, 사회문제, 자연 및 사회재난 등을 해결하는데 도움을 주는 것은 물론 인간의 삶의 질을 향상 시킬 수 있을 것으로 기대된다. 특히, 인공지능(AI)은 제4차 산업혁명을 이끄는 핵심기술로서 인간 삶의 질 향상, 지속적인 국가 경제 성장, 생산성과 혁신을 가속하는 잠재력 증진에 기여 할 것이다. 하루가 다르게 발전하는 인공지능(AI) 기술은 인간의 삶에 긍정적 영향을 주고 있으며 산업과 사회 등 전 분야에서 패러다임의 변화를 촉발하고 있어, 인간은 스스로 학습하고 초지능화되어 추론과 예측이 가능한 인공지능(AI)의 도움을 더 많이 받게 될 것이다.

오늘날 국가위기는 더욱 복잡하고 첨단화된 현대사회의 다양한 현상이 원인이 되어 발생하고 있다. 이 같은 국가위기에 대해 합리적으로 대비하고 효율적으로 대응하기 위해서는 인공지능(AI)에 기반한 국가위기관리정책이 필요하다. 그러므로 국가위기관리정책의 어떤 요소가 중요하고 시급한 것인지를 찾고, 이에 부합하는 정책 제언을 통해 국가위기관리와 연구의 혁신이 가능하게 된다. 따라서 이 책이 정부의 위기관리정책 수립과 위기관리학계의 학문적 발전과 체계화에 많은 기여를 할 것이라고 믿어 의심치 않는다.

2021년 8월
충북대학교 행정학과 교수
국가위기관리연구소 소장
이 재 은

목 차

프롤로그 ········ 4
추천사 ········ 9
추천사 ········ 11

제1장 국가위기관리정책발전의 이해

제1절 개 요 ········ 22
제2절 인공지능 기반의 국가위기관리정책발전의 필요성 ········ 26

제2장 이론적 논의

제1절 국가안보환경과 국가위기관리체계의 변화 ········ 32
1. 국가안보환경의 변화 ········ 32
2. 국가위기관리체계의 변화 ········ 43
가. 위기의 개념 ········ 49
나. 위기관리의 개념과 유형 ········ 53
다. 위기관리의 정책적 의의와 집행 ········ 61
제2절 제4차 산업혁명시대와 인공지능 ········ 68
1. 제4차 산업혁명시대의 도래 ········ 68
2. 인공지능 정책 ········ 76
가. 인공지능의 개념과 분류 ········ 76
나. 주요국의 인공지능 정책 추진 ········ 79
다. 한국의 인공지능 정책 추진 ········ 81

라. 인공지능의 정책적 이슈 ······ 88
제3절 국가위기관리정책의 발전 ······ 99
1. 정책결정의 패러다임 변화 ······ 99
가. 전통적 정책결정 모형 ······ 100
나. 정치적 정책결정과 행정적 정책결정 ······ 103
다. 정책결정의 패러다임 변화 ······ 105
2. 인공지능 기반의 국가위기관리정책 ······ 109
가. 정보통신기술을 활용하는 국가위기관리 ······ 115
나. 데이터에 근거하는 국가위기관리 ······ 118
제4절 인공지능과 위기의 특성 ······ 127
1. 인공지능의 특성 ······ 127
2. 위기의 특성 ······ 136
3. 인공지능 기술의 발전과 위기관리의 정보화 ······ 138
제5절 선행연구 고찰 ······ 147
제6절 소결론: 이론적 함의와 시사점 ······ 167

제3장 분석의 방법

제1절 분석의 틀과 분석 절차 ······ 176
1. 분석 요소 선정 ······ 176
2. 분석의 틀 ······ 178
3. 분석 절차 ······ 179
제2절 분석의 방법 ······ 182
1. 문헌 분석 ······ 182
2. 전문가 인터뷰, 토론, 설문 분석 ······ 183
3. SPRO, PEST, SWOT 분석 ······ 186
4. AHP 분석 ······ 189

제4장 인공지능 운용사례 분석

제1절 개 요 ······ 196
제2절 Watson for Oncology ······ 198
1. 개 요 ······ 198
2. 운용 체계 ······ 201
3. 운용 효과 분석 ······ 204
4. 시사점 ······ 207
제3절 Exobrain ······ 209
1. 개 요 ······ 209
2. 운용 체계 ······ 212
3. 운용 효과 분석 ······ 214
4. 시사점 ······ 216
제4절 Deep View ······ 218
1. 개 요 ······ 218
2. 운용 체계 ······ 221
3. 운용 효과 분석 ······ 222
4. 시사점 ······ 224
제5절 소결론 ······ 225

제5장 국가위기관리정책 발전방향과 발전전략

제1절 전문가 인터뷰와 토론 분석 ······ 232
1. 개 요 ······ 232
2. 분석 결과 ······ 236
3. 시사점 ······ 247
제2절 내부역량과 외부환경 분석 ······ 251
1. 개 요 ······ 251

2. 분석 결과 ········ 252
3. 시사점 ········ 256
제3절 발전 요소 도출과 우선순위 선정 ········ 259
1. 개 요 ········ 259
2. 분석 결과 ········ 262
가. 중요성 측면에서의 분석 결과 ········ 264
나. 시급성 측면에서의 분석 결과 ········ 267
3. 시사점 ········ 269
제4절 분석 결과에 의한 발전 전략 수립 ········ 271
1. 개 요 ········ 271
2. 발전 전략 수립 ········ 272
가. 중요성 기준의 분석 결과에 의한 발전 전략 수립 ·· 272
나. 시급성 기준의 분석 결과에 의한 발전 전략 수립 ·· 274
다. 정책 포트폴리오 구성 ········ 276
제5절 소결론 ········ 279

제6장 맺음말 ········ 283

영어약어 ········ 290
참고문헌 ········ 292

표 차례

〈표 2-1〉 안보의 분야와 대상 ······ 36
〈표 2-2〉 안보환경 변화 비교 ······ 38
〈표 2-3〉 위기에 관한 다양한 정의 ······ 50
〈표 2-4〉 위기관리연구 관점에서의 위기의 정의 ······ 52
〈표 2-5〉 시대상황 변화에 따른 위기의 정의 ······ 52
〈표 2-6〉 관리주체에 따른 위기관리 유형 ······ 60
〈표 2-7〉 위기발생 체계별 위기분류 ······ 61
〈표 2-8〉 위기관리정책의 집행 단계 ······ 64
〈표 2-9〉 위기관리 단계별 주요 확인 및 조치사항 ······ 65
〈표 2-10〉 주요국의 제4차 산업혁명 대응 전략 ······ 71
〈표 2-11〉 2017년 국정운영 5개년계획 중 4차 산업혁명 관련 내용 ······ 73
〈표 2-12〉 인공지능(AI)에 관한 다양한 정의 ······ 77
〈표 2-13〉 인공지능(AI)의 분류 ······ 78
〈표 2-14〉 인공지능(AI)의 지능수준에 따른 분류 ······ 79
〈표 2-15〉 인공지능(AI) 활성화를 위한 주요국 추진 전략 ······ 81
〈표 2-16〉 인공지능(AI) 국가전략의 비전, 목표, 전략 ······ 88
〈표 2-17〉 인공지능(AI)에 관한 정책적 이슈 ······ 90
〈표 2-18〉 인공지능(AI) 정책결정의 쟁점 분석 틀 ······ 108
〈표 2-19〉 산업 발전에 따른 전쟁과 재난 양상의 변화 ······ 116
〈표 2-20〉 국가위기관리에 활용 가능한 주요 정보통신기술(ICT) ······ 117
〈표 2-21〉 인공지능(AI) 기술의 분류 ······ 133
〈표 2-22〉 인공지능(AI) 기술의 유형별 분류 ······ 134
〈표 2-23〉 인공지능(AI) 기술 분류별 주요 개발 동향 ······ 135
〈표 2-24〉 인공지능(AI) 기술 분류별 주요 키워드 ······ 136
〈표 2-25〉 위기의 특성 ······ 138
〈표 2-26〉 정보통신기술(ICT)의 특징과 정부 운영의 변화 ······ 142
〈표 2-27〉 정보통신기술(ICT)과 정책결정에 관한 주요 연구 ······ 160

〈표 3-1〉 문헌자료 주요 수집처 ······ 183
〈표 3-2〉 인터뷰 참여자 구성 ······ 185

〈표 3-3〉 토론 참여자 구성 ········· 185
〈표 3-4〉 쌍대비교시 중요도의 척도 ········· 192
〈표 3-5〉 항목 수(N)에 따른 일관성 지수(CI) ········· 193

〈표 4-1〉 Exobrain 개발 2단계(2017년~2019년) 주요 성과 ········· 215
〈표 4-2〉 Deep View 개발 2-2단계(2019) 주요 성과 ········· 224

〈표 5-1〉 인터뷰 대상자의 일반적 특성 ········· 232
〈표 5-2〉 인터뷰 질문지 구성 ········· 234
〈표 5-3〉 토론 참여자의 일반적 특성 ········· 235
〈표 5-4〉 토론 의제 구성 ········· 236
〈표 5-5〉 인터뷰 질문 ①~③에 대한 전문가들의 주요 의견 ········· 238
〈표 5-6〉 인터뷰 질문 ④~⑥에 대한 전문가들의 주요 의견 ········· 238
〈표 5-7〉 인터뷰 질문 ⑦~⑩에 대한 전문가들의 주요 의견 ········· 240
〈표 5-8〉 인터뷰 대상자들의 공통된 주요 의견 ········· 241
〈표 5-9〉 토론 의제 ①~③에 대한 전문가들의 주요 의견 ········· 243
〈표 5-10〉 토론 의제 ④~⑥에 대한 전문가들의 주요 의견 ········· 244
〈표 5-11〉 토론 의제 ⑦~⑩에 대한 전문가들의 주요 의견 ········· 245
〈표 5-12〉 SPRO 기법에 의한 내부역량 분석 결과 ········· 254
〈표 5-13〉 PEST 기법에 의한 외부환경 분석 결과 ········· 255
〈표 5-14〉 SPRO-PEST-SWOT의 연계 구성도 ········· 262
〈표 5-15〉 SPRO-PEST-SWOT 요소 도출 ········· 263
〈표 5-16〉 AHP 평가요소 ········· 264
〈표 5-17〉 중요성 측면의 일관성 검사 결과 ········· 265
〈표 5-18〉 중요성 측면의 계층 분석 결과 ········· 266
〈표 5-19〉 중요성 측면의 요소별 순위 ········· 267
〈표 5-20〉 시급성 측면의 일관성 검사 결과 ········· 267
〈표 5-21〉 시급성 측면의 계층 분석 결과 ········· 268
〈표 5-22〉 시급성 측면의 요소별 순위 ········· 269
〈표 5-23〉 SWOT-AHP 분석에 따른 중요성 측면의 발전전략 ········· 273
〈표 5-24〉 SWOT-AHP 분석에 따른 시급성 측면의 발전 전략 ········· 275
〈표 5-25〉 중요성과 시급성에 따른 요소별 정책 영역 ········· 276

그림 차례

〈그림 2-1〉 산업혁명의 역사적 전개 69
〈그림 2-2〉 산업혁명의 전개 속도와 범위 70
〈그림 2-3〉 'I-KOREA 4.0' 추진체계 74
〈그림 2-4〉 한국의 인공지능(AI) 개발 로드 맵 83
〈그림 2-5〉 Scopus에 등재된 인공지능(AI) 주제의 논문 현황 97
〈그림 2-6〉 주요 국가별 인공지능(AI) 관련 특허출원 추이 98
〈그림 2-7〉 인공지능(AI)의 진화 발전 127
〈그림 2-8〉 Gartner Hype Cycle for Newsing Technologies 2020 130
〈그림 2-9〉 인공지능(AI) 기술의 발전 추이 131
〈그림 2-10〉 인공지능(AI)에 기반한 지능정부의 형태 159
〈그림 2-11〉 공공부문 정보공유를 위한 효과성 모형 164
〈그림 2-12〉 정부 기관 간 정보공유의 이론적 모델 165

〈그림 3-1〉 분석 요소 선정 176
〈그림 3-2〉 분석의 틀 178
〈그림 3-3〉 연구 절차 181

〈그림 4-1〉 Watson for Oncology의 운용체계 203
〈그림 4-2〉 Exobrain 프로젝트 209
〈그림 4-3〉 Exobrain 연구개발 배경 210
〈그림 4-4〉 Exobrain 연구개발 추진 단계 211
〈그림 4-5〉 Exobrain 연구개발 세부과제 간 협력체계 212
〈그림 4-6〉 Exobrain 운용 체계 213
〈그림 4-7〉 Deep View 프로젝트 219
〈그림 4-8〉 Deep View 연구개발 추진 단계 220
〈그림 4-9〉 Deep View 연구개발 세부과제 간 협력체계 220
〈그림 4-10〉 Deep View 운용 체계 222
〈그림 4-11〉 Deep View 주요 기술 현황 223
〈그림 4-12〉 인공지능(AI) 기반의 국가위기관리정책체계 228

〈그림 5-1〉 SWOT-AHP 분석에 따른 중요성 측면의 지각도 274
〈그림 5-2〉 SWOT-AHP 분석에 따른 시급성 측면의 지각도 276
〈그림 5-3〉 중요성과 시급성에 따른 정책 포트폴리오 277

제 1 장

국가위기관리정책발전의 이해

제1절 개 요

본서는 인공지능(AI)을 기반으로 하는 국가위기관리정책의 발전을 위해 중요하고 시급한 요소가 무엇인지를 탐색하고 발전방향을 제시하고있다. 즉, 포괄안보의 개념이 적용되는 제4차 산업혁명시대의 전개로 인해서 가장 괄목할만한 정보통신기술(ICT)은 인공지능(AI)으로 추정됨에 따라 더욱 복잡해지는 현대사회의 다양한 현상을 원인으로 하는 국가위기를 합리적이고 효율적으로 관리하고 대응하기 위해 인공지능(AI)을 기반으로 하는 국가위기관리정책의 발전을 위해서 어떠한 요소가 중요하고 시급한지를 탐색하고 발전방향을 제시하는 것이다.

국가안전보장의 궁극적 목표는 각종 위협으로부터 국민과 영토, 주권을 방위하는 것이므로 평상시 국가가 수행할 핵심적 책무는 제반 유형의 위기에 능동적이고 효율적으로 대처하는 것이다. 국가위기관리체계는 군사적 위협에 대한 위기뿐 아니라 재난 및 테러 등 다양한 형태의 위협에서 비롯되는 국가보전과 국민보호의 중요 위기를 모두 망라하여 국가가 관장하는 위기관리 방식이다. 탈냉전 이후 국가안보를 위협하는 요인이 다변화됨에 따라 국제사회는 군사적 위협에 국한된 위기관리 개념을 넘어 포괄안보 개념 하에 국가위기관리의 패러다임 혁신을 노력 하고 있다. 위기의 양상은 시대와 환경의 변천에 따라 새로운 모습으로 진화하는 속성을 가지고 있음을 이해하고 중요한 변곡점에서 이를 포착하고 패러다임을 혁신해야만 위기를 예방할 수 있으며 예방에 실패하여 위기가 발생하더라도 그 피해를 최소화 할 수 있다. 한국은 2004년에 포괄적 안보 개념을 적용하면서 국가안보의 영역을 확대하고 안보분야뿐 아니라 재난분야와 국민의 안전보호까지 망라하는 『국가위기관리기본지침』을 제정하여 포괄적 위기관리를 표방하였으며, 국가위기관리체계 구축을 위한 국가 차원의 정책을 시행해 오고 있다.

인류사회는 위기의 발생과 이에 대한 대응의 연속과정 속에서 성장하였으며, 인류역사는 위기 극복의 역사로서, 인류사에 존재했던 모든 인간, 조직, 사회들은 위기로부터 자유로울 수 없었다.[1] 이 위기는 시·공간을 초월하여 인류사회에 끊임없이 존재하고 있다.[2] 따라서 인류는 평생을 위기관리의 범주 안에서 살아갈 수밖에 없다. 이렇게 인간의 삶에 중대한 영향을 미치는 위기관리는 홍수, 태풍, 지진 등과 같은 자연재난을 정책대상으로 인식하였으나, 현대의 위기관리는 테러, 폭동, 감염병 등과 같은 사회재난도 정책대상에 포함하고 있다.[3] 또한, 위기관리 정책대상의 확대는 위기관리정책 집행범위의 확대를 가져왔으며, 이에 위기관리정책에 공공부문뿐만 아니라 민간부문, 비정부기구(NGO: Non-Governmental Organization) 등도 참여하여 위기관리정책의 효율성을 제고 할 수 있도록 노력하고 있다. 그러나 위기관리정책 결정에 있어 많은 관련 이해관계자들의 참여는 고려해야 할 더 많은 요소가 따르고, 이는 성공적인 위기관리정책 결정을 저해하는 요인으로 작용할 수 있다. 특히 위기 상황 시 예상하지 못한 경제적·사회적 피해는 정책의 수립과 집행을 더욱 어렵게 하는 원인이 된다.

인간의 생명과 재산을 위협하는 위기에 대해 인류는 순응하기도 하고 이를 극복하기 위한 노력도 하였다. 특히, 과학기술과 문명의 발전은 위기를 극복의 대상으로 인식하게 하였으며, 각 국가는 위기의 발생을 예방하고

---

1) 이재은, "위기관리정책 효과성 제고와 집행구조 접근법," 『한국정책학회보』 제9권 제1호 (2000a), pp. 51-77.

2) 김형렬, "인식상대주의 관점에서 위기관리에 대한 방법론," 『한국위기관리논집』 제1권 제1호 (2005), pp. 1-19.

3) 이재은, "한국의 위기관리정책에 관한 연구," (연세대학교 대학원 박사학위논문, 2000b), p. 1.

대비하며, 위기 상황 발생 시에는 피해를 최소화하기 위해 대응하며 위기에 대처하였다. 따라서, 현대의 모든 국가는 그 형태와 방식은 다르지만 위기관리정책을 수립하여 집행하고 있는 것이다.

위기 상황에 대응하는 정책결정은 불확실한 상황에서 원하는 결과의 실현 가능성과 다양한 변수를 고려하여 결정된다. 이는 정책 결정에 참여하는 구성원이나 최종 결정권자가 결과에 대한 의구심이 들게 되는 요인이다. 위기관리정책은 내용에 따라 특정 집단이나 전체 국민을 대상으로 하지만, 위기관리정책의 효과는 사회 전반에 영향을 준다. 따라서 위기관리정책의 성공과 실패는 국가의 존속과 발전, 국민의 생명과 재산의 보호와 밀접한 관련이 있다. 그러나 위기관리정책은 인류의 역사와 함께 시작하여 수많은 경험과 지식이 축적되었는데도 위기관리정책에 대하여 실패로 규정하는 평가가 많다. 이는 위기관리정책에 문제가 있음을 의미한다. 또한, 국가위기관리정책의 특성상 필요로 하는 공공부문과 민간부문의 데이터를 수집·처리·분석하는 절차와 해석 그리고 적용이 원활하지 않음을 의미하는 것이라 할 수 있다.

인공지능을 기반으로 하는 국가위기관리정책의 발전을 위한 본서의 집필 내용은 다음과 같다. 이를 통하여 본서의 집필 범위와 방법을 설정하고자 한다.

첫째, 인공지능(AI) 기반의 국가위기관리정책을 고찰하기 위해 인공지능(AI), 위기관리, 정책결정에 관한 이론을 논의하고, 관련 선행연구를 검토하여 이론적 함의와 시사점을 도출한다.

둘째, 인공지능(AI)을 기반으로 하는 국가위기관리정책에 관하여 전문가를 대상으로 하는 실증분석을 하고 소결론을 내린다.

셋째, 인공지능(AI) 기반의 국가위기관리정책을 위한 발전 요소를 도출하고 발전 전략을 수립한다. 이를 통하여 포괄안보 개념이 적용되는 제4차 산업혁명시대의 안보환경에서 인공지능(AI)을 기반으로 하는 국가위기관리

정책의 발전을 위해서 정책결정권자[4]가 어떠한 정책을 우선적으로 마련해야 하는가를 알 수 있다.

이와 같은 내용을 바탕으로 본서의 집필 범위를 이론적 범위와 연구내용의 범위 그리고 연구대상의 범위로 다음과 같이 구분한다.

첫째, 이론적 범위는 인공지능(AI), 위기관리, 정책결정으로 한정한다. 먼저, 인공지능(AI)에 관한 이론적 범위는 개념과 기술개발 및 발전 그리고 인공지능(AI) 운용 등에 관하여 논의한다. 위기관리에 관한 이론적 범위는 개념과 위기의 유형 그리고 다양한 위기관리이론 등에 관하여 논의한다. 특히 위기관리의 정보화에 관하여 중점으로 논의한다. 정책결정에 관한 이론적 범위는 개념, 정책결정 유형 그리고 정책결정 패러다임 변화 등에 관하여 논의한다. 특히, 정보통신기술(ICT)의 발전이 정책결정 과정에 미치는 영향을 중점으로 논의한다. 또한 한국 정부의 위기관리분야 최상위 문서인 『국가위기관리기본지침』에서는 국가위기를 안보와 재난으로 구분하고 있으나, 본 연구에서는 그러한 구분 없이 국가가 정책의 대상으로 하는 모든 유형의 위기에 대한 인공지능(AI)의 운용에 관하여 고찰한다.

둘째, 연구내용의 범위는 국가위기관리에 인공지능(AI)을 운용하기 위해 정책결정권자가 어떠한 정책을 우선적으로 마련해야 하는가에 한정한다. 국가위기관리정책에 인공지능(AI) 운용의 필요성을 확인하기 위해 문헌분석과 전문가 인터뷰 및 토론을 통해 살펴본다. 이를 통해 인공지능(AI)을 기반으로 하는 국가위기관리정책을 위해 정책결정권자가 중요하고 시급하게 마련해야 하는 정책이 무엇인지 탐색한다.

셋째, 연구대상의 범위는 인공지능(AI)을 기반으로 하는 국가위기관리정책의 발전으로 한다. 이를 위해 어떠한 요소가 중요하고 시급한지를 탐색한다.

---

4) 본 연구에서 정책결정권자란, 인공지능(AI) 운용과 관련된 인적 요소인 운용자, 연구개발자, 소프트웨어 및 하드웨어 관리자, 교육 관계자, 정책결정 참여자 등 인공지능(AI) 운용과 연구개발(R&D), 정책결정 등과 관련된 사람을 일컫는다.

제2절 인공지능 기반의 국가위기관리정책발전의 필요성

"Can machines think?"[5] 1950년에 영국의 수학자 튜링(Alan M. Turing)이 2020년 오늘의 사람들에게 이러한 질문을 제안한다면 어떻게 답변을 해야 할까? 그가 말 한 바와 같이 'machine'과 'think'라는 용어의 의미에 대한 정의부터 생각해야 할까? 아니면 'The Imitation Game'으로 설명해야 할까?

인공지능(AI: Artificial Intelligence) 기술의 시조로 일컬어지는 그가 IBM에서 개발한 인공지능(AI) 프로그램 딥블루(Deep Blue)[6]가 1997년에 체스로, Google의 Deep Mind에서 개발한 인공지능(AI) 프로그램 알파고(Alpha Go)[7]는 2016년에 바둑으로 인간에게 승리하였다는 것을 알게 된다면 질문이 달라질까? 아마 그는 미래 어느 시점부터는 기계가 인간보다 어떤 면에서는 더욱 우월할 것이라고 예측했을 것이다. 그리고 이제 그 예측은 현실이 되어 가고 있

---

5) Alan M. Turing, "Computing machinery and intelligence," *MIND A Quarterly Review of Psychology and Philosophy*, Vol. 59, No. 236 (1950), p. 433.

6) IBM에서 약 8년 동안 개발한 높이 약 2m, 무게 약 1.4t의 슈퍼컴퓨터로 중국인 과학자 슈펑숭(Feng-hsiung Hsu)이 설계하였다. 마이크로프로세서 32개와 체스칩 512개가 내장되어 있으며, 초당 3억 개의 경우의 수를 계산 가능하다. 1997년에 세계체스챔피언 러시아의 카스파로프(Garry Kasparov)와 체스 경기에서 승리하면서 세계적인 주목을 받았다. 이 컴퓨터에는 지난 100년간 개최된 주요 체스 경기의 기보와 유명 체스 선수들의 경기 데이터가 내장되어 있다. https://terms.naver.com/entry.nhn?docId=1221794&cid=40942&categoryId=32835 (검색일: 2020.6.7.)

7) 2014년 Google이 인수한 인공지능(AI) 분야 기업인 Deep Mind가 개발한 인공지능(AI) 컴퓨터 바둑 프로그램으로, 2016년 3월에 한국의 이세돌 프로바둑기사와 대결하여 4대 1로 승리했다. 알파고(Alpha Go)는 딥블루(Deep Blue)와 달리 범용성 높은 알고리즘을 기반으로 하며, 이세돌과 대국 이후 인공지능(AI) 기계의 사회적 영향력에 대한 논의가 일어나는 계기가 되었다. https://terms.naver.com/entry.nhn?docId=3347623&cid=40942&categoryId=32845 (검색일: 2020.6.7.)

다는 것을 지난 2016년 스위스 다보스에서 개최된 세계경제포럼(WEF: World Economic Forum)에서 '4차 산업혁명의 이해'라는 주제로 이루어진 다양한 논의와 창립자인 슈밥(K. Schwab) 회장이 제4차 산업혁명의 시대가 이미 진행되고 있음을 강조한 것에서 알 수 있다.[8)]

『불확실성의 시대(The Age of Uncertainty)』를 집필한 미국 경제학자 갤브레이스(Jhon K. Galbraith)는 현대사회를 '주도적인 지도원리가 사라진 불확실한 시대'라고 규정하였다.[9)] '불확실'의 사전적 의미는 확실하지 않다는 것이다.[10)] 이러한 불확실한 시대에서 슈밥(K. Schwab) 회장의 말처럼 제4차 산업혁명 시대가 진행되고 산업 기술이 발전하면 미래에 대한 추론과 예측이 가능할까? 미국의 미래학자 토플러(A. Toffler)도 1980년에 집필한 『제3의 물결(Third Wave)』에서 21세기 정보화 시대를 예견하고, 정보통신기술(ICT: Information and Communications Technology)과 생명공학이 사회 전반에 혁명적인 변화를 가져올 것으로 예측했다.[11)]

2차 세계대전 이후 미국과 소련에 의한 국제정세의 냉전기에는 무엇보

---

8) 클라우스 슈밥 회장은 "1차 산업혁명은 수력과 증기력을 사용하여 생산을 기계화했고, 2차 산업혁명은 대량생산을 위해 전력을 사용했으며, 3차 산업혁명은 생산을 자동화하기 위해 전자와 정보기술을 사용했다. 현재 제4차 산업혁명은 지난 세기 중반부터 일어나고 있는 디지털 혁명인 3차 산업혁명을 기반으로 구축되고 있다. 물리적·디지털·생물학적 영역의 선을 흐리게 하는 기술이 융합된 것이 특징이다."라고 포럼에서 강조하였다. https://www.weforum.org/agenda/2016/01/the-fourth-industrial -revolution-what-it-means-and-how-to-respond/ (검색일: 2020.6.7.)

9) 갤브레이스는 현대는 과거처럼 확신에 찬 경제학자도, 자본가도, 사회주의자도 존재하지 않는 시대이고, 우리가 진리라고 여겨왔던 많은 것들과 합리성과 이성에 근거한 담론체계도 의심스러우며 어디로 가야 할지 모르는 혼란스러운 시대라고 하였다. John K. Galbraith, The Age of Uncertainty (US: Houghton, 1977); 존 케네스 갤브레이스, 원창화 역, 『불확실성의 시대』 (서울: 홍신문화사, 2011).

10) 국립국어원 표준국어대사전. https://stdict.korean.go.kr/search/searchView.do?pageSize=10&searchKeyword=%EB%B6%88%ED%99%95%EC%8B%A4 (검색일: 2020.6.7.)

11) 토플러는 이 책에서 인류의 미래는 제조업 기반에서 지식기반 사회로 옮겨 갈 것이라고 예측하였다. Alvin Toffler, The Third Wave (US: Morrow, 1980); 앨빈 토플러, 원창엽 역 『제3의 물결』 (서울: 홍신문화사, 2006).

다 군사적 위기감이 팽배했던 시기이다. 이때에는 군사적 상황이 곧 국가안보의 위기상황이었다. 그러나 동·서독의 통일과 소련의 붕괴로 국제정세는 탈냉전기로 전환되면서 국제안보환경의 불확실성과 다양성이 커지고 다양한 형태의 위기들이 국가안보에 영향을 주고 있다. 이제는 패권의 확보와 유지를 위해 국력의 분배와 비중을 군사력만이 아닌 동맹 등 안보적 협력 관계 등도 고려해야 하는 상황이 된 것이다.[12)]

안보환경의 변화 속에서 포괄안보의 개념이 확대되고, 고조되어가는 다양한 형태의 위기에 효율적이고 효과적으로 대응하기 위한 국가정책에 대한 요구는 점차 증가하고 있다. 또한, 산업 기술의 발전으로 제4차 산업혁명 시대가 도래하여 다양한 정보통신기술(ICT)이 안보 변화에 대한 대응을 위한 추론과 예측의 수단과 방법으로 모색되고 활용되어지고 있다. 이는 안보 환경의 변화뿐만 아니라 지진 등과 같은 자연재난과 화재 등과 같은 사회재난 등의 포괄안보 개념이 적용된 모든 위협에 대한 예방과 대응을 위한 국가정책의 수립과 결정에 적용되고 있다.

정보통신기술(ICT)의 발전은 제4차 산업혁명시대에서 다양한 유형의 위기를 관리하고 대응할 수 있는 가능성을 제공해준다. 포괄적 안보개념에 의한 위기관리는 혁신적인 과학기술이 필요하며, 이러한 과학기술의 발전은 효율적이고 효과적인 위기관리를 가능하게 해준다.[13)]

포괄안보 개념은 위기관리를 위한 혁신적인 과학기술의 개발을 필요로 하며, 과학기술의 발전은 사회적 비용을 보다 적게 투입하여 최소의 비용으로 최대의 효과를 기대할 수 있는 위기 상황의 관리를 가능하게 해주고 국가안보를 유지하게 해준다. 특히, 정보통신기술(ICT)이 급속하게 발전하고 있는 한국에서는 범정부적 인프라를 갖추고 통합된 플랫폼에서 초연결성을

---

12) Hans J. Morgenthau, Politics among Nations: The Struggle for Power and Peace (New York: Alfred A. Knoff, 1973), p. 246.

13) 신진, "한국의 국방정책과 안보," 『국제정치논집』 제40집 제2호 (2000), p. 125.

확보하여 국가위기관리를 효율적으로 할 수 있는 가능성이 크다고 할 수 있겠다.

산업문명의 급속한 발달은 산업화에 참여하지 못하는 국가간에 현격한 격차를 만들고 있다. 또한 문명의 충돌에서 보는 바와 같이 국가 간 소규모 분쟁에 의한 안보 위협부터 다양한 유형의 재난에 이르기까지 국가의 안보를 위협하는 요인과 현상은 다양하게 나타나고 있다. 제4차 산업혁명시대에서 과학기술의 발전은 이러한 다양한 위기에 신속하고 효율적으로 대응할 수 있는 가능성을 제공하고 있다.

2001년 9 · 11테러 이후 압도적인 군사력을 유지하고 있던 미국은 군사력을 더욱 증강하였으며, 이는 국제사회의 또 다른 불안정 요인이 되었다. 이러한 시대적 흐름과 반대되는 군사력 중심의 전통적 안보질서가 부활하는 모습도 보이고 있다. 그러나 세계화와 정보화로의 변화가 더욱 확산될수록 군사력에 바탕을 둔 전통적 안보개념은 퇴색될 것으로 예상된다. 무엇보다도 단순히 국가 간 갈등과 투쟁의 연속만으로 보기에는 국제사회의 실상은 매우 복잡하게 변화하였다. 국가 간 교류와 무역이 획기적으로 증가하고 있는 실정에서 협력의 필요성은 그 어느 시대와도 다르게 증대하고 있다. 또한 자연환경 오염으로 인한 오존층 파괴, 세계적 식량 위기, 자원 고갈 등의 문제는 단일 국가만의 역량으로는 해결할 수 없고, 여러 국가들이 상호 협력을 통해 해결이 가능하다.[14)]

국방분야는 국정과제의 일환으로 '4차 산업혁명 시대에 걸맞은 방위산업육성'을 위해 첨단무기의 전략적 기술기획과 국방 연구개발 수행체계의 역량 강화에 진력하고 있다. 이러한 정부의 정책에 따라 국방부는 '국방개혁 2.0'을 수립하여 그 추진 기조에 자원의 제약을 극복하고 미래 전장 환경 적응을 위하여 제4차 산업혁명 시대의 과학기술 적극 활용, 능력기반의 첨

14) 전웅, "21세기와 한국의 안보: 국제환경변화에 따른 한국의 안보 위협들," 『국방연구』 제48권 제2호 (2005), pp. 3-36.

단 과학기술중심의 전력구조 개편, 차세대 한국군 지능형 지휘통제체계 구축 등을 반영하였으며 이를 위해 인공지능(AI), 빅데이터, 네트워크 등 제4차 산업혁명 기술기반의 유·무인 복합체계, 지능화된 감시-타격체계 구축 등을 추진하고 있다.[15)]

재난분야도 제4차 산업혁명기 주요 정보통신기술(ICT)을 활용한 재난안전통신망 구축, 빅데이터에 의한 사고 발생 예측, 드론에 의한 구조 활동 등 다양한 분야에서 효과를 나타내고 있다. 정부의 재난분야 위기관리는 지난 2014년 진도해상 여객선(세월호) 침몰사고를 계기로 국가적 차원의 정책과 계획으로 강화되었으며, 사물인터넷(IoT), 빅데이터, 무인자율체계 등을 활용한 예방, 대비, 대응, 복구 등의 재난체계도 더욱 정밀하게 구축되었다.

정부의 위기관리체계와 효율적인 운용방안에 관한 연구는 활발하게 진행되고 있다. 그러나 다양한 형태로 발생하고 있는 각종 위기를 사전에 예측하고 예방하는 것에 중점을 두면서 위기 발생 시 최적의 대응 방안을 마련하는 정책체계에 관한 더욱 심도 있는 연구가 필요하다. 특히, 정보통신기술(ICT)을 활용한 다양한 분야에서 이루어지거나 진행되고 있는 연구를 볼 때, 통합된 국가위기관리 관점에서 위기관리 분야의 연구 방향도 그에 부합되게끔 제한된 자원의 효율적인 운용을 통한 위기관리를 위한 기술적 연계성을 갖춰야 할 필요가 있다.

본서는 이러한 필요성에 의해서 포괄안보 개념이 적용되는 제4차 산업혁명시대의 전개에 따라서 국가위기관리정책의 패러다임이 전환되어야 한다는 것과 이에 따라서 인공지능(AI)을 기반으로 하는 국가위기관리정책의 발전을 위해서 무엇이 필요한지 고찰하고자 한다.

---

15) 국방부, 『국방개혁 2.0』 http://ebook.mnd.go.kr/src/viewer/main.php?host=main&site=20190226_160110 (검색일: 2020.6.7.)

제 2 장

이론적 논의

제1절 국가안보환경과 국가위기관리체계의 변화

1. 국가안보환경의 변화

국가를 기본 단위로 하여 군사적 침략인 안보 위협으로부터 국가와 국민을 보호한다는 의미에서 전통적으로 안보라는 용어가 사용되었다. 일상생활에 존재하는 다양한 위협을 안보의 대상으로 확대한 '포괄적 안보' 개념이 안보 논의에서 중요하게 부각되고 있다.[16] 이처럼 안보의 개념이 비군사 분야도 대상으로 하여 포괄적으로 변하고, 이에 따라 각 국가들은 국민의 생명과 재산의 보호를 안보 목적의 하나로 하였으나 이제는 복지국가를 지향하면서 경제발전과 안보 역할에서 개인과 사회의 복지증진, 인권향상, 환경 보존 등에서도 역할과 책임의 범위가 확대되고 있다.[17]

동서냉전의 종식으로 전통적인 국가안보 개념은 더욱 넓은 의미로 확장되고 있으며, 국가 간 정치적 이데올로기의 구분은 퇴색해지면서 집단안전보장의 가능성은 높아지고 있다.[18] 그러나 냉전체제가 종식되었음에도 불구하고, 세계는 여전히 끊임없는 분쟁, 테러, 자연 및 사회재난 등 새로운

---

16) 과학기술정책연구원(STEPI), "국가안보 및 재난관리와 과학기술: 9 · 11테러에 대한 미국 과학기술계의 대응과 국토안보(Homeland Security)에서 과학기술의 역할," (2003), p. 1.

17) 허태회·이상호·길병옥, "위기관리이론과 사이버안보 강화 방안: 이론과 정책과제," 『국방연구』 제48권 제1호 (2005), pp. 29-62.

18) Kenneth N. Waltz, "The Emerging Structure of international Politic," *International Security*, Vol. 18, No. 2 (1993), pp. 45-73.

형태의 사회적 문제들이 국가안보를 위협하고 있다.[19] 이러한 환경의 변화 속에서 안보의 개념을 새롭게 정립해야 할 필요성이 대두되고 있는 것이다.[20] 냉전체제 종식 이후 국가안보의 영역은 전통적 안보개념인 군사 분야 위주에서 정치, 경제, 사회, 에너지, 기후, 식량, 감염병 등 다양한 형태의 비군사적인 분야를 포함하는 포괄적 안보 개념으로 확대되고 있다.[21] 특히, 9·11테러는 안보의 개념을 군사(전통)와 비군사(비전통) 분야를 모두 대상으로 하는 '포괄안보' 개념으로의 전환을 확고히 하게 되는 계기가 되었다.[22]

국가안보란 국가와 국민이 함께 실존하고 있는 모든 형태의 적대행위와 제반 압력에 대항하여 국가의 목표를 달성하고 보호하겠다는 보장이며, 이는 내부소요와 외부침략, 자연재난 등에 대처하고 극복하는 것을 목적으로 삼는다.[23] 이러한 국가안보가 불안하다는 것은 위협과 취약성이 동시에 존재한다는 것을 의미한다. 이러한 맥락에서 한 국가의 안보 상황은 위협이 작동하는 강도와 주어진 위협에 대한 취약성이라는 두 가지 기준을 통해 파악할 수 있다.[24] 이러한 위협과 취약성은 안보 상황의 판단을 위한 기준뿐

---

19) Richard N. Hass, "Paradigm Lost," *Foreign Affairs*, Vol. 74, No. 1 (1995), pp.43-58.

20) Donald M. Snow, Uncivil Wars: International Security and the New Internal Conflict (Boulder: Lynne Rienner Publishere Inc., 1996), p. 35.

21) Barry Buzan, "New Patterns of Global Security in the Twenty-first Century," *International Affairs*, Vol. 67, No. 3 (1991), pp. 431-432; Stephen M. Walt, "The Renassance of Security Studies," *International Studies Quarterly*, Vol. 35, No. 2 (Jun., 1991), p. 213; Robert Mandel, The Changing Face of National Security: a Conceptual Analysis (Westwood, Connecticut: Greenwood Press, 1994), p. 21.

22) 이재은, "국가안보 환경의 변화와 국가위기관리: 포괄적 안보개념 하에서의 국가위기 유형," 『한국위기관리논집』 제9권 제2호 (2013), p. 188.

23) 주수기, "현대 국가안보의 복합성: 군사적·비군사적 측면의 병합," 『단국행정논총』 제3권 (1995), p. 141.

24) Barry Buzan, People, States & Fear: An Agenda for International Studies in the Post-Cold War Era, 2nd. ed. (London: Harvester Wheatsheaf, 1991); Ayoob, Mohammed, The Third World Security Predicament: State Making, Regional Conflict and the International System (London: Boulder, 1995).

만 아니라 정책의 방향을 설정하는 기준으로도 작용한다. 즉, 주어진 안보 문제의 성격에 따라 위협을 제거 또는 완화하는 정책을 수립하거나 국가의 취약성을 줄이는 방안을 통해 국가안보를 강화할 수 있기 때문이다.[25)]

1989년부터 시작된 동유럽 공산권 국가들의 체제 붕괴에 이어 1991년 구소련의 해체로 촉발된 탈냉전은 냉전기 양극체제의 붕괴와 공산주의 몰락으로 세계 전쟁의 가능성을 감소시키는 커다란 변화를 가져왔다. 그 결과 과거 냉전시기에 국가 간 우호관계와 적대관계를 판단하는데 중요한 기준으로 작용했던 이념, 체제, 제도 간의 갈등과 대립은 현저하게 줄어든 반면, 자국의 이익과 정치적 · 경제적 실리를 추구하는 기조가 확산되면서 상호 협력을 통한 자국의 안보와 경제 발전의 중요성이 더욱 부각되고 있다.[26)]

국제화, 개방화, 산업화, 정보화라는 환경의 변화는 새로운 위기를 초래하여 새로운 국가위기관리 패러다임을 요구하고 있다.[27)] 국가안보 목표가 생존과 번영이라고 한다면, 경제안보는 전통적인 군사안보와 밀접하게 연계된다는 점에서 중요하게 고려되어야 한다.[28)] 또한, 과학의 발달과 함께 환경파괴의 위험성에 대한 인식이 증가함에 따라 환경안보에 대한 관심이 커졌다. 환경적 위협은 군사적 위협과 마찬가지로 국가의 물질적 기반을 해칠 수 있기 때문이다.[29)] 그리고 세계 각 국가는 테러 위협으로부터 국가안보를 보장하기 어려운 환경에 처하게 되었다.[30)]

미국은 과거에 중시하였던 중국, 러시아 등 특정 국가로부터의 안보적

---

25) 홍용표, "탈냉전기 안보개념의 확대와 한반도 안보환경의 재조명," 『한국정치학회보』 제36권 제4호 (2002), p. 128.

26) 정찬권, 『21세기 포괄안보 시대의 국가위기관리론』(서울: 대왕사, 2010), p. 59.

27) 김덕영, "21세기 국가안보의 경제적 쟁점: 경제안보 이론체계의 구상," 『국방연구』 제43권 제1호 (2000), pp. 5-6.

28) 김덕영(2000), 상게논문, p. 12; 전웅(2005), 전게논문, p. 19.

29) 홍용표(2002), 전게논문, p. 125.

30) 이헌경, "테러와 비대칭 위협에 직면한 국제안보환경과 동북아 안보환경," 『평화연구』 제12권 제2호 (2004), pp. 37-38.

위협보다는 테러 세력 또는 소수의 불량국가로부터의 안보 위협 가능성에 더욱 관심을 갖게 된 것이다. 이러한 변화는 동북아시아에도 영향을 주어 이전과는 다른 형태의 안보환경 출현을 예고하고 있다. 즉, 미국의 세계적인 안보전략 변화는 동북아전략의 변화를 초래하고 있으며, 그에 따라 주요국간의 관계도 변화하고 있으며 이는 최종적으로 동북아지역 안보환경에 영향을 미칠 것으로 보인다.[31] 미 국방부는 국가안전보장을 포괄적인 안보개념을 적용하여 '국가안전보장은 미국의 국방과 외교관계를 포괄하는 집합적인 용어이다. 특히, 특정 외국이나 국가집단에 대한 군사적 또는 방어적 이점에 의해 제공되는 조건, 유리한 외교관계의 지위에 의해 제공되는 조건, 대내외적인 명시적 묵시적 적대행위나 공격행위에 대응하여 성공적으로 저항할 수 있는 방위태세에 의해 제공되는 조건을 확보함을 의미한다.'고 했다.[32]

탈냉전기 안보 분야의 대표적 패러다임의 변화는 두 가지로 요약할 수 있다.[33] 첫째, 냉전종식으로 인해 변화된 전략 환경에 대한 평가와 미래 전쟁양상의 분석에 기초하여 새로운 전쟁수행 방식을 모색하고, 성공적인 수행을 위해서 군 전력구조와 수준을 혁신적으로 변환시키고자 한 것이다. 둘째, 안보의 주된 영역 또는 대상의 확장으로 안보에 대한 근본적인 인식변화에 기초한 것이다. 포괄적 안보, 인간안보, 협력안보, 초국가적 위협 등의 개념을 통해 제시된 안보영역의 확대 등이 강조되는 배경에는 냉전종식이라는 국제질서의 근본적 변화, 세계화의 진전에 따른 세계 경제의 통합 가속화, IT산업의 급격한 성장에 따른 컴퓨터 전산망의 확충 및 그에 대한 국가의존도 심화 등과 같은 요인들이 작용했다고 할 수 있다.

부잔(Barry Buzan)은 사회안보 개념을 제시하면서 국가의 존재를 위협하

---

31) 연현식, "9 · 11이후 동북아시아 안보환경의 변화양상과 영향: 미국 · 중국 · 일본 3국을 중심으로," 『신아세아』 제11권 제2호 (2004), p. 5.

32) 전호훤, 『국가안보론 이론과 실제』(대전: 한밭대학교 출판부, 2009), p. 16.

33) 김영호, "비전통적 안보위협과 군의 역할," 『평화연구』 제17권 제2호 (2009), p. 158.

는 요인을 정치, 경제, 사회, 환경, 군사 등 5가지 부문으로 구분하고, 사회안보를 특정 단체의 고유성을 위협하는 상황 하에 문화, 종교, 언어, 국가의 관습, 민족 정체성 면에서 고유의 특징을 지속하여 발전시키는 능력이라고 정의하였다.[34] 그는 5가지 부문으로 국가안보를 구분하고 안보대상을 〈표 2-1〉과 같이 제시하였다.

〈표 2-1〉 안보의 분야와 대상

안보 분야	안 보 대 상
정 치	주권, 국가 이념
경 제	국민 경제, 삶의 질
사 회	집단 정체성
군 사	국가, 정치체
환 경	생명 및 문명 보존

* 출처: 이재은(2013), 전게논문, p. 186에서 재인용.

현실주의론자들에 의하면 국제사회는 국가 이상의 단위가 존재하지 않아 국가의 행위를 통제할 수 없는 무정부 상태이기 때문에 각 국가는 자국의 안보를 보장받기 위해 다른 국가와 동맹관계를 맺어왔다.[35]

모겐소(Hans J. Morgenthau)는 동맹을 다국적 국제체제에서 작용하는 세력균형의 필수불가결한 기능으로 보았다. 스나이더(Glenn H. Snyder)는 구성국 이외의 국가에 의한 군사적 침략에 대처하기 위하여 군사적 공동행동을 설정한 관계를 동맹이라고 하였다. 왈트(Stephen M. Walt)는 동맹을 두 개 이상의 국가 간 안보적 협력을 위한 협정이라고 하였다. 즉, 동맹이란 자국의 안보에 대한 위협에 대비해서 자국의 안보를 보장받기 위한 구성국 간의 협력 관

34) 김병조, "'사회안보'이론의 한국적 적용: 도입, 채택, 발전," 『국방연구』 제54권 제1호 (2011), p. 6.

35) 미카엘 한델, 김진호 역, 『약소국생존론』(서울: 대왕사, 1995).

계를 의미하며, 동맹 국가 간의 안보적 협력을 지속하여 유지하는 과정이라고 할 수 있다.[36] 모로우(James D. Morrow)는 인구, 영토, 군사력 등을 중심으로 국가의 형태를 국력의 크기에 따라 약소국, 강대국, 초강대국으로 구분한 후 동일한 국력의 국가 간 동맹관계를 대칭적 동맹관계로, 동일하지 않은 국력의 국가 간 동맹관계를 비대칭적 동맹관계로 설명하였다.[37]

트럼프 행정부는 미국 우선주의(America First), 힘을 통한 평화(Peace through Strength)를 주요 정책 기조로 하고 있다. 한미동맹은 북핵 문제 해결이나 남북정상회담 개최와 같은 남북미의 복잡한 3각 관계가 있으며 미국의 일방주의, 한국에 대한 중국의 경제적 영향력 확대 등 어려운 상황에 직면하고 있다.[38] 안보환경 변화에 따라 미국이 취하는 안보의 개념과 동맹, 군사전략 변화는 〈표 2-2〉와 같다.

국가안보 패러다임에 의한 안보 개념의 형성은 근대 유럽 국가들의 탄생 이후 국가 간의 관계에서 나타난 수많은 전쟁양상과 관계가 있다.[39] 전통적으로는 국가를 기본 단위로 하여 주로 국외의 군사적 침략으로부터 국가와 국민을 보호한다는 의미로 안보라는 용어가 사용되었다.[40] 안보 개념은 빠른 산업화와 세계화의 진행과 냉전 종식으로 국가의 생존과 주권 그리

36) Hans J. Morgenthau(1973), *op. cit.*; Glenn H. Snyder, "Alliance Theory: A Neorealist First Cut," *Journal of International Affairs*, Vol. 44 (1990), p. 104; Stephen M. Walt, The Origins of Alliances (Cornell University Press, 1987), p. 12; 백성호, "비대칭 안보 동맹의 변화에 관한 연구," 『세계지역연구논총』 제20집 (2003), p. 196.

37) James D. Morrow, "Alliances and Asymmetry: An Alternative to the Capability Aggregation Model of Alliance," *American Journal of Political Science*, Vol. 35, No. 4, (1991), pp. 906-907.

38) 김성한, "미국 트럼프 행정부 출범과 한미관계의 방향," 『신아세아』 제24권 제1호 (2017), p. 12; 이명철, "한 · 미 동맹의 발전적 조정을 위한 제언," 『주간국방논단』 제1689호 (2017), p. 2.

39) 이수형 · 전재성, "국제안보 패러다임의 변화와 동북아 안보체제," 『국방연구』 제48권 제2호 (2005), pp. 71-98.

40) 이재은, "포괄적 안보 개념하에서의 국가 위기관리 법제화의 의의와 내용 분석," 『한국위기관리논집』 제2권 제2호 (2006), pp. 19-35.

고 국민의 안전이 국내 · 외에서 발생하는 물리적 억압이나 군사적인 면에 치중되어 잠재적으로 더욱 위협이 될 수 있는 다양한 형태의 위험들을 간과하여 국가안보를 취약하게 했다는 주장이 제기되기도 한다.[41]

〈표 2-2〉 안보환경 변화 비교

구 분	냉전시기	탈냉전시기
안보의 개념	군사 안보 (전통적 안보)	포괄적 안보 (전통적 안보 + 비전통적 안보)
동맹협력 영역	군사 동맹	포괄적 전략 동맹 (글로벌 파트너십)
미국의 동맹체결 및 유지 요인	신뢰(가치)	(경제적) 이익
미국의 군사전략	위협 중심 (적극적 개입)	역량 중심 (선택적 개입)

* 출처: 김열수 · 김경규, "트럼프 시대의 한미 군사쟁점과 대응방향," 『신아세아』 제24권 제1호 (2017), pp. 31-34; 박진수, "이익인가, 신뢰인가?: 한미동맹의 안정적 유지를 위한 이론적 검토와 정책적 함의," 『동서 연구』 제29권 제4호 (2017), pp. 169-175를 재정리.

세계는 과학기술의 발달과 함께 경제 · 사회적으로 급격한 발전이 진행되고 있으며, 인권과 자유 등 기본적 가치에 의한 정치체제가 확대되어가고 있다. 따라서 새로운 위협과 갈등 요인을 극복하고 평화와 안정을 확보하기 위해서는 제반 분야에서의 안보역량 강화와 더불어 국제기구와 지역별 다자안보 대화를 통한 범세계적인 공동노력이 절실하다.[42]

공산주의의 실패로 나타난 구소련의 붕괴와 동구권의 몰락은 이데올로기에 기초한 양극체제를 무너뜨렸다. 이는 국제정치사회에서 국가주권 쇠퇴와 범세계적 상호의존성의 증대 그리고 무정부적 분쟁의 확산이라는 새로운 양상을 촉발시켰다. 이러한 양상은 과거 전통적인 정치 · 군사적 중심

---

41) 윤이숙, "환경적 쟁점과 한국의 안보," 『국방연구』 제52권 제1호 (2009), pp. 75-96.
42) 국가안전보장회의, 『평화번영과 국가안보』(2004), pp. 12-13.

의 안보개념에서 정치 · 군사적 개념에 경제 · 문화 · 자연 · 환경 등 비정치·비군사적인 개념을 포함하는 이른바 포괄적 안보개념으로 발전하는 계기를 제공하였다.[43)]

역사적으로 오랫동안 대부분의 국가들은 안보를 외부의 군사적 위협에 대처하기 위해 군사적 수단으로 국가를 방위하는 것으로 인식해 왔다.[44)] 따라서 모든 국가는 외부의 적에 대항하는데 있어 가장 핵심적인 수단을 '군사력'으로 간주해 왔다.[45)] 그러나 20세기 후반부터 군사력 중심의 전통적인 안보개념으로는 더 이상 탈냉전의 시대상황을 설명하는데 한계가 있었다. 과거에는 국가와 국가 간의 전쟁에 대비하는 것이 안보의 핵심이었으나, 탈냉전과 세계화로 인해 환경재난, 감염병 등 비전통적 안보 이슈들이 인류와 국가의 위협으로 부각되면서 안보의 개념 역시 변화가 요구되고 있다.[46)] 국가 간 경계를 허물어 서비스와 재화의 이동을 자유롭게 만든 세계화는 이에 뒤처지는 국가에게 더욱 심각한 경제 불황, 정치적 불안정, 문화적 소외를 야기하여 인종, 문화, 민족 간의 충돌을 동반한 실패한 국가들을 양산했을 뿐만 아니라 국제적 테러리즘 등과 같은 다양한 위협을 발생시키게 되었다.[47)]

지역적 차원의 포괄안보 실천은 1975년 유럽안전보장협력회의(CSCE: Conference on Security and Cooperation in Europe)에서 구체화되었는데 정치 · 군사(신

---

43) Barry Buzan(1991), *op. cit.*, pp. 432-433.

44) 이신화, "비전통적 안보와 동북아지역 협력," 『한국정치총론』 제2집 제2호 (2008), p. 413.

45) Mely Caballero-Anthony, Ralf Emmersand Amitav Acharya, Understanding the Dynamics of Securitizing Non-Traditional Security, Non-Traditional Securityin Asia: Dilemmas in Securitization (Hampshire: Ashgate, 2006), p. 1.

46) Alan Collins, Introduction: What is Security Studies?, in Alan Collinseds, Comtemporary Security Studies (New York: Oxford University Press, 2007), p. 3.

47) William R. Schilling, Nontraditional Warfare: Twenty First Century Theatsand Responses (Verginia: Brassey's Inc., 2002), p. 104.

뢰 구축 및 군축), 경제 · 과학기술 · 환경협력, 관광 · 노동 · 인적개발, 인도주의적 교류에 관한 협력, 문화교류협력, 교육교류협력 등이 명문화되어 이행되고 있다.[48] 1970년대 초반까지는 한 국가나 한 진영의 안보는 다른 국가나 다른 진영의 안보를 희생시켜야만 달성되는 것으로 인식된 군사안보를 지칭하는 절대안보 개념에 기초하였다. 그러나 이러한 절대안보의 개념은 국가 간에 과도한 군비경쟁의 악순환을 초래하였다. 그 결과 적대세력 간의 평화공존을 모색하는 의식이 대두되었으며, 이로 인해 1980년대에 들어서서 상호안보, 공동안보, 협력안보, 포괄안보라는 새로운 안보개념들이 나타나게 되었다.[49] 상호안보와 공동안보는 1980년대 후반에 미 · 소간의 적대관계를 청산하려는 노력 속에서 등장하였다.[50] 협력안보는 냉전의 종식과 세계화로 인한 탈냉전기 안보환경에 대응하기 위해 등장한 개념이다. 협력안보는 1990년대 독일의 통일과 구소련의 붕괴로 인해 등장한 개념으로, 국가간 군사체제의 대립적 관계를 해소하고 협력적 관계의 형성을 노력하면서 근원적으로 상호 양립이 가능한 안보 목적을 달성하는 것을 의미한다.[51]

이들 안보개념은 여전히 국가 중심적 입장을 견지하고 있으나 국가 간

48) OSCE, Conference on Security and Cooperation in Europe Final Act, Helsinki 1975, (Viena: OSCE, Nov., 1999), pp. 11-59.

49) 온만금, 『국가안보론』(서울: 박영사, 2001), pp. 231-263.

50) 상호안보는 상대방의 안보를 저해하거나 감소시킴으로써 자국의 안보를 향상시킨다고 하는 개념과 반대되는 개념으로써, 자국이나 자기 진영의 안보는 타국이나 타 진영의 안보를 동일하게 인정하는 바탕 하에 공동으로 추구되어야만 한다는 것을 의미한다. Richard Smoke and Andrei Kortunov eds., Mutual Security: A New Approach to Soviet-American Relation (New York: ST. Martin's Press, 1991); 공동안보는 어떤 국가도 자국의 군사력을 바탕으로 하는 일방적 결정, 즉 군비증강에 의한 일방적인 국가의 안보와 평화를 달성 할 수 없으며, 오로지 상대 국가와의 공영과 공존에 의해서만 국가안보를 이룰 수 있다는 의미이다. Bjorn Moller, Common Security and Nonoffensive Defense: A Nonrealist Perspective (Boulder, Colorado: Lynner Rienner Publishers, Inc., 1992), pp. 28-30.

51) Janne E. Nolan ed., Gobal Engagement: Cooperation and Security in the 21st Century (Washington DC: The Brookins Institution, 1994), pp. 3-18.

상호 협력과 비군사적 안보 요소들을 강조했다는 측면에서 기존의 현실주의 패러다임과는 다소 다른 시각을 보여주었다. 특히 공동안보 개념을 한 차원 더 발전시킨 협력안보 개념은 군사적 쟁점뿐만 아니라 경제, 자원, 환경, 인구, 기술 등 비군사적 쟁점들에 대해 국가들간 상호협력을 촉구하는 한편, 국가적 차원보다는 세계적인 차원에서의 해결 노력을 강조했다는 점에서 의미가 있다.

포괄적 안보개념은 냉전체제가 공고화된 후, 1978년 오히라 마사요시 일본 총리의 언론브리핑에서 그 기원을 찾을 수 있다. 그는 '경제 · 외교 · 정치 등 다양한 요소들을 포함하여 팽팽히 균형 잡힌 국력의 연결된 쇠사슬로 포괄안보(총괄안보)정책을 규정하고 이 모두가 국가안보를 지원하는 것'이라고 하였다.[52]

포괄안보의 개념은 학문적으로는 1990년대 아세안 국가연합(ASEAN)의 협력방식에 적용되면서 정착하기 시작했다. 아세안 국가들은 안보에 있어 군사적 문제보다는 정치적 대화, 경제적 협력, 상호 의존성의 증대, 국가들의 통치능력에 초점을 맞추면서 국가들의 협력 증진을 도모했다. 이러한 성공 경험을 토대로 아세안 국가들은 1994년 아세안 지역 포럼(ARF: ASEAN Regional Forum)을 발족하면서 ARF를 포괄안보 개념에 기초하여 발전시켜 나갈 것을 천명하였다. 1995년 제2차 외무장관회의에서 'ARF는 군사문제뿐만 아니라 정치 · 경제 · 사회 및 여타의 문제들을 포함하여 다루는 포괄안보 개념에 입각함'을 확인하였다.[53] 1998년 제5차 외무장관회의에서는 'ARF가 포괄적 방식에 입각한 안보문제 접근을 지속해 왔으며, 핵심적인 군사 및 방위관련 문제에 중점을 맞추는 한편, 지역안보에 중요한 영향을 미치는 비군사적 문제들도 다루기로 하고 해양안보, 해양에서의 법과 질서, 해양환경

---

52) J. W. M. Chapman, R. Drifte and I. T. M. Gow, Japan Quest for Comprehensive Security (New York: St. Martin's Press, 1982), p. 106.

53) Bandar Seri Begawan, Brunei Darussalam, Chairman's Statement the second ASEAN Regional Forum (August, 1995), ASEAN Secretariat (2003), p. 10.

의 보호와 보존이 포괄안보 규칙하에서 검토되어야 한다.'고 강조되었다.[54] 2002년 제9차 외무장관회의에서도 '포괄적인 방식으로' 안보문제를 해결하여야 한다고 재확인하였다.[55] 이때까지도 포괄안보에 대한 논의는 안보의 대상을 국가에 두고 그 구현 방법과 수단을 비군사적 수단까지 망라한다는 차원에서 전통적 안보의 아류로 인식되었다.

기본적으로 포괄안보는 냉전의 종식과 세계화의 진전에 따른 새로운 안보위협에 대처하기 위해 등장한 안보개념이다. 1989년 베를린 장벽의 붕괴를 시작으로 동구 공산주의의 몰락, 소련의 개혁 · 개방정책으로 전통적 안보의 중요성이 약화되었다. 이에 반해 기후변화 등 자연현상의 극심한 변화에 따른 자연재난과 도시화로 인한 인적재난 증가, 그리고 변종 바이러스 등장으로 인한 감염병으로부터의 보호, IT 문명의 발전으로 인한 사이버 공격, 금융위기로부터 보호 등의 요구는 증가되고 있는 상황이다. 이러한 상황은 포괄안보의 개념을 새로운 패러다임으로 변환하게 하였다. 이전의 포괄안보 개념은 안보의 수혜 대상을 국가로 하고 그 구현방법과 수단 면에서 포괄적이라고 명명한데 반하여 현재의 포괄안보 개념은 안보의 위해 요인이 포괄적이라는 차원에서 포괄안보로 인식된다. 즉, 포괄안보 개념은 이전의 군사적 안보와 현대의 테러, 재난, 감염병 등 새로운 유형의 비군사적 안보를 포함하는 안보개념으로서 적실성과 유용성을 지닌 것으로 인식되고 있다.

국가안보환경 변화는 정치 · 경제 · 사회 · 문화 등 다양한 요인이 원인이 될 수 있다. 탈냉전 이후 기술적 요인이라 할 수 있는 제4차 산업혁명시대의 도래는 각 국가의 안보 환경에 많은 변화를 주고 있다. 이러한 안보 환경 변화에 따른 대응 전략에도 변화가 따르고 있다. 특히 이러한 변화의 속

54) Manila, Philippines, Chairman's State the Fifth ASEAN Regional Forum (July, 1998); ASEAN Secretariat (2003), p. 150.

55) Bandar Seri Begawan, Brunei Darussalam, Chairman's State the Ninth ASEAN Regional Forum (July, 2002), ASEAN Secretariat (2003), p. 355.

도와 폭은 이전의 산업혁명 시기와 달리 더욱 빠르고 크게 안보 분야 뿐만 아니라 거의 모든 분야에 영향을 준다는 것이 가장 큰 특징이다.

2. 국가위기관리체계의 변화

왈츠(Kenneth N. Waltz)는 냉전체제가 종식되었어도 세계는 여전히 끊임없는 전쟁, 분쟁, 자연 및 사회재난 등 수 많은 위협에 직면하고 있으며, 이러한 위협들에 대하여 세계 각국은 대안을 모색하고 대응태세를 갖추어 가고 있다고 분석하고, 국가 간 정치적 이데올로기의 구분은 퇴색해지면서 집단안전보장의 가능성이 높아지고 있다고 주장하였다.[56] 하스(Richard N. Hass)는 현대사회에서는 기존의 위기와는 다른 새로운 형태의 위기가 계속 발생하면서 국가의 안보와 국민의 생명을 위협하는 것으로 분석하였다.[57]

다양한 유형의 위기는 과학기술의 발전으로 사전에 탐지 · 분석하는 조기경보능력으로 예방이 가능하게 되어, 정보화와 세계화 추세가 급격하게 확장되는 현대사회에서 세계 각국의 안보 상황은 과거의 어느 때보다 신속하고 효과적인 국가위기관리체계의 구축을 요구하고 있다.[58]

한국도 포괄안보 개념 하에 지난 2004년에 청와대에서 대통령훈령으로 『국가위기관리기본지침』을 제정하여 몇 차례의 개정을 거쳐 현재의 체계를 갖추고 중앙 부처에서부터 기초자치단체까지 다양한 형태의 위기 상황에 대비하고 있다. 정부는 이러한 위기를 관리하기 위해 사전에 예상되는 위기는 회피하고, 위기상황 발생 시에는 피해의 정도를 최소화하기 위해 기

---

56) Kenneth N. Waltz(1993), *op. cit.*, pp. 45-73.

57) Richard N. Hass(1995), *op. cit.*, pp. 43-58.

58) 길병옥 · 허태회, "국가 위기관리체계 확립방안 및 프로그램 개발에 관한 연구," 『국제정치논총』 제43권 제1호 (2003), pp. 339-359.

존의 정책을 변화하거나 새로운 정책을 마련한다. 포괄적 안보개념에서 볼 때, 위기관리를 위한 폭넓은 기술혁신과 개발이 필요하며 과학기술의 발전은 더욱 낮은 비용으로 안보유지와 위기관리를 가능하게 한다.

냉전체제의 영향으로 1970년대 이전까지는 세계 각국의 위기관리는 군사와 안보를 중심으로 이루어졌으나, 1970년대 이후에는 재난 위주로 위기관리의 중심이 점차 비중을 확대하기 시작하였다. 문명이 발달할수록 세계 각국은 도시화 및 산업화의 영향이 증가하여 사회적 재난의 발생 증가와 지진 · 태풍 · 홍수 등 자연재난으로 말미암은 인명 및 재산의 피해에 대비해야 하는 필요성이 점차 커지고 있다.

냉전체제가 와해되기 시작하는 1980년대 말에는 상대적으로 위기관리에 강한 선진국들은 전통적 안보 분야인 군사적 위기관리보다는 재난 위기관리 위주로 위기관리를 더욱 강화하기 시작하였다. 특히 9 · 11테러는 새로운 형태의 위협과 위기에 대비하기 위하여 평상시에 적용하여 오던 재난 위주의 국가위기관리체계를 전반적으로 재검토하게 하였다. 이에 따라 전통적인 안보 위협인 군사위협 이외에도 재난, 테러 등 현대사회의 다양한 형태의 위협에 대응하는 사회적 안전보호를 위기관리 대상에 포함하여 '포괄적 위기관리' 개념을 정의하였다. 이처럼 위기의 개념이 비군사 분야도 대상으로 하여 포괄적으로 바뀌고 이에 따라 위기관리의 중요성이 강조되는 것은 각 국가들이 국민들의 생명과 재산 보호를 안보의 목적으로 하였으나 이제는 복지국가를 지향하면서 경제발전과 안보 역할에서 개인과 사회의 복지증진, 인권향상, 환경 보존 등에서도 역할과 책임의 범위가 확대되고 있기 때문이다.[59)]

위기관리 선진국은 전통적 안보 위주에서 포괄적 위기관리로 개념을 확대하였다. 전통적 안보위기는 냉전 종식으로 인하여 크게 감소된 반면, 자연재난과 사회재난은 대형 복잡화됨에 따라 전통적 안보 외에도 인권, 평

59) 허태회 · 이상호 · 길병옥(2005), 전게논문, pp. 29-62.

등, 복지 등 인간의 보편적 가치를 보호하고자 하는 안보개념의 변화, 위기관리 정책의 효과를 극대화하여 국민의 생명과 재산을 보호하고자 하는 안보의 관점이 다양한 관점으로의 변화에서 비롯된 것이라 할 수 있다.[60)]

미국, 일본 등 위기관리 선진국에서는 군사 위주의 전통적 안보 분야는 고려하지 않는다. 이러한 선진국들은 자주국방 과제를 이미 이루었으며, 정보주도권을 바탕으로 국가의 권위 유지와 경제적 이익을 위하고 전쟁을 피할 수 없는 상황일 경우 이를 국내에서 수행하지 않는다는 전제하에서 국가안보 이외의 다른 분야의 위기관리에 관하여 관심을 두고 있다. 하지만 한국을 포함한 중진국과 개발도상국들은 국가의 역량이 집중되는 국가안보의 개념이 우선적으로 요구되면서 국가의 보존과 국민의 안녕에 직결되는 외부로부터의 군사적 위협에 대처하는 것에 재난관리를 포함하는 포괄적 국가위기관리에 국가적 관심을 집중하고 있다. 위기관리 기구가 다양해지고 복잡해지면서 관리의 효율성이 저하되고, 새로운 위협에 대한 국가의 통합적인 대비를 위해 기존의 조직을 효율적으로 운영하기 위한 노력을 하는 것이다.[61)]

현대사회는 발전을 할수록 내재된 위험과 구조적 위험이 더욱 커지는 위험 사회로 볼 수 있다. 사회의 발전이 진행되면서 고도화 · 네트워크화 · 정보화 되어가면서 사회의 위험도 점차 증가하고 있다.[62)] 1990년대 말 이후, 시민의식의 증대에 따라 국가들은 복지국가를 지향하면서 경제발전과 안보역할에만 그치는 것이 아니라 사회복지와 환경, 국민의 생명과 재산보호, 인권 등까지 역할과 책임을 확대하고, 특히 다양한 위협에 노출된 국민을 그 위험과 위협으로부터 보호하는 것이 국가의 중요한 책무라고 인식하

---

60) 김열수, 『21세기 국가위기관리체제론』(서울: 오름, 2005), p. 15.

61) 최상일, "선진형 위기관리체계 구축을 위한 실증적 연구," (서울행정학회. International Conference, 2007), pp. 550-552.

62) 조민상 · 조호대, "위기 대응 역량 강화를 위한 통합무선연결망 구축방안," 『한국위기관리논집』 제8권 제5호 (2012), pp. 1-14.

기 시작했기 때문이다.[63)]

국가안보는 일반적으로 국가안전보장으로 이해할 수 있다. 국가가 정치적 실체로서 형성되기 시작하면서, 이러한 국가안보는 지속적으로 제기되어 오는 문제로서 다각적인 접근이 필요하다.[64)] 또한 국가의 안보정책 기능은 국가의 존립가치를 증진시키거나 보호하는데 관련된 국가의 정책이기도 하다.[65)]

1970년대 이전까지 세계의 위기관리는 냉전체제의 영향으로 군사와 안보를 중심으로 위기관리가 이루어졌으나, 1970년대 이후에는 전통적인 안보중심에서 재난대비로 중심이 점차 이동하기 시작하였다. 1980년대 말 냉전체제가 와해되자, 세계의 위기관리 선진국들은 재난대비 위주의 위기관리 기능을 강화하기 시작하였다. 그러나 9 · 11테러 이후에는 새로운 위협에 대비하기 위하여 평시 재난 위주의 위기관리체계를 전반적으로 재검토하게 되었다. 전통적인 안보 위협뿐만 아니라 테러와 재난 등 현대의 다양한 위협에 대응하는 사회적 안전보호에도 중점을 둔 포괄적인 위기관리 개념을 정립하였다. 위기관리의 커다란 흐름은 국민방위의 개념에서 국민 보호의 개념으로 중심이 이동하고 있다.[66)] 이는 위기관리가 안보 중심에서 재난중심으로의 전환을 의미한다.[67)]

---

63) 허태회 · 이상호 · 길병옥(2005), 전게논문, pp. 29-62; 이주호 · 안철현 · 이재권 · 심형섭, "한국의 국가 위기관리 감사체계의 발전 방향,"『한국위기관리논집』 제8권 제5호(2012), pp. 33-52.

64) Robert S. McNamara, The Essence of Security (New York: Harper & Row, 1968).

65) 김용현 · 박영주, "국가정체성 확립을 위한 대학생의 안보의식 실태 및 고취방안에 관한 연구,"『한국위기관리논집』 제7권 제1호 (2011), pp. 187-213.

66) 국민 방위의 개념은 주로 외적의 침입과 일부의 사회적 소요 현상에 대응한 개념이며, 국민 보호의 개념은 자연재난과 인위 재난으로부터 자국민을 보호하기 위한 개념이다. D. Alexander, "From Civil Defence to Civil Protection and Back Again," *Disaster Prevention and Management*, Vol. 11, No. 3 (2002), pp. 209-213.

67) 정지범, "행정학 패러다임에 입각한 국가위기관리의 진화,"『한국위기관리논집』 제6권 제2호 (2010), pp. 241-242; 이채언, "한국의 국가위기관리 조직체계에 관한 연구,"『한국위기관리논집』 제8권 제4호 (2012a), pp. 1-28.

9 · 11테러 이후 지금까지 미국을 비롯한 서구 선진국들은 무한경쟁 사회에서의 안보개념을 전통적 안보개념으로부터 포괄적 안보개념으로 전환하였다. 즉 선진국들은 국민, 영토, 주권 등을 위협하고 마비시킬 수 있는 재난, 감염병, 실업, 파산까지도 국가안보를 위협하는 요소로 규정하고 관리체계를 구축하고 있다. 테러는 물론이고 각종 사회 위협요소, 국가사회의 안녕질서를 위협하는 요소까지도 모두 국가위기관리 차원에서 다루고 있다.[68]

이와 같이 위기의 개념이 변화되고, 위기관리의 중요성이 부각되는 것은 복지국가의 출현과도 관계가 있다. 지난 19세기와 20세기 초에는 민족국가들이 국민의 생명과 재산 보호에 목적을 두었으나, 복지국가를 지향하면서 관심의 영역을 안보 역할과 경제발전에만 국한하는 것이 아니라 인권, 사회복지, 환경 등을 포함하여 책임과 역할의 범위를 확대하고 있기 때문이다.[69]

위기관리 기구가 다양하고 복잡하여 효율성이 떨어짐과, 새로운 위협에 통합적인 대비를 위해 흩어져 분산되어 있던 조직을 효율적으로 활용하기 위한 통합이 시도되고 있다.[70] 이러한 포괄적 안보개념이 본격적으로 형성되고 국가위기관리의 기본개념으로 다시 대두된 것은 9 · 11 테러 이후 미국 부시 행정부가 테러와 같은 다양한 국가적 위협에 대한 새로운 국가안보전략을 수립하면서부터이다.[71]

이러한 포괄적 안보 개념 하에서 국가 위기의 개념도 과거와 달리 새로운 안보환경 변화에 부합하여 변하게 되었다. 즉, 과거의 국가 위기 개념은

---

68) 이재은, 『위기관리학』(서울: 대영문화사, 2012), p. 72.

69) 이재은(2012), 상게서, pp. 72-73; 허태회 · 이상호 · 길병옥(2005), 전게논문, pp. 29-62.

70) 이채언(2012a), 전게논문, p. 4.

71) Stephan Sloan, "Organizing for National Security: The Challenge of Bureaucratic Innovation in the War against Terrorism," *Public Administration Review*, No. 62 (Special Issue, 2002), p. 124.

전통적 안보 위기에 국한되어 주로 전쟁과 무력 충돌을 가정하였지만, 현대에는 전통적인 안보 위기뿐만 아니라 재난 위기, 국가 핵심기반 위기, 그리고 신종 위기 등을 포괄한다.[72] 포괄적 안보의 애초부터의 의미는 특정한 적에 대한 군사적 방어의 필요성을 뛰어넘는 것으로서, 국가의 안정, 즉 식량, 에너지, 환경, 커뮤니케이션, 사회적 안전보장 등에 필수적인 요소들을 고려해야 할 필요성이 강조되었다.[73]

세계 각국의 과거 국가위기관리체계는 제2차 세계대전 후 형성된 냉전체제에 대응하기 위해 1970년대까지는 전통적 안보위기, 즉 적대감과 긴장의 고조로 갈등이 확대되어 분쟁과정을 거쳐 위기가 증폭될 경우, 전쟁발발을 억제하여 평화체제를 유지하거나 억제가 실패할 경우에 전쟁에서 승리하기 위한 개념의 국가위기관리가 중점적으로 이루어졌다.[74] 이후, 미국과 소련의 긴장 완화를 위한 탈냉전 분위기가 형성되고 1980년대 말 냉전체제가 와해되어 국경문제와 강대국 간의 이념적 대결과 전면전으로의 위협이 현저하게 감소된 반면에, 자연재난과 산업화 및 도시화의 영향 등으로 인위재난이 빈번하게 발생하자 재난대비 중심으로 위기관리 기능이 강화되기 시작하였다. 즉, 국가위기관리의 흐름이 주로 외적의 침입과 일부의 사회적 소요현상에 대응하는 국민방위의 개념에서, 증가하기 시작한 자연재난과 인위재난으로부터 자국민을 보호하기 위한 국민보호의 개념으로 위기관리의 중심이 이동하였다.[75] 제4차 산업혁명시대에서 국가위기 상황 시 효율적이고 효과적인 위기관리를 위해 국가위기관리체계에 영향을 주는 요인을 재조명하는 것이 필요하다.

---

72) 이재은(2006), 전게논문, p. 20.

73) Kurt W. Radtke and Raymond Feddema. eds., Comprehensive Security in Asia: Views from Asia and the West on a Changing Security Environment(Boston: Brill Academic Publishers, 2000).

74) 조영갑, 『국가위기관리론』(서울: 선학사, 2006), p. 27.

75) 이채언, "한국의 국가위기관리체계 소개 및 발전방향," 『한국군사』 제30호(2012b). pp. 209-213.

가. 위기의 개념

'위기'에 관한 연구가 본격적으로 시작된 것은 1960년대 이후로, 초기 개인 중심의 연구에서 집단, 조직, 사회, 국가, 세계에 관한 위기로 범위가 확대되었다.[76] 한국의 위기관리는 위기의 발생 빈도 증가와 결과, 영향의 심각성에 대한 인식 증대, 위기관리 체계 확립의 필요성과 시급성이 대두되면서 1990년대 중반 이후 본격적인 연구가 시작되었다.[77]

'위기(Crisis)'는 분리를 의미하는 그리스어 'Krinein'에서 유래하였으며, 의학 용어로 '회복되느냐 또는 죽느냐'하는 병상의 변화를 의미하나,[78] 국제정치학에서는 위기를 어떤 상황이 계속되느냐, 궤도를 수정하느냐, 또는 종착점에 도달하느냐가 결정되는 시점과 관계된다는 것을 의미한다.[79] 현대에 와서 '위기'라는 용어는 정치 · 경제 · 군사 · 사회 · 문화 등 여러 분야에서 사용되고 있다. 특히 1962년 쿠바 위기사태 이후 개인에서 국제관계에 이르기까지 다양하고 다층적 영역에서 다의적인 용어로 거부감 없이 일상화되어 통상적 용어로 무분별하게 사용됨으로써, 위기에 대한 본질적 의미가 변질되고 실체적 위협에 대한 인식의 정도가 약화되는 측면도 있다.[80] 특히, 국제정치학에서는 위기를 국가적 위기상황으로서 전쟁으로의 전환점으로 파악하고, 국가 간 상충된 이해관계가 충돌하여 갈등이 극도로 고조된 전쟁 발발 직전의 급박한 상황을 의미하였다.[81] 위기에 관한 여러 연구자들의 정의는 〈표 2-3〉과 같다.

---

76) 이재은(2000a), 전게논문, p. 52.

77) 이재은, "위기관리 정책에 관한 연구,"『한국행정논총』 제10권 제1호(1998), p. 117.

78) Charles F. Hermann, Crisis in Foreign Policy: A Simulation Analysis (Indianapolis: The Bobbs-Merrill Company, Inc., 1969), p. 21.

79) Charles F. Hermann, Crisis, in Joel Krieger (ed.), The Oxford Companion to Politics of theWorld (New York: Oxford University Press, 1993), pp. 205-206.

80) 조영갑(2006), 전게서, p. 42.

81) 이동훈,『위기관리의 사회학』(서울: 집문당, 1999), p. 42.

〈표 2-3〉 위기에 관한 다양한 정의

구분	정 의
Murray, James A. H et. al.	어떤 사건의 과정에서 결정적인 시기 또는 상황의 전환점, 불안정한 상황, 갑작스런 변화, 저항의 긴장상태[82]
C. F. Hermann.	의사결정단위의 최우선 목표가 위협을 받으며, 반응을 취하는 데 소요되는 시간이 제한되어, 정책결정권자들이 전혀 예기치 못한 상황[83]
G. H. Snyder and Diesing P.	냉전적 갈등 현상이 극대화되어 비록 전쟁의 발발은 아니더라도 흡사 전쟁 상황과 같은 긴장국면이 급격하게 전개되는 것[84]
이재은	극심한 위협, 알 수 없는 결과, 불확실성, 긴급함을 가져오는 사건과 절차들을 포함하며, 급박한 환경의 변화와 삶과 죽음에 직면한 조직의 위기, 자연재난, 테러와 같은 다양한 형태로 오는 것[85]
박우순	위기란 심히 어려운 난관에 봉착하여 즉각적인 대처행동이 요구되는 상황으로서, 어떤 사태의 전개과정에서 악화로 인해 파국이나 종언으로 치닫는 결정적인 국면 전환의 고비를 말한다.[86]
이동훈	국가적 위기상황을 평화와 전쟁의 전환점으로 파악하고 국가 간에 상충된 이해관계가 표출되어 갈등이 극도로 고조된 전쟁 발발 직전의 상황[87]
허태회 · 이상훈 · 길병옥	국가안보 및 이익에 중대한 위협 상황의 발생을 의미하며, 군사적 개념의 협의의 위기와 경제 · 사회 및 재난을 포함하는 광의의 위기로 구분하고, 근래에는 사이버 안보위기까지 국가위기 영역으로 포함됨을 강조[88]

82) James A. H. Murray, et. al., The Oxford English Dictionary (London: Oxford University Press, 1961), p. 1178.

83) Charles F. Hermann, "Defining National Security," in John F. Richard and Steven R. Sturm (eds.), American Defense Policy, 5th ed. (Baltimore: JohnHopkins University Press, 1982), p. 13.

84) Glenn H. Snyder and Paul Diesing, Conflict among Nations: Bargining Decision Making and System Structure in International Crisis (Princeton: Princeton University Press, 1977), p. 6.

85) Jae-Eun Lee, "Comprehensive Security and Crisis & Emergency Management for Protecting Critical Infrastructure," *International Journal of Contents*, Vol. 5, No. 3 (2009), p. 73.

86) 박우순, 『현대조직론』(서울: 법문사, 1996), p. 446.

87) 이동훈, 『위기관리의 사회학』(서울: 집문당, 1999), p. 42.

88) 허태회 · 이상호 · 길병옥(2005), 전게논문, pp. 29-62.

윌리엄스(Phill Williams)는 위기의 본질은 국가 간 적대적 대결이 짧은 기간의 상황에서 급속하게 전개되는, 즉 전쟁발발 가능성의 고조상태로 보았다.[89] 정치 · 사회학적 측면에서는 위기를 좀 더 보편적으로 일반화하여 위기적 상황을 '위험하고 불안정한 상황인 동시에 변동의 분기점 또는 선택의 상황이므로, 결정을 통하여 불확실성을 줄이고 이해관계를 조정하는 등 정치적 결단이 요구되는 시점'으로 정의한다.[90] 한국의 합동참모본부에서는 '대한민국과 그 영토, 국민과 군대, 소유권 또는 이익에 위협을 주는 사건 또는 상황을 말하며, 국가목표를 달성하기 위하여 외교적, 정치적, 경제적, 군사적으로 중요한 조건이 조성되어 군대 및 자원의 투입이 요구되는 사건이나 상황'이라고 정의한다.[91]

위기관리연구 관점에서는 위기의 정의를 조직생존, 의사결정, 위기 결과 및 영향, 정책집행 등의 차원으로 구분하여 〈표 2-4〉와 같이 정의하고 있다.

맥코믹(James M. McCormick)이 단일적 위기의 정의를 구하는 것은 불가능하다고 했듯이,[92] 사회과학뿐만 아니라 자연과학 등과도 연계되어 있는 위기관리를 다학제적 연구대상으로 포괄할 수 있는 단일한 개념의 정립은 제한된다.[93] 위기의 정의는 시대 상황이 변화하면 그에 따라 변할 수 있어 유동적이라 할 수 있으며, 이에 따른 위기의 정의는 〈표 2-5〉와 같이 정의 할 수 있다.

---

89) Phill Williams et. al., Crisis Management (London: Groom Helm, 1978), pp. 3-5.

90) 이신화, "국가위기관리와 조기경보: 미국NGO 및 정당의 위기 관리역할," (한국정치학회 Post-IMF Governance 하계학술회의 발표논문집, 2000), p. 2.

91) 합동참모본부, 『합동 · 연합작전 군사용어사전』(2014), p. 338.

92) James M. McCormick, "International Crises: A Note on Definition," *The Western Political Quarterly*, Vol. 31, No. 3 (Sep., 1978).

93) 부형욱 · 최수온, "국가위기 양상의 변화와 대응방향," 『국방정책연구』 제30권 제1호 (2014), p. 128.

〈표 2-4〉 위기관리연구 관점에서의 위기의 정의

연구관점	정 의
조직생존	조직의 생존을 위협하는 사건이나 상태[94]
의사결정	의사결정자를 경악하게 하고, 의사결정 시기에 제한을 가하며, 우선순위가 높은 목표의 달성을 위협하는 상황[95]
위기 결과 및 영향	잠재적으로 부정적인 결과를 내재하고 있는 예상할 수 없는 큰 사건으로서 조직과 구성원, 조직의 명예, 서비스, 생산품, 재정 에 심각한 피해를 입힐 수 있는 것[96]
정책집행	일정한 시점에서 체계에 위험과 손실을 주어 체계의 목표를 달성하기 어렵게 하는 상태[97]
정책대상	영향의 범위가 중범위 이상이면서 고강도이고, 체계의 존립을 위태롭게 하고 구성원의 건강, 생명, 재산에 손상을 줄 수 있는 사건이나 상황[98]

* 출처: 이재은(1998), 전게논문, pp. 114-115를 재정리.

〈표 2-5〉 시대상황 변화에 따른 위기의 정의

구 분		정 의
전통적 안보 관점	C. A. Mclelland	국가 간 상호의 이익을 확보하기 위한 갈등적 상황[99]
	C. F. Herman	위기관리 정책 결정자들이 인식하고 있는 최우선의 목표가 위협을 받고 있고, 대응을 위한 시간이 제한을 받으며, 전혀 예상치 못한 상황[100]
	G. H. Snyder	전쟁발발의 위기의식까지도 포함된 심한 갈등 속에서 2개 또는 그 이상의 주권국가 간에 일어나는 일련의 상호작용[101]
포괄적안보 관점	F. L. Quarantelli	조직의 가치를 포함한 하나 또는 그 이상의 위험이 예상치 못한 상태에서 갑작스럽게 발생하여 집단적으로 대응할 필요성이 있는 상황[102]

* 출처: 이재은(1998), 전게논문, pp. 114-115를 재정리.

---

94) Richard A. D'Aveni & Ian C. MacMillan, "Crisis and the Content of managerial Communications: A Study of the Focus of Attention of Top Managers in Surviving and Failing Firms," *Administrative Science Quarterly*, No. 35 (1990), pp. 634-657.

95) Charles F. Hermann, International Crisis: Insight from Behavioral Research, (New York: Pree Press, 1972), p. 73.

96) Laurence Barton, Crisis in Organizations: Managing and Communicating in the Heat of Chaos (Cincinnati, Ohio: South-Western Publishing Co., 1993).

97) 김형렬, "정책집행에 있어서 위기관리에 관한 연구," 『사회과학논집』 제18권(1987), pp. 65-87.

98) 이재은(1998), 전게논문, p. 115.

9 · 11테러 이후 발생한 주요 위기 사건들이 주도 세력, 피해 유발 수단, 피해 발생유형의 측면에서 전통적 군사위협 외의 비군사적 행동으로 인해 유발되었고, 국가위기의 범주가 정치 · 경제 · 사회 · 문화 등 다차원적 분야로 확대됨에 따라 종전의 개념을 뛰어넘는 포괄적 개념의 정의를 추구하는 경향을 보여 왔다. 이러한 안보개념의 변화추세를 고려해보면 전통적인 국가방위 중심의 정의는 포괄적 안보개념의 관점에서 재정의 되어야 하는 시기가 도래하였다고 볼 수 있다. 따라서 본 연구에서는 위기를 '불확실하고 다양한 형태의 요인을 원인으로 하여 조직의 내 · 외부 환경 변화의 동인이 되어 조직이 추구하는 가치에 부정적 영향을 미치는 모든 상황'으로 정의한다.

나. 위기관리의 개념과 유형

위기의 정의가 포괄적 안보개념의 적용시대에 와서 많은 변화를 일으킨 것처럼 위기관리의 정의 또한 여러 가지의 새로운 형상으로 나타나고 있기 때문에 고찰할 필요가 있다. 국가와 사회가 형성되면서 국가의 안위와 국민의 생명 및 재산을 보호하기 위한 국가 위기관리의 역사가 시작되었다. 하지만 위기관리라는 용어가 보편적으로 사용되기 시작한 것은 1962년 쿠바 미사일 위기 이후부터로 보는 것이 통설이다.[103] 일반적으로 위기관리

---

99) Charles A. Mclelland, "Access to Berlin: The Quantity Variety of Events, 1948∼1963," David Singer, eds. Quantitative International Politics (New York: Free Press, 1968), pp. 160-161.

100) Charles F. Hermann, Crisis on foreign policy: A simulation analysis (Indianapolis: The Bobbes-Meril company, 1969), p. 29.

101) Glenn H. Snyder and Diesing Paul(1977), *op. cit.*, p. 6.

102) F. L. Quarantelli, What is disaster: Perspective on the question (London: Routledge, 1998).

103) Richard Clutter buck, International Crisisand Conflict (New York: ST Martin's Press Inc, 1993), p. 7.

는 위기발생 전후를 통해서 위기를 사전에 예방하거나 사후에도 그 위기를 최소화하기 위한 활동을 의미하며 다른 국가의 이익과 경쟁하고 협상하는 외교형태로 볼 수 있다.

이러한 의미의 위기관리는 위기의 갈등, 증폭, 전쟁발발 등으로 악화 되는 것을 방지하기 위한 목적을 갖고 있는 것으로 두 가지 시각이 있다.[104] 첫째는 전쟁을 회피할 수 있는 방안을 정책결정권자가 선택하도록 한다는 것으로 이는 '대결의 평화적 해결'을 의미한다. 다른 하나는 전쟁은 국가가 선택할 여러 가지 전략들 가운데 오직 하나에 지나지 않으며 위기 시 승리가 목적이고, 위기를 좋은 기회로 삼는다는 것이다.[105] 하지만 위기관리는 대결과 협력의 요소를 동시에 내포하고 있기 때문에 더욱 포괄적 정의들이 내려졌다.

이와 관련하여 스나이더(Glenn H. Snyder)는 위기관리를 '위기시 정치적 수완의 문제는 자신의 전략에서 어떻게 강압과 유화를 최적으로 배합을 이루는가? 즉 배합은 전쟁회피와 자신의 이익 극대화 또는 손해의 최소화를 의미한다.'고 정의하였으며,[106] 윌리암스(Phill Williams)는 '위기상황이 전쟁으로 전환되지 않도록 위기를 조절하고 통제하는 과정이며 동시에 당사국에게 유리하도록 해결되어 해당 국가의 중요한 이익이 지켜지고 유지되도록 하는 모든 행위'라고 정의하였다.[107]

한국의 위기관리도 다른 나라들과 마찬가지로 전쟁과 자연재해, 사회

---

104) 정찬권, "국가위기관리체계변화의 결정요인에 관한 연구: 냉전기와 탈냉전기의 비교를 중심으로," 『군사논단』 제3호 (2008), p. 4.

105) Gilbert R. Winham(ed.), New Issue in International Crisis Management(Boulder: Westview Press, 1988), p. 4.

106) Glenn H. Snyder and Pau Diesing, Conflict Among Nations: Bargaining, Decisionmaking and System Structurein International Crisis (Princeton: Princeton University Press, 1977), p. 10.

107) Phill Williams, Crisis Management: Confrontation and Diplomacy in the Nuclear Age (London: Martin Robertson, 1976), p. 30.

적 재난을 포함하는 포괄적인 것으로 전환되었다. 『국가위기관리기본지침』에서는 국가위기관리를 '국가위기를 사전에 예방하고 발생에 대비하며 위기 발생 시에는 효과적인 대응과 복구를 통하여 피해와 영향을 최소화함으로써 조기에 발생 이전 상태로 전환하고자 하는 제반 노력'이라고 정의하고 있다.[108] 이런 맥락에서 탈냉전기 위기관리는 '국가주권에 대한 위기나 정치, 경제, 사회, 문화 등 국가의 가치나 핵심요소에 대한 위협으로부터 국가와 국민을 보호하기 위한 총체적이고 종합적인 대응과 보완을 체계적으로 강구하는 것'으로 정의하기도 한다.[109]

이와 관련하여 이재은은 위기관리를 '위기로부터 국민의 생명과 재산을 보호해주고 위험을 극복하기 위한 사업계획을 집행하는 일상화된 과정'이며,[110] '일체의 위기로부터 국민의 생명과 재산 및 국가의 주권과 경제적 사회적 생명력 및 일체성을 보호하기 위한 정책과 계획을 집행하는 과정'으로 정의하고 있다.[111]

이신화는 '사전적인 관리기법과 사후적인 적극적 대처방안을 개발하여 우리 사회에 잠재되어 있는 우발적인 충격이나 위기의 발생확률을 줄이고 발생 시 피해를 극소화하는 것'으로 정의했다.[112] 이정일은 위기의 발생을 예방하고 위협을 최소화하여 국민의 생명과 재산을 보호하고 위험을 극복해 나가는 위기관리 계획 집행의 일상적 과정으로 정의하였다.[113] 한국의 합동참모본부에서는 '국내 또는 국제적 위기발생을 예방하거나 중대한 위

---

108) 김열수, "비군사적 국가위기관리체제 발전 방향: 평시 국가위기관리정책 방향과 과학기술 적용방안 (육군발전협회 지상전연구소, 2007), p. 19.

109) 김열수(2005), 전게서, pp. 38-39.

110) 이재은(2000b), 전게논문, p. 64.

111) 이재은, "통합 위기관리 시스템의 효율화 방안," 『한국위기관리논집』 제1집 제2호 (2005b), p. 20.

112) 이신화(2000), 전게논문, p. 2.

113) 이정일, "국가 통합위기관리체계 구축에 관한 연구," (광운대학교 대학원 박사학위 논문, 2006), p. 6.

해가 가해질 가능성이 있거나 발생하였을 경우, 위기 상황을 효율적으로 통제하면서 발생할 수 있는 피해를 최소화하고, 전쟁으로의 전환을 방지하며 합법적 · 합리적으로 문제를 해결하기 위해서 구축해 놓은 제도적 장치 및 절차'라고 정의한다.[114] 상기와 같이 선행연구들에 의해 제시되었던 위기관리의 정의는 각 학자들이 연구한 주제의 성격에 따라 특정시각에 편중되어 설명하는 경향이 있다.

오늘날 국가안위를 위협하는 위기에는 전쟁 외에도 다양한 자연 · 인위재난, 사회질서 파괴, 경제위기 등도 포함된다. 위기관리란 '전 · 평시를 막론하고 안보환경의 변화에 따라 국내 · 외적으로 발생할 것으로 예측되는 군사적 또는 비군사적 유형의 국가안보 및 국가적 위기상황에 대처하여, 국가와 국민을 보호하기 위한 종합적이고 총체적인 제반 대응책과 보완책을 체계적으로 강구하는 것'으로서,[115] '국가 간 갈등에 기인한 전통적 의미의 위기관리, 전시의 국가동원과 평시의 자연 · 인위재난을 포함한 사회 · 경제적 위기, 군사 · 비군사분야 활동을 포괄하는 의미를 모두 함축'하고 있다고 제시하고 있다.[116]

이와 같이 위기관리는 어려운 판단이나 결정이 요구되는 두 가지 상반된 목표를 어떻게 조화롭게 추구하는가의 문제이기 때문에 위기로 인한 갈등이 폭발하지 않도록 절제된 범위 내에서 이루어지도록 하는 것이 위기관리정책의 핵심임과 동시에 딜레마라 할 수 있다.

전통적 위기관리의 개념은 전통적 안보 개념하의 위기 상황에서 국가의 이익과 안보를 보호하기 위한 일련의 활동들로 이해할 수 있다. 위기관리의 정의는 전통적 안보의 개념 속에서 시도된 산물들이다. 따라서 탈냉전기에는 전통적 안보와 비전통적 안보를 포괄하는 위기관리 개념의 확대가

114) 합동참모본부(2014), 전게서, p. 338.

115) 노현송 · 양형일, "국가 통합위기관리체계 개편을 위한 정책 제언," 『국회 행정자치위원회, 정기국회 정책자료집 II』(2005), pp. 38-40.

116) 조성환, "냉전기 동북아의 세력경쟁질서," 『국제문제연구』(가을호, 2007), p. 8.

필요하다.

탈냉전기 위기관리의 개념은 안보 · 경제 · 사회 등 다양한 분야에서의 위기 상황을 예측하고 효과적으로 대응하여 위기 상황을 해결하는 일련의 과정과 체계를 의미한다. 이는 탈냉전기에 발생되고 있는 테러, 경제위기, 환경재난 등과 같은 비전통적 위협까지 위기관리의 대상에 포함시키고 있기 때문이다.[117] 이에 따라 한국의 위기관리도 다른 나라들과 마찬가지로 전쟁과 자연재해, 인적재난, 사회적 재난을 포함하는 포괄적인 것으로 전환되었다.

현대사회는 과거보다 위기의 변수가 상상할 수 없을 정도로 다양하게 존재하고 위기 범주의 확장으로 위협의 불확실성이 증대된 위기의 상시화 시대이다. 따라서 국가위기관리란 정치 · 경제 · 사회 · 안보 등 각 분야에서 국가 제반 요소를 대상으로 관리체제의 내실을 다지는 총체적 국가운영능력을 제고하여 국내 · 외적인 국가 위기 상황에 효과적으로 대응하는 것을 의미하는 것으로 볼 수 있다.[118]

탈냉전 이후 전면전의 위협은 현저하게 감소되었으나 다양한 요인에 의한 갈등으로 소규모 분쟁이 점차 증가하고, 테러, 지진, 감염병 등 새롭게 등장한 초국가적 위협에 대처해야 하는 급격한 안보환경의 변화를 반영하여, 현대국가의 안보영역은 군사적 위기와 비군사적 위기를 포괄하여 국가위기관리의 개념을 재정립하고 국가위기관리 시스템을 혁신적으로 개편하여 탄력적으로 대응을 하는 추세에 있다.

세계 각국은 급속히 변화된 안보환경에 적극 대처하고 각종 위기사태가 발생할 경우에 국가적 차원의 통합적 대응을 통해 효율적인 국가 안정성 유지와 경제적 손실을 최소화하기 위해 국가위기관리와 관련된 법률과 조직의 통 · 폐합 등 획기적이고 대폭적인 정비를 통해 자국의 안보환경에 부

---

117) 정지범(2010), 전게논문, pp. 4-24.

118) 채경석(2007), 전게서, p. 24.

합되는 최적의 국가위기관리체계를 구축하여 대응하고 있다.

9·11테러는 기존의 국가안보에 대한 고정관념을 불식시켜 국가위기관리에 대한 개념의 정립과 위기대응체계에 혁신적인 변화를 가져와 대대적인 개편이 이루어지는 결정적 전환점이 되어, 세계 각국은 위기관리 조직의 통합성과 협력성을 제고시키는데 노력을 기울이고 정부의 역할이 한층 강화된 국가위기관리 시스템을 운영하고 있다. 그러나 세계 각국의 많은 노력과 적극적인 대응에도 불구하고, 2005년 미국의 루이지애나 주 뉴올리언스를 강타한 초대형 허리케인 카트리나[119]와 2011년 동일본 지역의 대지진[120]에서 보듯이, 국가위기관리체계가 잘 갖추어져 있다고 세계가 인정하는 국가들조차도 상상을 초월한 예측 불가능한 위기사태가 발생할 때에는 실질적 대응조치를 하는 전 과정, 특히 실행적 대응과정에서 많은 문제가 노출되었다.

위기관리를 영역의 분류 기준에 따라 구분하면 국가방위 영역의 위기, 국가보전 영역의 위기, 국민보호 영역의 위기로 나눌 수 있다.[121] 국가방위 영역위기 조성의 주체는 북한 정권과 군대, 국외 적대세력, 국내·외 무장테러 세력 등이며 위기의 양상은 무장공비의 침투, 국지도발, 무장테러, 대량살상무기 전력화 등으로 나타난다. 국가보전 영역의 위기는 국가의 기반시

---

119) 『연합뉴스』(2005.8.27.), "미국.유럽, 허리케인. 폭우 피해 속출," https://news.naver.com/main/read.nhn?mode=LSD&mid=sec&sid1=104&oid=001&aid=0001084348 (검색일: 2020.6.28.)

120) 『연합뉴스』(2011.3.14.), "日지진 사망. 실종자 5천명 돌파(종합)," https://news.naver.com/main/read.nhn?mode=LSD&mid=sec&sid1=102&oid=001&aid=0004958894 (검색일: 2020.6.28.)

121) 행위주체자의 의도 유무에 의한 위기관리유형 주장도 있다. 이는, 위기행위 주체자의 의도는 위기를 관리하는데 매우 중요하다. 위기행위주체자의 의도가 있는 경우는 위기관리의 기본인 위기관리 목표를 달성하기 위하여 위기 조성의 행위자와 협상이 중요한 위기관리의 수단이 되며 이의 성공 여부는 위기관리의 성공을 결정짓는다. 그러므로 위기관리에서 상대가 있다는 것은 고도의 전략이 요구되는 위기로서 위기관리자의 능력이 가장 큰 변수다. 김진항, "포괄 안보시대의 한국국가위기관리 시스템 구축에 관한 연구." (경기대학교 대학원 박사학위논문, 2010), p. 27.

설이나 시스템을 무력화 또는 파괴함으로써 국가운영의 기능체계가 물리적으로 정지되는 위기를 말하며 자연적 재난, 고의적이거나 비고의적 또는 인위적 재난, 테러, 사이버 공간에 대한 도발 등과 같은 복합적 양상으로 실제화된다. 국민보호 영역의 위기는 일반 국민들의 생명, 신체, 재산이 대량 손상 또는 멸실 되는 사태를 말하며 자연적 재난, 인위적 재난, 광역화 질병 등이 주된 원인이다.[122)]

국가적 위기사태를 체계적으로 관리하기 위해서는 위기의 가능성을 정확히 예측하여, 사전에 치밀한 준비와 예방 활동이 이루어지고, 위기사태가 발생할 경우에는 평시 통합하여 운영하는 국가위기관리 전 조직이 신속한 대응을 통해 피해를 최소화하고, 조기에 국가 제반 기능의 안정성을 회복하기 위한 복원력을 갖춘 위기관리가 필요하다.

합리적으로 정립된 위기관리 유형 분류 이론은 성공 가능성을 제고하는데 기여할 수 있다. 위기는 그 유형별로 유사한 양상을 나타내면서 발생하고 전개되는 특징을 가지고 있으므로 위기관리 방식 또한 위기의 유형에 따라 종전의 위기관리 사례를 응용할 수 있다. 특히 위기의 유형별로 합당한 관리방식의 유형이 정립되어 있다면 위기의 징후가 포착된 시점 또는 초기대응 단계에서 유용하게 활용될 수 있다.

위기의 유형은 분류의 기준에 따라 매우 다양하게 구분될 수 있다. 안전보장의 개념 구분에 따라 분류하면 전통적 안보위기와 포괄적 안보위기로 나누어지는데 전자는 포괄적 안보개념 도입 이전 위기의 총칭이며 후자는 안보개념이 포괄화 되면서 확장된 영역의 재난과 테러 등의 위협이 전통적 위기와 합쳐진 개념이라고 할 수 있다. 군사력 사용 여부에 따라 분류하면 군사적 위기와 비군사적 위기로 구분할 수 있으며 비군사적 위기는 정치, 사회, 경제, 문화, 환경 그리고 각종 재난 등 군사적 원인 이외의 문제로 인

122) 이홍기, "국가 통합위기관리체제 구축 방안," (대진대학교 대학원 박사학위논문, 2013), p. 229.

해 발생되는 위기의 총칭이다.[123)]

위기관리의 유형은 위기관리의 관리 주체에 따라 한국의 정치구조와 사회문화적 배경을 고려하여 〈표 2-6〉과 같이 구분할 수 있다.

〈표 2-6〉 관리주체에 따른 위기관리 유형

구 분	전통적 안보위협	비전통적 안보위협	
위기관리유형	정치적 국가위기관리	행정적 국가위기관리	
위기요인영역	전통적 안보위기	사회적 안보위기	환경적 안보위기
위기요인	국가 외교관계에 따른 위기(통상,국제금융 포함), 폭동, 쿠데타, 전쟁, 등	파업, 태업, 사이버 테러, 원자력 사고, 주요 국가시설 화재・폭발, 식량위기 등	태풍, 가뭄, 화산폭발, 해일, 지진, 산사태, 폭설, 폭우, 황사, 적조, 산불 등

* 출처: 김진항(2010), 전게논문, p. 30.

정치적 차원에서의 국가위기관리는 정치안보, 군사안보 개념에 기초한 국가위기관리를 의미한다. 정치안보는 국가의 정체성에 대한 내적위협으로부터 안전보장을 말한다. 따라서 여기에는 국가를 통제 관리하는 정치체제를 위협하는 폭동, 쿠데타, 테러, 과격한 시위 등을 말한다.[124)] 이러한 정치적 차원의 국가위기관리는 전통적 안보의 영역으로서, 국가 간 또는 국내 정치집단 간 위기상황을 대통령이 군사적・외교적 수단을 통하여 직접 통제하고 관리하는 위기관리를 지칭한다. 이 영역에서의 위기관리는 국가의 존립 또는 정체성과 직접 관련이 있으며 그 위기의 정도가 심각한 수준이고 상황에 따라 국가의 존망과도 직결된다.[125)]

행정적 차원에서의 국가위기관리는 탈냉전기 새롭게 등장한 환경적 안보, 사회적 안보 등 비전통적 안보위협에 대처하는 국가위기관리로 환경오

123) 이재은(2013), 전게논문, pp. 190-193을 재정리.

124) 황진환, 『협력안보시대에 한국의 안보와 군비통제: 남북한, 동북아 국제군비통제를 중심으로』(서울: 도서출판 봉명, 1998), pp. 33-34.

125) 한용섭, 『자주냐 동맹이냐』(서울: 오름, 2004), p. 16.

염, 대형사고, 감염병 등을 원인으로 하는 위기에 관한 관리이다. 비전통적 위협으로 대두된 위기들도 국가의 정체성이나 국가 존망의 문제에 당장은 직접적으로 관련이 되어 있지는 않지만, 관리가 미흡하여 규모가 커질 경우 국가적 차원에서 위기관리가 필요한 분야이다.

국가위기관리의 목적을 위해 상기와 같이 구분하였지만, 이를 이분법적으로 구분하는 것은 제한이 있다. 행정적 차원의 위기관리도 규모가 커져 정치적 결단이 필요하게 되면 정치적 차원에서 관리해야 할 사안이 될 수 있다. 또한 위기를 〈표 2-7〉과 같이 위기발생 체계별로 구분하여 분류하기도 한다.

〈표 2-7〉 위기발생 체계별 위기분류

체계분류	위기의 종류
정치	전쟁, 쿠데타, 테러, 무력시위, 파괴활동, 비행기 납치 등
경제 · 기술	해양오염, 수질오염, 대기오염, 산성비, 오존층 파괴, 위험물질 유출, 방사능 오염 및 유출, 핵 폐기물 매립 등
사회 · 문화	감염병, 인종 · 민족 · 지역 간 갈등, 폭력적 파업, 폭등 등
자연	태풍, 지진, 가뭄, 폭염, 냉해, 해일, 홍수, 화산 폭발 등

* 출처: 이재은(2000b), 전게논문, p. 61.

다. 위기관리의 정책적 의의와 집행

국가이익 구현을 위한 정책체계상 국가 위기관리의 정책적 위치는 그 가치와 의의는 매우 높은 것으로 볼 수 있다. '국가이익'이란 용어는 카사(G. D. Casa)가 최초로 사용한 이래 비어드(A. A. Beard)가 경제적 이익개념을 확대 해석하여 국가의 유지와 부강을 구현하기 위한 기준과 방식이라고 정의하였으며,[126] 오늘날에도 이 개념은 일반적으로 통용되고 있다. 오스굿(Rober E. Osgood)은 국가이익을 좀 더 포괄적으로 해석하여 국가의 최고정책결정과

126) 구영록, 『한국의 국가이익』(서울: 법문사, 2005), pp. 19-29.

정을 통하여 표현되는 국민의 정치적, 경제적, 사회적, 문화적, 군사적 욕구의 갈망이라고 정의하였다.[127] 허츠(F. Hertz)는 국가이익의 3대 요소를 국가안전보장, 국가복지번영보장, 국가권위보장으로 정리하였다. 한국도 국가이익에 관해 국민의 안전보장과 영토의 보전, 주권 수호를 통한 국가존립 유지, 국가의 경제발전과 복지증진, 자유민주주의와 인권신장, 조국의 평화적 통일 달성, 세계평화와 인류공영에 기여 등 6개 항으로 밝힌 바 있다.[128]

국가이익은 존망의 이익, 결정적 이익, 중요한 이익, 지엽적 이익으로 분류되며 국가안전보장은 존망의 이익에 해당된다.[129] 위기관리체제 구축은 국가가 평시부터 효율적 위기관리 역량을 구비하기 위해 구현해야 할 과업으로, 그 첫 번째 요소는 '이념적 가치의 정립'이며, 생명의 존중, 인간의 존엄성, 사회적 형평성 등을 주요 가치로 규정한다.[130] 국가안전보장회의는 국가이익에 포함되는 세부 항목을 선정함에 있어서 국민안전, 영토보전, 주권수호를 통해 한국이 독립국가로서 생존을 보장하는 것을 가장 중요한 항목으로 정하여 발표한 바 있다.[131] 위기관리는 국가안전보장이라는 사활적 국가이익을 구현하기 위해 설정되는 국가목표의 중요부분으로 자리매김하고 있다. 이러한 국가목표의 구현은 정책결정권자와 국가위기관리체계로부터 영향을 받게 될 것이다. 따라서 위기관리가 갖는 정책적 의의와 이념적 가치는 국가 단위의 관점에서 볼 때, 그 중요성의 우선순위가 매우 높다고 할 수 있겠다.

위기관리 절차는 위기의 징후 또는 실제 상황을 인식한 시간으로부터

127) Robert E. Osgood, Ideas and Self-Interest in America's Foreign Relations (Chicago: University of Chicago, 1953), p. 4.

128) 국가안전보장회의(2004), 전게서, p. 20; 신성호, "한국의 국가안보전략에 대한 소고: 참여정부의 평화번영정책," 『국가전략』 제14권 제1호 (2008), p. 44.

129) 하정열, 『국가전략론』(서울: 박영사, 2009), p. 27.

130) 이재은, "국가 위기관리의 학문적 체계화의 의의와 필요성," 『한국위기관리논집』 제1집 제1호 (2005a), pp. 26-29.

131) 국가안전보장회의(2004), 전게서, p. 29.

대응 및 종결, 복구를 완료할 때까지 위기를 관리해 나가는 일련의 논리적 순서와 과정으로 위기관리 기구들이 정책목표 달성을 위해 실행하는 체계적 행위의 집합체라고 할 수 있다. 일정한 형태로 정형화된 절차는 가용한 정보의 종합적 분석이 가능하도록 하고, 합리적 정책 결정을 유도하며 집행과정의 효율성을 제고할 뿐 아니라 위기상황이 재발되어도 일관성 있는 대응을 가능하게 한다.[132]

위기관리정책은 일반적으로 위기발생 시점이나 위기관리 시기를 기준으로 하여 예방, 대비, 대응, 복구의 4단계로 구성된다.[133] 미국의 위기관리를 총괄하는 연방재난관리청(FEMA: Federal Emergency Management Agency)도 이와 같은 4단계를 적용하고 있다. 이는 상호 유기적으로 순환적인 관계를 갖는다. 각 단계별 개념은 〈표 2-8〉과 같으며, 단계별 주요 확인 및 조치사항은 〈표 2-9〉와 같다.[134]

이러한 집행단계는 상호 순환적인 성격을 갖고 있으며, 각 과정은 시간적 활동 순서이며, 최종의 복구활동의 결과와 경험은 최초의 예방단계정책에 환류되어 장기적인 위기관리정책에 영향을 주게 된다. 현재 한국 등 많은 국가에서 재난관리를 위해 이와 같이 단계를 구분하여 적용하고 있다.[135] 재난 및 안전관리기본법에서는 재난관리단계를 예방, 대비, 대응, 복

---

132) '위기관리정책' 용어는 학자들마다 다양하게 정의되고 있다. 우선 외국 학자의 경우를 살펴보면, Dror(1986), Perry(1985), Richardson(1988) 등은 위기관리정책을 위기관리에 관한 의사결정으로 정의하고 있으며, Drabek(1990)은 재난정책, Mushkatel & Weschler(1985)와 Godschalk(1991)은 위기관리정책 등으로 파악하고 있다. 국내 학자의 경우, 박광국(1997)은 재난관리정책, 이상팔(1995)은 위험정책 등의 용어를 사용하고 있다. 이재은(2000a), 전게논문, p. 52.

133) William J. Petak, "Emergency Management. A Challenge for Public Administration," *Public Administration Review*, Vol. 45, No. 3 (1985), pp. 5-7; David A. McLoughlin, "Framework for Integrated Emergency Management," *Public Administration Review*, Vol. 45 (Special Issue, Jan., 1985), p. 166.

134) 『제4차 국가안전관리기본계획: 2020년~2024년』(중앙안전관리위원회, 2019).

135) 최원상, "인공지능(AI) 기반의 지능형 재난안전관리체계 구축에 관한 연구," 『한국방재학회논문집』 제20권 제1호 (2020), p. 135.

구로 정의하고 있는데 이 역시 페닥(William J. Petak)의 재난관리모형에 따른 것으로 이 과정들이 상호작용의 필요성이 있음을 강조한 것이다.[136] 본 연구에서는 국가위기관리의 관점에서 분류되는 예방, 대비, 대응, 복구 4단계의 구분을 적용하였다.

〈표 2-8〉 위기관리정책의 집행 단계

단계	내 용
예 방	위기관리 단계 중에서 철저한 준비와 노력을 통해 피해를 예방하고 최소화하는 역할이 수행되는 가장 중요한 단계로써, 과거의 경험과 각종 위기 사례에서 도출되었던 정보분석을 바탕으로 발생 가능한 유발요인을 사전에 제거하거나 감소시켜 위기 발생 자체를 억제하거나 방지하기 위한 일련의 활동이 전개되는 단계
대 비	예상되는 각종 위기 상황을 가정하여 수행해야 할 제반 조치사항을 사전에 계획 및 준비하고, 교육과 훈련을 실시하여 위기관리 대응능력을 제고시켜 위기 상황에 즉각 대응할 수 있도록 대비태세를 강화하는 활동이 전개되는 단계
대 응	위기 발생 시 국가의 가용한 모든 자원과 역량을 효율적으로 활용하여 신속하게 대처하여 피해를 최소화하고 확산을 방지하며 추가적인 위기 발생의 가능성을 감소시키는 실제적인 활동 전개
복 구	국가위기로 인해 발생한 피해를 발생 이전의 상태로 회복시키기 위한 제반 활동과 상황평가를 통해 발생한 위기의 문제점과 취약요인을 분석하여 제도를 개선하고 운영체계를 발전시켜 동일한 유형의 위기가 발생하지 않도록 방지하며, 위기관리 능력을 제고시키기 위한 보완적 활동이 전개되는 단계

* 출처: 조영갑(2006), 전개서, p. 67.

136) J. I. Lee, Research about Recognition of Government Officials Regarding Korean Disaster Management System in Charge. *Journal of Korean Institute of fire Science and Engineering*. Vol. 24, No. 5 (2010), p. 10.

〈표 2-9〉 위기관리 단계별 주요 확인 및 조치사항

단 계	주요 확인 및 조치사항
예 방	위기관리체제 구축, 위기예방대책 수립・시행, 각종 점검 및 안전문화운동, 징후감시, 위험지구관리, 피해저감 제도개선 및 연구개발, 취약시설 점검・정비, 정보시스템개선, 시설물비상계획 등
대 비	위기정보・상황관리체계 확립, 자원동원계획 및 위기대응훈련 계획 수립・시행, 위기관리정보 시스템 구축, 유관기관과의 긴급지원체계 구축, 위기대비 대국민 홍보 및 교육훈련, 행동매뉴얼 정비 및 국민 행동요령 홍보, 지자체 및 관련 행정기관의 대비대책 조정 및 지원, 응급대응체계 및 비상연락근무 체계 정비, 위기 예・경보체계 구축 등
대 응	위기상황보고체계 구축, 초기대응체제 확립, 유관기관 협조・지원 체제구축, 긴급구조, 이재민・전재민 대책 및 대책본부 구성・운영, 위기 예・경보 신속 전파, 민관협력체계 구축, 비상단계 근무 계획, 사고수습기구 운영방안, 2차 위기방지대책, 긴급수송대책, 구조구급 의료대책, 청소・방역 대책, 시설물 응급복구계획, 이재민・전재민 수용 및 구호물자 공급, 비상급수 및 생필품 보급, 지자체 및 관계행정기관의 대응대책 조정 및 지원 등
복 구	합동조사단 구성운영, 피해배상(보상), 항구적 복구 및 재발방지대책, 피해조사, 복구비용 지원대책(대상, 기준, 비용산정, 지원절차), 자원봉사단 활용 등

* 출처: 『제4차 국가안전관리기본계획: 2020년∼2024년』(중앙안전관리위원회, 2019), p. 401을 재정리.

에드워즈(George C. Edwards III)는 집행에 영향을 미치는 요인으로 커뮤니케이션, 자원, 성향, 관료제의 구조, 요인 간 상호관계 등 집행 담당 조직의 내부구조와 관련된 요인을 들고 있다.[137] 스미스(Thomas B. Smith)는 정책을 사회 내의 긴장 유발력으로 보고 정책집행으로 정책집행자나 대상 집단이 긴장과 갈등을 경험한다고 보고 있다. 이에 관한 정책집행 영향요인으로 이상화된 정책, 정책 대상 집단, 집행조직, 환경적 요인 등을 들고 있다.[138] 정책실패요인 관점에서 라슨(James S. Larson)은 정책집행에 영향을 미치는 요인으로 모호하거나 비현실적인 목표, 집행절차의 결함, 정부활동의 복잡성,

137) George C. Edwards III & Ira Sharkansky, The Policy Predicament: Making and Implementing Public Policy (San Francisco: Freeman, 1978), pp. 292-321.

138) Thomas B. Smith, "Policy Implementation Process," *Policy Science*, No. 4 (1973), pp. 202-205.

경제적 환경 등을 들고 있다.[139] 밴 미터와 밴 혼(Van Meter & Van Horn)은 행태적 관점에서 정책집행의 영향 요인을 정책 기준 및 목표, 정책자원, 집행 조직간 커뮤니케이션 및 추진 활동, 집행기관의 성격, 정치 · 경제 · 사회적 여건, 집행자의 성향 등을 제시하였다.[140]

국가가 행하는 모든 책무와 기능은 국가이익과 국가목표의 구현을 위한 정책과 전략의 틀 안에서 이루어져야 하며, 국가의 행위는 국가목적 달성에 부합되어야 한다. 따라서 국가정책은 국가목표를 달성하기 위하여 국가가 취해야 할 총체적 과업과 지침이라고 볼 수 있으며 한 국가의 정책들이 수립되는 기반은 그 나라의 독특한 이념, 역사적 전통, 정치체제, 경제적 욕구, 민족의 가치체계와 지리적 환경 등에 있다. 또한, 국가전략은 국가정책의 실현을 위하여 전 · 평시를 막론하고 국가의 정치 · 외교 · 경제 · 사회 · 과학기술 및 군사 분야의 모든 역량을 통합시켜 효과적으로 운용하는 술(術)과 과학이라고 정의되고 있다.[141]

국가목표를 달성하기 위하여 국가가 무엇을 할 것인가에 관하여 논한 목표적 성격의 구상이 국가정책이며 어떻게 할 것인가에 관한 방법론적 방침이 국가전략이다. 국가전략은 국가이익을 실현하기 위하여 국가가 국가정책의 구현과 달성을 보장하는 사명을 갖고 있다. 따라서 국가가 추구하는 정책과 전략은 목표와 방법의 상호관계를 갖는다.[142]

일반적으로 국가이익 중 독립국가로서 생존 및 유지에 관한 국가목표는 안전보장이며, 이는 국가방위, 국가보전, 국민보호 등 작은 목표를 통합하여 하나의 독립적 목표를 이룬다고 볼 수 있다. 또한 국가의 안전을 보장

139) James S. Larson, Why Government Program Fail: Improving Policy Implementation (New York: Praeger, 1980), pp. 2-7.

140) Van Meter, Donald S. & Carl E. Van Horn, "The Policy Implementation Process: a Conceptual Framework," *Administration and Society*, Vol. 6, No. 4 (1975), pp. 446-488.

141) 국방대학교, 『안보관계용어집』(2005), p. 168.

142) 하정열(2009), 전게서, p. 19.

하기 위하여 무엇을 해야 할 것인가는 국가정책에 해당되며 국가정책을 어떻게 구현할 것인가 하는 문제가 곧 국가전략에 해당한다고 볼 수 있다. 따라서 정책과 전략의 관계론을 중심으로 보면 국가전략은 국가 목표 달성을 위하여 국가정책을 실천하기 위한 기술과 과학의 기능을 수행한다고 볼 수 있다. 국가전략이 자기기능을 완수하기 위해 사용할 수 있는 수단은 국력이며 국력은 다시 정치력, 외교력, 경제력, 군사력, 사회 및 과학적 역량 등으로 구성되며, 이러한 구성은 국력의 일부분을 관장하는 정부 부처들은 국가전략의 일부로서 정치외교전략, 경제전략, 군사전략 등 기능별 전략을 수립하여 집행한다. 따라서 위기관리 전략은 국가 안전보장에 손상을 입힐 수 있는 위협의 징후가 있을 때 위기의 도래를 차단하거나 제한된 범위의 위해가 발생하였을 때 이를 최소화하면서 추가적인 사태 진전을 차단하기 위해 국가의 가용 역량을 효과적으로 통합하여 운용하기 위한 종합계획을 말한다. 따라서 국가전략을 수립 시에는 상위 요소로서 국가이익과 국가목표를 먼저 전제하고, 고려 요소로서 미래 전망 및 전략환경 평가를 기술하며, 개념 요소로서 전략 목표와 방향을 제시한 후 기능별 분야별 전략과 국가자원의 배분 및 활용계획을 포함하는 것이 필요하다.[143]

143) 김영준, 『국가이익과 국가정책』(서울: 신명문화사, 2005), pp. 57-58.

제2절 제4차 산업혁명시대와 인공지능

1. 제4차 산업혁명시대의 도래

제1차 산업혁명 시대는 증기기관이 발명되어 가내수공업 중심의 생산체제가 공장 중심의 생산체제로 전환된 시기로 '기계혁명'으로 일컬어졌던 시대였다. 제2차 산업혁명은 전기기관의 발명으로 전기 동력을 통한 대량생산이 가능해진 '에너지 혁명'의 시대였다. 제3차 산업혁명은 컴퓨터와 정보통신기술(ICT)의 발전으로 생산 공정의 자동화 체제로 전환된 시기로 '디지털 혁명' 시대를 의미한다.[144] 이는 토플러(A. Toffler)가 『제3의 물결(Third Wave)』에서 말한 바와 같이 새로운 에너지 체계로 가동되기 시작한 새로운 과학기술이 대량생산을 가능하게 했던 것이다.[145] 제4차 산업혁명은 정보통신기술(ICT)을 바탕으로 디지털 혁신에 기반한 디지털적 · 물리적 · 생물학적 경계가 구분되지 않는 기술융합의 시대로 인공지능(AI), 빅데이터 등 디지털 기술로 촉발되는 초연결 기반의 지능화 혁명을 의미한다.[146] 또한 앞선 산업혁명들도 기술의 발전으로 인해 대량생산과 자동화를 이루었으나, 인공지능(AI)의 출현으로 인간의 생각과 의식을 대체한다는 것이 이전과 다르게 많은 우려와 파장을 불러올 것으로 예상된다.[147] 산업혁명은 산업에 미치는 기술의 발전이 그 이전과 혁신적으로 다른 경우를 일컫는 것으로

---

144) 설현주·이수훈·길병옥, "4차 산업혁명과 항공무인무기체계 발전 전망," 『한국군사학논총』 제6집 제2권 (2017), p. 213에서 재인용.

145) 앨빈 토플러, 원창엽 역 (2006), 전게서, p. 42-43.

146) 4차산업혁명위원회, https://www.4th-ir.go.kr/4ir/list (검색일: 2020.6.21.)

147) 장필성, "2016 다보스포럼: 다가오는 4차 산업혁명에 대한 우리의 전략은?" 『과학기술정책』 제26권 제2호 (2016), p. 15.

〈그림 2-1〉과 같이 구분할 수 있다.

〈그림 2-1〉 산업혁명의 역사적 전개

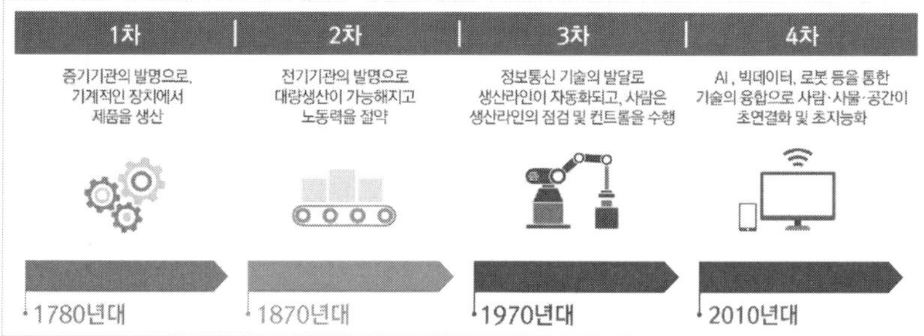

* 출처: 설현주·이수훈·길병옥(2017), 상게논문, p. 211에서 재인용.

제4차 산업혁명은 새로운 산업시대를 대비하기 위해 2013년 독일 정부에서 'Industry 4.0' 워킹그룹을 구성하여 기계 간 연결성을 강화하고 새로운 산업화 시대를 준비하면서 등장하였다. 2016년에 개최된 세계경제포럼(WEF)에서는 '4차 산업혁명의 이해'라는 주제로 다양한 논의가 진행되었다. 제4차 산업혁명시대의 주도기술과 그 특성에 관하여는 2016년 이후로 많은 전문가들이 그 종류와 영향에 관하여 많은 논의를 하고 있다. 이들은 제4차 산업혁명을 주도하는 기술로 크게 인공지능(AI), 사물인터넷(IoT: Internet of Things), 빅데이터, 무인자율체계(Unmaned Autonomous System)를 언급하고 있다.[148] 산업혁명의 주기는 〈그림 2-2〉와 같이 점점 짧아지면서 그 범위와 영

148) 인공지능(AI)은 컴퓨터가 인지, 학습, 추론, 유추 등 인간 고유의 지능적 행동을 모방할 수 있도록 하는 컴퓨터공학 및 정보통신기술(ICT)의 한 분야로 단독으로 활용되는 것 외에도 다른 분야와 연계하여 인간이 할 수 있는 일을 대신하면서, 더욱 높은 효과와 효율성을 가져올 것으로 기대된다. 사물인터넷(IoT)은 센서가 부착된 사물이 실시간으로 데이터를 인터넷으로 송수신하는 환경이나 기술을 의미하고, 사물인터넷(IoT)이 적용된 사물은 인간의 개입 없이 상호간 데이터를 송수신하면서 상황에 따라 스스로 데이터를 분석하고 작동하는 자동화된 시스템을 말한다. 빅데이터는 디지털 환경에서 생산되는 다양한 형태의 데이터로, 데이터 크기가 방대하고 생산주기가 짧은 대규모의 데이터를 의미하며 증가한 데이터의 양을 바탕으로 인간의 행

향력은 더욱 커지고 있어 제4차 산업혁명 다음으로 도래할 제5차 산업혁명의 시대는 무엇을 동인으로 하여 언제부터 전개가 될지 예측하기가 쉽지 않다.[149]

1990년대 중반 이후 세계경제는 정보기술(IT) 혁명을 바탕으로 디지털 경제 혹은 인터넷 경제로 상징되는 패러다임 전환을 경험하였다. 이후 미국, 독일, 일본, 중국 등 주요 국가들이 과거 1960~1970년대의 산업정책 못지않게 국가 운영을 제4차 산업혁명의 장으로 끌어들이는 정책을 추진하고 있다.

〈그림 2-2〉 산업혁명의 전개 속도와 범위

* 출처: 4차 산업혁명위원회, https://d2b38vv9jledd1.cloudfront.net/4thirDetail.pdf (검색일: 2020.7.4.)

2016년에 개최된 세계경제포럼(WEF) 이후 주요 선진국들은 인공지능(AI), 빅데이터, 사물인터넷(IoT) 등 정보통신기술(ICT)의 발전에 대하여 국가

동 패턴 등을 분석하고 예측할 수 있고, 이를 산업 현장에 활용하면 시스템의 최적화와 효율화가 가능하다. 무인자율체계(Unmaned Autonomous System)는 인간의 개입 없이 기계가 스스로 판단하고 행동하는 기술이다. 설현주·이수훈·길병옥(2017), 전게 논문, p. 215에서 재인용.

149) 4차산업혁명위원회, https://d2b38vv9jledd1.cloudfront.net/4thirDetail.pdf (검색일: 2020.6.21.)

전략을 수립하여 추진하고 있다. 최근 전략은 디지털 기술의 기회와 혜택을 국가의 다양한 분야에서 충분히 활용하여 국가가 가지고 있는 문제를 근원적으로 해결하기 위한 디지털 기반의 국가혁신전략으로서 기존 국가정보화전략과 차이를 두고 있다. 세계적으로 디지털 경제에 대한 관심과 대응의 필요성이 높아짐에 따라 주요 국가들은 〈표 2-10〉과 같이 국가적 차원의 디지털 전략을 발표하여 추진하고 있다.

〈표 2-10〉 주요국의 제4차 산업혁명 대응 전략

구분	미 국	독 일	일 본	중 국
주요 정부 정책	· NNMI 네트워크 · NITRD · 브레인 이니셔티브	· 하이테크 전략2020 · 인더스트리 4.0	· 일본재흥전략 2015 · 과학기술 이노베이션 종합전략2015 · 로봇 신전략	· 중국 제조 2025 · 중국인터넷 플러스
주요 추진 조직	· 정부기관 · 글로벌제조기업 · 글로벌 IT기업	· 정부기관 · 글로벌제조기업 · 글로벌 IT기업	· 정부기관 · 글로벌제조 기업	· 정부기관
대응 방향	· 제조산업중심으로 제4차 산업혁명정책 방향 설계 · 자국내 글로벌 IT기업의 적극 참여 · 민간 중심 대응 전략 적극 지원	· 제조산업 중심의 제4차 산업혁명 정책 방향 설계 · 자국 글로벌 기업 중심으로 추진 · 국가차원의 아젠다 제시와 민 · 관의 적극적 협력 대응	· 정부 아젠다 주관의 대응 전략 추진 · 기존에 강점을 가진 로봇 기술 중심의 전략수립	· 정부 주관의 정책 추진 · 기존 제조산업을 한단계 발전시키는 주요수단으로 ICT기술 활용 · 자국 시장규모 적극 활용

* 출처: 설현주·이수훈·길병옥(2017), 전게논문, p. 218에서 재인용.

미국은 오바마 행정부 시기에 브레인이니셔티브 등 디지털 지원 조직 강화를 통해 공공부문이 민간 수준의 디지털 기술을 활용한 정부 서비스 혁신을 유도하였으며, 트럼프 행정부는 공공부문의 디지털 트랜스포메이션 가속화를 위해 2017년에 미국 기술위원회 창설을 위한 행정 명령을 공표하였다. 독일은 'Industry 4.0'의 잠재력을 극대화하고 디지털화의 촉진 및 디지털 경제로의 이행을 선도하기 위해 2016년에 'Digital Strategy 2025'를 발표하여 국가 차원의 디지털 전략을 추진하고 있다.

일본은 국가 차원의 성장전략과 국가정보화 전략을 추진하고, 경제성장을 위한 신성장동력 발굴과 세계 최고 수준의 IT활용 국가로 발돋움을 목표로 국가 IT전략으로서 '과학기술이노베이션 종합전략 2015'와 '세계 최첨단 IT국가 창조 선언' 등을 추진하고 있다. 중국은 '중국 제조 2025'를 추진하면서 IT를 중국을 근대화하는데 필요한 기술로 인식하여 인터넷 안보와 정보화를 국가안보와 발전의 초석으로 천명하고 2050년 건국 100주년과 시기를 같이 하여 정보화를 통한 현대국가 건설과 글로벌 정보화를 선도할 수 있는 역량의 보유를 목표로 하여 추진하고 있다.[150]

한국은 현 정부 출범 이후 국정기획자문위원회가 국정운영 5개년 계획을 발표하면서 〈표 2-4〉와 같이 제4차 산업혁명 관련 내용을 반영하였다.[151] 또한 제4차 산업혁명이 세계적 이슈로 부각됨에 따라 각 행정 각부는 매년 업무계획에 제4차 산업혁명 관련 정책을 반영하여 추진하고 있다. 2017년 8월에는 '4차산업혁명위원회의 설치 및 운영에 관한 규정(대통령령 제28613호)'이 국무회의에서 의결되고 다음 해 1월에 공포되어 대통령 직속의 '4차산업혁명위원회'의 정책추진에 법적 근거를 마련하였다.[152] 4차산업혁명위원회는 '혁신성장을 위한 사람 중심의 4차 산업혁명 대응계획'을 의결하고, 21개 중앙 부처 합동으로 발표되었다.

---

150) 한국정보화진흥원(NIA), "2016년 다포스포럼 4차 산업혁명 발표 전후 주요국 국가정보화 전략 분석 및 시사점," 『Hot Issue Report』 제13권 (2017), pp. 7-35.

151) 국정기획자문위원회, 『문재인 정부 국정운영 5개년 계획』(서울: 진한엠엔비, 2017).

152) 한국정보화진흥원(NIA), "2017년 정부 부처 업무계획에서 본 4차 산업혁명: 빅데이터 분석을 중심으로," 『Hot Issue Report』 제7호 (2017), p. 10에서 재인용.

〈표 2-11〉 2017년 국정운영 5개년계획 중 4차 산업혁명 관련 내용

구 분		주 요 내 용
목 표		과학기술 발전이 선도하는 4차 산업혁명
주 체		4차 산업혁명위원회
핵심 수단		정보통신기술(ICT) + 과학기술 중심
전략과제	서비스	소프트웨어 강국, ICT 르네상스로 제4차 산업혁명 선도 기반 구축: 융합 확산, 역기능 대응
	정부혁신	자율과 책임의 과학기술 혁신 생태계 조성: 과학기술 컨트롤 타워 강화, 행정효율화, 소통강화
	생태계	· 자율과 책임의 과학기술 혁신 생태계 조성 · 고부가가치 창출 미래형 신산업 발굴 · 육성 · 친환경 미래 에너지 발굴 · 육성 · 주력산업 경쟁력 제고로 산업 경제의 활력 회복 · 청년과학자와 기초연구 지원으로 과학기술 미래역량 확충
	인프라	소프트웨어 강국, ICT 르네상스로 제4차 산업혁명 선도 기반 구축: 인프라 조성 및 융합 확산, 역기능 대응
	글로벌	· 자율과 책임의 과학기술 혁신 생태계 조성: 해외교류확대 · 주력산업 경쟁력 제고로 산업 경제 활력 회복: 수출구조 혁신, 유턴기업 유치

* 출처: 한국정보화진흥원(NIA), "문재인 정부 출범 100일의 ICT 정책 방향," 『Hot Issue Report』 제11호 (2017), p. 6에서 재인용.

사회 구성요소의 생산성을 높이고 산업 구조를 개선해서 국민의 삶의 질을 향상시키는 것을 목표로 하며, 사회 구성원 모두 참여해서 누리는 '사람 중심의 4차 산업혁명 구현'을 비전으로 하고, 사회 · 산업 · 기술 정책을 지능화 혁신 프로젝트로 추진, 산업 생태계 · 인프라 조성, 성장 동력 기술력 확보, 미래사회 변화 대응 등을 4대 분야 전략과제로 하고 있다. 정부는 이런 비전을 구현하기 위해 지능(Intelligence), 혁신(Innovation), 포용 · 통합(Inclusiveness), 소통(Interaction) 4가지의 첫 글자를 따서 'I-KOREA 4.0' 정책을 수립하여 추진하고 있다.[153]

153) 『대한민국 정책브리핑』(2017.12.10.), "사람 중심 4차 산업혁명 I-코리아 4.0," http://

이는 2002년 e-Korea 정책과 2006년 u-Korea 정책의 맥을 잇는 정책으로 과거 산업화의 성공에도 불구하고 지속 가능하며 균형 있는 사람 중심의 성장, 기술혁신 기반의 핵심 경쟁력 확보가 지연됨에 따른 정책으로 지난 2017년에 행정자치부에서 발표한 '지능형 정부 기본계획'도 이와 같은 정책을 구현하기 위한 것이다.[154)]

'I-KOREA 4.0' 정책은 〈그림 2-3〉과 같이 민간이 주도하고 정부는 민간혁신의 파트너로서 총력 지원하는 민·관 협력을 통한 범국가적 대응체계를 구축하여 추진하는 체계이다.

〈그림 2-3〉 'I-KOREA 4.0' 추진체계

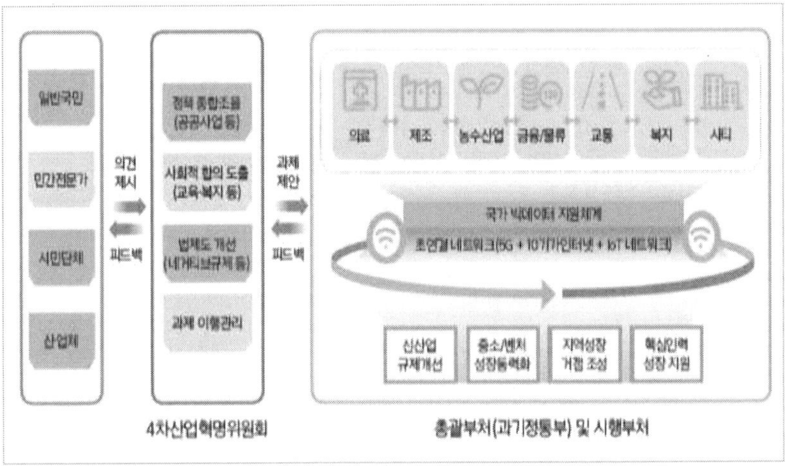

* 출처: 4차산업혁명위원회, "4차산업혁명대응계획 I-KOREA4.0," https://www.4th-ir.go.kr/article/detail/219?boardName=internalData&category= (검색일: 2020.6.21.)

4차산업혁명위원회는 국가적 정책방향의 설정과 이행 촉진을 위해 부

gonggam.korea.kr/newsView.do?newsId=01IzmLdGQDGJM000 (검색일: 2020.6.21.)

154) 행정자치부 보도자료(2017.3.7.), "지능형 정부로 4차 산업혁명의 마중물을 붓는다," https://www.mois.go.kr/frt/bbs/type010/commonSelectBoardArticle.do?bbsId=BBSMSTR_000000000008&nttId=57808 (검색일: 2020.6.21.)

처 간 정책 조정과 사회적 합의를 유도하며, 과학기술정보통신부는 제4차 산업혁명 대응 관련 현안 분석, 핵심과제 도출, 정책대안 마련 등 4차산업혁명위원회를 총괄지원하는 역할을 수행하고, 각 중앙 부처는 핵심과제의 세부 추진전략을 마련하고 과제 시행을 관리한다. 또한, 'I-KOREA 4.0'의 안정적이고 지속적인 추진을 위해 'I-Korea 4.0: ICT R&D 혁신전략'을 지난 2018년에 발표했다.[155] 이는 제4차 산업혁명 기술혁신 선도국가 실현을 위한 전략으로, 정보통신기술(ICT) 혁신 방식을 근본적으로 전환했다는데 의미가 있다.

제4차 산업혁명은 지능화를 통해 자본과 노동의 제약을 극복함으로써 생산성 제고, 노동력 부족 해소 등 새로운 성장 원천을 제공할 잠재력이 있으나, 산업구조가 재정의되는 새로운 산업 질서 변화에 대응하지 못할 경우에는 산업과 서비스 분야 전방에 걸쳐 글로벌 경쟁력이 뒤쳐질 위기가 공존한다. 따라서 제4차 산업혁명을 대비하면서 발생하게 되는 파급효과도 몇 가지 예상된다. 첫째, 제4차 산업혁명은 인공지능(AI), 빅데이터 등 디지털 기술로 유발되는 초연결을 기반으로 지능화 혁명을 통해 국가 시스템, 사회, 산업, 인간의 삶 전반에 걸친 혁신적인 변화를 유발할 것이다. 둘째, 지능화가 제품과 서비스의 경쟁력을 좌우하는 핵심 요소로 부상하고 기존 산업구조의 변화 등 산업 생태계의 대변혁을 촉발할 것이다. 셋째, 사회적 난제 해결에 지능화 융합이 보편화되며, 인간의 삶과 사회 환경의 변화 등 사회 전반적으로 파급력이 광범위하게 유발될 것이다. 넷째, 제4차 산업혁명으로 '일자리 감소(위기)'와 '신직업 창출(기회)'이 공존하는 고용구조 재편이 전망되어 미래 일자리 변화에 대한 대응이 시급해질 것이다. 다섯째, 해킹 등 사이버 위협 증대, 신기술의 기술적 안전성 이슈 등의 잠재적 역기능에 대한 대응도 필요해질 것이다.[156]

---

155) 『대한민국 정책브리핑』(2018.1.30.), "「I-KOREA 4.0 : ICT RD 혁신전략」 발표," http://www.korea.kr/news/pressReleaseView.do?newsId=156251407 (검색일: 2020.6.21.)

제4차 산업혁명은 지능화 기술로 경제 · 사회의 대변혁과 기술 · 인프라 · 생태계 혁신을 유발하고 사람 중심의 혁신성장을 뒷받침하는 원동력이다. 따라서 이러한 파급효과를 생산적으로 유도하고, 혁신성장을 위한 국가성장 패러다임 전환의 새로운 기회로서 제4차 산업혁명을 활용하기 위한 범국가적 준비가 필요하다.[157)]

2. 인공지능 정책

가. 인공지능의 개념과 분류

인공지능(AI)은 튜링(Alan M. Turing)의 1950년 논문에서 인간처럼 생각하고 대화 할 수 있는 기계나 시스템의 개발에 관하여 논의하면서 시작되었으며,[158)] 인공지능(AI)이라는 용어는 1956년 스탠포드 대학의 맥카시(J. McCarthy) 교수가 다트머스 회의에서 처음 사용하였다. 그 후, 다양한 분야에서 인간의 지식을 활용하기 위해서 컴퓨터로 구현되는 '전문가 시스템'이 개발되었다.[159)]

법률이나 의료 같은 전문분야에 전문가 시스템을 적용하는 시도가 있었으나, 전문적인 지식을 컴퓨터에 구현하는 과정에서 나타나는 문제들로 기업이 인간 전문가를 전문가 시스템으로 대체하는데 한계가 있었다.[160)] 그래서 전문지식 획득 문제를 해결하기 위하여 전문가가 아닌 데이터로부

156) 4차산업혁명위원회, 『4차산업혁명대응계획 I-KOREA 4.0』(서울: 4차산업혁명위원회, 2017), pp.11-19, https://www.4th-ir.go.kr/article/detail/219?boardName=internalData&category= (검색일: 2020.6.21.)

157) 4차산업혁명위원회(2017), 상게서, pp. 20-21.

158) Alan M. Turing(1950), *op. cit.*, pp. 433-460.

159) Jay Liebowitz, ed., The Handbook of Applied Expert Systems (CRC Press, 1997).

160) J. H. Boose, "A Knowledge Acquisition Program for Expert Systems based on Personal Construct Psychology," *International Journal of Man-Machine Studies*, Vol. 23, No. 5 (1985), pp. 495-525.

터 지식을 습득하는 기계학습(Machine Learning) 기술이 개발되었다.[161] 이는 전문가 시스템과는 다르게 지난 데이터의 패턴을 학습하고 미래 상황에 대한 예측에 사용되는 기술이다. 그러므로 어느 데이터를 사용하느냐에 따라 정확한 예측으로서의 차이가 발생한다.

다양한 분야에서 인공지능(AI) 기술이 적용되면서, 분야별로 적용되는 내용에 따라 인공지능(AI) 정의도 다양하다. 〈표 2-12〉는 오랜 기간 동안 인공지능(AI)에 관하여 연구자들이 정의한 것이다.

인공지능(AI)의 분류에 대해서는 Turing 테스트를 통과하느냐 못하느냐 외에도 버클리대학교의 설(J. R. Searle) 교수는 인공지능(AI)을 인간을 대체할 수준의 지적능력을 갖춘 '강한 인공지능(AI)'과 기본적인 논리에 중점을 두고 합리적으로 생각하고 행동하는 '약한 인공지능(AI)'으로 분류하여 〈표 2-13〉과 같이 구분하였다.

〈표 2-12〉 인공지능(AI)에 관한 다양한 정의

연구자	정 의
McCarthy et al. (1955)	지능적인 기계를 만들기 위한 과학과 공학 분야[162]
Charniak et al. (1985)	계산모델을 이용하여 인간의 정신적 기능을 연구하는 분야[163]
Kurzweil et al. (1990)	인간에 의해 수행되어질 때 필요한 지능에 관한 기능을 제공하는 기계를 연구하는 분야[164]
Rich et al. (1991)	사람보다 컴퓨터가 더욱 효율적으로 일할 수 있도록 연구하는 분야[165]

* 출처: 한국전자통신연구원(ETRI), "인공지능(AI) 기술과 산업의 가능성," 『Issue Report』 제4호 (2015)를 재정리.

---

161) P. Langley and H. A. Simon, Applications of Machine Learning and Rule Induction. *Communications of the ACM*, Vol. 38, No. 11 (1995), pp. 54-64.

162) J. McCarthy, M. L. Minsky, N. Rochester & C. E. Shannon, A Proposal for the Dartmouth Summer Research Project on Artificial Intelligence (Dartmouth College: AI Magazine, 1955).

163) E. Charniak & D. McDermott, Introduction to Artificial Intelligence (Reading: Addison-Wesley, 1985).

〈표 2-13〉 인공지능(AI)의 분류

약한 인공지능(AI)	강한 인공지능(AI)
〈합리적으로 생각하는 시스템〉 · 계산모델을 통해 지각, 추론, 행동같은 정신적 능력을 갖춘 시스템 · 사고의 법칙 접근 방식	〈인간처럼 생각하는 시스템〉 · 마음뿐 아니라, 인간과 유사한 사고 및 의사결정을 하는 시스템 · 인지 모델링 접근 방식
〈합리적으로 행동하는 시스템〉 · 계산 모델을 통해 지능적 행동을 하는 에이전트 시스템 · 합리적인 에이전트 접근 방식	〈인간처럼 행동하는 시스템〉 · 인간의 지능을 필요로 하는 어떤 행동을 기계가 따라 하는 시스템 · Turing 테스트 접근 방식

* 출처: J. R. Searle, "Minds, Brains and Programs," *Behavioral and Brain Sceinces*, Vol. 3, No. 3 (1980), pp. 417-457.

인간의 높은 지적능력이 요구되는 법률이나 의료분야에 인공지능(AI) 기술이 적용되면서 '강한 인공지능(AI)' 기술에 대한 관심이 높아지고 있다. 인공지능(AI)은 지능수준에 따라 〈표 2-14〉와 같이 4단계로 분류된다. '약한 인공지능(AI)'은 Level 1과 Level 2로 분류되고, '강한 인공지능(AI)'은 Level 3과 Level 4로 분류된다.

이전에는 주로 단순하고 반복적인 인간의 업무를 대신 처리해 주는 '약한 인공지능(AI)' 기반의 운영체계가 개발되었으나, 근래에는 다양한 분야에 인공지능(AI) 기술이 적용되면서 더욱 높은 대체능력 수준이 요구되고 있다. 다양한 센싱 기술의 개발과 컴퓨팅 파워의 발달로 빠른 정보처리와 방대한 데이터의 수집이 가능한 인프라가 구축되면서, 인공지능(AI)은 비정형 데이터까지 수집하여 학습하고 추론하고 예측하는 딥러닝(Deep Learning)이 가능해졌다.[166)]

164) R. Kurzweil, R. Robert & M. L. Schneider, The Age of Intelligent Machines (Cambridge: MIT Press, 1990).

165) E. Rich & K. Knight, Artificial Intelligence (New York: McGraw-Hill, 1991).

166) 백승익 · 임규건 · 여등승, "인공지능(AI)과 사회의 변화," 『정보화정책』 제23권 제4호 (2016), pp. 3-23.

〈표 2-14〉 인공지능(AI)의 지능수준에 따른 분류

수준	내용	적용
Level 1	단순 제어 프로그램	단순한 제어프로그램을 탑재한 전자제품 (예, 청소기, 세탁기, 에어콘 등)
Level 2	고전적 인공지능(AI)	적절한 판단을 하기 위해 추론·탐색을 하거나, 보유하고 있는 지식 베이스를 기반으로 판단하는 시스템 (예, 전문가 시스템)
Level 3	기계학습된 인공지능(AI)	정제되어진 데이터를 바탕으로 학습하고, 문제 해결을 위한 해결책을 판단하는 인공지능(AI) 시스템 (예, 온라인 쇼핑몰의 추천시스템)
Level 4	딥러닝된 인공지능(AI)	대규모의 데이터를 기반으로 스스로 학습하고, 복잡한 문제 해결을 위하여 사용되는 인공지능(AI) 시스템 (예, 자연어 처리, 영상인식)

* 출처: 마쓰오 유타카, 박기원 편, 『인공지능(AI)과 딥러닝』(서울: 동아엠앤비, 2015).

나. 주요국의 인공지능(AI) 정책추진

제4차 산업혁명은 정보통신기술(ICT)의 발전으로 산업체계 변화와 이에 따른 생산성의 향상을 이전의 그것과 구분하는 것이다. 모든 산업 분야에서 기존의 생산과 운영체계는 정보통신기술(ICT)의 발전으로 혁신적으로 변화되고 있다. 인프라 구축과 플랫폼 형성을 통해 패러다임이 변화되고 새로운 가치가 창출되고 있다. 이러한 변화의 동인은 정보통신기술(ICT) 발전의 속도와 영향력이 이전의 산업혁명시대와 전혀 다르다는 것에 있다. 기술발전에 의존하는 경향이 컸던 이전의 산업혁명들과는 달리 기계나 시스템이 스스로 진화하고 있다. 기계는 데이터를 통해 딥러닝(Deep Learning) 알고리즘(Algorithm)에 의하여 스스로 학습을 하며 초지능화(Hyper-intelligence) 되어 추론하고 예측하는 것이 가능해지고, 사물인터넷(IoT)은 센싱 기술이 적용된 초고속 통신네트워크를 통해 데이터를 수집하고 공유하며 초연결화(Hyper-connected) 된다. 인간의 경로의존성에 의한 경험적 요소가 아닌 데이터 기반의 정책결정이 이루어지는 것이다. 기계가 인간의 역할을 대체하는 정도와 수준도 점차적으로 증대할 것이며, 정보통신기술(ICT)이 발전할수록 대체의 속도와 정도는 더욱 가속화될 것으로 예상된다.

새로운 가치 창출과 변화를 가져다주는 제4차 산업혁명의 핵심적인 정

보통신기술(ICT)은 인공지능(AI) 기술로 추정할 수 있다. 제4차 산업혁명시대의 인공지능(AI), 빅데이터, 사물인터넷(IoT), 무인자율체계 등의 기술은 이전 산업혁명시대에 불가능하다고 여겨졌던 수많은 산업 난제, 사회문제, 자연 및 사회재해 등은 물론이고 인간의 삶의 질을 향상 시킬 수 있다는 기대를 받으면서 혁신을 야기하고 있다. 의료, 금융, 법률, 교통, 교육, 국방 등 다양한 분야에서 인공지능(AI)의 운용을 위해 많은 국가에서 연구개발(R&D)이 진행되고 있다. 제4차 산업혁명시대를 대비하는 정보통신기술(ICT) 중에서 핵심이 되는 인공지능(AI)으로 추정되며, 이는 제4차 산업혁명을 이끄는 핵심 기술로서 인간 삶의 질 향상, 지속적인 국가 경제 성장, 생산성과 혁신을 가속하는 잠재력 증진에 기여 할 것이다. 하루가 다르게 발전하는 인공지능(AI) 기술은 인간의 삶에 긍정적 영향을 주고 있으며 인간은 향후에도 인공지능(AI)의 도움을 더 많이 받게 될 것으로 예상된다.

미국 · 중국 · EU · 일본 등 주요 선진국들은 인공지능(AI) 개발정책을 수립하여 민 · 관이 함께 추진하며 대규모 연구개발(R&D)을 진행하고 정부기관과 법규 등 제도까지 지원하면서 정책적으로 인공지능(AI) 기술개발을 국가 정책적 차원에서 추진하고 있다. 일본은 인공지능(AI)기술전략회의를 설립하여 민 · 관이 협업 할 수 있는 체계를 마련하여 민 · 관 협업을 강화하여 추진하고 있다. 중국도 일본과 같이 민 · 관 협업을 강화하기 위하여 '차세대 AI 발전계획 추진실'을 설립하여 민 · 관 협업 AI 플랫폼 사업의 총괄 역할을 수행하고 있다. 프랑스는 Face book, Google 등 글로벌 기업 유치를 위해 세제혜택 등을 적용하고 있다. 영국은 AI산업 활성화를 위해 정부와 민간의 역할 구분을 통한 지원을 위해 'AI Sector deal'를 발표하였다. 미국은 시장주도의 AI산업과 부처 간 협업을 위한 컨트롤타워를 설립하였다. 독일은 'Industry 4.0 AI 강국'을 발표하고 프랑스와 AI 연구협업센터를 구축하였다. 주요국들의 인공지능(AI) 활성화를 위한 추진 전략은 〈표 2-15〉와 같다.

〈표 2-15〉 인공지능(AI) 활성화를 위한 주요국 추진 전략

국 가	주요 추진전략	특 징
일본	· 인공지능(AI)기술전략회의를 설립하여 민 · 관이 협업할 수 있는 체계 마련 · 'AI 산업화 로드맵' 발표	· 민 · 관 협업 기구 신설 · 로봇산업+AI기술
중국	· AI 제품 경쟁력 강화, 중국 제조업의 스마트화, 인프라 개선 등으로 구성된 'AI 액션플랜' 발표 · '차세대 AI 발전계획 추진실'을 설립하여 민 · 관 협업 AI 플랫폼 사업의 총괄 역할 수행	· AI를 통한 제조혁신 (제조대국→제조강국) · 강력한 민 · 관 협업 (민 · 관 AI 플랫폼 개발)
프랑스	· AI 전문가의 의견을 수렴하여 데이터 정책, R&D, 주요 분야 등을 담은 'AI 권고안' 발표 · 세제혜택 등 글로벌 기업 유치 가속화 정책 추진	· 글로벌 기업 유치 (Face book Google 등)
영국	· AI산업 활성화를 위해 정부와 민간의 역할을 구분한 'AI Sector deal' 발표 · 국가데이터과학 전문기관을 설립하고, 교육 및 AI 프로젝트 수행	· 민 · 관 역할 구분을 통한 지원 전략 수립 · AI전문기관 설립 (교육, 연구 등 역할)
미국	· AI 분야 R&D, 규제개혁, 인재양성 등 6대 분야 지원 방안 수립 · 국가과학기술위원회 산하 AI특별위원회 설립 제안	· 시장주도의 AI산업 · 부처 간 협업을 위한 컨트롤타워 설립
독일	· 독일 최초의 AI 전략 'AI Made in Germany' 발표 · AI 전문 교수직 100개 신설, 재교육정책 추진 · 프랑스와 AI 연구협업센터 구축	· Industry 4.0 AI 강국 · 인재유치 및 양성 (교수직 신설 등)

* 출처: 한국정보화진흥원(NIA), "인공지능(AI)을 선도하는 주요국의 핵심전략," 『IT &Future Strategy』 제12호 (2018), pp. 3-26.

다. 한국의 인공지능(AI) 정책추진

한국 정부는 제4차 산업혁명에 대비하여 지능정보사회 중장기 종합대책의 일환으로서 인공지능(AI) 개발정책을 추진하고 있다. 2016년에 미래창조과학부(현, 과학기술정보통신부)에 범정부 차원의 '지능정보사회추진단'을 발족하여 인공지능(AI) 개발을 포함하여 제4차 산업혁명 대비를 지원하고 있다. 2016년 제2차 과학기술전략회의에서는 인공지능(AI)을 비롯한 9대 국가전략 프로젝트 추진계획을 발표하여 제4차 산업혁명시대를 주도할 인공지능(AI) 핵심기술을 개발하고 지능정보사회 구현과 국가 인공지능(AI) 기술역량을 향상시키며 글로벌 인공지능(AI) 시장의 선점을 위해 2026년까지 10개년 계획으로 추진하고 있다. 또한, 사람 중심의 제4차 산업혁명 대응계획인

'I-KOREA 4.0' 정책에 성장 동력 기술력 확보로서 인공지능(AI)을 지능화 기술로 분류하여 관련 내용을 반영하여 추진하고 있다. 즉, 제4차 산업혁명의 공통기반인 인공지능(AI) · 컴퓨팅 · 로보틱스 · 데이터 등을 아우르는 지능화 기술의 고도화 추진을 위해 언어 · 시각 · 음성지능 · 가상비서 등 시장근접 기술의 실증 · 사업화를 지원하고 설명 가능한 인공지능(XAI) 등 차세대 선도 기술의 개발을 추진하고, 고도의 정책결정을 지원하는 차세대 인공지능(AI) 기술을 개발하는 한편, 모든 사물의 지능화를 위한 차세대 컴퓨팅(양자컴퓨팅 등)과 지능형 반도체인 뉴로모픽칩(Neuromorphic Chip) 등의 핵심기술을 확보한다는 내용을 담고 있다.[167]

2016년에는 삼성전자, SK텔레콤, 네이버, LG전자, KT, 한화생명, 현대자동차 등이 공동으로 출자하여 인공지능(AI) 기술개발을 담당하는 민간연구원인 '지능정보기술연구원(AIRI: AI Research Institute)'이 설립되어 연구 활동을 하고 있다. 이곳에서는 인공지능(AI) 관련 연구개발(R&D)을 수행하고, 관련 기업인 중소 · 중견 · 벤처기업 및 스타트업 등과 협력하여 인공지능(AI) 관련 산업을 육성하고 있다. 또한 정부는 과학기술 R&D 시스템의 근본적인 혁신과 컨트롤 타워 역할을 위해 2016년에 과학기술전략회의를 신설하여 대통령 주재로 개최하고 있다.[168] 같은 해 10월에 개최된 제2차 과학기술전략회의에서는 인공지능(AI), 경량소재, 스마트시티, 가상증강현실, 자율주행자동차의 5개 성장 동력확보 분야와 정밀 의료, 미세먼지, 바이오 신약, 탄소자원화의 4개 삶의 질 향상 분야로 구성된 '9대 국가전략 프로젝트 추진계획'을 발표하여 추진하고 있다.[169] 특히 제4차 산업혁명을 주도하고 지능정보사회의 구현을 위한 인공지능(AI) 핵심기술을 개발하여, 인공지능(AI)

---

167) 4차산업혁명위원회(2017), 전게서, p. 63.

168) 『연합뉴스』(2016.5.12.), "朴대통령 "국가 R&D 근본적 혁신"…과학기술전략회의 첫주재," https://www.yna.co.kr/view/AKR20160512069000001?input=1195m (검색일: 2020.7.19.)

169) 『대한민국 정책브리핑』(2016.8.11.), "제2차 과학기술전략회의 관련," http://www.korea.kr/news/pressReleaseView.do?newsId=156146578 (검색일: 2020.7.19.)

기술역량을 향상시키고 글로벌 인공지능(AI) 시장 선점을 위해 〈그림 2-4〉와 같이 인공지능(AI) 개발 로드맵을 추진하고 있다.

〈그림 2-4〉 한국의 인공지능(AI) 개발 로드 맵

* 출처: 한국산업연구원(KIET), "각국의 인공지능(AI) 선점을 위한 개발경쟁 실태," 『산업경제분석』 제1호 (2017), p. 40.

한국은 외국처럼 인공지능(AI) 기술개발을 개별적인 정책으로 추진하는 것이 아니라, 제4차 산업혁명과 연계하여 통합적으로 추진하는 것이 특징이다. 인공지능(AI)의 주요 개발내용은 첫째, 인공지능(AI) 공통 플랫폼 개발이다. 전문지식을 보다 쉽게 이해하고, 인간의 의사결정을 지원할 수 있는 인공지능(AI) 기술을 민 · 관 협력으로 개발하는 것이다. 플랫폼 개발을 통해 이러한 활용도를 최대한 높이고, 인공지능(AI) 기술응용서비스를 개발하며, 인공지능(AI) 전문기업을 육성할 계획이다. 둘째, 차세대 인공지능(AI) 기술개발을 추진하는 것이다. 현재의 기계학습(Machine Learning) 한계를 극복하기 위한 차세대 기술, 인간처럼 영상과 음성을 이해하는 비디오 튜링테스트 등 인공지능(AI)의 원천기술을 개발하고, 이를 인공지능(AI) 공통 플랫폼에 적용할 계획이다. 셋째, 인공지능(AI) 선도서비스를 추진하는 것이다. 국방경계 시스템, 재난안전관리 시스템, 범죄 · 테러 신속대응 시스템, 노인돌보미 로봇 등 공공분야에서 인공지능(AI) 선도서비스 적용을 통해 인공지능(AI)에 대한 수요를 증대시킬 계획이다. 인공지능(AI) 개발추진 로드맵은 인공지능(AI) 기술개발(2017) → 복합지능 인공지능(AI) 개발(2019) → 민간 · 공공 인공지능(AI) 제품 · 서비스 확대(2022) → 인공지능(AI) 산업의 글로벌 경쟁력 확보(2026)를 목표로 하고 있다. 이를 통해 인공지능(AI) 핵심기술 자립기반을 확보하고, 국내 인공지능(AI) 기술 · 산업 성장을 위한 기반 조성을 확립할 것으로 기대하면서 인공지능(AI)과 산업 간 융합을 통한 산업 전반의 경쟁력 강화와 국민 삶의 질 향상을 도모할 수 있을 것으로 전망된다.[170]

4차산업혁명위원회가 2017년에 발표한 혁신성장을 위한 사람 중심의 제4차 산업혁명 대응계획인 'I-KOREA 4.0'을 실현하기 위해, 과학기술정보통신부는 2018년에 '데이터 · AI경제 활성화 계획'을 관계부처와 합동으로 발표하였다.[171] 이 계획의 전략은 세계적 수준의 인공지능(AI) 혁신 생태계 조성, 데이터 가치사슬 전주기 활성화, 데이터 · 인공지능(AI) 융합 세 가지이다. 세계적 수준의 인공지능(AI) 혁신 생태계 조성 전략은 인공지능(AI) 허브 구축, 인공지능(AI) 기술력 제고, 인공지능(AI) 활용 생태계 조성의 세부과제가 있다. 데이터 가치사슬 전주기 활성화 전략은 체계적 데이터 축적 및 개방 확대, 양질의 데이터 유통 기반 구축, 개인 · 기업 · 사회 데이터 활용 확대의 세부과제가 있으며, 데이터 · 인공지능(AI) 융합 전략은 인공지능(AI) 융합 클러스터 조성, 사회적 · 산업적 수요 확산, 제도적 · 인적 융합의 세부과제가 있다. 2019년부터 2023년까지 이 계획을 통해 전 산업분야에서 혁신적인 변화를 이끌어 데이터 · AI 경제 선도국가로 도약하는 것을 목표로 하고 있다.

주요국들의 데이터와 인공지능(AI) 경제의 주도권을 선점하기 위한 경쟁은 매우 치열하다. 미국은 2016년에 '빅데이터 R&D전략', '국가 AI R&D전략'을 발표하여 데이터와 인공지능(AI) 분야 선제적 전략투자로 세계 최고의 경쟁력을 보유하고 있다. 유럽연합(EU)은 인공지능(AI) 분야에 대규모 투자

170) 한국산업연구원(KIET)(2017), 상게논문, pp. 39-42.

171) 『대한민국 정책브리핑』(2019.1.15.), "데이터, AI 경제 활성화 계획," http://www.korea.kr/news/policyBriefingView.do?newsId=156313380 (검색일: 2020.7.19.)

를 추진하고 개인데이터보호강화제도(GDPR: General Data Protection Regulation)를 정비하였다. 2020년까지 EU집행위원회는 인공지능(AI) 산업육성에 민·관 합동으로 200억 유로(한화 약 26조원)를 투자할 예정이다. 일본은 데이터 개방을 확대하고 주요 산업에서 인공지능(AI) 상용화를 조기에 추진하고 있다. 2017년에 미래투자전략을 발표하여 새로운 사회의 인프라로서 데이터 기반 플랫폼을 구축하고 2019년에는 '인공지능(AI) 종합 전략'을 완성하였다. 중국은 2016년에 '빅데이터 산업발전규획', 2017년에는 '차세대 AI 발전규획'을 발표하면서 2030년까지 인공지능(AI) 핵심 산업 규모를 1조 위안 규모로 추진하고 있다.

주요국과 마찬가지로 글로벌 선도기업들도 모든 비즈니스 역량을 데이터와 인공지능(AI)으로 전환하고 있다. Google은 인공지능(AI)을 기반으로 하는 검색 최적화, 대화형 AI(Duplex), 고성능 AI 데이터처리칩(TPU), 자율자동차 등 미래 신산업에 활용될 인공지능(AI) 기술확보에 주력하고 있다. Amazon은 고객 데이터와 인공지능(AI)을 기반으로 Amazon Echo(스마트 스피커), Go(무인점포), AWS(클라우드 서비스) 등 새로운 혁신기술의 상용화를 추진하고, 인공지능(AI) 기반의 클라우드 사업을 고도화하고 있다. Microsoft는 인공지능(AI) 비즈니스 조직을 신설하고 데이터와 인공지능(AI)을 기반으로 클라우드 서비스인 애저(Azure)를 강화하며 글로벌 IT 기업으로서의 면모를 강화하고 있다.

한국은 인공지능(AI)과 데이터 분야에서 정책적 한계가 있다. 데이터의 수집·처리·운용 등 가치체계에 유용한 데이터가 부족하고, 유통이 제한적이며, 사회·산업적 운용이 저조하다. 또한 법으로 통제하는 개인정보보호로 인해 데이터 운용이 제한되고 민간기업에서 필요로 하는 전문 인력과 인프라가 매우 미흡한 실정이다. 실질적으로 운용이 가능한 데이터와 정보체계 인프라가 부족할 뿐만 아니라 산·학·연간에 보유한 자원에 대한 효율적 활용을 위한 협력도 미흡하다. 이는 미국, 중국 등 주요 경쟁국들보다 낮은 인공지능(AI) 기술력, 취약한 수요 대비 전문 인력과 기술적 역량에 관한 실정이다. 공공 및 민간부문에서 자체적으로 빅데이터를 기반으로 하는 제품과 서비스 개발 등은 진행중이나 아직은 저조한 수준이다. 인공지능(AI) 분야는 삼성전자, LG전자, SKT, KT, NAVER, kakao 등 우수 IT 기업 위주로 인공지능(AI) 관련 사업화가 진행 중이나 글로벌 기업 대비 아직 미흡하다. 이에 정부는 2018년부터 데이터, 인공지능(AI) 분야 활성화 정책을 본격적으로 추진하고자 '데이터 산업 활성화 전략(2018. 6월)'과 'AI R&D 전략(2018. 5월)'을 발표하였다. 또한 데이터 · AI 경제를 혁신성장 전략투자 분야로 선정하여(2018. 8월) 2019년에는 1조원을 투자하고, 규제혁신대상인 개인정보보호법 등도 개선하고 있다.

2017년 행정안전부는 인공지능(AI), 빅데이터, 사물인터넷(IoT) 등 정보통신기술(ICT)을 활용한 전자정부 구현을 위해 지능형 정부 기본계획과 추진계획을 수립하여 추진하고 있다.[172] 또한 2018년에는 전자정부 지원사업의 핵심 사업으로 '지능형 정부'를 선정하고, 이의 구현을 위해 사업 예산의 75%를 투자하였다.[173] 현재까지는 정부가 인공지능(AI)을 본격적으로 운용하는 단계에는 이르지 못했으나, 인공지능(AI) 도입을 위한 준비는 시작한 것으로 볼 수 있다. 인공지능(AI)이 정부에 본격적으로 도입이 되어 운용된다면 지금의 전자정부 수준보다 더욱 향상된 '지능정부'라는 형태의 새로운 정부의 실현이 가능할 것이다.[174] 즉, 정부 운영이나 문제해결이 지금까지와는 전혀 다른 방식으로 가능해진다. 인적 네트워크 위주로 이루어진 전통

172) 행정안전부(2018.7.20.), "지능형 정부 기본계획," https://www.mois.go.kr/frt/bbs/type001/commonSelectBoardArticle.do?bbsId=BBSMSTR_000000000015&nttId=64867 (검색일: 2020.7.19.)

173) 『대한민국 정책브리핑』(2018.1.21.), "2018 전자정부, 655억 투자해 '지능형 정부' 본격 시동," http://www.korea.kr/news/pressReleaseView.do?newsId=15624945 (검색일: 2020.7.19.)

174) 『대한민국 정책브리핑』(2016.12.20.), "전자정부 50년을 맞아 지능형 정부로 패러다임전환," http://www.korea.kr/news/pressReleaseView.do?newsId=156174545 (검색일: 2020.7.19.)

관료제와 정보체계 간 네트워크를 기본으로 구축된 전자정부와 달리, 지능정부는 인공지능(AI)간 네트워크를 기본으로 운용된다.[175]

2019년 과학기술정보통신부는 대통령 주재로 열린 제53회 국무회의에서 〈표 2-16〉과 같이 전 부처가 참여하여 마련한 전반적인 경제 · 사회 분야 혁신을 위한 3대 분야, 9대 전략, 100대 실행과제인 '인공지능(AI) 국가전략'을 발표하였다. 이는 세계 주요국들이 글로벌 인공지능(AI) 주도권을 선점하고 인공지능(AI)으로 자국의 문제를 해결하기 위해 국가적 노력을 경주하고 있기에 한국도 대통령이 직접 발표한 인공지능(AI) 기본구상을 바탕으로, 경제 · 사회 전반의 혁신 프로젝트로서 발표한 것이다.[176] 현재의 기술 발전 수준을 고려해 볼 때, 향후 이러한 변화의 속도와 폭은 더욱 빨라지고 광범위해질 것으로 판단된다. 따라서 국가 차원의 대비를 하기 위한 인공지능(AI) 정책이 필요하다. 이는 근래의 코로나19에 따른 글로벌 경기 침체와 불확실성의 가중 하에 한국의 경제 성장을 제고하고, 다양한 유형의 사회적 갈등과 문제를 해소해야 하는 상황에서 인공지능(AI)이 인지 · 학습 · 추론 · 예측 등의 기능을 통해서 산업의 효율성 증대에 따른 새로운 가치 창출에 기여하고, 범죄 예방, 사회적 취약 계층 지원, 대상별 맞춤형 서비스 등을 효과적으로 시행하게 해주어 한국이 당면한 사회적 과제 해결에도 효과적인 역할을 할 것으로 기대된다.

지금 세계는 인공지능(AI) 기술의 빠른 발전으로 산업과 사회, 인간의 삶 등에 전반적으로 문명사적 거대한 변화를 겪고 있다. 지난 산업화 과정에서 인간의 육체적 노동을 기계로 대체했다면, 지금은 인간의 지적 노동을 인공지능(AI)이 대행하는 것이다. 인공지능(AI)은 산업과 사회 등 전 분야에서 패

---

175) 최원상 · 신진, "지능정보사회에서 지능형 국가위기관리체계 구축에 관한 연구," 『Crisisonomy』 제16권 제1호 (2020b), p. 162.

176) 『서울신문』(2019.10.28.), "文대통령 "연내 인공지능 국가전략 발표"… '4대 신산업' 육성 의지," https://www.seoul.co.kr/news/newsView.php?id=20191029008007&wlog_tag3=naver (검색일: 2020.7.19.)

러다임의 변화를 촉발하고 있다.

〈표 2-16〉 인공지능(AI) 국가전략의 비전, 목표, 전략

구 분	내 용
비 전	IT 강국을 넘어 AI 강국으로
목 표	2030년까지 디지털 경쟁력 세계 3위, AI를 통한 지능화 경제효과 최대 455조원 창출, 삶의 질 세계 10위 달성
전 략	세계를 선도하는 AI 생태계 구축 〈추진과제〉 · 데이터·컴퓨팅자원 등 AI 산업의 핵심인프라 확충 · 글로벌 선도국과 대등한 기술·산업 경쟁력 확보 · 마음껏 상상하고, 도전할 수 있는 제도적 환경 조성 · 누구나 창업하고 성장해 나갈 수 있는 혁신 생태계 구축
	AI를 가장 잘 활용하는 나라 〈추진과제〉 · 세계 최고의 AI 인재 양성 및 전 국민 AI 교육체계 구축 · 전 산업의 AI 도입·활용으로 우리 경제의 활력 제고 · 도움이 필요한 국민을 먼저 찾아가는 차세대 지능형 정부 구현
	사람 중심의 AI 구현 〈추진과제〉 · 모두가 AI 혜택을 누릴 수 있도록 일자리 변화에 선제적 대응 · 역기능 대응 및 AI 윤리 정립 등으로 안전한 AI 이용환경 조성

* 출처: 『대한민국 정책브리핑』(2019.12.17.), "인공지능(AI) 국가전략 발표," http://korea.kr/news/pressReleaseView.do?newsId=156366736 (검색일: 2020.7.19.)

라. 인공지능(AI)의 정책적 이슈

제4차 산업혁명을 이끄는 핵심기술인 인공지능(AI)은 지속적인 글로벌 경제 성장과 인간 삶의 질 향상에 크게 기여할 것이다. 반면에 글로벌 정보통신기술(ICT) 리더들은 여러 가지 다양한 요인으로 인공지능(AI)이 인간이 예상할 수 없는 행위를 하여 문제가 발생한다면 이를 통제하는 것은 불가능할 것이라고 경고하고 있다. 하지만, 인공지능(AI)이 인간에게 가져다 줄 가치는 무한하며 인공지능(AI)에 의해 거의 전 분야가 더욱 풍요로워지는 장점이 더 많을 것으로 예상된다. 따라서 인공지능(AI)의 위협 요소를 통제하고 잇점을 활용하여 문명의 혜택을 극대화하기 위해서는 〈표 2-17〉과 같이 인공

지능(AI)과 관련된 주요 정책적 이슈에 대한 지속적인 관리가 필요하다.

인공지능(AI)의 핵심은 기계학습(Machine Learning)을 통해 자연어를 이해하고 표현하여 지식베이스를 구축하고 또 다른 지식을 생산해낼 수 있으며, 학습과정을 통해 스스로 발전이 가능한 기술이라고 할 수 있다.[177] 인공지능(AI)이 촉발할 사회적 변화는 제4차 산업혁명으로까지 여겨진다.[178] 증기기관과 기계화가 가져온 제1차 산업혁명, 전기를 이용하여 대량생산이 본격화된 제2차 산업혁명, 인터넷에 의한 정보화 및 자동생산시스템의 제3차 산업혁명에 이어 인공지능(AI)과 로봇 등 첨단기술은 제4차 산업혁명으로 이끄는 동력이라 할 수 있다. 인공지능(AI)이 적용된 대표적 모델은 로봇이다. 일본의 아이보(Aibo)와 같은 다양한 로봇 애완강아지(Robot Pets)가 상업적 성공을 거두면서 인간과 교감하고 기쁘게 할 수 있는 소위 사회적 로봇(Social Robot) 분야의 성장이 예상된다.[179] 이러한 로봇은 자율적 행동을 할 수 있고, 복잡한 환경 속에서 인간과 교감할 수 있다.[180] 특히 인공지능(AI) 로봇이 기존의 로봇과 다른 점은 인간과 상호작용하면서 같은 공간을 공유한다는 특성이다.[181] 이러한 인공지능(AI) 로봇이 인간사회에 통합되면서 발생하는 로봇의 사회화 문제라 할 수 있는 각종 논의도 정책적 이슈가 되고 있다. 이와 함께 인공지능(AI)이 현실 세계에 진입함에 따른 책임 부여의 법적 측면도 중요한 이슈가 될 수밖에 없다.[182]

---

177) 이형직 · 류법모 · 임수종 · 장명길 · 김현기, "빅데이터 지식처리 인공지능(AI) 기술 동향," 『전자통신동향분석』 제29권 제4호 (2014), p. 31.

178) http://www.information-age.com/connected-cars-wild-are-you-ready-and-arethey-ready-123460910 (검색일: 2020.7.12.)

179) Robert Sparrow, Linda Sparrow, In the hands of machines? The future of aged care, (Mind Mach, 2006), p. 148.

180) Yueh-Hsuan Weng, "Beyond Robo Ethics: On a Legislative Consortium for Social Robotics," *Advanced Robotics*, Vol. 24 (2010), p. 1920.

181) 한창수 · 류영선, 『지능형 서비스 로봇의 설계와 응용』(서울: 청미디어, 2008), p. 2.

182) Dante Marino and Guglielmo Tamburrini, "Learning robots and human responsibility," *International Review of Information Ethics*, Vol. 6 (2006), p. 47.

〈표 2-17〉 인공지능(AI)에 관한 정책적 이슈

구분	사회적 이슈
인프라	인공지능(AI)으로 인한 사회 인프라(표준, 규범, 윤리 등)의 새로운 정의와 구축, 지능화로 인한 양극화에 대비한 사회안전망 구축, 교육 혁신 및 사회경제적 영향 측정
데이터	신뢰 가능한 데이터 확보 · 저장 · 유통, 데이터 생성 · 관리 · 소유권에 대한 협의
알고리즘	인공지능(AI) 기술의 악의적 활용 방지, 알고리즘 판단 편향 · 통제가능성 문제 해소, 인공지능(AI)의 투명성 및 신뢰도 제고
활용	인공지능(AI)으로 인한 사회 윤리 제정, 인공지능(AI)에 대한 근거 없는 불안감 해소, 인공지능(AI) 시대에 부합하는 시티즌십

* 출처: 한국정보화진흥원(NIA)(2019b), 전게논문, p. 3.

인공지능(AI) 시스템의 법적 책임과 관련한 정책적 이슈는 과연 국내법이나 국제법이 인공지능(AI)을 법적 주체로 인정하고 책임을 물을 수 있는가 하는 것이다. '강한 인공지능(AI)'이 아닌 '약한 인공지능(AI)'의 현실 하에서는 로봇을 법적 주체로서 취급하는 것은 다소 비현실적이기도 하고, 여러 가지 관점의 더욱 심도 있는 검토가 필요하다. 우선 제한적으로나마 인공지능(AI)의 권리주체성을 인정하는 급진적 접근법이 있다. 다른 방안은 기존 행위의 주체 사이에 의무와 책임을 재분배하는 실용적 접근법이다. 인공지능(AI)의 물건성을 부인하지 않으면서 인공지능(AI)을 이용하는 기존 권리주체의 권리와 의무를 구체적 현실 상황에 맞게 '증대'시키거나 '감축'시키는 조정을 통해 사고의 책임문제를 해결하고자 하는 방식이다.[183]

인공지능(AI)이 편향된 정보와 비윤리적인 정보를 가지고 학습한다면, 인간보다 더욱 차별주의적인 판단을 내릴 수 있다는 사례가 오래전부터 나타나고 있다.[184] 인공지능(AI)을 개발하고 상용화하는 기업과 개발자들의

183) 이중기, "인공지능(AI)을 가진 로봇의 법적 취급: 자율주행자동차 사고의 법적 인식과 책임을 중심으로," 『홍익법학』 제17권 제3호 (2016), pp. 8-9.

184) 2016년 5월 Tesla의 자율주행자동차 사고로 자율운행 중 탑승한 운전자가 사망하였다. 주요 원인은 햇빛으로 인해 흰색의 트레일러를 인식하지 못했다는 것이다. 자율주행자동차를 이용하는 것은 사람이지만, 이를 통제하는 주체는 사람이 아닐 수 있기때문에 사고 발생 시 자동차의 운전자, 제조사, 자율주행 프로그램의 개발사 중 어

윤리의식이 중요해진 것이다. 법과 제도의 정착까지는 많은 시간이 필요하며, 인공지능(AI)의 속성을 반영하지 못한 법과 제도는 올바른 방향을 제시하기 어렵다. 따라서 법과 제도의 구축 이전에 먼저 인공지능(AI) 개발자 같은 전문가의 윤리 인식 제고가 매우 중요하게 여겨지는 시기가 된 것이다.

인공지능(AI) 윤리에 관한 연구는 1960년대에 등장했다.[185] 인공지능(AI) 기술의 발전과 산업의 성장에 따른 현실적 문제로서 인공지능(AI) 윤리 논의의 등장과 급성장은 최근 몇 년 사이의 일이다. 인공지능(AI) 윤리 논의를 분석하는 최신 보고서에 따르면, 인공지능(AI) 윤리를 직접적으로 포함하는 문건의 88%는 2016년에 발표되었으며, 인공지능(AI) 윤리에 관한 논의는 점차 증가 추세를 보이고 있다.[186] 인공지능(AI) 기술 및 산업의 발전과 더불

느 쪽에 책임소재를 물어야 할지 혼란스러워졌다. 이러한 상황에서 테슬라는 인공지능(AI) 자율주행자동차 사고의 책임을 운전자에게 돌렸다. 테슬라의 대응을 지켜보던 투자자들은 테슬라의 주식이 떨어질 것이 라는데 돈을 걸었다. 신기술에 대한 기업의 윤리의식과 논리의 부재가 기업에 대한 시장의 불신으로 이어진 사례다. 『연합뉴스』(2016.7.1.), "테슬라 자율주행차 첫 사망사고…안전성 논란 증폭," https://www.yna.co.kr/view/AKR20160701134800009 (검색일: 2020.7.12.); 2018년 Amazon은 개발 중이던 인공지능(AI) 채용시스템이 여성지원자를 차별하는 것이 드러나 도입을 취소했다. Amazon의 인공지능(AI)은 여대를 졸업했거나 이력서에 '여성' 이라는 단어가 들어있으면 감점했다. 반면 '실행하다', '포착하다' 등 남성 기술자들의 이력서에 자주 쓰이는 동사가 있으면 좋은 점수를 부여했다. 인간보다 인공지능(AI)의 알고리즘이 더 공정할 것이라 기대했던 개발자들의 예상과는 정반대의 결과였다. MIT 공대 연구진은 여성과 소수 민족 등에 대한 부정확한 데이터가 그들을 차별하는 인공지능(AI)을 만들었다고 설명했다. 『조선일보』(2018.10.11.), "이력서에 '여성' 들어가면 감점… Amazon AI 채용, 도입 취소," http://news.chosun.com/site/data/html_dir/2018/10/11/2018101101250.html (검색일: 2020.7.12.)

185) Arthur L. Samuel, "Some moral and technical consequences of automation a refutation," *Science*, Vol. 132, No. 3429 (1960), pp. 741-742; Norbert Wiener, "Some moral and technical consequences of automation," *Science*, Vol. 131, No. 3410 (1960), pp. 1355-1358.

186) Anna Jobin, Marcello Ienca and Effy Vayena, "Artificial Intelligence: the global landscape of ethics guidelines," arXiv preprint arXiv: 1906.11668 (2019); Fjeld, Jessica, Nele Achten, Hannah Hilligoss, Adam Nagy and Madhulika Srikumar, Principled Artificial Intelligence: Mapping Consensus in Ethical and Rights-based Approaches to Principles

어 통상 '인공지능 윤리(AI Ethics)'에 대한 논의가 급증하고 있다. 인공지능(AI) 윤리의 급격한 성장은 이제 하나의 현상이라 할 수 있다. 이 현상은 각계의 요청에서 비롯하는데, 그 요청의 주인공이 전문적으로 윤리를 다루는 학계에 국한되지는 않는다. 학계, 기술 전문가, 기업, 정부, 국제기구, NGO 등 다양한 조직들에서 인공지능(AI) 윤리의 원칙, 성명, 권고안을 발표하고 있다. 2017년 이후 학계, 사적 영역, 공공영역의 행위 주체들, 주요 국가들의 정부(의회), 대학 연구소, IT 기업 연합체, 싱크탱크, 민간 이니셔티브, ITU 및 OECD 등 국제기구, World Wide Web Consortium, IEEE 등 국제 표준화 기구 등이 윤리 규범 정책 논의에 참여하고 있다.[187] 인공지능(AI) 윤리는 법, 정책, 기술, 산업 등 다방면에서 다양한 주체에 의해 논의되고, 이러한 현상은 일각에서 인공지능(AI) 윤리에 대한 '전 지구적 합의'가 성장한 산물로 해석하기도 한다.[188] 새로운 기술 산업으로서 인공지능(AI) 기술 관련 산업을 육성하려는 정부에게 인공지능(AI) 윤리는 주요한 정책이슈이기도 하다.[189] 무엇보다 인공지능(AI) 윤리 논의에 기술 기업이 적극적으로 참여한다는 것은 주목할 만한 현상이다. 기술과 윤리를 긴장관계로 보는 통상적 이해에 비추어 볼 때, 특히 기술 업계에서 윤리가 기술의 발전을 저해하는 것으로 간주되었음을 생각하면 이는 매우 놀라운 전환이다.[190] 현재의 인공지능

---

for AI (Berkman Klein Center for Internet & Society, 2020).

187) 정보통신정책연구원(KISDI), 『4차 산업혁명시대 산업별 인공지능(AI) 윤리의 이슈 분석 및 정책적 대응방안 연구』(2018), p. 48.

188) Crawford, Kate, Dobbe, Roel, Dryer, Theodora, Fried, Genevieve, Green, Ben, Kaziunas, Elizabeth, Kak, Amba, Mathur, Varoon, McElroy, Erin, Sánchez, Andrea Nill, Raji, Deborah, Rankin, Joy Lisi, Richardson, Rashida, Schultz, Jason, West, Sarah Myers and Whittaker, Meredith, AI Now 2019 Report (New York: AI Now Institute, 2019), p. 19.

189) West, Sarah Myers, Meredith Whittaker and Kate Crawfor, Discriminating Systems Gender, Race and Power in AI (New York: AI Now Institute, 2019), pp. 1-33.

190) 대부분의 사람들에게 기술발전은 그 자체로 선善이었다. 그러나 최근 회자되는 인공지능(AI)이나 제4차 산업혁명에 대한 논의들에서... '4차 산업혁명' 같은 말을 만들어낸 장본인조차 급격한 변화가 초래할 여러 가지 문제들에 대한 우려를 표명하고 대안의 모색을 강조한다. 이렇듯 기술의 발전에 어떤 방식으로든 제한을 두어야 한

(AI) 규제 논의에서 기술과 윤리를 긴장 관계로 보는 관점이 전적으로 제거된 것은 아니다.[191] 그러나 오늘날 인공지능(AI) 기술 관련 논의에서 윤리의 필요성이나 윤리적 고려가 전적으로 배제되는 경우는 없으며, 대부분의 인공지능(AI) 기술 논의는 윤리 논의를 포함하고 있다.

인공지능(AI)의 정책적 이슈들 중에서 주로 윤리 문제와 밀접한 것은 데이터의 품질과 편향성 이슈, 안전성 및 보안성 이슈, 프라이버시 침해 이슈 등이 있다. 데이터의 품질과 편향성 이슈는 개발에 활용된 데이터가 부족하거나 편향성이 내재되거나, 사용 알고리즘 자체에 왜곡이나 편향이 내포되어 있는 경우에 생기는 이슈이다.[192] 안전성 및 보안성 이슈는 소프트웨어 프로그램의 오류나 오작동으로 인해 발생할 수 있는 이슈이다.[193] 자율주

다는 식의 발언이 기술발전을 선도하는 사람들에게서 나오는 것은 상당한 변화이고, 그 자체로 흥미로운 분석의 대상이다. 손화철, "인공지능(AI) 시대의 과학기술 거버넌스," 『철학사상』 제68권 (2018), p. 268.

191) 대한민국 정부의 『인공지능(AI) 국가전략(2020)』은 'AI 경쟁력 혁신'을 달성하기 위한 과제 중 하나로 '과감한 규제 혁신 및 법제도 정비'를 꼽고 있다. AI 시대가 도래하였으나 현행 규제와 신기술 간 괴리, AI 확산에 대응하는 기본원칙 및 각 분야별 규율체계 부재로 혁신의 지체가 우려되기 때문이다. 관계부처합동, 『인공지능(AI) 국가전략』(2020), p. 19; 윤리문제에의 대응이 결과적으로 산업 성장을 위축시키는 규제가 되지 않도록 하는 노력이 필요하다. 정보통신정책연구원(KISDI)(2018), 전게논문, p. 187.

192) 김민정·유진호, "인공지능(AI) 윤리 이슈, 그리고 전문가 인식 제고," 『전자공학회지』 제46권 제10호 (2019), pp. 24-28; Microsoft의 인공지능(AI) 채팅봇 테이(Tay)는 부정확하고 편향적인 데이터 학습으로 성차별, 인종차별 등의 발언을 트위터에 나타내어 서비스 개시 16시간 만에 중단되었다. 『연합뉴스』(2016.3.12.), "마이크로소프트 채팅로봇, 트위터서 인종차별부터 배워," https://www.yna.co.kr/view/ AKR20160325000300085? input=1195m (검색일: 2020.7.12.); Google의 이미지 인식에서 흑인 여성을 고릴라로 인식하거나, WeChat의 번역과정에서 'Nigro'단어를 사용한 사례도 있었다. 『세계일보』(2015.7.2.), "구글 사진, 흑인 얼굴에 '고릴라들' 태그 소동," http://www.segye.com/newsView/20150702000799?OutUrl=naver (검색일: 2020.7.12.)

193) 2016년 7월 미국 캘리포니아 쇼핑몰에서 순찰 중이던 인공지능(AI) 로봇이 오작동으로 인해 16개월 된 아이를 다치게 한 사례가 있다. 『문화일보』(2016.7.14.), "美서 로봇이 16개월 아기 짓밟아… AI 믿어도 되나," http://www.munhwa.com/news/view.html?no=20160714010 32409312001 (검색일: 2020.7.12.)

행 자동차를 해킹하여 테러수단으로 이용하거나, 장애인이 장착한 로봇팔이나 관련 인공지능(AI)의 오작동으로 인해 피해가 발생할 경우 등이 정책적 이슈가 될 수 있다. 프라이버시 침해 이슈는 데이터의 연결 및 공유로 인해 개인의 민감 정보 침해가 발생할 수 있다. 국가나 공공기관에서 감시와 안전을 위해 도입하는 카메라와 얼굴 인식 프로그램은 많은 논란을 불러일으키고 있다. 또 자율주행 자동차 운행정보 유출로 인한 프라이버시 침해, 개인 의료 데이터를 이용한 보험사기 등 개인정보 침해 등이 있을 수 있다. 인공지능(AI)의 설계 시 고려하지 못한 상황 또는 조건에 대한 인공지능(AI)의 판단이 인명 피해나 재산 손실을 초래할 수 있으며, 부정확한 정보와 데이터로 인한 인공지능(AI)의 오작동이 발생할 수 있기 때문에 개발자와 전문가들이 인공지능(AI) 소프트웨어 개발과정에 참여할 때 전문인으로 가져야 할 윤리의식을 공유할 필요가 있다.

유럽에서는 2019년 4월 국제기구 차원에서 신뢰할 수 있는 인공지능(AI)에 대한 윤리지침 '인공지능(AI) 윤리 가이드라인(Ethics guidelines for trustworthy AI)'을 발표했다.[194] 가이드라인의 목적은 '신뢰할 수 있는 인공지능(AI)을 알리는 것'이며, 반드시 지켜져야 하는 세 가지 구성 요소로써, 합법적이어야 하며 모든 관련 법규 준수, 윤리적이어야 하며 윤리적 원칙과 가치 준수, 좋은 의도의 인공지능(AI) 시스템이 의도하지 않은 결과를 초래할 수 있기 때문에 기술 및 사회적 관점 모두에서 견고해야 함을 강조했다.

미국은 학계와 협력하여 윤리 및 보안 커리큘럼을 구축하고 있다. 미국 비영리연구단체 'Future of Life'는 2017년 1월 인류에게 혜택을 주는 인공지능(AI)만을 개발하는 것을 목표로 하는 '아실로마 AI 원칙'을 제정하여 학계와 대학의 윤리학, 보안, 프라이버시, 안전과 관련된 과목 등을 인공지능(AI)

194) 『ZDNet Korea』(2019.4.9.), "EU, AI 개발 7대 윤리 가이드라인 발표, 통제가능성 · 안정성 · 투명성 · 다양성 등 보장해야," https://zdnet.co.kr/view/?no=20190409065945&re=R_2019 0902154707 (검색일: 2020.7.12.)

과 데이터사이언스 커리큘럼에 통합하였다.[195]

프랑스는 대통령 주도 아래 인공지능(AI) 규제와 윤리분야의 글로벌 선도를 목표로 하고 있다. 인공지능(AI) 시대에 대응하는 데이터 정책 수립, 인공지능(AI) 윤리체계 구축, 인공지능(AI)이 고용에 미치는 영향과 통제방안 등 유럽의 인공지능(AI) 규정 개발을 주도하고 있다. 인공지능(AI) 엔지니어 교육 시 인공지능(AI) 알고리즘 개발에 윤리인식 교육을 반영하고, 일부 데이터 처리를 위해 EUGDPR에 의해 이미 의무화된 개인정보보호 영향평가와 유사하게 인공지능(AI) 영향평가를 도입하여 윤리적 설계 방안을 실행하고 있다.

일본은 2019년 3월 '인공지능(AI) 전략'을 '인공지능(AI) 사회원칙'과 함께 발표하였다. 일본은 인공지능(AI) 기술을 활용해 Society5.0[196] 실현, SDGs[197]

---

195) '아실로마 원칙(Asilomar Principles)'이란 인류에 도움이 되는 안전한 인공지능(AI)의 개발을 목표로, 그것을 위한 연구와 개발의 윤리와 가치 등을 규정한 준칙이다. '아실로마 AI 원칙'이라고도 부른다. 모두 23개 항으로 되어 있으며 인공지능(AI)의 잠재적 위험을 경계하고 연구개발자들이 인류 복지를 위해 협력해야 한다는 내용으로, 이 중 윤리와 가치에서 시스템의 안전과 설계, 구축자의 책임을 강조하고 있다. 인공지능(AI) 연구를 지원하는 비영리단체 'Future of Life'가 2017년 1월 초 미국 캘리포니아주 아실로마에서 개최한 컨퍼런스에서 채택되어 이렇게 불려진다. 당시 자문역의 영국 케임브리지대 교수 스티븐 호킹 박사, Tesla의 엘론 머스크 CEO, 'Alpha Go'를 개발한 데미스 허사비스 Deep Mind CEO, Google의 레이 커즈와일 기술이사 등 3,800명 이상이 서명했다. http://www.viva100.com/main/view.php?key= 20200223010008250 (검색일: 2020.7.12.)

196) 'Society 5.0'은 일본의 제5기 과학기술기본계획(2015)에서 소개된 개념으로 정보사회(Society 4.0)에 이어 일본이 나가야 할 미래사회를 지칭하는 것으로, 인공지능(AI), 사물인터넷(IoT), 로봇 등 첨단기술이 사회에 구현되어 지금까지 없었던 새로운 가치를 창출하여 다양한 사람들의 다양한 행복을 서로 존중하면서, 실현할 수 있고 지속가능한 인간중심의 사회를 표방한다. https://www8.cao.go.jp/cstp/english/society5_0 / index.html(검색일: 2020.7.12.)

197) SDGs(Sustainable Development Goals: 유엔 지속가능개발목표) 협회는 유엔 경제사회이사회 특별협의지위기구로, 2011년 설립된 국제비정부기구이다. 또한 유엔아시아태평양경제사회위원회(UN ESCAP)의 리서치 & 트레이닝 기구(UNESCAP SDG Help Desk Research and Training Institute)로 지정되어 있으며, 글로벌 SDGs 네트워크 기구로, 협회는 인류번영과 지구환경보존을 위한 전 세계 최대 공동목표 'SDGs(지속

기여, 일본 국가적 과제극복, 산업경쟁력 향상 등 거시적, 정치적, 사회적, 경제적 목표를 달성하는 것을 구상하고 있다.

중국은 인공지능(AI) 전략 컨트롤타워 역할을 하는 국가 차세대 인공지능(AI) 관리 특별위원회에서 2019년 6월 '차세대 인공지능(AI) 발전계획'을 발표하였다. 또한, 인공지능(AI) 관련 법률, 윤리, 사회 문제를 연구하기 위한 '차세대 인공지능(AI) 발전 규획 추진 사무실'을 출범하고 '국가 차세대 인공지능(AI) 관리 특별위원회'를 구성하였다.

한국은 방송통신위원회가 정보통신정책연구원(KISDI)과 함께 인공지능(AI) 시대에 정부, 기업, 이용자 등 구성원이 지켜야 할 '이용자 중심의 지능정보서비스 기본원칙'을 발표했다.[198] 인공지능(AI) 서비스가 확산함에 따라 공정하고 신뢰할 수 있는 인공지능(AI) 알고리즘의 중요성이 커지고 있는데 따른 것으로, 인공지능(AI)이 인간의 존엄성을 보호하고 차별을 금지해야 한다는 내용의 윤리원칙이다. 일상적으로 인공지능(AI)이 운용되는 지능정보시대의 도래에 대비하여 선제적으로 이용자 보호를 위해 마련된 것이다.

유럽연합(EU), OECD 등은 신뢰 가능한 인공지능(AI)을 위한 가이드라인이나 권고안 등을 이미 발표하였다. 미국의 Google, Microsoft, IBM 등과 한국의 kakao 등 주요 기업들도 인공지능(AI) 윤리원칙 등을 자발적으로 마련하고 있다. 윤리적 고려가 기술 발전의 저해 요인이 될 수 있다는 시각에도 불구하고, 인공지능(AI) 기술에서 윤리의 강조, 서로 다른 입장의 인공지능(AI) 윤리 논의, 인공지능(AI) 윤리에 대한 요구는 인공지능(AI) 기술이 발전할

가능개발목표)' 확산을 위해 각국 정부, 의회, 글로벌 주요 리더들과의 지속가능 네트워크를 만들고 있으며, 주요 글로벌기업의 지속가 능경영지수 분석 및 우수사례를 선정한다. SDGs는 글로벌 주요 기업이 기업경영 핵심가치로 삼는 '지속가능경영', 'ESG경영', '환경경영'의 가장 중심이 되는 글로벌 기준이 되고 있다. http://asdun.org/ ?page_id=192 (검색일: 2020.7.12.)

198) 방송통신위원회 보도자료 (2019.11.11.), "방통위, 「이용자 중심의 지능정보사회를 위한 원칙」 발표," http://www.korea.kr/news/pressReleaseView.do?newsId156360183 (검색일: 2020.7.12.)

수록 더욱 커질 전망이다.

인공지능(AI) 분야의 기술발전은 미국과 중국의 약진 속에서 보편적 연구가 필요한 분야와 집중강화가 필요한 분야 등을 구분하여 체계적인 연구가 필요하다. 〈그림 2-5〉는 2018년 기준으로 Scopus에 등재된 인공지능(AI) 관련 논문 현황으로 중국이 미국과 유럽 대비 월등히 증가하고 있는 것을 알 수 있다. 간행물, 컨퍼런스 등의 주제를 바탕으로 기계학습(Machine Learning), 딥러닝(Deep Learning), 로봇틱스 분야와 같이 세계적 연구 활성화 분야에 대한 지속적인 연구가 필요하며, 한국도 세계적으로 두각을 나타낼 수 있는 분야에 대한 연구가 필요하다.

〈그림 2-5〉 Scopus에 등재된 인공지능(AI) 주제의 논문 현황

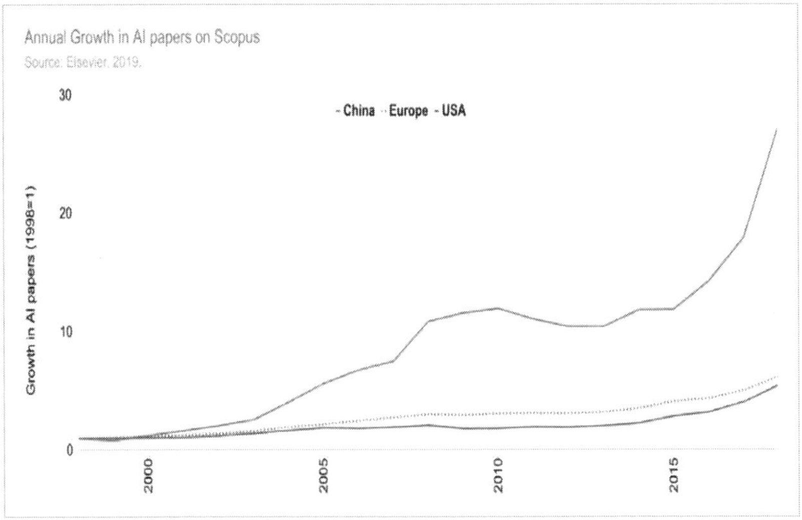

* 출처: 한국정보화진흥원(NIA), “데이터로 살펴보는 글로벌 인공지능(AI) 수준과 시사점: 스탠포드 AI Index 2019를 중심으로,” 『IT&Future Strategy』 제2호(2020), p. 18.

기술 특허 분야는 이미 독점적 현상이 시작되고 있으며 인공지능(AI)이 미치는 전 산업분야로 확산을 막기 위한 범국가적 대응이 필요한 상황이다.

전세계 인공지능(AI) 특허 출원은 주로 중국과 미국에 의해 주도된다. 〈그림 2-6〉과 같이 특히 중국의 성장세가 가파르다. 전년 대비 출원 성장율에서 중국은 이미 지난 2014년부터 미국을 추월했다.[199)]

〈그림 2-6〉 주요 국가별 인공지능(AI) 관련 특허출원 추이

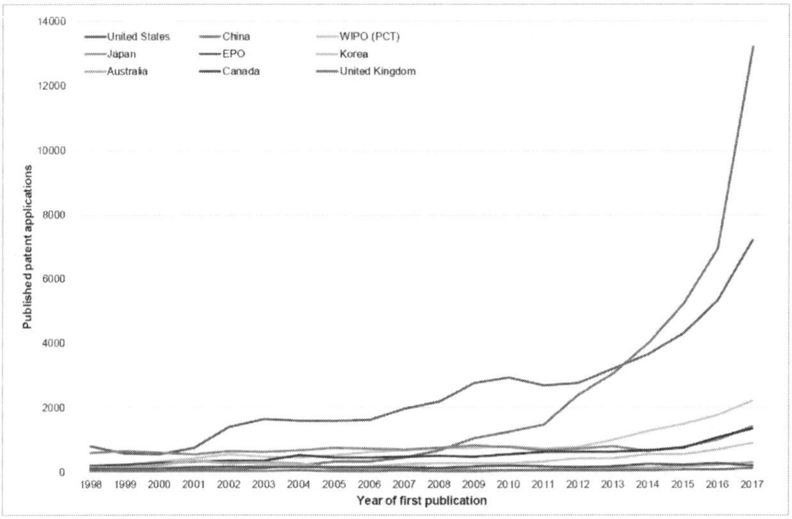

* 출처: 한국정보화진흥원(NIA), "글로벌 인공지능(AI) 특허 동향과 시사점," 『DNA 플러스 2019』(2019a), p. 11.

---

199) 중국의 AI특허는 자국 전용 출원율이 높다. 공개 특허의 19%만이 다른 나라에 출원했다. 특허는 대표적인 '속지주의' 제도다. 해당국에서 특허 효력을 발휘하고, 자신의 특허권을 행사하려면, 그 나라 특허청에 자신의 특허를 출원 · 등록해야 한다. 타국에 모국 특허의 자식 특허를 별도 출원하는 방식이기 때문에, 이를 '패밀리 특허'라 칭한다. 실제로 유럽특허청(EPO)의 분석에 따르면, 최근 20년간 AI 특허 관련 패밀리 특허 수는 미국이 월등히 많다. 그만큼 해외진출 의지가 강하다는 방증이다. 중국은 세계 최다 AI특허 보유건을 자랑하고 있지만, 패밀리특허 수에서는 일본이나 한국보다도 적다.

제3절 국가위기관리정책의 발전

1. 정책결정의 패러다임 변화

정책결정에 관한 연구는 그 동안 다양한 이론 또는 모형들이 개발되어 정책결정을 설명해왔다. 정책결정을 설명할 때 구조적 차원이건 미시적 차원이든 일반적으로 정책결정권자의 선택에 관한 모형은 합리성의 정도에 따라 합리모형, 제한된 합리성 모형, 쓰레기통 모형[200], 딜레마모형[201], 정치적 논리를 강조하는 관료정치모형[202] 등이 있다. 그렇다면 기존모형들이 과연 한국의 고유한 특성이 반영된 정책결정을 모두 설명할 수 있을지는 정책결정과정의 절차적 특성을 고려해 볼 때 기존모형으로 한국의 정책결정에 대한 개별적, 부분적 설명은 가능하지만, 전체적 영역을 설명하는 것은 몇 가지 이유로 한계가 있다.[203] 우선, 정책이 최종적으로 확정되려면 제도화된 절차를 거쳐야 한다. 정부 정책이 결정되려면 크게 두 가지 절차가 있다. 하나는 국회 의결 없이 정부 부처 내에서 이루어지는 정책으로서 명령이나 행정규칙이고, 다른 하나는 정부 부처에서 제안하여 국회의결을 거쳐

200) Van de Ven, H. Andrew, Three Rs of Administrative Behavior, In Hall, Richard Robert E, Quinn, eds., Organizational Theory and Public (Beverly Hills: SAGE Publications, 1987), pp. 37-53.

201) 이종범 · 안문석 · 이정준 · 윤견수, "정책분석에 있어서 딜레마 개념의 유용성," 『한국 행정학보』 제24권 제4호 (1991), pp. 3-22.

202) Allison Graham, Essence of Decision (Boston: Little, Brown and Company, 1999).

203) 정책이론에서 결정현상을 설명하는 개념으로 전문화된 하위정부, 정책하위체계, 철의 삼각, 이슈네트워크, 정책공동체, 정책커텐 등이 있으나, 이것은 외국의 정책현상을 설명하기 위해 개발된 개념이기 때문에 그 유용성에도 불구하고 한국의 정책결정 현상을 설명하는 것은 제한이 있다.

야 하는 법률이다. 중요한 정부정책은 국회의 의결을 필요로 하는 법률로 이루어진다. 정부가 제출하는 법률은 주무부처 주관의 회의와 의견수렴 등의 절차를 거쳐 그 입법여부가 검토되며, 입법이 결정된 정책은 관계부처와 협의, 입법예고, 당정협의 과정을 거쳐 국회에 제출되어 의결되면 법률로써 정해진다. 이처럼 정책이 결정되기까지는 정해진 입법절차를 거치기 때문에 기존모형으로는 개별사례 중심으로 부분적 설명은 가능하지만, 전체적인 설명은 어렵다고 볼 수 있다. 또한, 정책결정은 이러한 절차적 과정을 거치는 동안 수많은 이해관계자들이 개입하게 되는데, 이들은 영향력 관계에 따라 다양한 형태의 상호작용(경쟁, 대결, 협조 등)이 이루어진다. 단계에 따라 상이한 결정구조 혹은 유형이 존재할 수 있다. 또한, 한국의 정책결정 과정에서는 정치적 특성이 강하게 내재 되어 있다. 비록 관료조직의 정책실무자는 정책대안을 합리적으로 선택할 수도 있지만, 상위층으로 갈수록 의사결정이 정치적 특성을 고려하지 않을 수 없는 것이 현실이다. 조직이나 집단의 이해관계나 선거라는 변수를 무시할 수 없기 때문이다. 어느 국가이든 조직의 상위층에 올라갈수록 정치현상이 지배하지만 한국에서는 지난 정책결정들에 비추어 볼 때 이러한 경향이 더욱 크다. 한국에서 정책결정과정은 이러한 요인들 때문에 단일모형으로 설명하기 어려운 다층적, 다원적 현상이 존재한다.[204]

가. 전통적 정책결정 모형

일반적으로 정책결정을 설명하는 이론모형은 정보의 완전성과 애매성의 정도에 따라 앞서 살펴본 합리모형, 제한된 합리성 모형, 쓰레기통 모형, 딜레마모형, 정치적 논리를 강조하는 관료정치모형 등이 있다. 전통적 정책결정 모형으로 분류되는 이러한 모형들은 모두 정책결정권자 개인의 직감

---

204) 안병철 · 김정렬, "정책결정모형의 얼개짜기," 『한국행정논집』 제14권 제3호 (2002), p. 582.

이나 경험 등에 의존하는 개인적 차원의 분석에 중점을 두었다가 점차 조직적 차원의 정책결정으로 옮겨왔다.

합리모형은 정책결정권자가 이성과 합리성을 바탕으로 정책결정을 한다고 전제한다. 이는 정책문제의 목표에 대하여 객관적으로 상황을 분석하여 가능한 정보를 바탕으로 효용을 극대화하는 선택행위라고 본다.[205] 문제해결자인 정부를 잘 조정된 유기체로 가정하며, 정책선택은 전략적 목표를 극대화시키는 행위이며 그 문제에 대한 최선의 해결책을 의미한다.[206] 그러나 정책결정권자의 문제해결 과정은 이러한 논리를 그대로 따르지 않는다. 대안의 비교나 평가기준, 문제정의, 목표간 우선순위, 결과예측 등은 상황의 불확실성과 인간의 인지능력 한계 등으로 항상 어려움이 존재하기 때문에 합리성에는 제약이 따르기 마련이다. 제한된 합리모형은 인간의 인지능력, 정보와 시간 부족으로 상황에 대한 충분한 정보 수집을 할 수 없고, 가능한 대안을 모두 탐색할 수도 없으며, 상황은 불확실성이 존재하고 동태적이며 복잡하므로 대안의 선택에 제한이 있다는 것이다.[207] 쓰레기통 모형은 정보의 불완전성이 가장 높은 상황을 가정한다. 이모형은 조직을 조직화된 무정부상태로 파악하며, 이러한 혼란 상태에서 정책결정은 합리모형뿐만 아니라 제한된 합리모형에서도 이루어지지 않고 마치 쓰레기통에 문제가 쌓이면 쓰레기 치우는 사람이 그 통을 비우듯이 정책결정의 본질적 내용과는 무관한 상황에 의해 정책이 이루어진다는 설명이다.[208] 딜레마모형

---

205) Van de Ven, H. Andrew(1987), op. cit., pp. 38-40; Albek Erik, "Between Knowledge and Power: Utilization of Social Science in Public Policy Making," *Policy Sciences,* No. 28 (1995), pp. 79-100; William N. Dunn, Public Policy Analysis (N. J. Englewood Cliffs: Prentices-Hall, 1994), pp. 274-280.

206) Allison Graham(1999), *op. cit.*, pp. 32-34.

207) J. March & H. Simon, Organization (N.Y.: John Wiley and Sons, 1958), pp. 136-171.

208) M. Cohen, J. March and J. Oisen, "A Carbage Can Model of Organizational Choice," *Administrative Science Quarterly*, No. 17 (1972), pp. 1-25; J. March & J. Olsen, Ambiguity and Choice in Organization (Bergen: Universitatforlaget, 1976), pp. 10-68.

은 비교 불가능하거나 상충되는 가치나 대안이 선택상황에 나타날 때, 한 가지 대안의 포기가 가져올 기회손실이 너무 크기 때문에 선택이 곤란한 상황에서 정책결정권자의 선택행동을 설명해주는 모형이다.[209)]

이들 기존모형들은 정책결정 현상에 대해 개별 사례별로 비교적 설득력 있는 이론적 틀을 제공해주고 있다. 하지만 정책선택과정에서 행위자간 관계를 둘러싸고 벌어지는 역동성을 설명하는 데는 한계가 있다. 정책결정을 둘러싼 동태적인 역동성을 설명해 줄 수 있는 모형이 관료정치모형이다. 정치적 논리를 강조하는 관료정치모형에서는 정책을 행위자간 정치적 상호작용의 산물로 인식한다.[210)] 정책결정은 관료제, 정당, 이익집단, 전문가집단 등 다양한 조직들로 형성된 네트워크 속에서 이루어진다. 정책은 이 과정에서 참여자들 간 경쟁, 협력, 연합 등 정치적 상호작용을 통해 결정된다는 것이다.[211)] 관료제는 이해갈등과 경쟁 속에서 자신의 이익을 추구하는 조직으로 인식된다. 이기적 속성을 가진 이들은 주어진 기회를 활용하여 정책이해를 달성하려고 한다.[212)]

---

209) 이종범 외(1991), 전게논문, pp. 6-10.

210) 정책에 내재된 정치적 논리는 첫째, 정책문제는 가치가 내재하기 때문에 경제적 합리성의 논리만으로 해결하는데 한계가 따른다. 둘째, 이러한 가치문제는 정책결정과정에 참여하는 조직이나 집단에게 서로 다른 이해관계와 선호를 수반하게 된다. 따라서 합리적 결정이 자신의 이익을 침해하게 되면 정치적 압력과 반대를 하게 된다. 합리적으로 마련된 정책대안을 제시하더라도 강력한 정치세력의 반대가 있으면 그 정책대안은 채택될 수가 없게 된다. 셋째, 정책결정권자도 자신의 사적 이득을 위해 행동할 가능성이 있다. 관료들은 자신의 승진 내지 신 분보장을 확보할 수 있게, 의원들은 정치자금을 확보하거나 재선할 수 있도록 처신한다. 따라서 정책결정을 일정한 단계를 거쳐 해결되는 일련의 과정으로 파악하기보다는 이해관계자간에 끊임없는 갈등의 산물로 본다. 안병철 · 김정렬(2002), 전게논문, p. 584.

211) 정책결정을 행위자간 정치적 상호작용의 산물로 파악하고 있는 연구들이 있으나 의료보험정책, 추곡수매가정책, 환경정책, 대북정책 등은 개별사례이기 때문에 행위자간 상호관계를 제한된 시각에서 접근하여 한국의 정책결정을 전반적으로 설명하고 있지는 않다. 안병철 · 김정렬(2002), 전개논문, p. 584.

212) Howard E. Shuman, Congress and Bureaucracy, Bureaucratic Politics and National Security (Boulder, Colorado: Lynne Reinner, 1988), pp. 221-331; Allison Graham(1999),

나. 정치적 정책결정과 행정적 정책결정

현대사회는 매우 복잡하고 상호간의 이해관계도 그물처럼 얽혀 있다. 구성원 전체를 위해서는 필요한 일이지만, 개인적으로는 누구도 하고 싶어 하지 않은 일을 하는 것이 공공의 문제인데, 이러한 경우조차도 복잡하고 이해관계가 얽혀있어 해결이 쉽지 않다. 따라서 정부가 나서서 국민의 세금으로 이런 문제를 해결한다. 정부의 정책에는 다양한 관계자가 참여하고 그 과정과 절차도 복잡하다. 따라서 그 문제에 관하여 이해관계가 없으면 인지하지도 못한다. 하지만 이해당사자들은 적극적으로 참여하여 자신의 이익을 대변하고 정부의 정책으로부터 이익을 구하고자 한다. 이러한 과정으로부터 정부는 전체의 이익인 공익을 실현하기 위해서 정책결정과정에서 정치적 결정과 행정적 결정을 혼용하여 활용한다. 그 결과 정책결정과정에서 공익의 실현과 관련한 이해관계자간에 가치 판단에 따른 정치적 결정과 문제해결에 필요한 수단선택과 목표설정에 관한 합리적 판단에 의한 행정적 결정을 혼용하여 국민이 원하는 방향으로 정책문제를 해결하려고 하는 것이다.

정책결정은 사회적 문제를 해결하기 위해서 정부가 목표를 선정하고 달성하고자 하는 일련의 의사결정과정으로서 정부 활동의 일부이다. 따라서 이러한 정부의 활동을 담당하는 조직을 기준으로 기능을 구분하면 정치적 기능을 담당하는 입법부와 행정적 기능을 담당하는 행정부의 활동이 함께 움직이는 활동으로 볼 수 있다. 그러므로 국민의 뜻에 부합되는 정책이 결정되기 위해서는 다른 가치 판단의 기준과 생각을 가진 이해관계자들의 참여와 그들 간의 조정과 합의 절차를 통해서 민주적으로 정해진 목표와 이를 효율적으로 달성할 수 있는 방법을 마련하는 전체적인 절차가 순조롭게 이루어져야 한다. 이에 의해서 다양한 이해관계자들의 의견을 조정하고 목

---

op. cit., pp. 171-172.

표를 합의하는 과정은 정치적 가치 판단이 더욱 강하게 작용하고, 합의된 목표를 효율적으로 달성하기 위한 방법을 구하는 탐색은 행정적, 합리적 판단이 더욱 강하게 작용한다고 볼 수 있다.[213] 즉, 정책결정은 인지된 정책문제를 해결함으로써 달성하고자 하는 정책목표를 설정하고, 그러한 목표를 달성하기 위한 대안을 탐색 · 비교 · 평가하여 최적의 대안을 채택하는 과정이다.[214] 이러한 정책결정의 속성에는 정치적 측면의 결정과 행정적 측면의 결정이 혼재되어 있다고 할 수 있다.

행정적 정책결정은 합의하여 설정된 목표를 효율적으로 달성하기 위한 방법을 구하기 위한 탐색활동으로 볼 수 있다. 따라서 행정적 결정은 목표가 명확하기 때문에 이를 달성하기 위한 최선의 방안을 찾기 위해 전문지식을 활용하는 일련의 제반 활동이다.[215] 그러나 일반적으로 행정적 결정에서 전문지식을 바탕으로 최선의 방안을 찾기 위해서는 방법에 대한 탐색활동이 효율적이어야 하며, 정치적 책임을 갖지 않기 때문에 발생 가능한 법적, 윤리적 책임성 문제가 중요시 된다. 합의된 목표를 효율적으로 달성하기 위한 방법에 대한 탐색활동인 행정적 결정과정에서 유의해야 할 판단은 주로 경제성과 공평성의 측면이다.

일반적으로 정부의 활동을 여러 가지 다양한 기능으로 구분하여 기능 간의 관계를 시간순서에 따라 정리해보면, 가장 먼저 목표에 대한 합의 기능이 먼저 수행된 후 목표달성 기능이 뒤따라야 한다.[216] 이해관계가 대립되는 경우에는 상호간 합의가 이루어지지 않아 목표설정을 하지 못하고 대략적인 방향만 정하고서 정치적 결정을 행정적 결정으로 미루는 경우가 있

213) 정정길 · 이시원 · 정준금 · 김재훈 · 권혁주 · 문명재 · 김두래, 『새로운 패러다임 행정학』(서울: 대명출판사, 2017), pp. 8-9.

214) 허범, 성균관대학교 편, "공공정책의 형성과 집행," 『행정학개론』(서울: 대영문화사, 1998), p. 91.

215) 정정길 · 이시원 · 정준금 · 김재훈 · 권혁주 · 문명재 · 김두래(2017), 전게서, pp. 5-6.

216) 송병주, "정책결정: 정치적 결정과 행정적 결정, 탈원전 정책을 중심으로," (서울행정학회 학술대회 발표논문집, 2017), p. 161.

다. 이 경우, 행정적 결정과정에서 상호 상충되는 두 가지 이상의 결정기준에 충족되는 방법을 탐색하게 되어 정치적 결정이 불가피하게 된다. 반면에 정치적으로 결정된 목표를 내세운다 하더라도 이를 실현하기 위한 전문적인 대안 판단과정에서 적절성이 없을 경우, 즉 목표의 달성을 위해서 과도한 비용과 희생이 지급되지 않는 적당한 수준인지 여부를 판단한 결과 오히려 행정적 결정과정에서 목표를 수정할 필요가 생기게 된다. 목표를 달성하기 위해서 객관적이고 분석적으로 최선의 대안탐색에만 매진하는 행정적 결정의 한계를 극복하려면 더욱 거시적인 방향으로 새로운 정책목표를 제안하고자 하는 정치적 결정의 상황이 중요하다. 하지만 여건을 고려해서 정책의 실현 가능성이나 대안 선택의 가능성, 합리성에 관한 분석, 판단에 따른 행정적 결정의 뒷받침 등도 없이 정치적인 지지만으로 거시적인 정책의 방향을 제안하는 정치적 결정은 한계가 있을 수 있다. 따라서 정부의 정책결정은 정치적 결정의 국면과 행정적 결정의 국면이 상호 동전의 양면과 같다는 것을 인식할 필요가 있다.

다. 정책결정의 패러다임 변화

전통적으로 정책결정은 전문가가 주도하는 것이 일반적이었다. 전문가에 의존하는 정책결정은 관련분야에 해박한 전문지식과 오랜 경험 그리고 know-how를 보유하고 있는 전문가가 정책문제를 정의하고 대안을 탐색하여 최적의 대안을 선정하는 것이다. 이러한 정책결정은 본질적으로 엘리트주의에 기반하고 있으며 또한 공급자 중심의 성격을 띤다. 그러나 정책문제가 복잡 다양해지고 급박해짐에 따라 이러한 방식은 한계를 드러내고 있다. 대표적으로 개인의 경험과 전문성의 한계, 편견과 부주의, 도덕성과 윤리의식의 부족, 책임감과 사명감의 부족 등이 그것이다. 두 번째 패러다임은 집단지성을 활용한 정책결정 또는 정책이해관계자, 수혜자, 고객의 입장을 반영한 정책결정이다. 이는 기존의 엘리트주의 정책결정 또는 공급자 중심의 정책결정과 달리 수요자 중심의 정책결정 또는 고객중심의 정책결정을 의미한다. 이 방식이 등장하게 된 근본적인 이유는 정책 환경이 점점 더 복잡 다양해지고 급변함에 따라서 개인 또는 소수의 전문가가 이를 모두 파악하면서 합리적인 정책결정을 내리기가 점점 더 어려워지고 있기 때문이다. 이러한 패러다임은 한 사람의 '천재'보다는 다수의 보통사람들이 더 똑똑하다는 '집단지성'의 원리가 적용되고, '정부'보다 '시장'이 더 똑똑하다는 원리가 적용된 결과이다. 그러나 이러한 정책결정에도 한계가 있다. 가장 큰 문제는 정책결정을 하는데 시간과 비용이 많이 든다는 것이며, 시민들이 항상 이성적이고 합리적이지 않다는 것이다. 세 번째 패러다임은 데이터 또는 사실 기반 정책결정이다. 이는 개인 정책결정권자가 갖는 전문가 편견과 오류, 시민이 갖는 집단편견과 오류의 문제를 극복하기 위해서 객관적인 자료와 사실에 바탕을 두고 정책결정을 하자는 것이다. 이는 정책결정과 관련된 광범위하고 다양한 데이터를 수집하고, 이를 분류하고 분석함으로써 정책문제에 관한 객관적인 사실을 충분히 파악한 후에 그에 근거해서 정책결정을 하는 것이다. 이는 앞서 살펴본 바와 같이 근본적으로 고전적인 정책결정에서 포기했던 합리모형을 다시 도입하는 것을 의미한다. 과거에 합리모형을 채택하지 못했던 근본적인 이유는 정책문제와 관련한 데이터가 부족하고, 인간이 모든 데이터와 정보를 수집하고 분석할 수 있는 능력이 제한되며, 시간과 비용이 너무 많이 소요되기 때문이다.[217]

빅데이터 시대가 도래함에 따라서 정책문제와 관련한 광범위한 데이터가 무한히 생산되고 있고, 이를 빅데이터 기술로 신속하고 정확하게 분석하는 것이 현실화 되고 있다. 하지만 이 방식에도 한계가 있다. 가장 큰 문제는 데이터 자체의 문제이다. 기존의 데이터가 고정형 데이터였다면 현재의 빅데이터는 모든 비정형데이터를 포함하고 있어, 때로는 데이터 자체의 품질

217) 윤상오 · 이은미 · 성욱준, "인공지능(AI)을 활용한 정책결정의 유형과 쟁점에 관한 시론," 『한국지역정보화학회지』 제21권 제1호 (2018), pp. 39-40.

문제나 오류가 있을 수 있다. 또한 광범위한 데이터를 수집하는 것 못지않게 이를 분석하는 알고리즘을 설계하는 것도 중요하다. 알고리즘을 어떻게 설계하느냐에 따라 빅데이터에서 추출할 수 있는 유의미한 데이터가 달라질 수 있기 때문이다. 끝으로, 인공지능(AI) 자체에 의한 정책결정이다. 이는 아직까지 광범위하게 적용되는 것이 아니라 그 가능성을 논의하는 단계이기 때문에 새로운 패러다임으로 보는 것에 대해서는 아직 논란이 있다.

인공지능(AI) 정책의 주요 쟁점을 분석하기 위해서는 무엇이 인공지능(AI) 정책에 핵심적으로 영향을 주는가이다. 즉, 인공지능(AI)의 본질인 데이터와 알고리즘에 대하여 살펴볼 필요가 있다. 인공지능(AI)은 데이터와 알고리즘을 활용하여 인간을 모방하는 것이다. 따라서 신뢰성 있는 알고리즘 역량과 양질의 데이터에 따라 인공지능(AI)의 성능에 차이가 발생한다. 더 좋고 더 많은 데이터가 더 똑똑한 알고리즘을 만들고, 이를 더 많은 수요자가 사용함으로써 더 많은 데이터를 만들어내는 선순환에 의해 알고리즘의 경쟁력이 강화된다. 인공지능(AI) 운용에 필요한 핵심 자원은 데이터이다. 인공지능(AI)은 데이터를 스스로 수집하고 학습한다. 따라서 인공지능(AI)이 똑똑해지기 위해서는 좋은 데이터를 더 많이 수집하는 것이 필요하다. 그러나 현재의 빅데이터는 기존의 정형화된 정제되고 검증된 데이터뿐만 아니라 온갖 편견과 편향, 거짓과 과장, 왜곡과 오류가 있는 데이터들이 많아서, 인공지능(AI)이 이들 데이터를 그대로 학습할 경우에는 심각한 오류가 발생될 수가 있다.[218)]

명확한 대안이 존재하는 정책문제, 정답이 존재하는 정책문제에서는 알고리즘이 인간보다 훨씬 더 효율성이 높을 수도 있다는 것이다. 그럼에도 불구하고, 과연 알고리즘이 인간의 지능을 대체하거나 능가할 수 있는가 또는 인간의 지능을 보완하는 수준에 머무를 것인가는 여전히 논란이 되고 있

---

218) 한국정보화진흥원(NIA), "지능화 시대의 패러다임 변화와 대응전략," 『IT&Future Strategy』 제11호 (2016), p. 25.

다. 이상의 내용을 중심으로 인공지능(AI) 정책결정의 주요 쟁점을 분석하기 위한 틀을 설정하면 〈표 2-18〉과 같다.

〈표 2-18〉 인공지능(AI) 정책결정의 쟁점 분석 틀

	인간 지능	알고리즘 지능
데이터(사실)	2. 데이터 기반 정책결정 · 객관적인 사실과 데이터에 근거 · 인간의 주관성(직관 · 창의력) 배제 노력 · 인간의 경험 · 전문성 최소화 · 정책결정의 객관성 중시	3. 인공지능(AI) 정책결정 · 객관적 데이터 · 기계학습에 근거 · 정책결정의 무인화 · 자동화 · 정책결정의 합리성 극대화 · 인간의 오류 배제, 기계의 오류 함축
인간(경험, 지식)	0. 전문가 기반 정책결정 · 인간의 경험 · 전문성에 근거 · 인간의 지능 · 학습력 · 판단력에 근거 · 인간의 직관 · 창의력 활용 · 정책결정시 민주성, 정치성 고려	1. 알고리즘 기반 정책결정 · 알고리즘의 지능 · 학습력 · 판단력에 근거 · 알고리즘의 분류 · 비교 · 대조 능력 활용 · 정책분석은 기계, 최종결정은 인간 · 정책결정의 효율성 중시 (신속성 · 정확성)

* 출처: 윤상오 · 이은미 · 성욱준(2018), 전게논문, p. 43.

〈표 2-18〉에서 '알고리즘 기반 정책결정'은 알고리즘의 지능과 인간의 지능에 관한 문제이다. 알고리즘이 인간의 지능을 보완할 경우 양자는 분업과 협업을 통해서 시너지 효과를 낼 수 있다. 알고리즘이 인간과 동등한 수준의 지능을 갖게 된다면 반드시 인간이 담당할 필요가 없는 분야부터 인공지능(AI)이 대체를 하게 될 것이다. 만약 알고리즘이 인간의 지능을 능가하게 된다면, 인간은 더이상 정책결정 기능을 담당 할 수 없으며 모든 결정을 기계에 위임하게 될 것이다. '데이터 기반 정책결정'은 인간의 경험과 지식 그리고 데이터에 관한 문제이다. 전통적으로 인간은 정책결정시 자신의 경험과 지식에 의존하지만 필요시 데이터를 활용하므로 양자 간의 보완관계는 명확하다. 그러나 인간의 경험과 지식에 근거한 판단이 객관적인 데이터에 근거한 판단과 큰 차이를 보이지 않거나 또는 인간의 지식과 경험에 의한 판단보다 데이터에 근거한 판단이 더 합리적이라면 더 이상 인간의 경험과

지식은 필요 없게 될 수도 있다.

인공지능(AI)이 정책결정을 인간의 경험과 지식 그리고 지능을 전혀 활용하지 않고 오직 데이터와 알고리즘만으로 하는 것이 가능한가의 문제이다. '인공지능(AI) 정책결정'은 기존의 정책결정 패러다임이 갖는 오류를 극복할 수 있는 가능성을 제기해 준다. '전문가 기반 정책결정'이 갖는 개인의 경험과 전문성의 한계, 편견과 부주의, 책임성 결여, 도덕성 부족 등의 문제를 극복할 수 있고, 시민들의 다양한 의견을 수렴하기 위하여 다양한 비정형 데이터를 실시간으로 수집하여 분석하고 반영할 수 있다. 또한 인공지능(AI)이 스스로 데이터를 수집하고 분류하며 분석하는 과정에서 지속적으로 학습하고 오류를 수정함으로써 점점 더 나은 정책결정을 하게 된다. '데이터 기반 정책결정'이 갖는 데이터와 알고리즘의 오류를 인공지능(AI)은 딥러닝(Deep Learning)을 통해서 점점 더 극복해 나갈 수 있다.[219]

2. 인공지능 기반의 국가위기관리정책

제4차 산업혁명시대가 도래하면서 정부는 아직 민간분야만큼 충분하게 준비하지 못한 것으로 평가되고 있다.[220] 슈밥(K. Schwab)은 이러한 현상을 두고 제4차 산업혁명시대에 대부분의 전 분야가 변화했음에도 불구하고 정책결정권자들의 사고방식은 유연하지 못하고 당면한 상황의 조치에만 몰두하여 제4차 산업혁명에 의한 영향력으로 사회와 인간의 미래를 어떻게 준비해야 하는지에 관한 미래 전략적 사고를 못한다고 하였다.[221]

---

219) 윤상오 · 이은미 · 성욱준(2018), 전게논문, pp. 44-54.

220) 최진욱, "제4차 산업혁명이 정부 정책분석평가에 미치는 영향에 대한 탐색," 『정책분석평가학회보』 제27권 제4호 (2017), p. 227.

221) K. Schwab(2016). *op. cit.*.

제4차 산업혁명에 의한 변화는 정부에게 운영방식과 역할에 변화를 주고 있다.[222] 정부는 당면한 현안문제 해결 외에도 미래의 변화에 대하여 대응하는 것이 쉽지 않다. 그러나 제4차 산업혁명의 특징을 고려할 때, 앞으로 진행될 영향과 변화는 예상이 가능하다. 특히 인공지능(AI) 기술은 정부를 혁신하는 방법 중 가장 넓은 영향력의 폭과 크기로 패러다임을 바꿔 지능정부 구현에 가장 큰 영향을 줄 것으로 예상된다.[223]

1990년대 중반 이후 글로벌 경제는 정보통신기술(ICT) 혁명을 바탕으로 디지털 경제 혹은 인터넷 경제로 상징되는 패러다임 전환을 경험하고 있다. 정보통신기술(ICT) 혁명 이후 주요 국가들이 과거 1960~1970년대의 산업정책 못지않게 국가 운영을 제4차 산업혁명의 장으로 끌어들이는 정책을 추진하고 있으며, 한국도 국정운영 과제에 반영하여 대통령 직속 기구에 의해 추진하고 있다. 특히 국방분야는 미래전의 양상과 무기체계의 발달에 따른 대응개념으로서 제4차 산업혁명시대의 주요 정보통신기술(ICT)을 활용하는 정책을 추진하고 있어 정부 각 분야의 위기관리정책 패러다임에도 변화가 예상된다.

청와대 국가안보실이 국가위기관리에 관한 전반적인 컨트롤 타워로서의 역할을 하는 것은 제한이 있는데, 이는 급박한 위기상황에서 국가안보실이 대응을 위한 최종결정을 하기에는 시간적, 공간적 제한이 있기 때문이다.[224] 하지만 현재와 같이 정보통신기술(ICT)이 나날이 발전하는 현실에서는 위기 현장과 국가안보실 간 실시간대로 논의하고 결정할 수 있는 것이 가능하다.

---

222) Fredette, John, Marom, Revital, Steinert, Kurt, Witters, Louis, The Promise and Peril of Hyperconnectivity for Organization and Societies in Soumitra Dutta and Beñat Bibao-Osorio (eds.), The Global Information Technology Repor: Living in a Hyper-connected World (Geneva: World Economic Forum, 2012).

223) 한국정보화진흥원(NIA), “인공지능(AI)시대의 정부-인공지능(AI)이 어떻게 정부를 변화 시킬 것인가?” 『IT&Future Strategy』 제3호 (2017), pp. 3-35.

224) 이채언(2012b), 전게논문, p. 2.

미래 컴퓨터 기술과 고도의 과학기술 발전으로 위기예방이 상당히 가능한 것을 인식하고 전산정보분야 전문가들과 학제적이며 산 · 학 협력적인 연구를 통해 정보통신기술(ICT)과 첨단 분석프로그램을 한국적 상황에 응용하면 국가위기관리프로그램의 개발이 가능하여 대량의 데이터를 자동으로 수집하고 분류하며 실시간으로 분석하는 능력이 향상되어 정책결정권자에게 정책대안 능력을 제공하기 위한 정보통신기술(ICT)과 분석프로그램을 활용하는 위기관리 프로그램을 개발하여 변화하는 안보환경에 신속히 대응하는 국가위기관리시스템을 구축한다면 한국의 안보상황에 적합한 국가위기관리정책의 수립과 추진이 향상될 것이다.[225]

국가는 이러한 위기를 관리하기 위해 사전에 예상되는 위기는 회피하고, 위기상황 발생 시에는 피해의 정도를 최소화하기 위해 기존의 정책을 변화하거나 새로운 정책을 마련한다. 포괄적 안보개념에서 볼 때 위기관리를 위한 폭 넓은 기술혁신과 개발이 필요하며 과학기술의 발전은 더욱 낮은 비용으로 위기관리를 가능하게 해준다.

『국가위기관리기본지침』에서는 국가위기를 '국가의 주권 또는 국가를 구성하는 정치 · 경제 · 사회 · 문화체계 등 국가의 핵심요소나 가치에 중대한 위해가 가해질 가능성이 있거나 가해지고 있는 상태'로 정의하고 있다.[226] 그러나 훈령은 행정규칙이라서 위기관리와 관련된 현행법에 우선하여 효력을 발휘하지 못한다.[227] 그리고 개별법 간에도 연계되는 조항의 중복적용으로 법리적 충돌이 예상되어 위기 상황 시 신속한 대응이 제한되고, 위기관리를 위한 자원의 효율적 운용도 제한된다.[228]

국가위기관리를 위한 기본법률 등과 같은 법적, 제도적 플랫폼은 다양

---

225) 길병옥 · 허태회(2003), 전게논문, pp. 341-350.

226) 이재은(2006), 전게논문, pp. 19-35.

227) 한영수 · 강현철, 『국가위기관리 법제의 개선방안 연구』(서울: 한국법제연구원, 2010), p. 54.

228) 행정안전부, 『비상대비관련 법령정비방안』(정책연구용역보고서, 2011), pp, 39-44.

한 참여자들이 모일 수 있도록 기반(인프라)을 제공하고, 참여할 수 있는 도구와 규칙을 제공하여 상호작용을 촉진한다. 이러한 플랫폼은 정보통신기술(ICT) 인프라와 시스템을 제공하여, 두 개 그룹 이상이 연계되는 플랫폼을 가능하게 한다. 디지털 기술에 기반을 두고 있는 디지털 플랫폼은 정부의 대응 모델, 가용 동원자원운용 등의 인프라도 지원한다. 이와 같은 디지털 플랫폼이 국가위기관리정책에서 갖는 의미는 '디지털 역량을 바탕으로 변화의 동인을 포착하여 위기상황을 해결하는 것'에 있다. 또한 디지털 플랫폼은 디지털 역량을 필요로 하며, 인공지능(AI), 빅데이터, 사물인터넷(IoT), 클라우드 컴퓨팅 같은 새로운 디지털 요소와 이의 프로세스에 대한 전문성을 필요로 한다.

정부는 통합적 재난관리체계를 법제화하기 위해 2004년에 '재난 및 안전관리 기본법'을 제정하였으며, 재난 상황 시 컨트롤 타워 기능을 청와대 국가안보실이 수행하도록 『국가안보전략지침(대통령훈령)』에 명시하였다. 또한 정부 조직 개편이나 재난상황 발생 시마다 이에 대처하기 위해 대응과 복구 그리고 처리를 위한 재난관리조직을 편성하고 운영하였으나 이제는 정부 조직의 관점이 아닌 정보통신기술(ICT)의 관점, 즉 지능화된 위기관리체계에서 대처하는 것이 필요하다.

헌법과 재난 및 안전관리 기본법을 근거로 5년 단위로 작성되어지는 '국가안전관리기본계획'은 국가의 재난 및 안전관리의 기본방향을 설정하는 재난안전분야 최상위 계획으로 산업화, 첨단화, 복잡화 등 급속한 위기관리 환경의 변화에 따라 국가차원의 재난 및 안전관리를 위한 계획 수립의 필요성이 제기되면서 수립되었다. 이를 토대로 중앙부처는 집행계획을, 지방자치단체는 안전관리계획을 수립하여 시행한다. 또한 재난관리 주관기관은 위기관리 표준매뉴얼을, 재난관리 주관기관과 관계기관은 위기대응 실무매뉴얼을, 재난 현장에서 직접 상황을 조치하는 기관은 현장조치 행동매뉴얼을 이에 근거하여 작성한다.[229]

산불, 유해화학물질유출사고 등 주요 사회재난 27개 상황과 지진, 풍수해 등 13개 주요 자연재난 상황을 조치하기 위해 행정안전부, 국토교통부 등 중앙 행정기관 15개 부처는 위기관리 표준매뉴얼 40개를 위기유형별로 갖추고 있으며, 17개 시 · 도는 위기대응 실무매뉴얼 326개를, 226개 시 · 군 · 구는 현장조치 행동매뉴얼 8,863개를 갖추고 재난 상황 발생 시 신속하게 조치하도록 대비하고 있다.[230] 그러나 재난 상황이 발생하면 최대한 짧은 시간 내에 관련 기관의 매뉴얼을 토대로 상황 조치를 효과적이고 효율적으로 하는 것은 급박한 재난 현장의 특성상 현실적으로 매우 제한될 것이다.[231] 특히 현장조치 행동매뉴얼은 재난 상황 시 현장에서의 적용이 쉽지 않아, 재난 현장에서 신속한 적용이 가능하도록 쉽게 이해되고 즉시적인 조치가 가능하게끔 개선할 필요가 있다.[232] 이는 재난 발생 시 동시적이고 복합적인 상황조치를 위한 계획과 법규 그리고 각종 매뉴얼의 데이터베이스화로 상황 조치 시 인공지능(AI)에 의한 지원을 가능하게 해준다.

재난 및 안전관리 기본법에서는 재난관리단계를 용어의 정의에서는 예방, 대비, 대응, 복구로 정의하고 있다. 이는 재난관리과정을 재난의 완화 및 예방, 대비 및 계획, 대응, 복구의 4단계로 구분한 페닥(William J. Petak)의 재난관리모형에 따른 것으로[233] 이 과정들이 상호작용의 필요성이 있음을 강조한 것이다.[234] 그러나 재난 상황 발생 시 각 중앙 부처 및 지방자치단체 상호

---

229) 권설아 · 이재은 · 변성수 · 조민상 · 류상일, "국가안전관리 기본계획의 실태 분석 및 개선 방안," 『한국정책논집』 제18권 (2018), pp. 16-30.

230) 행정안전부, 『행정안전부 주요통계집』(2019).

231) 최원상 · 신진, "4차 산업혁명기 정부 비상대비정책의 패러다임 전환에 관한 연구," 『Crisisonomy』 제15권 제7호 (2019b), pp. 33-52.

232) 송주일 · 장초록 · 장문엽, "지자체 현장조치 행동매뉴얼 활용성 증대를 위한 개선 방안 연구," 『한국방재학회지』 제19권 제2호 (2019), pp. 72-78.

233) William J. Petak(1985), *op. cit.*, pp. 5-7.

234) 이정일, "한국 재난관리체계에 대한 담당공무원들의 인식에 관한 연구," 『한국화재소방학회논문지』 제24권 제5호 (2010), p. 10.

간에 상황 조치와 재난관리자원의 운용을 위해 데이터를 통합하여 재난 단계별로 관리하는 재난관리자원의 데이터베이스화 및 정보화를 통해 기관 간 상황 공유와 협업으로 정책결정을 위한 통합된 상황체계의 구축이 필요하다.

2016년 스위스 다보스에서 개최된 세계경제포럼(WEF)에서 '4차 산업혁명의 이해'가 논의되면서 미국 등 주요 국가들은 인공지능(AI) 등 정보통신기술(ICT)을 국가정책에 활용하기 위해 다양한 분야에서 추진하고 있다. 정보통신기술(ICT)의 발전은 거의 모든 산업 분야에서 현 체계를 빠르게 변화시키며, 이는 정보통신기술(ICT) 발전의 영향력과 속도가 이전의 산업혁명과는 혁신적으로 다르다는 것을 말해 준다.

이전의 산업혁명은 주로 기술의 발전에 의존했으나, 제4차 산업혁명시대에는 사물인터넷(IoT)에 의한 센싱 기술이 초고속 통신네트워크를 통해 데이터를 수집하고 초연결화되어 공유하며, 기계는 빅데이터를 통해 딥러닝(Deep Learning) 알고리즘으로 스스로 학습을 하고 초지능화되어 추론하고 예측하는 것이 가능해졌다.

제4차 산업혁명시대에서 중요한 정보통신기술(ICT)로 여겨지는 인공지능(AI), 빅데이터, 사물인터넷(IoT), 무인자율체계 등은 연구가 활발히 진행되고 있으나, 인공지능(AI)을 기반으로 하는 국가위기관리를 위한 연구와 적용은 아직 활성화되어 있지 않다. 따라서 제4차 산업혁명시대에서 주요 정보통신기술(ICT)을 운용하여 초연결화되고 초지능화된 인공지능(AI)을 기반으로 하는 국가위기관리체계의 구축이 필요하다.

정보통신기술(ICT)의 급격한 발전은 범정부적 국가위기관리를 위한 인프라를 구축하고 통합된 플랫폼을 운용하는 것을 가능하게 해준다. 정부는 이를 바탕으로 초연결화되어 초지능화를 확보하고 이전과 다른 패러다임으로 국가위기관리가 가능해진다. 따라서 제4차 산업혁명시대에 인공지능(AI) 등 주요 정보통신기술(ICT)을 국가위기관리에 어떻게 활용하여야 하는

가를 탐색하여, 국가위기관리 기능을 혁신적으로 개선하여 미래 위협 요소와 위기환경 변화에 선제적으로 대응하기 위한 국가위기관리 패러다임의 전환이 필요하다.

가. 정보통신기술(ICT)을 활용하는 국가위기관리

현 정부 출범 시 국정기획자문위원회가 발표한 국정운영 5개년 계획에서는 '4차 산업혁명'을 강조하면서 국가적 방향전환의 계기로 삼고 있다.[235] 2017년에는 대통령 직속으로 '4차산업혁명위원회'가 발족되어 필요한 정책들을 마련하고 있으며, '4차 산업혁명 대응 전자정부협의회'를 통하여 '지능형 정부 기본계획'을 추진하고 있다. 따라서 국가위기관리도 이러한 정책의 변화를 인지하고 수용해서 정책에 부합되게끔 적극적으로 대응해야 할 필요가 있다.

포괄적 안보 개념 하에서 위기의 개념과 적용 범위는 이전과 달리 더욱 넓어지고 있다. 국방 및 재난분야에서의 정보통신기술(ICT)을 활용한 정책적 제안이나 연구 활동과 같이 향후 국가위기관리정책의 수립과 집행의 방향은 정보통신기술(ICT)의 발전과 연계되어야 할 필요성이 점차 커지고 있다. 특히, 〈표 2-19〉와 같이 산업화 단계에 따른 전쟁과 재난 양상의 변화에 따른 위기 양상을 사전에 예측하여 미래의 위협과 위기환경에 대비하는 국가위기관리가 필요하다.

국가위기관리정책이 군사작전을 지원하기 위해서는 국방분야에 관한 통찰과 그에 따른 지원체계를 갖추는 것이 필요하다. 그러기 위해서는 미래의 전장체계를 분석하고 그에 부합하는 지원체계를 갖추어야 한다.

국방분야는 미래전 전개 양상에 따른 선제적인 대응을 위해 정보통신기술(ICT)을 활용한 전력발전 소요로서 군사력 건설 시스템을 구성하고 있는 전투발전체계, 국방기획관리체계, 국방획득체계상의 각 기능과 조직들

---

[235] 국정기획자문위원회(2017), 전게서.

의 효율적인 연계를 추진하고 있다.[236] 국방분야는 제4차 산업혁명기 주요 정보통신기술(ICT)을 적용한 전장체계를 갖추면서 대상과 범위를 더욱 넓혀 가며 미래 전쟁 양상에 대비하고 있다.

〈표 2-19〉 산업 발전에 따른 전쟁과 재난 양상의 변화

구분	1차 산업혁명 (18세기)	2차 산업혁명 (19~20세기 중반)	3차 산업혁명 (20세기 후반)	4차 산업혁명 (21세기~현재)
산업혁명	증기기관	전기	컴퓨터, 인터넷	지능정보기술의 고도화
전쟁양상	진지전 (기관총, 속사포)	전격전, 총력전 (전차, 항공기, 핵)	네트워크전 (C4I, 정밀무기)	하이브리드전 (사이버, 로봇)
	제1·2차 세계대전		걸프전, 이라크전	로봇간의 전투 (무인전투), 사이버전 중심, 인공지능(AI) 무기체계, 무인경계, 우주전쟁
재난양상	단순소형		대형	복합대형
	신종 감염병은 어느 시대나 대형			

* 출처: 최원상 · 신진(2019b), 전게논문, p. 34.

재난분야는 안보분야에 비해 정보통신기술(ICT)을 활용한 연구가 비교적 상대적으로 활발하게 이루어지고 있다.[237] 재난 구조용 다중 로봇을 위한 측위 기술 개발, 국가 광대역 무선기반의 사회안전망 구축, 재난대응체계를 위한 국가통합지휘무선통신망 서비스 등이 그러하다.[238]

---

236) 서상국 · 장세훈 · 김용삼, "제4차 산업혁명기 한국군의 군사력 건설 시스템 혁신 방향: 소요창출을 위한 전투발전체계 혁신을 중심으로," 『국방정책연구』 제33권 제1호 (2017), pp. 171-201.

237) 김영철 · 정재필 · 이상미, "IT와 재난관리," 『전자공학회지』 제35권 제12호 (2008), pp. 16-17.

238) 이창은, "재난 구조용 다중 로봇을 위한 GNSS 음영지역에서의 TWR 기반 협업 측위 기술," 『로봇학회논문지』 제11권 제3호 (2016), pp. 127-132; 강희조, "공공 안전 재난 관리를 위한 차세대 통합무선 재난통신," 『한국정보기술학회논문지』 제9권 제10호 (2011), pp. 187-195.

제4차 산업혁명시대의 주요 정보통신기술(ICT)을 국가위기관리에 활용한다면 〈표 2-20〉과 같이 더욱 효율적이고 효과적인 위기관리가 가능할 것이다.[239]

〈표 2-20〉 국가위기관리에 활용 가능한 주요 정보통신기술(ICT)

구 분	주 요 내 용
인공지능(AI)	· 정책결정권자에 대한 전반적인 지원 · 국가위기상황 발생 시 대응 방안 제시 · 제한되는 자원의 효율적 운용을 위한 최적의 방법 제시
빅데이터	· 인공지능(AI)에게 학습 자료 제공
사물인터넷(IoT)	· 동원 및 재난 상황 시 자원 및 물자의 관리 및 운용 · 사고 예방을 위한 감지 및 통보
무인자율체계	· 의약품 · 주요 부품 등 긴급한 동원 물자의 수송 · 재해 및 위험지역에서 동원 및 구호 물자 수송
가상(VR) 및 증강(AR) 현실	· 비용과 시간이 절감되는 교육 훈련 · 특정 상황을 구현한 체험형 교육 훈련
클라우드 컴퓨팅	· 기관별 운용하는 위기관리정보체계의 데이터 통합 운용 · 동원 및 물자 관련 데이터의 공유로 적시 지원

* 출처: 최원상 · 신진(2019b), 전게논문, p. 43.

이러한 정보통신기술(ICT)은 중앙 부처와 지방자치단체의 재난상황을 유지 및 관리하는 정보체계로서 '국가재난관리정보시스템(NDMS: National Disaster Management System)'의 실시간 운용과 피해현황의 보고 · 전파 및 복구 자재 보유 현황 등에 관한 정보를 제공하여 신속하고 효율적인 상황조치를 가능하게 해주며, 기상청의 기상 · 지진 상황, 국토교통부의 해안 및 주요 도로 교통상황, 원자력안전기술원의 원전안전상황, 질병관리청의 감염병 상황,

239) 인공지능(AI)을 국가위기관리에 운용시 연관된 다른 기술들과 융합한다면 더욱 효율적인 운용이 가능할 것이다. 예를 들어, 완전한 자율주행 자동차의 개발을 위해서는 아직은 기술적으로 좀 더 연구가 필요하며, 이를 위해서 딥러닝 기술뿐만 아니라 클라우드 기반 정밀 맵 공유 기술, 실시간 교통 빅데이터 분석기술 등과 융합된 연구개발(R&D)이 필요하다. 하영국, "자율주행 자동차를 위한 딥러닝 기술," 『로봇과 인간』 제15권 제3호 (July, 2018), p. 45.

전국의 CCTV통제센터와 연동 등 다양한 정보 및 감시체계와 연동되어 실시간대로 상황 관리와 조치를 가능하게 해줄 것이다.

나. 데이터에 근거하는 국가위기관리

객관적 데이터나 정보, 사실에 근거한 증거를 기반으로 하는 정책 수립의 필요성이 점차 커지고 있다. 세계화, 정보화와 함께 사회는 더욱 복잡하고 다변화되며, 정보통신기술(ICT)의 발전으로 삶의 환경과 인간행태 등의 변화는 국가정책 추진의 방식에도 변화를 발생하게 한다. 국가적 현안의 증가와 함께 이의 해결을 위한 정책의 수립이나 그에 따른 집행을 위한 구체적 방안을 마련하는 것이 더욱 불확성실성이 커지고 고려해야 할 요소가 많아져 복잡해지고 있다.

이전의 일방적 하향식 정책, 직감이나 관습에 의한 정책, 경험적 요소나 전문가에 의존하는 정책 등이 한계에 봉착하고, 정부의 정책설명도분명하지 못한 부분이 발생하고 있다. 이에 따라 객관적 데이터나 정보, 사실에 근거해 정책을 마련하는 증거 기반의 정책 수립의 필요성이 대두되고 있다. 근거나 기초가 되는 데이터나 정보의 수집과 분석을 통한정책 수립이나 결정이 더욱 강하게 요구되는 것이다.

경험과 직관이 아닌 데이터 즉, 증거기반 정책수립(EBP: Evidence- Based Policy-making)의 중요성이 점차 확대되는 추세이다. 정책의 품질을 향상시키기 위해서 증거기반의 정책수립(EBP)에 데이터의 활용이 증가하고 있다. 특히, 데이터라는 객관적이고 과학적인 증거를 활용해 정책의 신뢰성을 제고하고 실패를 최소화하며 서비스 품질 향상을 시도하는 것이다. 경제 · 복지 · 안전 등 국가 현안, 국민의 요구, 변화 추이, 위험 징후 등을 사전에 데이터로 파악하여 정책 수립에 적용하려는 노력이 확산되고 있다.[240]

---

240) 한국정보화진흥원(NIA), "데이터 증거기반의 과학적 정책 수립 방안," 『IT&Future Strategy』 제6호 (2015), p. 1.

증거기반 정책수립(EBP)은 정책결정권자가 사회과학적 정보와 지식 활용을 통해 효율성과 합리성을 제고시키기 위한 정책추진이 가능하도록 지원해주는 방법이다. 정책결정권자가 데이터(정보), 지식에 근거하여 정책결정을 하여 개인적 정치이념과 편견에 의한 편향적인 정책에 따른 비효율성을 방지하고 정책 수립과 집행 간의 괴리를 해소하는 방법이다. 이는 이전의 정부 정책이 검증되지 않은 개인이나 집단의 편향성에 의해 평가되었다는 인식에 따른 것이다.

증거기반 정책수립(EBP)을 위해 각국 정부는 정책의 신뢰성과 합리성 제고를 위해 데이터의 활용에 많은 관심을 갖고 있다. 국가적 현안이 증가하면서, 이의 해결을 위한 실현 가능한 실질적인 정책을 마련하는 것이 필요하다. 데이터(정보)가 정책 수립 절차에서 필요한 수단이나 도구로서 유의미한 가치로 인정을 받게 되면 정책 수립 절차에서 데이터(정보)의 활용은 더욱 증가할 것이다.

급격한 사회의 발전으로 위협 요인이 증가하면서 객관적 데이터와 과학적 방법론에 의한 증거기반 정책수립과 집행의 중요성은 점차 부각되고 있다. 국가위기 환경 변화를 시스템적으로 신속하게 인지할 필요성이 커지면서 각 국가는 데이터에 근거하는 행정의 과학화를 정책의 주요 과제로 선정하여 추진하는 것이다.

OECD 디지털경제정책위원회는 증거를 기반으로 하는 인터넷 정책과 정책 결정 방식의 필요성 그리고 정책 결정 절차에서 증거를 기반으로 하는 효용성을 강조하고 있다.[241] 이에 대한 요구조건으로 관련 정책에 대한 고

241) OECD는 증거기반 정책 결정의 4가지 요소(단계)를 다음과 같이 제시하였다. ① 신뢰할 만한 기본 데이터(basic data) 수집·생성(정책결정의 명백한 증거를 구축하는 데 필수적인 질적·양적 데이터) ② 실질적으로 활용할 수 있는 증거로 데이터 변환(데이터의 표준화, 결합, 코드화 하는 과정 필요) ③ 정책 결정과정에서 증거 활용(증거는 정책결정자가 이해하기 쉽고, 신뢰할 수 있어야하며, 시기적절해야 함) ④ 증거 확산 공유 및 관련 이해관계자의 참여를 통한 이행, 한국정보화진흥원(NIA)(2015), 상게논문, p. 6.

품질의 데이터, 데이터를 분석·평가할 전문가, 정책전문 연구자 간 이해 등을 제시한다. 증거를 기반으로 하는 효용성은 무엇보다 빠른 정책 결정이 가능하며 정책 결정의 명분을 제공해주고, 정책결정과 집행절차 시 발생 할 수 있는 갈등 해결을 용이하게 해준다. 또한, 정부의 정책설명 책임감을 높이기 위해서 주요국의 정부는 증거를 기반으로 하는 과학적 행정을 추구한다. 정책과정에서 증거를 강조하는 전통은 특히 미국과 영국에서 발전하였다.

미국의 오바마 행정부는 정책의 우선순위에 '정부 운영의 투명성 제고'를 선정하고, 이를 위해 데이터 활용을 정부 정책에 적극 반영하였다. 이에 따른 'Data.gov'는 연방정부가 보유하고 있는 다양하고 방대한 데이터를 개방해서 정부 정책설명 책임감을 높이는 객관적 증거에 기반한 정책이었다. 또한 건강서비스(재택간호, 십대 임신 등), 교육, 일자리 등 특정 사회정책을 증거기반의 프로그램으로 추진하였다. 영국은 1997년 이후 영국 블레어 정권에서 증거기반 정책을 강조하면서 증거기반 정책 수립이 정책 분야에서 논의되기 시작하였다. 2000년대 영국 노동당 정부는 객관적 증거에 근거한 계획과 평가 가능한 효과를 정책의 정당성 보장을 위해 증거기반 정책을 강조하면서 활용하였다. 일본도 행정개혁의 일환으로써 데이터에 근거한 증거기반의 정책수립을 위해 데이터의 관리와 활용을 강조하였다. 한국 정부에서 국정과제로 추진하였던 정부 3.0의 주요 과제 중 하나인 '빅데이터를 활용한 과학적·미래지향적 행정 구현'이 이에 해당되는 내용이다. 이는 정부 정책의 수립과 결정의 절차에서 객관적·정량적인 증거를 활용해서 정부 정책의 투명성과 신뢰를 향상하고, 정부의 정책설명 책임감을 높이겠다는 정책적 의지가 반영된 것이다.

한국은 제4차 산업혁명시대의 도래에 따라 급격한 정보통신기술(ICT)의 변화를 겪고 있다. 무엇보다 인공지능(AI) 기술과 데이터 활용기술이 융합되어 고도화된 정보처리를 하는 지능정보기술이 핵심적인 요소가 되었는데, 이의 발전을 위해서는 빅데이터가 필수적이며, 인공지능(AI)도 데이터가 많을수록 신뢰도 높은 분석이 가능하다. 제4차 산업혁명시대에는 사물인터넷(IoT)에 의해 데이터가 수집되어 빅데이터가 되고, 인공지능(AI)이 이를 분석하고 예측하여 가치를 창출한다. 정보통신기술(ICT)의 발전으로 기존에는 효율성이 없었던 비정형데이터도 가치와 의미가 있는 정보를 생산하여 새로운 사회적 가치와 효율성을 창출하고 있다. 제4차 산업혁명시대에는 사물인터넷(IoT) 기술로 디지털화된 대량의 정보를 수집하여 알고리즘에 의한 인공지능(AI) 분석으로 사회적 가치를 창출하기 위해서 데이터에 근거한 국가위기관리정책의 수립이 필요하다.

빅데이터 분석기술은 기존의 정보처리 분석체계의 대상인 정형 데이터 이외에도 일정한 패턴과 형식이 없어 데이터베이스에 분석되지 않은 사회관계망서비스(SNS)에 게시된 이미지, 동영상 등 비정형 형태의 데이터도 분석이 가능하다.[242] 객관적 데이터에 근거하는 국가위기관리정책 수립은 다양한 형태의 정보를 대량으로 수집하여 분석과정을 통하여 가능하다. 또한 딥러닝(Deep Learning) 기술에 의해 인공지능(AI) 스스로 데이터의 수집과 분석과정을 피드백(Feed Back)하면서 학습하여 다양한 변수를 고려하면서 더욱 정밀한 정책결정지원이 가능하다.

인공지능(AI)의 분석에 필요한 데이터는 대규모의 방대한 빅데이터로서 이는 현재의 정보관리와 분석체계의 적용이 제한되는 대용량의 데이터를 의미하며, 일반적인 데이터베이스 소프트웨어의 정보처리능력을 초과하는 대규모의 데이터로 정의된다.[243] 빅데이터 활용에 따른 한정된 자원의 효율성 증대와 사회적 가치의 창출로 인한 인간 생활의 편익 증진도 중요

---

242) Xavier Boutin & Georg Clemens, "Defining 'Big Data' in Antitrust," Antitrust Chronicle, Vol. 2 (summer, 2017); 이경규, "정보권력의 견제와 균형: 빅데이터 환경의 함의를 중심으로," 『법학연구』 제17권 제4호 (2014), pp. 51-52.

243) 윤상오, "전자정부 구현을 위한 개인정보보호 정책에 관한 연구," 『한국지역정보화학회지』 제12권 제2호 (2009), pp. 22-26; 한국경제연구원(KERI), "빅데이터 산업 활성화를 위한 개인정보보호규제 개선 검토," 『KERI Brief』 제15-28호 (2015), pp. 5-6.

하기에 정보 주체인 개인의 정보보호와 상충을 해결하여 균형 있고 조화로운 지능정보사회를 이루어야 할 필요성이 커지고 있다. 클라우드 컴퓨팅 환경조성은 하드웨어와 소프트웨어의 업그레이드 시간과 비용이 단축된다. 특히, 기존 PC 운영 관리 노력이 필요 없게 되어 이를 통해 정보자산의 활용도가 증가되며 언제, 어디서나 사용하고 접근할 수 있어 업무효율성도 향상된다. 이미 주요국에서는 공공부문에 클라우드 컴퓨팅을 도입하여 시행하고 있다.[244)]

국가위기관리는 예측 불가한 국 · 내외 위기상황에 부합되게끔 신속한 대응과 조치를 위해서 빠르게 발전되어가는 정보통신기술(ICT)에 의해 통합되고 효율적으로 운용되는 정보시스템을 갖추어야 하며, 이를 위해 각 중앙부처와 지방자치단체에서 운용하고 있는 위기관리 관련 정보체계를 통합하여 운용할 필요가 있다. 국가위기관리정책의 수립을 위해 클라우드 컴퓨팅 환경을 조성하여 개별 체계로 운용되는 위기관리 관련 네트워크와 서버를 통합하고 데이터를 공유하면 긴급한 위기상황에서도 효율적이고 효과있는 최적의 정책결정이 가능할 것이다.

이를 위해 평시부터 원활한 정보체계를 구축하고, 분야별 정보체계가 연동되고 통합적으로 운영되는 각 위기관리 기관의 정보체계를 평시에 구축 되어있는 통신망과 정보망의 인프라를 활용한다면, 위기 상황 발생 시 별도의 설치와 준비 없이 신속하게 대응 할 수 있다. 재난관리정보통신체계를 구비하기 위해 국가재난안전통신망을 운용적인 측면에서 제한사항이 없게끔 구축하고, 재난정보체계인 국가재난관리정보시스템(NDMS), 재난관리자원공동활용시스템(DRSS: Disaster Resource Sharing System), 지방자치단체에서 운용하는 새올행정시스템 등이 상호 연동되어야 제한된 자원의 효율적 운용이 가능하고, 인공지능(AI)의 자기학습을 위한 데이터의 더 많은 수집이

244) 이수지 · 정현철 · 김남주 · 서광규, "국내 클라우드 정책 현황과 클라우드 해외 진출 정책 방안," (대한안전경영과학회 춘계학술대회 발표논문집, 2018), pp. 133-134.

가능해진다.

정부 주관의 위기대응 훈련정책도 목표 달성을 통한 성과 있는 훈련을 위해 재난대응 안전한국훈련, 을지태극연습, 충무훈련 등의 과제와 훈련중점 등이 중복되지 않고, 미흡한 분야의 훈련과제가 목표성과에 도달되도록 훈련 전 과정에 대하여 인공지능(AI)에 의한 세부 분석으로 실전적인 훈련성과를 이룰 수 있도록 하고, 교육과 연구도 훈련 결과를 분석하여 결과와 연계가 이루어지도록 하는 것이 필요하다. 또한 분석 결과 도출된 성과 달성이 미흡한 훈련과제를 보완될 수 있도록 교육목표와 과목 선정을 하여 현장에서 실질적으로 적용 될 수 있는 실전적인 교육이 진행되도록 하고, 재난 등 위기 관련 연구도 훈련 결과를 바탕으로 연구 과제를 선정할 필요가 있다.

1969년 시작된 인터넷은 디지털 기술의 발전으로 누구나 활용 가능한 보편적인 기술로 변화하였으며, 지금은 정보통신 네트워크 기술의 발전과 컴퓨터 인공지능(AI) 프로그램의 발달로 인간의 개입 없이 사물과 사물이 정보교환을 통하여 스스로 작동하는 시스템이 구축되어 데이터를 수집하고 처리하여 분석하는 기술로 발전하였다.

미국 뉴욕시는 DAS(Domain Awareness System)라는 대테러 감지시스템을 Microsoft사와 협력하여 구축하였다.[245] 그 결과 DAS는 맨하탄 지역에 설치된 4,000여대의 CCTV, 100여 대의 자동차번호판 인식장치, 600여대의 방사능 감지기를 연계하여 관련 정보를 분석해 현장의 경찰과 소방서 등 관련기관에 제공한다. 한국의 제약사들은 무선전자태그(RFID: Radio Frequency Identification)를 적용하여 의약품의 정보, 유효기간, 재고현황 등을 현장에서 확인하여 복잡한 유통 과정을 투명하게 관리함으로써 연간 약 106억 원의 비용을 절감하였다.[246] 또한 2009년에 발생하였던 신종플루감염에 대한 재

245) 한국정보화진흥원(NIA), "창조적 가치연결, 초연결사회의 도래," 『IT&Future Strategy』 제10호 (2013), p. 20.

246) 권오윤 · 김규동, "사물인터넷 활용사례 분석을 통한 발전방안," 『IT마케팅학회 논문집』 제1권 제1호 (2015), p. 19.

난위기 의사결정 사례를 분석하며, 빅데이터를 정부 정책결정이나 의제설정에 적용할 수 있는 대응방안을 모색하여 재난 위협을 사전에 예측하는 연구 등도 근래의 코로나19와 관련하여 유의미한 연구이다.[247)]

위기상황에 대비한 자원 관리에 사물인터넷(IoT) 기술을 활용하기 위해서 대상 자원에 무선전자태그(RFID), 위성항법장치(GPS), 센서 등을 부착하여 관리한다면 물자나 장비의 생산, 유통, 위치 등의 이력을 관리할 수 있다. 사물인터넷(IoT) 기술을 활용한 자원관리시스템은 위기 상황 시에 자원의 대체를 보다 쉽게 해준다. 즉, 위기 상황 시 동원 응소율이 저조한 수송 또는 건설기계 등은 평시에 타 지역에 소재한 필요한 수송, 건설기계 등을 파악하고 있어서 대체할 수 있기 때문이다. 그래서 타 지역에 위치한 동일 또는 유사한 기종의 수량, 위치, 가동상태 등을 확인하여 동원 응소율을 향상시킬 수 있다. 특히 의약품, 방독면 정화통, 화생방 제독제 등 유효기간이 있는 비축물자의 치환 시 언제, 어느 품목을 치환할 것인지에 대한 내용 확인이 가능하여 상시 사용 상태를 유지할 수 있다.

중앙 부처는 위기관리 관련 정보체계를 운용하고 지방자치단체는 이러한 체계를 이용한다. 동원 관련 중앙 부처에서 동원자원 관리를 위해 운용하는 정보체계는 보안유지와 업무관련성을 고려하여 해 부처와 일부 기관에서만 운용하기에 타 기관에서는 접근이 제한된다. 국방부에서 운용하는 국방동원정보체계, 국토교통부에서 운용하는 동원정보관리시스템, 행정안전부에서 운용하는 비상대비자원관리시스템 등이 그러하다. 중앙 부처는 국가정보자원관리원 등에서, 지방자치단체는 한국지역정보개발원 등에서, 국방부는 국방통합데이터센터 등에서 데이터를 저장 · 관리하고 있으나 위기관리 또는 군 작전 관련 등 보안이 필요한 데이터는 저장과 관리가 별도로 이루어지고 있다.

---

247) 이은미, "빅데이터의 정부 의사결정 반영에 관한 탐색적 연구: 사회적 관심의 재난위기단계 적용을 중심으로," 『한국정책학회보』 제24권 제4호 (2015), pp. 491-511.

기관별로 운용하는 이러한 정보체계와 데이터는 긴급한 위기상황에서 정책결정을 위하여 원활하게 활용이 되어야 하는데 현재처럼 접속 대상 기관 제한 등의 운용 체계로는 한계가 있다. 따라서 국가 위기 상황 시에는 이러한 정보체계와 데이터가 원활하게 운용될 수 있도록 평시부터 연동되어 운용되는 플랫폼의 구축이 필요하다.[248)]

정부 행정의 효율성 제고 측면에서 데이터는 무엇보다도 정책의 수립과 결정이 객관적 증거를 기반으로 이루어지는 여건을 지원해 준다는 것이다. 즉, 기존의 정부 정책결정 방식이나 구조의 변화를 야기할 수 있다는 것에 주목할 필요가 있다.

기존에는 정부 기관별로 분절된 정보의 제한적 활용으로 이른바 합리적 정책결정을 추구하는데 현실적인 한계가 있었다. 정보의 부족과 단절로 인한 공백을 개인적 경험이나 결단 또는 임시방편적인 직관으로 대체하여 현실과 괴리된 정책결정의 가능성이 상존하며, 이는 궁극적으로 정책실패의 한 원인으로 작용한다. 그러나 분야별 정보의 수평적 융합과 실시간 데이터 분석에 기반한 정책결정시스템을 구축하여 데이터의 상시적 활용이 제고된다면, 정부는 더욱 스마트해질 수 있음을 의미한다. 또한 실시간 수집되는 방

---

248) 국방부는 군 정보시스템의 분산운영으로 인한 예산과 인력의 낭비를 방지하고 전산기반시설을 강화하며 재난과 보안위협 요인을 제거하기 위해 지난 2003년부터 2007년까지 전 군의 240여개 전산소를 77개로 통합하였다가 2014년에는 2개의 데이터센터로 재통합하여 국방통합데이터센터를 운영하고 있다. 그 결과 2017년에는 정보시스템 장애율이 전년도 대비 34%p 줄었으며 사이버 공격에 대한 방어 수준도 23%p 향상되었다. 또한 통합에 따른 효율적 운영으로 170억원의 정보화 예산도 절감하였다. 향후에는 현재 15% 수준의 클라우드(Cloud) 활용을 2021년까지 60%이상 향상시키고, 2017년부터 5년 동안 200억 원을 투자하여 산 · 학 · 연 소프트웨어 융합클러스트 시범사업에 참여하여 최신 융합정보통신기술(ICT)을 적용하여 추진중이다. 또한 2010년에는 클라우드 서비스를 적용하기 위하여 자체적으로 안정성 및 보안성, 효율성 등을 검증하였고, 국방통합데이터센터 구축 시 클라우드 컴퓨팅 서비스를 구축하였다. 『국방일보』(2018. 7. 23.) "창설 4주년 맞은 국방통합데이터센터," http://kookbang.dema.mil.kr/newsWeb/20180723/9/BBSMSTR_000000010021/view.do(검색일: 2020.7.26.)

대한 데이터의 체계적인 분석을 통해 적시성 있고 현실적이며 선제적인 정책결정 및 집행 체계가 더욱 정교하게 구축되고 운영될 수 있다.[249)]

정책결정이 어떻게 이루어지는지, 즉 복수의 정책대안 중에서 왜 특정한 대안이 선택되는가에 대한 다양한 연구는 이미 오래전부터 이루어져 왔다. 한 축에는 인간의 이성을 기반으로 하는 합리적 행위가 있으며, 다른 한 축에는 복수의 행위자들 간의 타협과 조정에 의한 결과라는 정치적 행위가 있다.

더욱 복잡한 모형들이 있겠지만 정책결정 논의의 출발점은 합리성일 것이다. 무엇이 합리적 결정을 만드는가? 라는 의문을 가질 수 있으며 그 해답을 구성하는 내용 중 핵심은 데이터이다. 데이터는 합리적 정책의 근거를 제시할 수 있다. 정책의 수립과 결정의 근거로써 데이터를 활용하여 정책수요를 보다 정확히 예측하고 적합한 대응을 신속하게 할 수 있는 최적의 대안을 모색하는 정책 수립 절차와 구조 자체가 정책의 합리성을 확보하는 모습이다.[250)]

249) 오철호, "정보공개, 증거기반 정책 그리고 빅데이터," (행정정보공유추진센터 세미나 발표자료, 2012).

250) 오철호, "정책평가와 활용: 정치심리학적 관점에서," 『행정논총』 제44권 (2006), pp. 455-484.

제4절 인공지능과 위기의 특성

1. 인공지능의 특성

1950년 튜링(Alan M. Turing)이 기계지능의 측정방법을 연구하면서 학문적 연구 대상으로서의 가능성을 열었으며, 이를 계승한 매카시(J. McCarthy) 교수가 1956년 인공지능(AI)을 창시한 이래 많은 과학자들이 인공지능(AI)의 발전을 낙관적으로 보고 연구에 매진하였으나 〈그림 2-7〉과 같이 두 차례의 기술적 침체기를 겪으면서 접근 방법에 대한 근원적인 고민을 하게 되었다.

〈그림 2-7〉 인공지능(AI)의 진화 발전

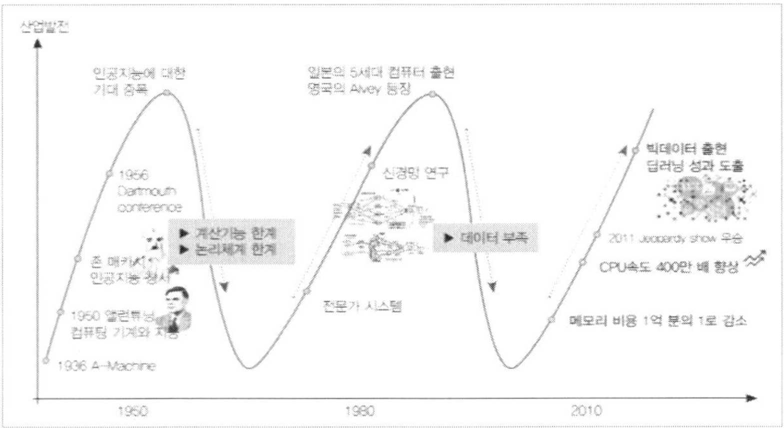

* 출처: 한국산업기술평가관리원(KEIT), "현실속으로 확장하고 있는 인공지능(AI)," 『Issue Report』 제9호 (2016), p. 18.

첫 번째 침체기에는 간단한 알고리즘적 방법만으로는 현실 문제가 갖고 있는 불확실성을 해결하기가 어렵다는 점과 계산 능력(Computing Power)의 한계로 인공지능(AI)은 단지 꿈에 불과한 게 아니냐는 부정적인 인식도 조성되었다. 이후 1980년대 들어 일본의 5세대 컴퓨팅 프로젝트 추진과 이와 대응한 서구권의 연구개발 투자로 인공지능(AI)이 재도약하는 계기가 마련되어, 인간 전문가의 문제해결 지식을 모델링 하는 전문가시스템 기술에 기반한 산업화가 이루어졌다. 그러나 지식의 대량 습득과 대형 시스템의 구축이 어렵다는 문제와 구현할 수 있는 시스템이 부족해 활용의 한계에 직면했었다. 이때, 인간 두뇌의 작용을 모사하는 연결주의 패러다임이 태동되었다. 연결주의 인공지능(AI)은 지식을 직접 구축하여 제공하는 방법이 아니라 지식과 정보가 포함된 데이터를 컴퓨터에 제공하고 컴퓨터가 스스로 필요한 정보를 학습하는 접근방법으로 인공신경망 구성을 통하여 인간의 두뇌를 모방 하는 시도였다. 하지만 학습에 필요한 데이터의 부족과 컴퓨팅 능력의 한계로 큰 반향을 일으키지는 못했다.

20세기 후반부터 몇 가지 핵심기술의 급속한 발전에 힘입어 인공지능(AI)이 새롭게 기술적, 학문적 대상으로 급부상하게 되었다. 저비용으로 대용량의 저장소와 고도의 계산능력을 가진 컴퓨터를 사용할 수 있게 되어, 이론적으로만 있었던 하드웨어적 시스템의 구현이 가능해졌다. 이러한 획기적인 컴퓨팅 파워의 향상은 인터넷, 웹, 모바일 디바이스 및 센서기술의 발전에 힘입어 양산되는 빅데이터와 맞물려 인공지능(AI)에 새로운 전기를 제공하고 있다. 특히 이미지, 음성, 텍스트의 처리에 유용한 확률추론 모델을 막대한 양의 데이터로 학습 시킬 수 있게 되어 영상인식, 음성인식, 자연어 처리 등을 포함하는 패턴인식 문제의 해결에 획기적인 돌파구를 제공하게 되었다. 또한 인터넷을 통한 클라우드 기술도 인공지능(AI) 기술 발전에 크게 기여하여, 빅데이터의 활용을 용이하게 하고, 인공지능(AI) 시스템의 진화를 가능하게 하였을 뿐 아니라 컴퓨팅만으로 풀기 어려운 문제에 대해 크라우드 소싱(Crowd Sourcing)과 같이 인터넷을 통한 인간과 기계의 협업을 가능하게 하였기 때문이다.

이러한 관련 기술의 발전에 힘입어 기계학습(Machine Learning)이 인공지능(AI)의 핵심기술로 등장하였고, 다양한 알고리즘이 개발되어 거의 모든 컴퓨팅 분야에 있어 스스로 학습하고 성능이 향상되는 시스템의 개발이 가능하게 되었다. 기계학습(Machine Learning) 연구는 인공지능(AI) 초창기부터 시작되어 과학자들의 자가 학습프로그램으로 발전되었고, 2000년대 들어 음성인식과 같이 데이터로부터 학습하는 기술에 큰 진보가 있어 데이터 마이닝(Data Mining)과 같은 실용적 기술을 태동시켰다. 다만 이미지, 음성, 텍스트 등 도메인별로 문제 자체 혹은 데이터의 특성이 다르므로 어떤 정보를 어떻게 추출하는가에 의해서 기계학습(Machine Learning) 방법들의 성능에 큰 영향을 주었다. 또한 근래에는 컴퓨팅 파워와 학습데이터의 획기적 증대를 통해 존재감이 약했던 연결주의 기반의 신경회로망(Neural Network) 모델을 복수로 적층하는 심층학습(Deep Learning) 기술이 급속도로 발전하게 되었고, 이로 인해 이미지 이해 등 다양한 패턴인식 문제에 있어 획기적인 진보가 이루어지고 있다.

미국의 정보기술(IT) 자문기관인 Gartner는 매년 정보기술(IT)과 관련된 'Gartner Hype Cycle'을 발표한다. 〈그림 2-8〉은 2020년에 발표한 'Gartner Hype Cycle for Newsing Technologies 2020'으로, 이는 향후 5년에서 10년 사이에 사회와 비즈니스를 크게 변화시킬 30개의 기술 프로파일을 강조한다. 이머징 테크놀로지의 하이퍼 사이클은 1,700개 이상의 고유 기술을 반드시 알아야 할 기술과 트렌드 목록으로 확장하는 사이클이다. 2020년에는 복합 아키텍처(Composite Architectures), 알고리즘 신뢰(Algorithmic Trust), 비욘드 실리콘(Beyond Silicon), 조형 인공지능(Formative AI), 자기 디지털화 등 5가지 신규 기술이 추가되었다.[251] 2019년에는 인공지능(AI) 기반기술의 변화 추이와 향후

251) https://www.gartner.comsmarterwithgartner5-trends-drive-the-gartner-hype-cycle-for-emerging-technologies-2020 (검색일: 2020.7.5.)

어떠한 기반 기술이 인공지능(AI) 기술 변화에 영향을 미칠지를 예측 가능한 'Gartner Hype Cycle for Artificial Intelligent 2019'를 발표하면서 인공지능(AI) 클라우드 서비스, 자동기계학습, 증강지능, 설명 가능한 인공지능(XAI: eXplainable AI), 엣지 인공지능(AI), 강화학습, 양자컴퓨터(Quantum Computer), 인공지능(AI) 마켓플레이스가 신규 기술로 추가되었다. 추가된 기술 중 일부는 2020년 싸이클에는 이미 기술적 정점을 지난 것들도 있어 기술 발전이 빠르게 진행되고 있음을 알 수 있다.

〈그림 2-8〉 Gartner Hype Cycle for Newsing Technologies 2020

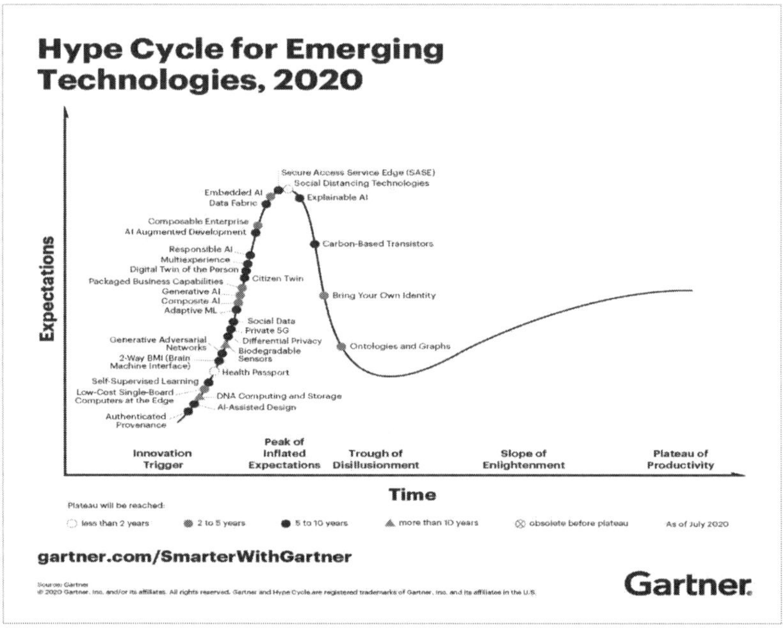

* 출처: https://www.gartner.comsmarterwithgartner5-trends-drive-the-gartner-hype-cycle-for-emerging-technologies-2020 (검색일: 2020.7.5.)

인공지능(AI)은 2006년 '딥러닝(Deep Learning)' 기술이 나타하면서 이전의 기계학습(Machine Learning) 기술에 비해 월등한 성능을 보이기 시작하였고, 인간의 개입도 확연히 줄어들었다. 과거 오랜 시간 소요되었던 기계학습(Machine Learning) 과정은 컴퓨팅 성능, 알고리즘 진화 등을 통해 단기간 처리가 가능해졌다. 딥러닝(Deep Learning)으로 인한 인공지능(AI)의 발전은 인간의 지능 영역인 인지, 학습, 추론, 예측 분야에서는 급격한 발전을 하였으며, 인지(시각, 언어) 분야에서는 이미 인간의 능력보다 더욱 향상된 높은 수준으로 구현되고 있다. 〈그림 2-9〉는 이러한 기술적 진보를 시대순으로 나타낸 것이다.

〈그림 2-9〉 인공지능(AI) 기술의 발전 추이

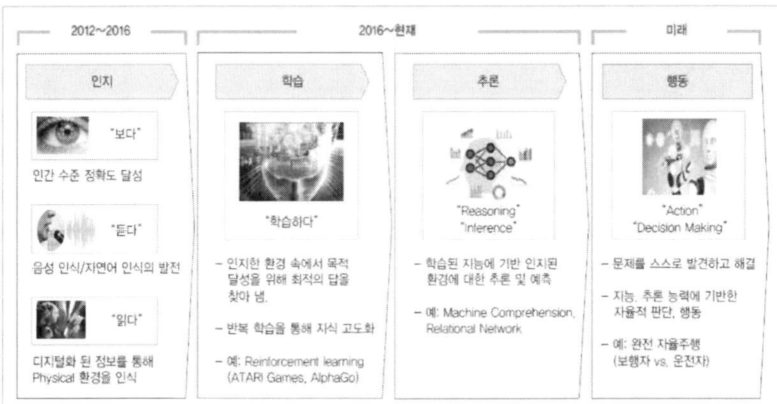

* 출처: 한국과학기술기획평가원(KISTEP), "인공지능(AI) SW," 『기술동향브리프』 제16호 (2018), p. 5.

일반적으로 인공지능(AI) 기술은 인간의 행동과 생각, 관심 기술 분야, 스마트 기기형태, 기업응용, 기업분류 등을 기준으로 분류한다. 한국정보화진흥원(NIA)은 인공지능(AI) 분야에 대한 관심은 매우 광범위하여 대부분의 기술 분야에서 인공지능(AI)에 의한 처리가 요구된다는 설명과 함께 12가지 인공지능(AI) 관련 기술 분야로 패턴인식, 자연어 처리, 자동제어, 로봇틱스, 컴퓨터비전, 가상현실(VR), 양자컴퓨터(Quantum Computer), 자동추론, 사이버

네틱스(Cybernetics), 데이터 마이닝(Data Mining), 지능엔진, 시멘틱웹(Sementic Web)을 제시하였다.[252] 미국의 정보기술(IT) 시장 연구기관인 Tractica는 인공지능(AI) 기업 응용 사례에 관한 보고서에서 인공지능(AI) 기술을 인지컴퓨팅, 기계학습(Machine Learning), 딥러닝(Deep Learning), 예측적인 응용 프로그래밍 인터페이스, 자연어 처리 등 7가지로 분류하였다.[253] 미국의 기술연구기관인 Venture Scanner는 인공지능(AI) 기업을 분류하면서 관련 기술의 범주를 기계학습(Machine Learning), 자연어처리, 음성인식, 이미지 인식, 패턴 인식, 인지컴퓨팅, 컴퓨터비전, 자동추론 등 10가지로 분류한다.[254] 미국의 산업분야 시장 조사기관인 BBC는 스마트 기기의 형태와 관련하여 가상현실 어시스턴트, 양자컴퓨팅, 자동추론, 스마트로봇, 가상개인비서 등 6가지 기술분야를 제시하고 있다.[255]

위 내용들을 바탕으로 인공지능(AI) 기술을 분류하면 2개 이상의 공통적인 영역을 기준으로 〈표 2-21〉과 같이 분류가능하다.[256]

인공지능(AI)의 기술 범위에 대하여 한국은 응용 기술을 포함한 포괄적 범위로 접근하는 반면, 해외는 중요도와 파급력이 높은 기술을 중심으로 분류 체계를 적용한다. 〈표 2-22〉는 인공지능(AI) 기술을 유형별로 구분한 것이다.

252) 한국정보화진흥원(NIA), "모바일 시대를 넘어 AI 시대로," 『IT&Future Strategy』 제7호 (2018a), p. 5.

253) Tractica, Artificial intelligence for enterprise applications (2015).

254) Venturescanner, The State of Artificial Intelligence in Six Visuals (2015).

255) BCC Research, Smart Machine: Technologies and Global Markets (2014); BCC Research, Facts and Forecasts: Boom for Learning Systems (2016).

256) 한국전자통신연구원(ETRI), "인공지능(AI)분야 국가경쟁력 제고 및 사업화 혁신방안," (정책세미나 발표자료, 2016).

〈표 2-21〉 인공지능(AI) 기술의 분류

구 분		Russell, et al.	한국정보화진흥원(NIA)	Tractica	Venture Scanner	BBC
인공지능(AI) 분류기준		인간 행동·생각	인공지능(AI) 관심기술분야	인공지능(AI) 기업응용	인공지능(AI) 기업분류	스마트 기기형태
학습지능	① 기계학습	○		○	○	
	② 딥러닝			○		
언어지능	③ 자연어처리	○	○	○	○	
	④ 음성인식			○	○	
	데이터마이닝		○			
시각지능	⑤ 이미지인식	○		○	○	
	⑥ 패턴인식	○	○		○	
⑦ 인지컴퓨팅				○	○	
자동제어			○			
⑧ 컴퓨터비전			○		○	
⑨ 가상현실			○			○
⑩ 양자컴퓨팅			○			○
⑪ 자동추론			○		○	○
사이버네틱스			○			
지능엔진			○			
⑫ 스마트로봇			○		○	○
시멘틱웹			○			
⑬ 가상개인비서					○	○
임베디드SW						○

①기프로그램화된 논리(로직)이나 정형화된 규칙 등을 바탕으로 발생되는 데이터를 통해 학습하는 수리·수학적 알고리즘 ②기계학습과 유사하지만 인간신경망을 모델화하여 새로운 데이터셋을 예측하는 기술 ③컴퓨터가 인간의 언어를 알아들을 수 있게 하여 인간처럼 말하고 쓸 수 있도록 하는 기술 ④인간음성을 이해하여 컴퓨터가 다룰 수 있는 문자코드 정보로 변환하는 기술 ⑤사람들이 보고 있는 특정 피사체의 사진정체를 확인하고자 시도하는 기술 ⑥도형·문자·음성 등을 기계에 의하여 식별시키는 것 ⑦컴퓨터가 인간과 같이 정보를 습득하고 그 정보를 이용해 의사결정을 할 수 있는 모델과정을 시뮬레이션 하는 기술 ⑧로봇의 눈을 만드는 연구분야로 컴퓨터가 실세계 정보를 취득하는 모든 과정 ⑨어떤 특정한 환경이나 상황을 컴퓨터로 만들어서 그것을 사용하는 사람이 마치 실제 주변 상황·환경과 상호작용을 하는 것처럼 만들어 주는 인간-컴퓨터 사이의 인터페이스 ⑩양자역학의 원리에 따라 작동되는 미래형 첨단컴퓨터 ⑪계산기 과학의 한 분야로 추론의 다양한 측면을 이해함으로써 컴퓨터에 의한 완전한 자동추론을 가능하게 하는 소프트웨어 개발 ⑫ 로봇에 관한 과학이자 기술학으로 로봇의 설계·제조·응용 ⑬가상개인비서(VPA: Virtual Personal Assistant). 한국정보화진흥원(NIA), "신뢰 가능 AI 구현을 위한 정책방향: OECD AI 권고안을 중심으로," 『IT&Future Strategy』 제2호 (2019b), p. 3.

〈표 2-22〉의 인공지능(AI) 기술의 유형별 분류는 기계학습(Machine Learning), 지식추론, 시각지능, 언어지능으로 분류할 수 있다. 기계학습(Machine Learning)은 최적의 모델을 찾기 위한 알고리즘 기술로, 데이터를 기반으로 학습 모델을 형성하는 기술이며 인간이 경험을 통해 학습하는 방법을 컴퓨터로 구현하는 기술이다. 지식추론은 지식(결론)을 정보에 대한 가정과 전제에서 이끌어 내거나 도출해내는 기술이며, 단순한 정보를 이해하는 단계 이상으로 정보 간 복잡한 상관관계를 분석하는 기술이다. 언어지능은 인간의 음성, 텍스트 등 언어를 컴퓨터가 인지하고 이해하여 지식화하는 기술이다. 시각지능은 영상, 이미지 등 시각 정보로부터 인간, 동물, 사물 등 객체를 인지하고 상황이나 인간의 감정 등을 이해하는 기술이다. 이러한 기술 분류별 개발 동향은 〈표 2-23〉, 주요 기술 분류별 주요 키워드는 〈표 2-24〉와 같다.

〈표 2-22〉 인공지능(AI) 기술의 유형별 분류

유형	과학기술 정보통신부	국내기관 (ETRI, NIA, IITP)	해외기관 (McKinsey, Tractica, Gartner)
학습	머신러닝	학습 및 추론	Machine Learning
추론	추론·지식표현		Machine Reasoning
인지	시각지능	시각이해	Computer Vision
	언어지능	언어이해	Natural Language
	청각지능		
응용	상황이해	복합지능	·
	지능형 에이전트	기타 인공지능(AI)	·
	행동·협업지능		·

* 출처: 한국과학기술기획평가원(KISTEP)(2018), 전게논문, p. 3.

〈표 2-23〉 인공지능(AI) 기술 분류별 주요 개발 동향

기술분류	주 요 개 발 동 향
기계학습	· 인공지능(AI) 기술의 핵심 기반 기술 · 데이터 기반의 효율적인 학습을 위한 새로운 기술 등장 · 딥러닝, 전이학습, 강화학습 중심으로 연구개발이 활발히 진행 · 인공지능(AI) 전반에 비약적인 발전을 견인한 딥러닝은 시각지능, 언어지능 등에 특화된 학습 알고리즘이 지속적으로 개발되고 있으며 산업적 활용을 위한 오픈소스 플랫폼 경쟁 치열 · 소량의 데이터에도 예측 정확도를 높이고 인간의 개입을 최소화하여 스스로 학습하는 등 새로운 기계학습 방법 등장
지식추론	· 지식추론 기술은 기존 정보들을 단순 응답 · 추천하는 기술에서 정보 간 상대적인 관계를 유추하는 기술로 발전하였으며, 추론형 질의에 인간을 뛰어 넘는 기술 등장 · 질문과 연관성이 있는 정보를 유추하거나, 데이터에 존재하지 않아도 부분 정보들의 조합을 통해 답을 찾아가는 기술 개발 · 이미지 · 텍스트 데이터를 통해 스스로 정보의 의미를 이해하여 복잡한 수준의 질문이나 정의되지 않은 문제를 해결하는 관계형 추론 방식 기술 등장
시각지능	· 이미지 · 영상 데이터 기반의 시각 지능은 이미 인간 수준을 넘은 시각 인식률을 보이며, 상황을 이해하고 새로운 이미지를 생성하는 기술로 발전 · 이미지 · 영상의 외형적 특징을 통해 이해하는 기술 발전 · 눈, 코, 입 모양 등의 상관관계를 분석해 표정이해, 감정추측, 이미지 속 상황을 이해하여 언어로 표현하는 기술 등장
언어지능	· 텍스트 · 음성 데이터 기반 학습을 통해 스스로 언어를 이해하며 인간의 억양과 유사한 수준으로 음성을 생성하는 기술 등장 · 기존 Ontology 기반 기술에서 Word Embedding 방식으로 전환하여 인간의 개입을 최소화하고 데이터 기반 학습을 통해 스스로 언어 이해 ※ Ontology 방식은 사람의 전문성(언어학자), 입력 등 경험이 자연어 인식과 처리의 핵심으로 작용하고, Word Embedding 방식은 단어 간의 관계를 인공지능(AI)이 스스로 빠르고 쉽게 학습 · 이해

* 출처: 한국과학기술기획평가원(KISTEP)(2018), 전게논문, pp. 6-11을 재정리.

〈표 2-24〉 인공지능(AI) 기술 분류별 주요 키워드

기술분류	주 요 키 워 드
기계학습	딥러닝, 클러스터링, 강화학습, 재귀분석, 신경망, 베이징안 학습, 인공신경망, 강화학습, 앙상블 러닝
지식추론	지식발견, 지식 큐레이션, 정보 추천, 대용량 지식처리, 전문가시스템, 질의응답(Q&A), 대화의미 분석, 의미 분석, 자동추론, 추론 엔진, 정리증명, 논리적 추론, 확률적 추론, 불확실성 추론, 시간적 추론, 공간적 추론, 상식적 추론, 묵시적 추론
시각지능	영상 지식처리, 사물 이해, 객체인식, 행동 이해, 동영상 검색, 장소·장면 이해, 비디오 요약, 비디오 분석 및 예측, 컴퓨터 비전, 공간 영상 이해, 영상기반 표정·감성 인식
언어지능	자연어처리, 텍스트 마이닝, 온톨로지, 대화 이해 및 생성, 언어분석, 텍스트 요약, 자동 통·번역, 음성 분석, 음성 인식, 화자 인식·적응, 오디오 색인 및 검색, 잡음처리 및 음원분리, 음향인식, 텍스트기반 감성 인식

* 출처: 한국과학기술기획평가원(KISTEP)(2018), 전게논문, p. 4.

2. 위기의 특성

허만(C. F. Hermann)은 의사결정 단위의 최우선 목표가 위협을 받고 있으며, 결정 이전에 반응을 하는 소요 시간이 제한되며, 위기 상황의 발생으로 정책결정권자와 일반대중들이 놀라게 되는 상황 발발의 충격성 내지는 돌발성 등 세 가지 '상황적 특성'을 갖는다고 하였다.[257] 그러나, 위협과 시간, 기습은 위기의 특성으로 인용되어 왔지만 이들은 서로 연계되어 있지는 않다고 하였다.[258]

영(O. R. Young)은 전환점의 인지, 의사결정과 행동의 요구, 위협이나 경고 또는 그럴 가능성, 결과가 미래의 방향을 결정, 사건들이 하나로 집중, 불

257) Charles F. Hermann, "International Crisis as a Situational Variable," in James. N. Rosenau (ed.), International Politics and Foreign Policy (New York: The Free Press, 1969), p. 29.

258) Charles F. Hermann, "Some Issues in the Study of International Crisis," in Charles F. Hermann(ed.), International Crises: Insights from Behavioral Research (New York: The Free Press, 1972), p. 13.

확실성 증가, 사건에 대한 통제력 감소, 긴급성 증가, 정보 불충분, 시간적 압박 증가, 국내·외 행위자간 상호관계 변화, 국제적 긴장의 증가 등을 제시하였다.[259] 보인(Arjen Boin) 등은 위기의 특성을 위협, 긴급함, 불확실성으로 보았다.[260] 위기는 사회의 구성원들이 핵심 가치나 시스템의 특성들이 위협에 직면했을 때 발생한다. 위기는 가장 핵심적인 위협이 긴급함의 의미를 만들 때이며, 긴급성과 위협의 인식에 높은 불확실성이 더해질 때이다. 위기는 위기의 특성, 상황의 역동성, 인간의 대응, 가능한 해결, 미래의 결과에 의해 불확실성을 낳는다고 하였다.[261] 맥코넬(Allan McConell)은 위기의 특성을 갑작스러움, 서서히 진행되는 그리고 만성적인 것에 있다고 하였다.[262] 갑작스러움은 예상하지 못한 사건이나 일련의 사건 형태로 발생하는 위기 상황의 전통적 관점이다. 서서히 진행된다는 것은 취약한 상태와 압력들이 빈번히 그리고 서서히 만들어지는 것을 의미하며, 만성적이라는 것은 명확한 해결 방안이 없이 위기가 지속된다는 것을 의미한다. 컴포트(Louise K. Comfort)는 위기관리를 위한 합리적 행위를 제한하는 환경적 특성으로 불확실성, 복잡성, 상호작용성, 시간 등 네 가지를 주장하였다.[263] 밀러와 이스코(Miller & Iscoe)는 위기의 특성을 첫째, 시간적으로 만성보다는 급성이며 위기의 기간은 보통은 명시되지는 않는다. 둘째, 행태에 있어서 현저

---

259) Oran R. Young, The Intermediaries (Princeton: Princeton University Press, 1967), p. 18.

260) Arjen Boin, Paul't Hart, Eric Stern, & Bengt Sundelius, The Politics of Crisis Management: Public Leadership under Pressure (Cambridge, NY: Cambridge University Press, 2016), pp. 5-7.

261) Arjen Boin, "From Crisis to Disaster: Toward an Integrative Perspective," in Ronald W. Perry & E. L. Quarantelli(eds.), What is a Disaster? New Answer to Old Questions (Philadelphia, PA: Xlibris, 2005), p. 168.

262) Allan McConell, "Overview: Crisis Management, Influences, Responses and Evaluation," in Arjen Boin(ed.) Crisis Management, Vol. III (Thousand Oaks, CA: SAGE Publications Ltd., 2008), pp. 187-201.

263) Louise K. Comfort, "Designing Policy for Action: The Emergency Management System," in L. K. Comfort(ed.), Managing Disaster: Strategies and Policy Perspectives (Durham, North Carolina: Duke University Press, 1988), p. 7.

한 변화로서, 비효과적이며 불만과 전가와 같은 빈번한 행동의 변화를 만든다. 셋째, 주관적 관점에서 관계자의 목표를 위협하여 특징지어진다. 넷째, 상대론적 관점에서 한 쪽 상대의 위기는 다른 쪽 상대의 위기가 되므로 상대적이다. 다섯째, 유기적 관점에서 조직이 육체적인 불안과 긴장을 만들어낸다고 하였다.[264)]

이상에서 살펴 본 위기의 특성은 〈표 2-25〉와 같이 위협, 불확실성, 긴급성이 공통적으로 포함되어 있음을 알 수 있다.

〈표 2-25〉 위기의 특성

구 분		특 성
국제 정치학 관점	C. F. Hermann	위협, 시간제한, 예상치 못함
	O. R. Young	전환점 인식, 불확실성, 긴급성, 시간압박, 부적절한 정보, 국제긴장 등
행정학 관점	A. Boin	위협, 긴급, 불확실성
	Allan McConell	갑작스러움, 서서히 진행, 만성적
사회 및 심리학관점	Miller & Iscoe	급성, 비효과적, 목표 위협, 상대적, 육체적 긴장

* 출처: 채경석, 『위기관리정책론』(서울: 대왕사, 2007), p. 47-48을 재정리.

3. 인공지능 기술의 발전과 위기관리의 정보화

정보기술(IT)은 관리자가 조직 내·외의 환경을 탐색하여 정책결정 문제 및 기회들을 보다 신속하게 파악하고 문제의 맥락을 보다 잘 이해하도록

264) James A. Robinson, "Crisis: An Appraisal of Concepts and Theory," in Charles F. Hermann(ed.), International Crises: Insights from Behavioral Research (New York: The Free Press, 1972), p. 22; Kent S. Miller & Ira Iscoe, "The Concept of Crisis: Current Status and Mental Health Implications," *Human Organization*, Vol. 22, No. 3 (Fall, 1963), p. 196.

지원하는 역할을 한다.[265] 정보기술(IT)은 조직 내 · 외의 방대한 정보를 체계적으로 색인, 저장하고 정책결정 상황에 부합하는 정보를 신속하게 검색할 수 있도록 지원한다.[266] 또한, 정책결정에 투입되는 방대한 정보들을 일정한 규칙과 기준에 따라 선택적으로 여과하여 상황별로 필요한 정보만을 정책결정권자에게 제공하는 기능을 수행한다. 이는 정보의 공급과잉상황에서 정책결정의 맥락에 부합하는 정보만을 적시에 지원하여 정책결정의 효율성을 향상시키며, 정보의 정확성과 분석범위를 확장하여 정책결정의 오류를 감소시킨다.[267] 이를 위해 정보기술(IT)은 정보의 현실성과 객관성, 정보가 포괄하는 사건 · 사실의 규모, 구체성, 시간적 범위, 정보의 현행화 등을 향상하는 기능을 한다.[268]

정보기술(IT)은 문제해결 단계에 있어서도 대안 설계 및 비교평가의 합리성을 제고하여 최종선택에 있어 정책결정의 불확실성을 감소시키는 역할을 한다. 시몬(H. A. Simon)은 정보기술(IT)이 시나리오 모델링을 통해 다양한 전략적 대안들의 영향을 분석, 평가할 수 있도록 지원하여 선택의 합리성을 제고한다는 것을 강조하였다.[269] 정보시스템에 의한 다차원분석, 데이터 마이닝(Data Mining), 민감도 분석 등은 대안들이 야기할 잠재적 결과들을 과학적으로 예측 할 수 있게 하고 정책결정권자가 고려할 수 있는 대안의 범위를 확대한다. 또한 복잡한 정보자료를 재조합하여 새로운 지식을 생성

---

265) G. P. Huber, “A Theory of the Effects of Advanced Information Technologies on Organizational Design, Intelligence, and Decision Making,” *Academy of Management Review*, No. 15 (1990), pp. 47-70.

266) H. A. Simon, “Applying Information Technology to Organizational Design,” *Public Administration Review*, Vol. 33, No. 3 (1973), pp. 268-287.

267) C. Saunders & J. W. Jones, “Temporal Sequences in Information Acquisition for Decision Making: A Focus on Source and Medium,” *Academy of Management Review*, Vol. 15, No. 1 (1990), pp. 29-46.

268) T. Mukhopadhyay & R. B. Cooper, “Impact of Management Information Systems on Decisions,” *Omega*, Vol. 20, No. 1 (1992), pp. 37-49.

269) H. A. Simon(1973), *op. cit.*, pp. 268-287.

하고 비정형적 지식을 정형적 지식으로 전환하여 정책결정과정에 제공하며 대안설계의 창의성을 촉진한다.[270]

한국은 1980년대 후반부터 행정전산화를 본격적으로 시작하여 1990년대 중반 행정정보화와 초고속정보통신망 구축을 통해서 전자정부를 발전시켜 정보화 및 전자정부 분야에서 세계에 유래 없는 성과를 거두었다.[271] 지금까지 정부혁신의 가장 혁신적 수단으로서 전자정부가 효과적이라는 인식과 함께 세계적으로 벤치마킹 대상이 되는 성과를 거두었다.[272] 전자정부는 인터넷 등 정보기술(IT)을 이용하여 정부기관의 내·외부적 관계를 변화시키는 노력이고[273], 정보화는 초기에는 사회 내에서 전산화와 정보기술(IT) 응용을 하나로 포괄하는 컨테이너 개념이었다.[274] 정보기술(IT)의 진

---

270) K. C. Laudon and J. P. Laudon, Management Information Systems: Managing the Digital Firm(8th ed.) (N.J.: Prentice Hall, 2004).

271) 전자정부는 고정된 개념이라기보다는 정보기술(IT)의 발달과 정부혁신의 공진화 과정속에서 지속적으로 변화하고 발전하는 개념이기 때문에 단정적으로 정의하는 것은 쉽지 않다. 전자정부법에는 '전자정부란 정보기술(IT)을 활용하여 행정 및 공공기관의 업무를 전자화하여 행정기관 상호 간의 행정업무 및 국민에 대한 행정업무를 효율적으로 수행하는 정부를 말한다.'고 규정하고 있다(법 제2조). 이 정의에 따르면 전자정부의 핵심수단은 정보기술(IT)이며, 대상은 행정 및 공공기관이고, 추진은 업무의 전자화를 통해서 이루어지며, 목표는 행정업무의 효율성 제고이다. 윤상오, "전자정부와 정부신뢰의 관계에 관한 연구," 『한국지역정보화학회지』 제18권 제4호(2015), pp. 33-34.

272) 한국의 전자정부는 1980년대 이후 정보기술(IT) 진화와 정부업무혁신에 대한 사회적 필요성이라는 시대적, 상황적 특성을 잘 이해하고, 적절한 사업목표와 내용으로 매우 빠른 속도로 세계 최고 수준으로 상승하는 성과를 거두었다. 즉 정부 부처의 백오피스 기반을 구축하고 프론트 오피스 서비스를 제공하고, 서비스 공급에서 발생하는 문제를 수렴하여 백오피스의 기반을 재구축하며, 그 기반 위에 다시 프론트오피스 서비스를 제공하는 방향으로 변증법적인 발전을 도모해왔다. 이 과정에서 단일부처 업무로부터 다부처 및 범부처 업무통합 및 연계로 업무재구축이 이루어졌다. 동시에 시대별로 추진된 전자정부를 통하여 터득한 학습이 사회적으로 중요한 지적 자산으로 축적되었다. 송희준, "정보화와 전자정부: 비판적 성찰과 향후 과제," (한국행정학회 Conference 자료, 2008), p. 9.

273) OECD, The e-Government Imperative (2004), p. 23.

274) Snellen, Ignace, E-Government: A Challenge for Public Management, in Ferlie, Ewan,

화에 맞춰서 전자정부를 유비쿼터스 정부, 모바일 정부, 스마트 정부, 빅데이터 정부, 지능형 정부, 디지털 정부 등으로 일컬으며 전자정부 정책을 이어오고 있다.

제4차 산업혁명시대에서 정보기술(IT)의 급속한 발전은 정부의 정책결정에도 영향을 준다. 정보화는 정부 정책결정의 패러다임에 근원적으로 변화를 주고 있다. 이는 정보기술(IT)과 시스템이라는 요소 자체가 직접적으로 초래하는 변화뿐만 아니라, 정보화가 사회의 패러다임 변화를 통하여 정부의 정책결정 패러다임에 미치는 변화도 포함된다. 이는 앞서 살펴본 합리모형, 제한된 합리성 모형, 정치적 논리를 강조하는 관료정치모형 등을 보완하여 정책결정권자의 합리적인 결정을 지원하고 정책결정과정의 불확실성을 제거하는 기대 효과가 크다고 할 수 있다. 따라서 급박한 국가위기상황 시에 정책결정권자가 데이터에 근거한 합리적인 정책결정을 할 수 있도록 정보기술(IT)에 의한 지원체계가 필요하며, 전자정부 성과에 비추어 볼 때 기술적으로나 행정적으로 충분히 가능할 것으로 보인다.

정보기술(IT)은 정책결정에 필요한 데이터의 수집과 분석, 정책결정과정에 다양한 이해관계자들의 참여와 논의의 활성화, 다양한 대안의 발굴과 비교·평가, 정책의 집행과 성과평가 결과의 환류 등으로 정책의 품질을 향상시키는 것을 가능하게 해준다. 그러나 정보기술(IT)의 운용이 정책결정에 필요한 보다 많은 데이터를 수집하고 분석하는 데는 기여하지만 정책결정은 공식적 정보보다는 비공식적 정보에 의존하는 경향이 강해서 정책의 품질을 개선하거나 민주성을 제고한다는 증거가 없다는 견해가 있다.[275] 또한 데이터의 수집과 처리, 분석과 공유가 자동으로 연계되는 것이 아니므로 정보기술(IT)이 자동으로 정책의 합리성을 제고하는 것은 아니라는 주장도

Lynn, Jr. Laurence E. and Pollitt, Christopher (eds.), The Oxford Handbook of Public Management (Oxford University Press, 2005), p. 399.

275) R. Gualtier, Impact of the Emerging Information Society on the Policy Development and Democratic Quality (Paris: OECD Publication Service, 1998).

있다.[276)]

제4차 산업혁명의 특징 중 빅데이터와 사물인터넷(IoT)과 같은 기술에 기반한 초연결성(Hyper-connectivity)은 정보와 자료의 취득과 처리에 있어 기존의 시간과 공간적 제약을 넘어설 수 있게 한다. 정부의 기능 가운데 제4차 산업혁명의 장점을 가장 크게 발현할 수 있을 것으로 예측되는 부분은 정부의 정책결정 영역일 것이다. 왜냐하면 빅데이터와 인공지능(AI)과 같이 이미 일정 수준의 기술적 진보가 기대되는 기술은 새로운 방식의 자료와 정보의 수집 · 관리 · 활용에 집중되어 있고, 자료와 정보의 양적 · 질적 확장은 〈표 2-26〉과 같이 정부의 정책결정에 중요한 영향을 미치기 때문이다.

〈표 2-26〉 정보통신기술(ICT)의 특징과 정부 운영의 변화

정보통신기술(ICT)	특 징	정부운영의 변화
빅데이터	초연결성	· 네트워크 플랫폼 정부[277)] · 정부 부처 간 공유와 협력 · 최적의 정책결정
사물인터넷(IoT)	초지능성	
인공지능(AI)	공진화	
사이버물리시스템(CPS)	초융합	

* 출처: 최준석, "4차 산업혁명이 정부 정책분석평가에 미치는 영향에 대한 탐색," 『정책분석평가학회보』 제27권 제4호 (2017), p. 228.

슈밥(K. Schwab)은 정부 기능의 변화와 관련된 제4차 산업혁명의 영향은 새로운 기술을 접목하여 보다 효율적으로 정부를 운영하는 것에 있다고 했다.[278)] 새로운 기술은 방대한 정보의 획득과 정교한 분석방법의 적용을 의

276) D. M. Brown, Information Systems for Improved Performance Management: Developed Approaches in US Public Agencies, In Richard Heeks ed.Reinventing Government in the Information Age (London, England: Routledge, 1999).

277) 수직적 위계조직 구조에서 수평적 구조로 연결되어 각 부처 간 협업을 촉진하는 네트워크 정부가 전자정부 단계에서의 정부구조라면, 플랫폼 정부는 각 부처가 동일한 플랫폼 내에서 연결되어 마치 하나의 조직과 같이 작동되는 지능정부 단계의 정부구조를 의미한다.

278) K. Schwab, The Fourth Industrial Revolution (Geneva: World Economic Forum, 2016).

미한다고 할 수 있고, 이러한 기술은 제4차 산업혁명의 초연결성(Hyper-connectivity)과 초지능성(Hyper- intelligence)을 구현하게 할 수 있다. 정부 부처에서 정책의제를 발굴할 때 기존의 통계 방법인 국민들과 이해관계집단을 대상으로 하는 설문조사나 전문가 대상의 델파이(Delphi) 조사와 같은 방법에서 온라인을 통한 정책 제안과 빅데이터 분석을 활용하여 정책 의제화 하는 것이 이에 해당된다.[279)]

정책환경의 복잡성이 가중되고 정책자원의 한계가 제기되는 상황에서 여전히 정책정보 및 정부 내 정보자원이 부처별로 개별적이고 단편적으로 축적되어 활용되고 있는 부분은 행정개혁의 중요한 출발점으로 인식되고 있다.[280)]

'정부 3.0'정책은 개방과 공유, 소통, 협력의 가치를 정부운영방침으로써 강조하는 공공부문의 조직간 정보공유 및 정보시스템 연계 · 통합의 필요성을 강조했다.[281)] 제4차 산업혁명시대의 전개에 따라 정부는 이에 부합하기 위해 정보기술(IT)을 활용하여 공공부문의 정보공유 및 정보시스템 연계 · 통합을 위한 다양한 정책을 추진하고 있다. 일반적으로 '정부 내 정보공유'는 전자정부 추진 과정의 최종적 단계로서 인식되고 있다.[282)]

전자정부의 발전단계를 개별 부처 전산화 및 대국민 서비스 정보화의 단계를 거쳐 최종적으로 범부처간 연계 업무처리 및 서비스로 정의하면서,

279) 문재인 정부 출범 후 '광화문 1번가'라는 플랫폼을 통해 대국민 온라인 정책 제안을 받았고, 한국정보화진흥원(NIA)을 통해 제안된 정책과 관련된 빅데이터를 분석하여 정책에 대한 사회적 수요를 반영하는 시도를 하였다. 보건복지부는 한국보건사회연구원을 통해 설문조사 방식과 온라인 상의 소셜 빅데이터를 분석하여 정책수요를 파악하였다. 행정안전부, 『광화문 1번가 국민인수위원회: 100일간의 기록』(2017).

280) 행정안전부, 『전자정부 통합수준 진단 및 지표개발 연구』(2007).

281) 2013년의 '정부 3.0 추진전략'의 발표와 함께 정보공유 정책의 개념이 협의의 정보공유를 포함해 시스템 연계 및 통합을 포함하는 광의의 개념으로 확대되고 있으며, 정책 목적 역시 범정부적 차원의 스마트 정부 구현을 위한 핵심동력으로서 중요성이 확대되고 있음을 강조했다.

282) 행정안전부(2007), 상계서, p. 13.

정보공유 및 시스템 연계 · 통합을 전자정부의 최종적인 발전단계로 정의하기도 한다.[283] 많은 국가들의 전자정부 사업들이 대규모 예산을 투입해 정교한 시스템 구축을 추진하였음에도 불구하고, 성과 측면에서 한계를 보였던 부분은 행태적 측면에서의 시스템 운영 활성화를 위한 충분한 고려가 없었기 때문으로 분석되고 있다.[284]

토플러(A. Toffler)는 그의 저서 『제3의 물결』에서 장기적 사회정책의 차원에서 보면 앞으로의 공동체는 정보화시대에 적응할 수 있는 공동체를 지향해야 하는데 제2의 물결 시대에는 교통이 공동체 의식의 부활에 기여하는 주된 요소였지만, 제3의 물결 시대에는 정보통신이 이를 담당할 것이며 특히 컴퓨터와 통신망이 공동체 부활을 크게 도울 것이라고 역설한 바 있다.[285] 그의 예언대로 정보화의 시대는 도래하였으며, 현대의 국가나 조직은 정보화의 발전에 적응하거나 이를 최대한으로 활용해야 하고 정보화시대의 요구에 부합되도록 조직을 혁신하지 않으면 위험사회에서 예상되는 모든 위협에 효과적으로 대응하기가 제한된다.[286] 그가 판단한 미래 예견과 같이 오늘날의 한국은 지구촌의 정보화를 선도하는 국가로 인정받을 만큼 빠른 속도로 정보화의 첨단국가로 바뀌어 가고 있다. 이러한 추세와 연계되어 중앙정부, 지방자치단체, 기업 등 모두가 고도의 정보화 사회로 변혁을 거듭하고 있다.

조직운영이 높은 수준으로 향상되어도 정보화 체계의 뒷받침이 없다면 성공적인 위기관리는 어려울 것이다. 따라서 위기의 상황과 조건, 위기관리 조직, 조직원에 의한 체제운영, 현장의 행동대응과 대응 지원기능이 하나의

---

283) 한국정보화진흥원(NIA), "서비스 사용자에 의해 창조되는 차세대 전자정부: UCG (User Created Government)," 『전자정부포커스』 No. 7 (2007).

284) 윤광석, "행정정보공동이용제도의 개선방안에 관한 연구," 『정보화정책』 제19권 제4호 (2012).

285) Alvin Toffler, 유재천 역, 『제3의 물결』(서울: 학원사, 1986), p. 412.

286) 박휘락, 『정보화 시대 국방개혁의 이론과 실제』(서울: 법문사, 2008), p. 4.

체계에 통합되어 동시 병행적으로 제 기능을 수행토록 하기 위해서는 정보화체계를 구축하여 여타체계와 연동시켜야 한다.

오늘날 한국이 OECD 국가 중에서 정보기술(IT) 강국이 된 것은 국가정보화계획의 정책적 추진이 주요배경이 된다.[287] 국가정보화의 추진 체계 변천과정을 분석하고 발전적 대안을 모색하는 과정에서 국가 정보화의 개념이 산업과 기술의 융합에 따라 광범위하게 변하고 있으므로 이에 대응하는 정책적 자세가 필요하다는 실천적 제시가 있다.[288]

---

287) 한국의 국가정보화 추진이 시작된 것은 1978년 당시 제1차 행정전산화 기본계획수립을 하면서 시작되었고, 1984년에 5대 국가기간전산망 구축 정책으로 구체화되어 본격적인 궤도에 진입했다. 1990년도에 들어선 이후에 세계 각국은 디지털 경제시대의 도래에 대비하여 초고속정보통신 기반구축에 나서기 시작하였고 이에 부응하여 한국도 정보통신부를 신설하고 정보화 촉진법을 제정(1985)하는 등 범정부적 차원의 정보화 추진체계를 구축하였으며 정보화 촉진 10대 중점과제를 포함하는 제1차 정보화 촉진기본계획을 수립하고 Cyber Korea 21, Korea Vision 2006, u-Korea 기본계획 등 다양한 정보화 촉진계획이 시행되면서 국가정보화추진이 본격화되었다. 2000년대 진입 후 국가정보화는 더욱 활성화되었다. 2001년에는 전자정부 특별위원회를 설치하여 범정부 과제를 다수 책정하여 추진함으로써 중앙정부의 국정사무에 대한 전산화를 추진하였다. 2003년부터는 중앙정부 전산화를 모델로 하여 지방정부의 전산화를 추진하여 중앙과 지방행정이 전자시스템으로 연동되는 성과를 얻었으며 정보화의 수준이 한 단계 더 도약할 수 있었다. 2005년도 이후부터는 더욱 정밀한 디지털 시대로 발전시키기 위해 정보통신 산업, IT 기반의 서비스 산업, 소프트웨어 산업, 국가정보화 기능 등 4대 분야를 전문성이 높은 부처에 분업시키는 정책을 구사하였다. 이후 UN 전자정부평가 3회 연속 세계 1위(2010년, 2012년, 2014년) 선정, 전자정부 수출 등 4차 산업혁명시대에 부합하게끔 추진되고 있다. 2016년에는 전자정부 2020기본계획과실행 계획을 발표하여 정부 기관별 국가정보화 시행계획 및 사업과 연계 · 보완을 추진하고 있다. 2020년에는 세계적 정보통신기술(ICT) 강국으로서 전자정부 모델을 구축해온 탄탄한 인프라를 기반으로 대국민 서비스를 근간으로 하는 '디지털 정부'로 대전환하여 4차 산업혁명의 핵심이자 미래형 플랫폼인 인공지능(AI) 기반의 지능형 정부 구축을 추진하고 있다. 이홍기(2013), 전게논문, pp. 230-231; 대한민국 정책브리핑(2017.10.18.), "대한민국 전자정부 50년, 위대한 발자취를 담다," http://www. korea.kr/news/pressReleaseView.do?newsId=156231455 (검색일: 2020.6.28.); 『대한민국 정책브리핑』(2020.4.27.), "행정안전부, 전자정부를 넘어 디지털정부로 전환," http://www.korea.kr/news/pressReleaseView.do?newsId=156387464 (검색일: 2020.6.28.)

288) 정충식, "국가정보화 추진체계에 대한 비판적 검토," 『한국지역정보화학회지』 제12

국가정보화정책에 따라 전자정부구현 정책이 활발하게 전개되고 있음에도 불구하고 국가위기관리체계의 정보화는 제한된 정보의 수집과 보고 위주로 활용하고 있으며, 지능화된 시스템으로 위기관리를 지원하는 수준에는 못 미치고 있다.

한국의 국가위기관리체계 정보화 수준은 국가정보화 수준에 미치지 못하고 있다. 국가위기관리체계의 정보화는 정보통신 선진국 위상에 부응하면서 정보화가 갖고 있는 기능과 강점 활용이 가능하도록 해야 한다. 따라서 체계구축을 포함한 정책 과제화, 국가위기관리에 참여하는 제 조직을 연결하는 기반통신네트워크 구축, 정보의 유통 및 공유, 지휘 및 참모활동 지원, 통합적 데이터베이스 운용, 관련 제도 발전 등을 종합적으로 발전시켜야 한다.[289]

한국은 위기관리를 위한 조기경보시스템 미흡, 국가차원에서 첨단화된 위기관리 정보화 시스템 부재, 위기관리에 필요한 과학적 분석능력과 예측 프로그램 등이 미흡하다고 볼 수 있다.[290] 국제정치 또는 국가위기관리 분야에서도 미국과 유럽의 신진학자들은 정보 분석 기법을 이용하여 첨단 분석방법과 정보처리기술을 개발해왔다.[291] 따라서 정보화 선진국인 한국이

집 제4호 (2009), p. 39.

289) 이홍기(2013), 전게논문, p. 229.

290) 길병옥 · 허태회(2003), 전게논문, pp. 349-350.

291) CASCON 프로그램은 MIT대학교의 블룸필드와 몰튼 교수가 함께 개발한 것으로서 현재 상황과 단계를 규정한 후 과거의 유사사례를 추적하여 과거에 사용한 대응책과 현재의 대안을 비교 평가하여 정책결정 시 판단에 도움을 주는 지지적 프로그램의 하나이다. 이 프로그램은 위기상황 시 분석용으로 사용되어 효과성이 입증된 바 있고 위기상황을 분석하여 과거사례와 비교분석하는데 유용하며 선정한 정책대안을 집행할 경우 그 결과를 유추하는데 큰 도움이 되는 소프트웨어라 할 수 있다. POLICON / FACTIONS 프로그램은 1989년 스탠포드대학교 브루스 부에노스 미스키다 교수가 중심이 되어 개발한 것으로서 변수요인을 고려한 정책대안결정, 국가간 분쟁 및 위기해결을 위한 협상전략 수립, 결정된 정책을 실행에 옮길경우 예상되는 사태 예측 그리고 주요 정책 집행결과 예측 등의 기능을 가지고 있다. FRED(Find, Read, Evaluate and Display) 프로그램은 1989년 하버드대 더그 본드 교수가 중심이 되

이를 적극 추진하여 국가위기관리체계와 접목한다면 국가위기관리체계의 정보화는 가능할 것이다. 한국의 정보화 성공 요인은 도전적인 비전과 전략 목표, 선도적인 정부 역할, IT 산업의 혁신 지향적 발전, 정보화 저변의 조기 확대, 정부(촉진자)-기업(공급자)-국민(유효수요 창출자)의 동태적 역할 등으로 압축 정리할 수 있다.[292)]

국가위기관리에 임하는 정책결정권자는 급박한 위기상황이 발생하면 합리적 결정보다는 직관에 의존하는 주관적 결심을 하게 될 개연성이 높다. 선진국에서는 정성적 판단 방식의 오류를 최대한 배제시키고 객관화된 기준에 따라 합리적 정책결정을 지원하는 시스템을 개발하기 위한 노력을 지속하여 부분적으로는 성공하였고 이미 활용되고 있다.

제5절 선행연구 고찰

2016년에 개최한 세계경제포럼(WEF) 이후 제4차 산업혁명시대의 동인이 되는 주요 정보통신기술(ICT)에 관한 연구는 그 이전에 비해 더욱 활발해졌다. 특히, 인공지능(AI) 관련 연구는 가장 활발한 연구분야로서 관련된 주요 선행연구는 다음과 같다.

강희조는 제4차 산업혁명을 기반으로 하는 스마트 재난안전관리체계

어 개발하였으며 검색, 판독, 평가, 전시(display) 등의 기능을 동시에 실시간 수행할 수 있고 체제의 안정성과 정치 · 경제 · 사회의 변동 상황을 추적할 수 있는 바 자료 입력-분류처리-사건개요 파악-분 석평가-화상 경보 전시 등의 과정을 거쳐서 결론을 도출하는 프로세스를 갖추고 있다. 길병옥 · 허태회(2003), 전게논문, pp. 351-353.

292) 황종성, "한국식 정보화 모델의 탐색," 『정보화정책』 제14집 4호 (2007), pp. 6-15.

구축 대응 방향을 살펴보고 지능정보기술과 인공지능(AI)기술을 적용한 사물인터넷(IoT)에서 빅데이터 분석을 통한 재난안전관리에 적용하여 사고나 재난으로부터 피해를 최소화하기 위한 전략으로 제4차 산업혁명과 스마트 재난안전관리 시스템 적용에 대하여 기술적인 한계와 문제점을 분석하고 대안과 전략 방안을 제시하였다.[293] 그러나, 인공지능(AI)에 기반을 둔 지능정보기술의 활용과 예 · 경보 및 의사결정 지원체계 구축으로 국민의 재산과 인명피해 최소화에 관하여는 활용과 구축에 관한 기술적 대안 제시가 필요하다.

김병운은 정부의 보도자료, 국내 · 외 문헌조사, 연구개발(R&D) 전문가 설문조사, 현장 기업 의견조사 등을 바탕으로 인공지능(AI) 분야에 대한 국가적 차원의 인공지능(AI) 분야 국가 과학기술 · ICT 정책제언을 하였다.[294] 그러나, 연구 결과 주장하는 내용이 국가정책으로 집행되는 분야에 한정되어 있어 민간부문과의 협력을 통한 개선이나 민간부문에서 개선되고 발전되어야 하는 사항들의 도출과 분석이 필요하다. 특히, 사업화, 실무 · 융합형 시스템통합 인력양성 등은 공공부문과 민간부문의 협력이 이루어지면 시너지 효과가 클 수 있기에, 이에 관한 더욱 심도 있는 연구가 필요하다.

양종모는 인공지능(AI)이 지니고 있는 위협 요소를 해결하기 위해서안전성 규제가 최우선 과제라고 주장하였다.[295] 개발 착수 이전부터 허가 심사를 통하여 개발하는 인공지능(AI)이 각종 관계 법령이나 안전기준을 충족하는지 여부를 평가하는 방안의 적용이 필요하며, 개발 단계에서부터 안전성이 확보될 수 있도록 개발 내용에 대하여 보고 의무나 안전성 심사 등의 규제

---

293) 강희조, "4차 산업혁명 기반 스마트 재난안전관리 대응체계 구축," 『디지털콘텐츠학회논문지』 제19권 제3호 (2018), pp. 562-566.

294) 김병운, "인공지능(AI) 동향분석과 국가차원 정책제언," 『정보화정책』 제23권 제1호 (2016), pp. 84-91.

295) 양종모, "인공지능(AI)의 위험의 특성과 법적 규제방안," 『홍익법학』 제17권 제4호 (2016), pp. 540-561.

방안을 제시하여 생산자나 사용자를 위하여 인공지능(AI)에 대하여 실질적으로 안전성을 향상 시키는 것과 같은 장기적인 안전성 유지 방안을 강구하는 것이 필요하다고 주장하였다. 그러나 현재 한국의 인공지능(AI) 기술의 수준은 기술선진국 대비 상대적으로 아직은 미흡하므로, 기술에 대한 규제보다는 개발에 대한 진흥이 더욱 필요하므로 상호 보완하는 연구가 필요하다.

양희태 등은 인공지능(AI) 기술 중요도 및 성숙도 분석, 기업생태계 및 경쟁력 분석, 기술적 대응 방안 수립의 시사점들과 국내 · 외 인공지능(AI) 국가 전략 및 연구개발 동향 분석 결과를 종합해 연구개발 포트폴리오, 연구개발 방식, 규제 개선 측면에서 인공지능(AI) 연구개발(R&D) 정책의 실효성 제고를 위한 정책 개선안을 제시하였다.[296] 그러나 연구개발(R&D) 투자 확대, 기초학문 연구 범위 확대 및 교육 강화, 우수 인재 이탈 방지 방안의 수립에 관한 필요성만을 강조하고 구체적인 대안과 방안제시가 없어 실무 적용에는 한계가 있다. 하지만 인공지능(AI) 기술 개발에 관한 규제 개선 측면에서는 데이터 활용성 제고를 위한 제도 개선, 윤리 · 안전성 강화 가이드라인 및 책임 법제 마련 등의 주장은 한국이 당면한 현안을 비교적 잘 나타내 준다고 할 수 있다.

이동준 등은 현대 및 미래전장의 전투수단이 정밀 고도화하여 불확실성의 전투상황으로 적시적이고 적절한 대응책을 도출하는 어려움과 전투를 수행하는 지휘관과 참모의 전술적 방책 판단 시 지휘결심 지원체계 필요성이 매우 증가할 것이므로, 대량의 정보를 효율적으로 분석하고 체계화하여 상황에 대한 대응방책을 제시하고 방책의 우선순위를 제시해주는 인공지능(AI) 기술 적용의 발전에 주안을 두고 연구하였다.[297] 그러나 인공지능(AI)이 대량의 정보를 신속하게 분석하여 방안을 제시하는 것은 기술적으로는

---

296) 과학기술정책연구원(STEPI), "인공지능(AI) 기술 전망과 혁신정책 방향: 국가 인공지능(AI) R&D 정책 개선방안을 중심으로," 『정책연구』 제13호 (2018), pp. 203-224.

297) 이동준 · 김태규 · 한정규, · 제갈대훈, "인공지능(AI) 및 M&S 기반 지휘결심 지원체계 개발방안," 『국방과 기술』 제456호 (2017), pp. 67-79.

가능하나, 전장에서의 술(術)적인 부분은 인공지능(AI)의 지원이 제한되므로, 향후 연구에서는 이를 고려한 인공지능(AI) 운용에 관한 연구가 필요하다.

황종성은 인공지능(AI)의 발전은 사회 각 분야에서 급격한 패러다임 변화를 수반할 전망이고 정부도 예외는 아니라며 다음 사항을 주장하였다.[298] 첫째, 인공지능(AI)은 지금까지 나온 기술 중 가장 파괴적인 정부혁신 수단이 될 전망이다. 둘째, 인공지능(AI)은 기존 전자정부를 넘어 지능정부를 구현할 것이다. 셋째, 인공지능(AI)으로 인한 지능정부로의 변화로, 절차중심 정부에서 결과중심 정부로 변화, 네트워크 조직을 넘어 플랫폼 조직으로, 제3의 거버넌스 형성으로 정부와 민간의 융합, 알고리즘 민주주의의 대두를 주장하였다. 그러나 인공지능(AI) 기술을 정부 혁신의 수단으로서 평가하기 위해서는 정치적 요소가 더욱 크게 작용하는 한국의 현실을 고려한 보다 심도 있는 연구가 필요하다.

허유선 등은 현재의 인공지능(AI) 윤리 논의에서 윤리가 요구되는 목적과 논의의 경향을 밝히고, 인공지능(AI) 윤리의 나아갈 방향을 제안하면서 인공지능(AI) 윤리가 사회에 미치는 잠재적 영향력, 인공지능(AI) 기술의 특수성, 산업 기반 마련 등을 위해 다양한 방면에서 요청된다고 보았다.[299] 그러나 인공지능(AI) 윤리가 지시하는 바가 명확해야 할 적용 시기와 그에 따른 대상의 구체화가 제시되지 않았으며, 향후 '인공지능 윤리학(AI Ethics)'은 기술의 전체 단계와 함께 수행되어야 할 것을 강조하였으나, 기술뿐 아니라 정책으로 집행되는 단계에서도 수행되어야 하는 다학제적 연구가 필요하다.

한국은 위기관리에 관한 연구가 대부분 정부의 직·간접적인 통제에 의해 이루어지지 않았다. 특히, 전통적인 안보 위협 하에서 위기관리에 관한 연구는 대부분 군사 분야와 연관되어 있어 일부 기관 위주로 제한된 연구

298) 한국정보화진흥원(NIA)(2017b), 전게논문, pp. 11-40.

299) 허유선·이연희·심지원, "왜 윤리인가: 현대 인공지능(AI) 윤리 논의의 조망, 그 특징과 한계," 『인간·환경·미래』 제24호 (2020), pp. 165-204.

외에는 연구가 미흡하였으며, 대부분의 연구내용과 결과도 비밀로 관리되어 연구 자료에 대한 수집이나 활용도 제한된다. 지금까지 수행된 연구 결과도 비밀로 분류되어 연구주제나 연구기간 등 공개가 가능한 사항을 제외하고는 연구내용은 공개되지 않아 연구결과에 대한 공유나 검증도 불가하고 무엇보다 연구가 중복되어 수행 될 수 있기에 예산과 노력의 낭비 요소가 될 수 있다.[300] 이전의 위기관리에 관한 연구는 대부분 개별 위기 사건을 위기관리 차원에서 연구하면서 당시 발생된 사건의 조치 위주의 위기관리에 대하여 연구하는 경향이 많았다.[301] 또한, 위기관리 조직의 개편이나 법제도 제 · 개정, 전문인력 양성, 교육훈련 등 대부분 유사한 내용의 연구가 주를 이루고 있다. 전통적 안보위기와 관련된 주요 선행연구는 다음과 같다.

김열수는 한국의 위기관리체제를 전시와 평시 위기관리체제로 구분하였으며, 통합방위법의 한계는 통합방위사태에 대하여 국가의 제 방위요소를 통합할 수 있도록 법적 근간을 마련하였지만 국가위기사태 전반을 다루는 통합적인 위기관리법으로는 제한사항이 있음을 주장하였다.[302] 그러나 전시와 평시로 구분된 위기관리체제의 전환을 위한 상황과 조건의 제시가 없어 이에 대한 향후 연구가 필요하다.

조남인은 위기관리 컨트롤 타워의 구축 방안을 제시하면서 다양한 협의기구를 통합 운영하는 방안을 주장하였다.[303] 통합방위협의회, 중앙민방위협의회 등은 의사결정의 단일화, 복합 위기 발생 시 기관별 대처방안의 강구, 각종 매뉴얼의 정비, 위기자원 활용의 효율성 등을 고려하여 포괄안보 상황에서 실용성 있는 국가위기관리 기구로 통합 운영할 것을 제시하였

---

300) 이재은(2012), 전게서, p. 27.

301) 박계호, "한반도 위기발생시 미국의 역할 결정요인에 관한 연구," (충남대학교 대학원 박사학위논문, 2012), p. 11.

302) 김열수(2005), 전게서.

303) 조남인, "포괄안보시대의 국가위기관리 체제에 관한 연구: 법령 및 기구개편을 중심으로," (충남대학교 대학원 박사학위논문, 2014).

다. 그러나 관련법에 의해 위기 사태 종류별로 설치되는 협의기구에 대한 통합 운영은 법제적 관점의 심도 있는 연구가 필요하다.

정찬권은 지방자치단체의 위기관리체계는 복잡한 조직체계, 법령과 제도의 미약, 지방자치단체장의 위기관리역량 미흡, 위기관리 전문 인력 부족에 문제가 있음을 지적하였다.[304] 따라서, 지방자치단체로의 책임과 권한의 위임, 국가사무 및 자치사무를 구분한 지방자치법의 개정, 지방자치단체장에 대한 위기관리능력 평가제 도입, 시민사회와 정부 간 협력 체제를 구축하여 위기 상황 발생 시 자발적인 참여로 인한 인적 · 물적 피해에 대한 보상책을 마련할 것을 주장하였다. 그러나 주장하는 내용의 일부는 시행되고 있는 정책들이 있기에 우선은 이러한 부분에 대한 보완과 평가에 관한 연구가 선행되는 것이 필요하다.

이성순은 국가위기관리와 연관된 대응조직 전체를 수직적 · 수평적으로 연계 및 통합시켜 전 · 평시의 모든 위기 사태에 조직적으로 대응이 가능하고, 실시간 실행 능력을 극대화 할 수 있는 국가위기관리체계 구축을 주장하였다.[305] 그러나 연계와 통합의 대상과 조건에 대한 구체적인 제시가 필요하며, 위기 유형과 규모별로 구분된 연계와 통합에 관한 후속연구가 이루어진다면 위기관리 조직 운영에 관한 발전 방안의 제시가 가능하겠다.

9·11테러 이후 전통적 안보개념은 비군사 분야를 포함하는 포괄적 안보개념으로 확장되면서 관련 연구가 더욱 활성화 되었다. 포괄안보와 관련된 주요 선행연구는 다음과 같다.

신진은 포괄적 안보 개념적 관점에서 볼 때, 국가안보를 확보하기 위한 국방정책은 크게 자주국방 전략과 국제적 안보동맹 전략으로 분류할 수 있다고 보고, 이의 발전을 위해서 치밀하고 광범위한 기술혁신과 정부의 과학

---

304) 정찬권(2010), 전게서, p. 53.

305) 이성순, "평시와 전시를 연계한 효율적인 국가위기관리체계 구축방안," (경기대학교 대학원 박사학위논문, 2014).

기술정책을 추진하여 과학기술의 진보와 혁신을 이루어 저렴한 비용으로 효율적 국방과 안보를 달성하기 위한 발전적 대안을 모색하여 다음과 같은 발전방안을 도출하였다.[306] 첫째, 첨단과학기술의 개발은 동맹국들의 한국의 군사력에 대한 의존도를 높게 하여 안보동맹 전략을 지속적으로 유지할 수 있다. 둘째, 높은 수준의 군사과학기술은 군사적 잠재력으로 평가되어 안보동맹의 전략적 환경을 우호적으로 구축하는데 기여한다. 셋째, 정부의 과학기술정책은 민간 부문에서 과학기술을 효과적으로 사용할 수 있도록 교육, 창의성 육성, 시스템 운영에 우선적 중요성을 두어야 한다. 넷째, 정부의 과학기술개발정책은 민 · 군겸용 기술의 개발과 밀접하게 연관되게끔 추진되어야 한다. 연구 결과는 탈냉전 이후 정보통신기술(ICT)을 동인으로 하는 제4차 산업혁명시대에서 발전방안으로서 다른 연구들에 대한 방향성을 제시해준다.

이재은은 9 · 11테러 이후 미국을 비롯한 서구 선진국들은 무한경쟁 사회에서의 안보개념을 전통적 안보개념으로부터 포괄적 안보개념으로 전환한 것을 탐색하면서, 포괄적 안보관점에서 국가안보를 국가의 발전을 위협하는 모든 군사적 위기와 비군사적 위기로부터 국민, 주권, 영토, 핵심기반의 안전을 보장하는 것이라고 정의하였다.[307] 이에 국가안보 환경의 변화에 따라 포괄적 안보개념을 살펴보고 국가안보 환경의 변화를 탐색하고 이에 따른 국가 위기 유형을 제시하였다. 첫째, 국민안보를 위협하는 위기를 국민생활위기와 재난위기로 구분하고, 재난위기를 자연재난과 안전 요인이나 인위적 요인에 의해 대규모 피해를 유발하는 것으로서 인적재난으로 세분화하였다. 둘째, 영토 안보와 주권 안보를 위협하는 위기이다. 셋째, 핵심기반 안보를 위협하는 위기는 국민의 안위와 국가 경제 · 사회의 생명력과 일체성 및 정부의 핵심기능에 중대한 영향을 미칠 수 있는 인적 · 물적 ·

306) 신진(2000), 전게논문, pp. 125-127.

307) 이재은(2013), 전게논문, pp. 193-195.

기능적 체계가 마비되는 상황핵심기반 위기이다. 연구 결과는 국민의 생명과 재산, 국가의 주권 및 경제적 · 사회적 · 문화적 생명력의 기반을 기준으로 위기의 유형을 구체적이고 세부적으로 분류하여 위기 관련 연구의 다양성을 확인해 주었다.

이채언은 한국의 국가위기관리 조직체계가 효율적이지 못한 원인을 밝히는데 목적을 두고, 기존 연구를 검토하여 조직체계가 효율적이지 못한 원인을 안보분야와 재난분야로 구분하여 분석하고 대안을 제시하였다.[308] 연구 결과, 위기에 대한 인식의 문제, 개별적으로 발전해 온 법 · 제도의 문제, 제도의 경로의존성, 부처이기주의, 위기관리 컨트롤 타워 및 리더십 부재 등으로 확인하였다. 그러나 제시한 문제들의 발생과 형성 원인에 대한 다각적 분석과 구체적 대안 제시가 향후 연구로 이루어진다면 위기관리 조직의 효율성 제고가 기대되겠다.

김진항은 포괄안보시대의 국가위기관리는 다양한 위협과 위험으로부터 국민의 안전을 보장하기 위하여 국가와 국민의 핵심적 가치가 위험에 처한 상황에서 이를 효율적으로 관리하여 그 핵심적 가치를 보존하는 것으로 보고, 효율적인 국가위기관리시스템 구축을 위한 방안으로 국가위기관리시스템의 개발을 제시하였다.[309] 이를 위해 정치적 위기관리와 행정적 위기관리 시스템으로 구분하여 정비하고 이를 기능적으로 통합하여, 국가위기관리시스템을 통합적 · 협력적 · 영속적인 구조로 구축 · 유지할 것을 주장하였다. 그러나 이러한 구조의 시스템 구축 · 유지는 동시적인지 상황에 따른 선택적인지의 구분과 각각의 효과 및 효율성에 대한 후속 연구가 필요하다.

과학기술이 발전하면서 이를 위기관리에 활용하고자 하는 연구도 점차 증가하고 있다. 제4차 산업혁명시대의 도래에 따라 이러한 연구는 그 의의

308) 이채언(2012a), 전게논문, pp. 25-26.

309) 김진항(2010), 전게논문, pp. 102-134.

가 더욱 크다고 할 수 있으며, 위기관리 연구영역을 더욱 넓게 하는 가능성을 제시해 준다. 이와 관련된 주요 선행연구는 다음과 같다.

길병옥 등은 과거에 국가적 개방이 어려운 상황에서는 사전에 정보를 수집하거나 탐지하는 조기경보능력의 확보가 제한되었으나 탈냉전 시대에는 많은 국가들이 개방된 정치 · 경제시스템의 도입으로 정보의 유통량이 많아졌으며 컴퓨팅의 발전과 과학기술의 고도화로 이러한 정보흐름을 사전에 탐지하고 분석하는 조기경보능력으로 위기예방이 상당히 가능하게 되었다고 판단하고, 국가위기관리체계의 확립을 위해 현실과 미래상황에 적합한 위기관리 프로그램의 개발을 제시하였다.[310] 또한, 선진국의 위기관리체계와 위기관리 프로그램을 비교 분석하고 한국의 위기관리체계 개선방향 및 방안과 '21세기형 첨단 위기관리프로그램'의 개발로 신속하고 효과적인 국가위기관리능력을 제고하고, 아울러 국내 정보기술(IT) 및 분석기술의 발전과 21세기 한국의 국가과제인 지식산업의 발전에 기여할 것을 주장하였다. 연구 결과는 제4차 산업혁명시대에서 인공지능(AI)을 기반으로 하는 국가위기관리체계의 구축을 주장하는 선구적인 내용으로 평가 할 수 있으며, 후속 연구가 이루어진다면 국가위기관리에 정보통신기술(ICT)을 운용하는데 많은 도움이 될 것이다.

이홍기는 국가 통합위기관리체제를 하나의 독립적 유기체로 비유할 때 정보화 체계는 혈액의 유통을 보장하는 혈관으로서 기능하기 때문에 물리적 · 화학적 연동 및 유통기능을 통하여 국가위기관리의 기능과 절차를 신속 · 정확하게 통합하는 역할을 하게 된다고 보았다.[311] 연구 결과는 국가위기관리에 정보화 체계의 중요성과 필요성을 강조한 것으로, 후속 연구시 정보화 체계의 국가위기관리의 기능과 절차에 대한 통합적 역할에 대한 효용성 증명 등의 연구가 필요하다.

---

310) 길병옥 · 허태회(2003), 전게논문, pp. 340-356.

311) 이홍기(2013), 전게논문, pp. 275-276.

이성순은 전·평시 통합국가위기관리체계 구축을 위해 현재까지 구축되어 적용하고 있는 한국의 국가위기관리체계가 다양한 유형의 위기사태에 조직적 대응이 가능한 최적의 시스템을 구비하고 있는지에 관하여 분석을 통해 국가위기관리 시스템의 작동에 본질적으로 내재되어 있는 문제점을 도출하고, 한국의 특수하고 복합적인 안보환경 하에서 발생될 수 있는 국가적 위기사태를 효율적으로 통제 및 관리할 수 있도록 국가위기관리 전 조직이 상호 연계성과 통합성을 이루어 실행적 측면에서 대응능력을 제고시킬 수 있는 발전방안을 연구하였다.[312] 연구 결과, 위기관리 전 부서와 조직이 수직적·수평적으로 연계된 통합 정보공유시스템을 구축하여 운영할 것을 주장하였다. 그러나 정보공유시스템의 통합 운영에만 중점을 두어 후속 연구 시에는 사이버 공격 등에 대비한 정보보호와 정보체계 간 원활한 통합 운영에 관한 연구가 필요하다.

정보기술(IT)은 정책결정 상황에서 이해당사자들의 참여와 의사소통 및 정보공유의 효율성을 높인다.[313] 예로써, 전자회의시스템은 시공간적으로 분산된 많은 정책결정 참여자들의 선호 파악과 의견 교환을 촉진하며 토의 과정에서 필요한 정보를 즉시 검색할 수 있게 함으로써 불필요한 회의를 없애고 회의시간도 단축시킨다.[314] 이러한 의미에서 정보기술(IT)은 누가, 누구에게, 무엇을, 언제 의사표현할지와 같은 사항들을 조율하고 메시지의 교환을 신속화하며, 메시지의 내용 및 방향을 변화시킴으로써 정책결정의 결과에 실질적인 영향을 준다.[315] 또한 정책결정권자는 정보기술(IT)을 활용

---

312) 이성순(2014), 전게논문, pp. 146-163.

313) Teng, T. C. James & K. J. Calhoun, "Organizational Computing as a Facilitator of Operational and Managerial Decision Making: An Exploratory Study of Managers' Perception," *Decision Sciences*, Vol. 27, No. 4 (1996), pp. 673-710.

314) M. D. Robbins, B. Simonsen, B. Feldmanm, "Citizens and resource allocation: Improving decision making with interactive web-based citizen participation," *Public Administration Review*, Vol. 68, No. 3 (2008), pp. 564-575.

315) G. DeSanctis & R. B. Gallupe, A Foundation for the Study of Group Decision Support

하여 대안의 분석 결과와 최종제안 등을 관계자들에게 전달하는 능력을 강화하게 된다.[316] 특히 정보기술(IT)은 다수의 관계자가 참여하고 창의적인 아이디어를 필요로 하는 복잡하고 비정형적인 정책결정업무에 활용될 때 그 효과가 높다.[317]

정보기술(IT)이 정책결정에 미치는 영향 등의 연구는 인공지능 기반의 국가위기관리에 관한 연구를 더욱 유의미하게 해준다. 이와 관련된 주요 선행연구는 다음과 같다.

목진휴 등은 정책결정과정에서 정보기술(IT) 도입의 효과는 기관의 특성, 최고위층의 관심과 의지, 업무성격, 외부환경 등과 상호작용 속에서 간접적으로 나타나고 그 양상도 매우 다양하다고 주장하였다.[318]

서형준은 공공부문에서 인공지능(AI)을 활용한 정책결정의 가능성과 쟁점에 대하여 고찰하였다.[319] 공공부문에서 인공지능(AI)이 정책결정까지 가능한지에 대한 검토, 인공지능(AI)의 정책결정이 기존의 정책결정 방법과의 차이, 인공지능(AI)이 정책결정에 도입될 경우에 나오게 될 쟁점을 연구하여 인공지능(AI)의 합리적 의사결정(AI), 투명성 및 신뢰성의 제고, 정책이슈에 대한 객관적인 시각, 신속한 정책결정 등이라 주장하였다. 그러나 인공지능(AI)에 의한 정책결정의 투명성과 신뢰성 등 주장하는 내용에 대한 논리적 보완과 실증 분석 등이 필요하다.

최진욱은 제4차 산업혁명의 진행은 미래의 정부 정책결정을 현재와 다

Systems, *Management Science*, Vol. 33, No. 5 (1987), pp. 589-609.

316) S. Molloy & C. R. Schwenk, "The Effects of Information Technology on Strategic Decision-Making," *Journal of Management Studies*, No. 32 (1995), pp. 283-312.

317) K. C. Laudon and J. P. Laudon(2004), *op. cit.*; 명승환, "업무수행에 있어서의 정보기술의 영향," 『한국정책학회보』 제6권 제1호 (1997), pp. 72-100.

318) 목진휴 · 최영훈 · 명승환, "정보기술이 정책결정과정에 미치는 영향: 주요 광역자치단체를 중심으로," 『한국행정학보』 제32권 제3호 (1998), pp. 247-261.

319) 서형준, "4차 산업혁명시대 인공지능(AI) 정책의사결정에 대한 탐색적 논의," 『정보화정책』 제26권 제3호 (2019), pp. 3-30.

른 3가지 형태로 〈그림 2-10〉과 같이 고찰하였다.[320] 현재의 모습은 전자정부에 기반한 정책결정이다. 전자정부 형태는 정책결정권자가 중심이 되어 정보통신기술(ICT)을 활용하여 정책을 결정한다. 반면, 제4차 산업혁명은 전자정부와 다른 지능정부의 형태로 작동한다. 첫 번째 형태는 '증강' 정책결정으로 빅데이터의 분석을 통한 인공지능(AI)의 정보를 토대로 정책을 결정하는 모습이다.[321] 두 번째 형태는 '자동화' 정책결정으로 인공지능(AI)을 훈련시키고, 훈련된 인공지능(AI)이 정책결정권자 감독 하에 정책을 결정하는 모습이다. 세 번째 형태는 '자율화' 정책결정으로, 정책결정을 자율적인 인공지능(AI)에 전적으로 의존하는 모습이다.[322] 그러나 각 단계별 전환되는 인공지능(AI) 기술수준의 기준이 제시되지 않아 단계별 전환 기준 마련이 필요하다.

---

320) 최진욱(2017), 전게논문, p. 238.

321) 지능정부의 개념은 명확하지 않다. Sharpe는 지능정부를 '사회 · 경제 정책에 관한 국가(정부)의 정당한 역할을 인지하고, 혁신, 창의력, 민간의 주도성을 저해하지 않으면서 이러한 역할을 가장 효과적으로 수행할 수 있는 정부'로 정의한다. 이때의 지능정부는 정부가 과학적 자료를 기반으로 엄정한 분석을 통해 정책을 결정하는 것을 의미한다. 따라서 제4차 산업혁명에 따른 지능정부는 이러한 정부의 역할을 인공지능(AI)을 통해 구현하는 모습으로 상상할 수 있다. Andrew Sharpe, New Directions for Intelligent Government in Canada: An Introduction in Fred Gorbet and Andrew Sharpe (eds.), New Directions for Intelligent Government in Canada: Papers in Honour of Ian Stewart (Ottawa: Center for the Study of Living Standards, 2011), p. 1.

322) 지능정부의 세 가지 형태는 인간(정책결정권자)과 인공지능(AI) 간 업무를 어느 수준에서 자동화할 것인가의 문제이다. 인공지능(AI)에 기반한 정부 기능의 자동화와 관련하여 Deloitte 보고서는 '경감(relieve)', '분업', '대체', '증강'의 네 단계로 구분하고 있다. '경감'은 핵심적인 업무는 인간이 하고, 일상적인 업무는 인공지능(AI)이 수행하는 방식이다. '분업'은 업무를 단계화하여 가급적 여러 단계를 인공지능(AI)이 처리하고, 인간은 인공지능(AI)이 수행하지 못하는 단계의 업무와 기계의 업무를 감독하는 형태를 의미한다. '대체'는 정형화된 반복적 업무를 인공 지능(AI)이 수행하는 방식을 의미한다. '증강'은 인공지능(AI)과 인간이 함께 업무를 처리하는데, 인공지능(AI)이 인간의 기존 업무 역량을 강화시킬 수 있는 지원을 하고 이러한 지원을 통해 업무 처리 속도와 결과가 대폭적으로 향상 되는 형태를 의미한다. William D. Eggers, David Schatsky and Peter Viechnicki, AI-Augmented Government: Using Cognitive Technologies to Replace Public Sector Work (New York: Deloitte University Press, 2017).

〈그림 2-10〉 인공지능(AI)에 기반한 지능정부의 형태

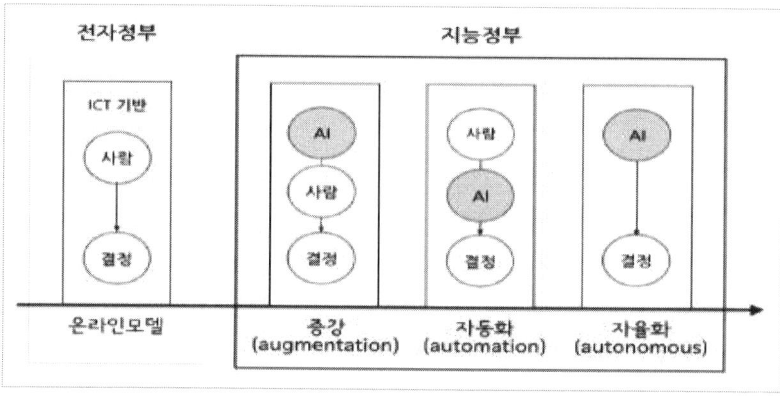

* 출처: 한국정보화진흥원(NIA)(2017b), 전게논문, p. 4.

정보공유 정책의 효과성 모델 구성과 관련한 많은 연구들에서는 개인적 수준의 정보공유 활동에 영향을 미치는 거시적 환경 요인에 대해 관심을 가져왔으며, 이러한 환경요인들은 일반적으로 기술적 측면과 조직 및 관리적 측면, 그리고 정치 및 정책적 측면으로 유형화 될 수 있다.

제4차 산업혁명시대에서 인공지능(AI) 같은 주요 정보통신기술(ICT)이 정책결정에 미치는 영향에 관한 국내에서의 연구는 2016년 세계경제포럼(WEF) 이후에 활발히 진행되었으며, 이전에는 전자정부 추진에 따라 그와 관련된 연구가 주로 진행됐음을 알 수 있다. 정보기술(IT)이 정책결정에 미치는 영향에 관한 주요 연구는 〈표 2-27〉과 같다.

글로리와 스캇(G. A. Gorry & M. S. Scott)은 지방행정 전산화는 정보의 수집, 보고, 분석, 저장, 검색, 사용 등 일련의 정보생애주기 속에서 새로운 정보가치(정확성, 신속성 등)를 생산하게 함으로써 지방정부의 정책결정 능력을 향상시켜준다고 주장하였다.[323]

---

323) G. A. Gorry & M. S. Scott, "A framework for management information systems," *Sloan Management Review*, No. 13 (1971), pp. 64-65.

로빈슨(M. D. Robbins et. al.) 등은 웹기반 시스템이 지방공무원들에게 공공서비스의 제공수준에 대한 시민들의 선호도를 효율적으로 파악할 수 있도록 지원하여 의사결정 품질을 높인다는 것을 확인하였다.[324)]

〈표 2-27〉 정보통신기술(ICT)과 정책결정에 관한 주요 연구

구 분	연구자	연 구 주 제
인공지능(AI)을 활용한 정책의사결정에 관한 연구	김병조 · 은종환(2020)	인공지능(AI) 기술의 행정 · 정책 분야 도입이 가져올 변화 연구[325)]
	서형준(2019)	공공부문에서 인공지능(AI)을 활용한 정책결정의 가능성과 쟁점 연구[326)]
	윤상오 · 이은미 · 성욱준(2018)	인공지능(AI) 정책결정이 야기할 쟁점 제시 및 대응 방안 모색[327)]
	강희조(2018)	재난안전관리 의사결정 지원시스템의 인공지능(AI)에 의한 대응 등 연구[328)]
	이동준 · 김태규, 한정규 · 제갈대훈(2017)	군(軍) 전술방책 발전절차 특성에 따른 인공지능(AI) 적용 가능 분야 연구[329)]
정보기술(IT)과 정책결정과의 관계성 분석	명승환 · 최영훈 · 허철준(2007)	정보기술(IT)이 정책결정과정에 영향을 미치는지에 대한 연구[330)]
정보기술(IT)과 정책결정과정에 영향을 미치는 조직 내 · 외적 환경요인	오철호(1998)	미국의 사례연구를 통한 정보기술(IT)의 효과성에 미치는 조직행태 및 내 · 외적 환경요인에 대한 연구[331)]
	한세억(1998), 이윤식(1990)	규범적 차원에서의 연구[332)]
공공 및 행정 정보화가 조직구조와 운영에 미치는 영향에 관한 연구	이민호(2015)	정보공유 및 시스템 연계 · 통합을 포함한 광의의 정보공유 정책의 효과적 추진과 관련한 영향요인 연구[333)]
	임준형 · 강영철(2013)	정부업무관리시스템을 대상으로 의사결정지원효과와 그 영향요인 연구[334)]
	정보통신정책연구원(2005), 허명환(2002), 유홍준(2000)	의사결정과정에 대한 정보화의 효과성 분석[335)]

324) M. D. Robbins, B. Simonsen & B. Feldmanm(2008), *op. cit.*, pp. 564-575.

325) 김병조 · 은종환, "행정-정책 의사결정에서 머신러닝(Machine Learning) 방법론 도입의 정책적 함의: 기계의 한계와 증거기반 의사결정," 『한국행정학보』 제54권 제1호(2020), pp. 261-285.

몰리(S. Molloy et. al.) 등은 민간 조직을 대상으로 하는 사례연구에서 정보기술이 문제인식에 필요한 분석의 규모와 품질, 정확성을 향상시키고, 문제 파악과 의사결정의 속도를 향상한다는 것을 발견하였다.[336]

맥고은(R. P. McGown et. al.) 등도 미국 주정부기관을 대상으로 한 연구에서 정보시스템이 정보의 정확성, 완전성, 적시성, 이해의 용이성을 제고하여 의사결정자의 문제예측 능력과 조직 효율성을 향상시켜 준다는 것을 확인하였다.[337]

밴 브루겐(G. H. Van Bruggen et. al.) 등은 결정지원체제를 지원하는 정보기술(IT)은 정책결정의 품질을 높여줘서 분석력이 낮은 정책결정권자나 결정을 위한 시간적 여유가 있는 정책결정권자에게 도움이 된다고 주장하였으

---

326) 서형준(2019), 전게논문, pp. 3-35.

327) 윤상오 · 이은미 · 성욱준(2018), 전게논문, pp. 31-59.

328) 강희조(2018), 전게논문, pp. 561-567.

329) 이동준 · 김태규 · 한정규 · 제갈대훈(2017), 전게논문, pp. 66-79.

330) 명승환 · 최영훈 · 허철준, "정보기술이 정책결정과정에 미치는 영향: 주요 광역자치단체 공무원의 인식 변화를 중심으로," 『한국행정학보』 제41권 제4호 (2007), pp. 153-175.

331) 오철호, "정책결정과정에서의 정보사용에 대한 합리모형비판," 『한국정책학회보』 제6권 제7호 (1998), pp. 195-228.

332) 한세억, "이음새 없는 행정: 정책연계성에 대한 고찰과 실천적 적용 가능성," 『한국행정학보』 제32권 제3호 (1998), pp. 17-34; 이윤식, "정보관리와 정책과정," 『한국행정학보』 제24권 제2호 (1990), pp. 693-718.

333) 이민호, "정보공유 및 시스템 연계통합 추진 효과성의 영향요인 탐색," 『한국사회와 행정연구』 제26권 제2호 (2015), pp. 23-52.

334) 임준형 · 강영철, "전자정부시스템이 공공조직 의사결정에 미치는 영향: 종합업무관리시스템을 중심으로," 『한국지역정보화학회지』 제16권 제4호 (2013), pp. 27-54.

335) 허명환, "시군구 행정종합정보화," 『나라경제』 제13권 제12호 (2002), pp. 36-38; 정보통신정책연구원(KISDI), 『행정정보화의 행정조직구조 및 운영에 대한 효과 분석』 (2005); 유홍준, "정보화에 따른 조직구조변화: IT 산업," (한국사회학회 2000년도 춘계심포지움 발표집, 2000), p. 113.

336) S. Molloy & C. R. Schwenk(1995), *op. cit.*, pp. 283-312.

337) R. P. McGowan & G. A. Lombardo, "Decision Support Systems in State Government: Promises and Pitfalls," *Public Administration Review*, No. 46 (1986), pp. 579-583.

며,[338] 룹닉(R. Rupnik et. al.) 등은 이러한 과정에서 정보기술(IT)을 통한 데이터 마이닝(Data Mining)은 정책결정지원을 촉진할 수 있다고 주장하였다.[339] 그러나 어떤 정보기술(IT)이 정책결정의 어느 단계에서 도움이 되는지 등 보다 심도 있는 연구가 필요하다.

시몬(H. A. Simon)은 정책결정과정을 조직이 정책결정을 할 때 불확실한 환경을 가시화하기 위해서 또는 조직의 목표와 현실의 차이를 줄이기 위해서 노력한다고 보고 정책결정과정은 곧 문제해결과정으로 보았다.[340] 따라서 시스템이 이러한 불확실한 조직 내 · 외의 환경과 문제의 원인결과를 분석하는데 도움을 줄 것이라고 예측하였다. 그러나 시스템이 분석하게 되는 데이터의 품질과 알고리즘의 설계에 관한 연구가 이루어지지 않아 향후 연구시에는 이러한 부분에 대한 보완이 필요하다.

헤스팅(C. Hastings), 헥슐러(C. Heckscher)는 실제 정책결정의 차원에서 공식적 비공식적 정보의 흐름을 연구한 학자들에 의하면 현실세계에서의 정책결정은 보다 비공식적인 정보의 흐름과 교류에 의해서 이루어진다고 주장하였다.[341]

첸(Teng et. al.) 등의 연구에 따르면, 정보기술(IT)의 활용은 일상적인 운영수준의 정책결정과 관리적 정책결정 모두에 있어 정책 대안의 수를 증가시키며, 각 대안이 초래할 결과 예측의 정확성을 높여 전반적인 정책결정의 효과성을 제고한다고 주장하였다.[342]

---

338) G. H. Van Bruggen, A. Smidts and B. Wierenga, "Improving Decision Making by Means of a Marketing Decision Support System," *Management Science*, Vol. 44, No. 5 (1998), pp. 645-658.

339) R. Rupnik, M. Kukar & M. Krsper, "Integrating Data Mining and Decision Support Through Data Mining Based Decision Support System," *The Journal of Computer Information Systems*, Vol. 47, No. 3 (2007), pp. 89-104.

340) H. A. Simon(1973), *op. cit.*, pp. 268-287.

341) C. Hastings, The New Organization (London: McGraw-Hill, 1996); C. Heckscher, Defining the Post-bureaucratic Type. In C. Heckscher and A. Donnellon eds. The Post-bureaucratic Organization (Thousand Oaks, CA: Sage, 1994).

하인즈(T. Heintze et. al.) 등은 공공조직에서 정보기술(IT)의 도입은 정책결정과정에 많은 직원들의 참신한 아이디어를 투입할 수 있게 하여정책의 품질을 향상시키는 효과를 가져온다는 점을 강조하였다.[343]

갤럽(R. B. Gallupe et. al.) 등은 그룹정책결정 지원시스템이 과업의 난이도가 높은 정책결정 상황에서 시간의 활용을 효율화함으로써 참여자들의 문제탐색능력을 강화하고 더욱 많은 대안을 고려할 수 있도록 촉진한다는 점을 제시하였다.[344]

로빈슨(M. D. Robbins et. al.) 등은 다수 시민들이 웹 기반 정보체계를 통해 지방정부의 정책결정에 참여하여 각종 공공서비스의 제공수준과 이에 따른 징세수준을 스스로 선택할 수 있도록 함으로써 이해당사자들간의 재정적 갈등의 소지가 높은 문제에 대하여 합의할 수 있는 합리적 대안을 도출하도록 기여한 점을 강조하고 있다.[345]

양과 맥스웰(Yang and T. A. Maxwell)은 정보공유 및 시스템 연계 · 통합을 위한 효과성 모형과 관련해, 기술적 관점과 조직 · 관리적 관점, 그리고 정치 · 정책적 관점을 중심으로 〈그림 2-11〉과 같이 정보공유의 효과성 모형을 제시하였다.

먼저 기술적 관점에서, 기존의 연구자들은 공공조직간 정보 공유를 정보시스템의 구축과 그에 따른 조직구조 및 업무 절차의 변화를 수반 하는 정보기술(IT) 프로젝트로 인식했다. 다양한 조직들이 각자 서로 다른 하드웨

---

342) Teng, T. C. James & K. J. Calhoun(1996), *op. cit.*, pp. 673-710.

343) T. Heintze & S. Bretschneider, "Information Technology and Restructuring in Public Organizations: Does Adoption of Information Technology Affect Organizational Structures, Communications, and Decision Making?," *Journal of Public Administration Research and Theory*, Vol. 10, No. 4 (2000), pp. 801-830.

344) R. B. Gallupe, G. DeSanctis & G. W. Dickson, "Computer-based Support for Group Problem-Finding: An Experimental Investigation," *MIS Quarterly*, Vol. 12, No. 2 (1988), pp. 277-296.

345) M. D. Robbins, B. Simonsen, B. Feldmanm(2008), *op. cit.*, pp. 564-575.

어와 소프트웨어를 활용하여 필요한 정보시스템을 구축해서 정보시스템이 기반하고 있는 플랫폼의 차이, 데이터 표준과 품질의 차이 등은 정보공유를 저해하는 주된 요인으로 지적되었다.[346] 기술 간 상호호환성 문제는 정보 공유에 대한 의도와 의지가 있더라도 이를 기술적으로 구현하지 못하도록 제약하며, 초기 비용의 증가는 진입장벽을 높이는 결과를 가져올 수 있다. 많은 연구자들은 기술적 요인이 조직적 요인이나 정치적 요인보다는 덜 복잡한 제약요인으로 보고 있다.[347]

〈그림 2-11〉 공공부문 정보공유를 위한 효과성 모형

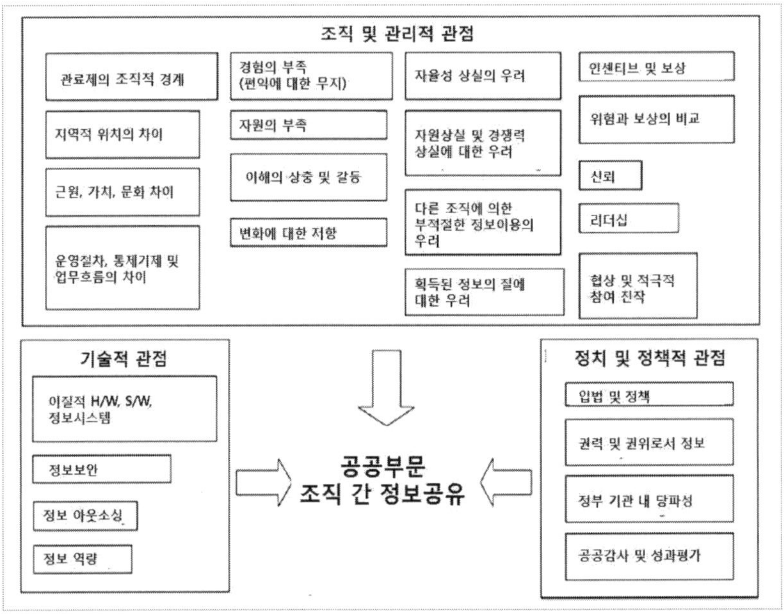

* 출처: Yang, T-M. & T. A. Maxwell, "Information-sharing in public organizations: a literature review of interpersonal, intra-organizational and inter-organizational success factors," *Government Information Quarterly*, Vol. 28, No. 2 (2011), pp. 164–175.

---

346) 윤광석(2012), 전게논문.

347) H. Atabakhsh et. al., Information Sharing and Collaboration Policies within Government Agencies, Intelligence and Security Informatics (2004), pp. 467-475.

다베스(S. S. Dawes), 랜드버겐과 볼켄(D. Landsbergen and G. Wolken)의 연구는 정보공유에 따른 장점을 〈그림 2-12〉와 같이 연구결과로 제시하였다.

〈그림 2-12〉 정부 기관 간 정보공유의 이론적 모델

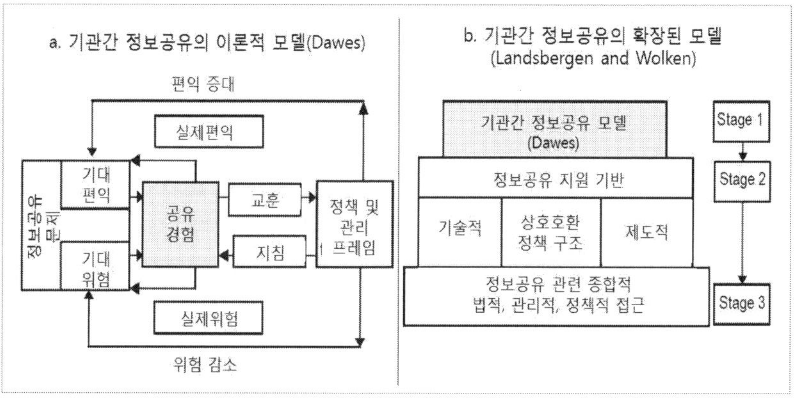

* 출처: E. Estevez, P. Fillottrani & T. Janowski, "Information sharing in government - conceptual model for policy formulation," *Proceedings of The 10th European Conference on e-Government(ECEG)* (Ireland: University of Limerick, 2010), p. 3; 이민호(2015), 전게논문, p. 29에서 재인용.

특히, 〈그림 2-12〉의 b모형은 정보공유를 위해 필요한 요소를 단계별로 구분하고 정보공유지원을 위한 다양한 요소를 제시하였다. 다베스(S. S. Dawes)의 연구에서는 정부 내 정보공유 활성화와 관련해 실용적 모델을 제시하고 있으며, 〈그림 2-12〉의 a모형과 같이 정보공유의 경험이 정보공유가 요구되는 문제 상황의 발생으로부터 야기되어 실제 정보공유가 이루어지는 과정에서 정책 환경의 영향을 받게 되며, 이러한 정보공유의 경험은 다시 정책 환경의 변화를 통해 정보공유를 통한 기대효과와 위험에 대한 구조를 변화시키고 이후 정보공유의 경험수준에 영향을 미치는 상호작용 모형을 상정하고 있다.[348]

---

348) E. Estevez, P. Fillottrani & T. Janowski(2010), *op. cit.*, p. 3.

랜드버겐과 볼켄(D. Landsbergen and G. Wolken)의 연구에서는 〈그림 2-12〉의 b모형에서 다베스(S. S. Dawes)의 연구를 포함하여 확장된 형태의 이론적 모형을 제시하고 있다.[349] 이는 다베스(S. S. Dawes)의 연구모형을 1단계로, 2단계는 정보공유를 지원하기 위한 기반구조로서 기술적 요소(하드웨어 및 소프트웨어의 상호이용 가능성, 업무처리의 표준화 등)와 상호호환 정책구조(메타데이터 구조 및 기관 상호간 협약), 조직적 요소(정보센터 등의 조직구성 및 공유양식 등)를 상정한다.

나바렛(Navarrete et. al.) 등은 조직 및 관리적 관점에서, 각 조직은 독립적으로 운영되며, 보유하는 정보뿐만 아니라 추구하는 가치 그리고 그에 따른 운영절차가 모두 다르기 때문에 조직간 실질적인 정보공유는 어렵다고 주장하였다.[350] 그러나 조직 간 정보공유는 〈그림 2-12〉에서 처럼 단계별로 세분하고 제반여건을 갖춘다면 조직의 특성이 다르다는 것과 상관없이 가능할 수 있다.

고엘첼(B. Goertzel)은 인공지능(AI) 정책결정권자는 인간과 달리 권력, 이권, 이념 등을 초월하기 때문에 부정부패에 연루될 염려가 없고, 편견에 사로잡히지 않으며, 정경유착이나 권언유착의 염려도 없다고 주장한다.[351]

---

349) D. Landsbergen & G. Wolken, "Realizing the promise: government information systems and the fourth generation of information technology," *Public Administration Review*, Vol. 61, No. 2 (2001), pp. 206-220.

350) Navarrete et. al., "Multinationa e-government collaboration, information sharing, and interoperability: an integrative model," The 43rd Hawaii International Conference on System Sciences(HICSS), IEEE (2010); Yang, T-M. & T. A. Maxwel(2011), *op. cit.*, pp. 164-175.

351) B. Goertzel, Creating an AI Sociopolitical Decision Support System, ROBAMA: ROBotic Analysis of Multiple Agents (an informal, rough "vision document") http:// blockchainai.kr/client/news/newsView.asp?nBcate=F1012&nMcate=M1001&nScate=11&nIdx=31611&cpage=6&nType=1 (검색일: 2020.7.26.)

제6절 소결론: 이론적 함의와 시사점

미래 성장을 이끌 제4차 산업혁명에 대한 관심이 높은 가운데, 그 핵심 기술은 인공지능(AI)이라고 할 수 있다. 인공지능(AI) 기술은 다양하지만 기계학습(Machine Learning) 기술이 대표적으로 인간이 처리할 수 없는 방대한 데이터를 컴퓨터에 자동학습시킴으로써 스스로 규칙을 만들고 예측하거나 판단하는 기술이다. 인공지능(AI) 기술은 지금까지 실현 불가능하다고 생각했던 수많은 산업과제와 사회문제를 해결하고, 재난재해 대응, 삶의 질 향상 등 혁신을 야기하고 있다.

정부는 2016년 미래창조과학부에 범정부 차원의 '지능정보사회추진단'을 설치하여 인공지능(AI) 개발을 비롯한 제4차 산업혁명에 대하여 정책적 대응을 시작했다. 제4차 산업혁명시대와 지능정보사회 구현을 주도할 인공지능(AI) 핵심 기술을 개발하여, 인공지능(AI) 기술 역량을 제고하고 글로벌 인공지능(AI) 기술 시장의 선점을 위해 추진하고 있다.

지능정부는 사이버공간에 축적된 방대한 양의 지식과 지능을 현실공간에 적용하는 것을 핵심으로 한다. 사이버공간에 축적된 데이터를 가지고 각종 인공지능(AI)을 개발한 후 이를 현실공간으로 옮겨 인간의 많은 업무를 무인화 하는 것이다. 특히 인공지능(AI)을 통해 사이버공간에 존재하는 각종 데이터와 알고리즘이 현실세계의 모든 곳에 내재화하여 지능정부 이전에도 올바른 결정을 내리는 조직모델들이 다양하게 제시되었지만, 주로 공무원을 비롯한 전문가의 판단력에 의존하려 했던 점에서 지능정부와 차이가 있다. 정부가 올바른 의사결정을 내릴 수 있도록 지원하는 인공지능(AI) 서비스들이 해당인공지능(AI)은 분명히 인간의 정책결정능력을 획기적으로 증강시키지만 동시에 인공지능(AI)의 판단을 완전히 신뢰할 수도 없기 때문에 인공지능(AI)의 신뢰도를 검증하고 발생할 수 있는 문제에 대비하는 사회 시스템 구축이 필요하다.

세계 각국은 인공지능(AI) 기술을 새로운 국가 경쟁력으로 인식하고, 인공지능(AI) 산업 육성을 국가 정책적으로 추진하고 있다. 인공지능(AI)의 잠재력이 증가하고 지능화된 혁신 서비스들이 지속적으로 등장하면서, 인공지능(AI)을 통한 패러다임 변화가 가속화되고 있다. 인공지능(AI) 경쟁력 강화를 위한 기술 확보, 인재양성 및 유치 등 국가 차원의 인공지능(AI)의 운용과 적용이 활성화되어가고 있다. 이미 주요국가들은 미래 경쟁력 향상을 위해 인공지능(AI) 서비스를 활용하여 산업의 경쟁력 강화, 생산성 향상, 사회시스템 최적화 등에 중점을 두고 국가차원의 전략을 수립하고 다양한 정책을 추진하고 있다.

한국은 인공지능(AI)의 발전을 기존의 전자정부를 넘어 '지능정부'라는 새로운 정부형태를 구현하고자 정책적으로 추진하고 있다.[352] 이는 정보기술(IT)을 핵심요소로 활용하는 점에서는 전자정부와 지능정부가 비슷하지만, 현실의 물리공간과 컴퓨터상의 사이버공간을 연결하는 방식은 완전히 다르다. 전자정부는 물리공간을 사이버공간으로 이동시키는 것을 핵심전략으로 추진한다. 정부 문서에서부터 서비스 창구와 업무공간까지 정부 운영에 필요한 거의 모든 요소를 사이버공간으로 옮기며 이런 점에서 전자정부를 '디지털화' 과정으로 정의하기도 한다. 이미 재난안전 분야에서는 사물인터넷(IoT) 등의 활용을 확대하여 온라인에서 모니터링과 통제를 하고 있으며, 국방분야에서는 미래무기체계 발전에 적용하는 많은 연구가 이루어지고 있다.

환경의 변화에 따라 인공지능(AI)을 어떻게 운용하여야 효율적인 국가위기관리정책이 제고되는 것에 관한 깊은 고민이 필요하다. 인공지능(AI)은

352) 『대한민국 정책브리핑』(2017.3.7.), "지능형 정부로 4차 산업혁명의 마중물을 붓는다," http://www.korea.kr/news/pressReleaseView.do?newsId=156189050 (검색일: 2020.7.26.)

사회 전반에 영향을 미치는 기반 기술로 다학제적 연구의 중요성이 강조되고 있으며, 데이터 기반의 연구 결과에서도 산 · 학계 간의 협력이 긍정적 영향을 미치는 것을 알 수 있다. 인공지능(AI) 분야에서 양강구도를 펼치는 미국과 중국은 학계와 기업 간 협력이 가장 활성화된 나라로 산 · 학 · 연 · 정부가 함께 협력할 수 있는 환경을 만들고 결과의 실효성이 확대되어가고 있다.

주요국들은 자국의 정부조직 형태, 법제도 등을 고려하여 인공지능(AI) 정책을 적극 추진하고 있다. 한국은 국가적 차원의 컨트롤 타워 등 추진체계 미흡과 사업화 플랫폼 부재, 기초 및 원천 기술 낙후, 네거티브 규제, 뇌 모델링 연구와 전문 인력 양성 및 유치 미흡, 국제연구개발협력 등의 정책이 주요 선진국 대비 미흡하다. 국가적 차원의 산 · 학 · 연 · 정부의 거버넌스 체계 개선, 시장주도형 플래그십 핵심기술 개발 추진, 인공지능(AI)사업 플랫폼 구축 및 지원, 연구개발(R&D) 진흥 법제도 마련 및 환경 조성, 실무 및 융합형 인력양성, 국제공동연구개발협력 추진, 인공지능(AI) 윤리 등 실질적인 정책 마련이 필요하다.

기술은 인간의 삶에 긍정적인 영향과 부정적인 영향을 동시에 준다. 인공지능(AI) 기술을 이용한 지능형 제품이나 서비스가 여러 분야에 널리 활용되면서 우려되는 부분은 이로 인해 예측하지 못한 사고가 발생했을 때 책임 소재에 대하여 명확한 법적 해석이 부재한 상태라서 지능형 제품이나 서비스를 제공하는 기업이나 이용자 모두 위험을 감수해야 하는 실정이다. 따라서 이러한 역기능을 방지할 수 있는 법제도 정비가 시급하다.

인공지능(AI)의 많은 장점을 적극 활용하려는 혁신적 자세와 인공지능(AI)의 위협 요인에 선제적으로 대응하려는 의지도 필요하다. 특히 인공지능(AI)을 국가위기관리에 활용하려면 인공지능(AI)의 발전 방향을 정확히 이해하는 것이 필요하며, 이를 위해 인공지능(AI)을 기술적 이슈로만 평가하지 말고 사회과학 측면에서의 인공지능(AI) 운용연구도 함께 이루어져, 인공지능(AI)에 대한 사회적 이슈를 긍정적인 방향으로 유도하고 준법과 윤리의식이 적용되는 친인간적인 인공지능(AI) 기술의 발전과 정책의 추진이 필요하다.

국가위기관리에 관한 연구 자료를 살펴보면 위기관리에 대한 용어가 다수의 영역에서 여과 없이 사용되고 있고, 연구내용도 포괄적 안보개념을 적용하여 종합적인 관점을 가지고 큰 틀의 국가위기관리에 관한 연구가 정보기술(IT)과 안보환경 변화의 속도와 정도만큼 시도되지 않고 있다. 또한, 위기상황이 발생할 때마다 임기응변식의 부분적 보완방안을 제시하는 정도의 수준으로 연구가 이루어지고 있다.

군사 및 비군사 분야의 위기사태를 종합적인 관점에서의 연구는 희소하며 급변하는 정보기술(IT)과 안보환경을 고려하여 포괄적 차원의 통합적 발전방안을 제시하고자 하는 현실적인 논의보다는 미시적 관점에서 청와대 중심의 위기관리체계 강화, 위기관련 법령과 제도 및 조직의 정비, 전문성 강화를 위한 교육 마련과 인재 육성 방안, 재난관리, 민 · 관 · 군 협업, 북한의 군사적 급변사태 대비 등 단편적인 분야에 국한된 제한적 연구가 다수를 이루고 있으며 국가위기관리의 가장 핵심적 분야라 할 수 있는 실행적 측면에서의 예방과 대비 방안 마련과 대응 능력 강화를 위한 정책결정에 관한 다학제적 관점에서의 융 · 복합적 발전방안을 제시하는 연구가 필요하다.

현대사회는 정보화의 시대가 성숙되어 지능정보사회로 일컬어진다. 정보와 지식의 시스템을 활용하여 이를 공유하고 활용함으로써 개인과 조직이 제 기능을 수행할 수 있는 정보과학의 시대이다. 한국은 정보통신기술(ICT)의 기반, 기술, 문화, 역량 등 전반적으로 선진국의 지위를 공고히 확보하고 있으며, 정치, 경제, 사회, 문화 등 제반 국정체계에서 융 · 복합적으로 운용되고 있으므로 국가위기관리체계의 정보화의 발전 가능성은 충분하다고 볼 수 있다.

전문성 높은 경험자들은 기존의 정보화 시스템을 활용해 왔으며 이들은 다음과 같은 문제점을 지적하고 있다. 첫째, 국가 통수기구의 상황실과 각 부처 간 수직적 정보유통체계가 구축되어 있으며 정보공유 및 제한적 의사소통만 가능하다. 둘째, 중앙 부처들은 내부소통으로 한정된 폐쇄형 정보통신망을 구비하고 있으며 위기관리전용 네트워크를 일부 부처가 구축하였고 기타 부처는 일반인 모두가 공유하는 정보통신망 중심으로 되어 있다. 셋째, 중앙 부처들의 상호적인 소통을 보장할 수 있는 통신망이 미흡하며 각 부처에서 일반에 공개하는 사이트를 열람 시 해당 부처에서 제공한 일부 정보만을 인식할 수 있다. 넷째, 지방자치단체들의 위기관리 정보통신체계는 단체별로 다소의 차이를 보이고 있으며, 광역단체들은 대부분 국가 위기연습 시 기초단체와 정보유통을 위해 일시적으로 설치해 활용하며, 기초단체들은 통합방위 유관기관들과의 협조 정도와 기관장들의 관심정도에 따라 차이를 나타내고 있다. 지방자치단체들의 관련된 중앙부처의 정보통신네트워크 구축 또한 부처별, 지자체별로 현격한 차이를 보이고 있는 실정이다. 이와 같이 국가위기관리를 위한 정보화 체계는 그 기반체계와 소프트웨어 자체가 조직별 폐쇄식 형태를 취하고 있거나 보유하지 못하고 있는 실정이므로 정보통신(IT) 선진국이 무색할 수 있으며 본래의 기능과 역할의 활용이 제한적인 상황이다.

국가 정보화의 추진체계 변천 과정을 분석하고 발전적 대안을 모색하는 과정에서 국가 정보화의 개념이 산업과 기술의 융합에 따라 광범위하게 변하고 있으므로 이에 대응하는 정책적 모색이 필요하다는 주장에 주목할 필요가 있다. 국가 정보화의 정책에 따라 전자정부 구현 정책이 적극 전개되고 있는 환경임에도 불구하고 국가위기관리체계의 정보화는 제한된 정보를 수집 및 보고 위주로 활용되고 있으며 지능화된 시스템으로 조직을 지원하는 자동화 수준에는 못 미치고 있는 실정이다.[353]

이러한 현상의 시사점은 국가차원에서 국가위기관리 정보화체계 구축

---

353) 정충식(2009), 전게논문, p. 39.

사업을 추진함으로써 국가의 시스템과 연계 및 호환되도록 각 부처와 지자체의 위기관리 정보화 체계도 병행적 발전을 추구해야 한다는 것이며 이를 구현하기 위해서 국가위기관리 총괄기구-중앙부처-광역 및 기초자치단체를 연계하는 국가위기관리 유·무선 및 위성 정보통신 네트워크의 구축과 이의 운용을 위한 소프트웨어 및 하드웨어적 구비가 시급하다. 또한 위기징후관리, 정책결정, 지휘통제, 정보의 유통 및 활용 등 국가위기관리 조직의 정보 분석과 판단을 지원할 수 있는 정보체계의 구축도 필요하다.

국가위기관리를 위한 첨단화된 위기관리 정보화 시스템의 구축, 과학적 분석능력, 고도의 예측 프로그램과 정보 분석 기법을 이용한다면 고도의 첨단 분석과 정보처리가 가능할 것이다.[354] 정보화의 선진국인 한국이 이러한 정보기술(IT)을 국가위기관리를 위한 정책결정과 접목 시킨다면 국가위기관리체계는 더욱 발전할 것이다. 따라서 제4차 산업혁명시대에서 안보환경 변화에 부합하는 인공지능(AI) 기반의 국가위기관리정책에 관한 심도있고 지속적인 연구가 필요하다.

정책결정을 하는 인간 자체가 오류를 내포하고 있고, 정책결정권자라는 인간이 주도하는 정책결정도 본질적으로 오류를 내포할 수 밖에 없다. 고전적인 정책결정 이론에서도 정부의 주요 정책결정은 합리모형보다는 만족모형이나 점증모형 또는 쓰레기통 모형에 근거할 수박에 없음을 제시하고 있다. 또한, 정책결정권자가 갖고 있는 도덕성과 윤리의식의 결여, 준법정신의 부족 등으로 왜곡되거나 편향된 정책결정을 하는 문제도 있다. 정책결정권자 자신이나 자신과 관계된 특정 대상의 이익을 위해서 의도적으로 편향된 정책결정이 이루어질 수도 있다.

인간의 이해관계자와 관련된 정치적 성향의 경로의존성에 치중된 정책보다는, 인공지능(AI)의 지원에 의한 정책이 정보 수집과 분석의 시간 단축과 정확도 향상, 오류 발생의 문제 개선, 자원과 예산의 효율적 집행 등으로

---

354) 길병옥·허태회(2003), 전게논문, pp. 349-350.

이성적이고 합리적인 정책의 집행이 가능하기 때문이다. 또한 인간의 이성적이지 못하고 감성적인 판단에 의한 실수나 정책결정권자 개인의 역량에 의한 오류와 문제점도 해결되고, 국가의 공공활동과 대국민 지원 등을 위한 정책역량을 향상시키는데 기여하기 때문이다. 업무의 정확도 향상과 처리속도가 빨라져 생산성이 증가하고 기회비용은 줄어들어, 국가의 정책결정이 더욱 정교해져 오류 있는 정책으로 인한 예산낭비나 손실을 줄이거나 방지하고, 정책 리스크가 감소되거나 제거되는 효과는 부수적일 것이다.

엘리트주의적 정책결정은 대의민주주의라는 이름으로 오랜 기간 정부 의사결정 모델로 활용되어왔으나, 일반 시민들은 정책결정 이후의 홍보와 순응의 대상 또는 정책결정의 청중이나 수용자에 머물러 왔다. 그러나 지식정보화와 함께 사회가 점차 민주화되고, 시민들의 의식수준이 향상되고, 정책결정 환경이 지속성과 안정성에서 불확실성과 다양성으로 변화되고, 지식정보사회로의 발전에 따라 정부 정책결정의 패러다임이 변화하고 있다.

빅데이터 기술의 확대와 함께 한국의 국가정보화전략위원회는 2011년 '빅데이터를 활용한 스마트 정부 구현(안)' 계획을 수립하였다.[355] 빅데이터는 민간부문은 물론이고 정부를 포함한 공공부문의 혁신을 초래하는 패러다임의 변화를 가능하게 해준다. 하지만 공공부문의 빅데이터 활용은 미흡한 실정이다. 따라서 위원회가 제시한 민간 및 공공부문에 저장되어 있는 빅데이터를 향후 공공자산으로 활용하기 위하여 분야별로 통합관리 네트워크를 구축하고, 전자정부는 정보통신기술(ICT) 발전, 빅데이터 분석 방법론 개발 등 빅데이터 활용 방안을 구축하고 실천하는 노력이 필요하다. 기존의 행정정보화나 전자정부와 마찬가지로 지능정보시대의 도래와 함께 정부는 인공지능(AI)을 행정과 정책결정 과정에 적극적으로 도입할 것이다. 이미 정부는 '지능형 정부 기본계획'을 발표하였고[356], 각 분야별로 인공지

355) 국가정보화전략위원회, "빅데이터를 활용한 스마트 정부 구현(안),"(2011).

356) 행정안전부(2018.7.20.), "지능형 정부 기본계획," https://www.mois.go.kr/frt/bbs/type001/

능(AI)을 적극 도입하고자 한다. 아직은 정책결정을 전적으로 인공지능(AI)에게 위임하기 보다는 정책결정권자를 지원하는 수준이나, 향후 인공지능(AI)의 채택과 활용범위는 크게 증가할 것으로 전망된다.

2015년 국제전기통신연합(ITU)의 연례보고서『Measuring the Information Society Report』에서는 한국이 정보통신기술(ICT) 개발지수에서 종합 측정한 결과 세계 167개국 중 1위를 하였으며, 2016년 평가에서도 1위를 하였다. 이는 UN의 전자정부 평가부분 세계 최고 수준의 위상에 부합하는 결과를 전 세계가 인정한 것이다.[357] 한국은 정보통신기술(ICT) 능력을 발휘할 수 있는 잠재력을 충분히 갖추고 있다고 볼 수 있다.

---

commonSelectBoardArticle.do?bbsId=BBSMSTR_000000000015&nttId=64867 (검색일: 2020.7.26.)

357) ITU, Measuring the Information Society Report 2016 Internaonal CH-1211 (Geneva Switzerland, 2016), pp. 11-15.

제 3 장

분석의 방법

제1절 분석의 틀과 분석 절차

1. 분석 요소 선정

앞서 위기관리, 정책결정, 인공지능(AI) 운용에 관한 이론적 논의와 선행연구를 고찰하였다. 이를 바탕으로 본 연구의 목적을 달성하기 위한 분석 요소를 포괄적으로 선정한다. 선정된 각 분석 요소는 다양한 정성적 및 정량적 연구 방법을 통해 분석한다. 〈그림 3-1〉과 같이 분석 요소로 선정한 한국의 위기관리정책 역량, 국가위기관리 환경 변화 요인, 인공지능(AI)의 정책결정 지원, 인공지능(AI) 기반의 국가위기관리정책 영향 요인, 인공지능(AI) 운용 관련 제도를 통해 복잡 다변화되어 가는 국가위기관리 환경에서 인공지능(AI)을 기반으로 하는 국가위기관리정책의 발전 요소가 무엇인지 도출한다.

〈그림 3-1〉 분석 요소 선정

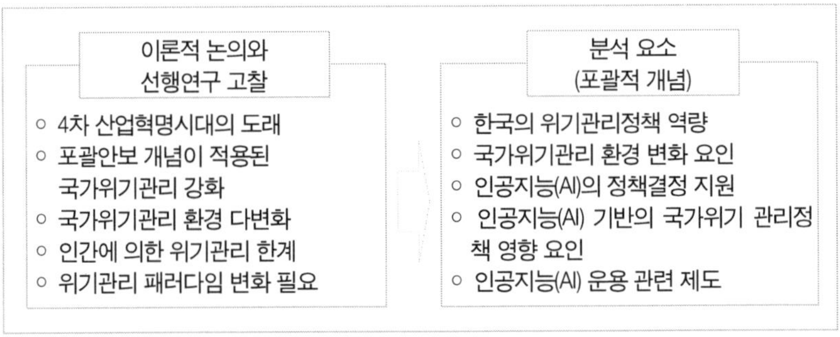

도출한 분석 요소에 대한 내용은 다음과 같다.

첫째, 한국의 위기관리정책 역량은 다양한 유형의 위기를 관리하기 위해 국가정책을 수립하고 집행하는 한국 정부의 강점(Strength)과 약점(Weakness)을 전략(Strategy), 프로세스(Process), 자원(Resource), 조직(Organization)적 관점에서 분석하는 것이다. 이는 법규, 정책 등 제도와 체계 등을 분석하는 것으로, 탈냉전 이후 급변하는 국제 안보와 제4차 산업혁명시대의 도래에 따른 환경 변화속에서 한국의 내부역량 향상을 위한 국가 정책적 대응을 분석한다.

둘째, 국가위기관리 환경 변화 요인은 한국에게 위협이 되는 외부 환경 변화를 정치적(Political), 경제적(Economic), 사회적(Social), 기술적(Technological) 요인으로 분류하여 긍정적 요인과 부정적 요인으로 분석하는 것이다. 여기서는 탈냉전 이후 포괄안보 개념의 적용과 정보통신기술(ICT)의 발전으로 도래한 제4차 산업혁명시대의 전개가 한국에게 어떠한 위협이 되는지를 분석한다.

셋째, 인공지능(AI)의 정책결정 지원은 인공지능(AI) 기술의 유형인 학습, 인지, 추론, 예측 기술 등의 발전에 따라 인간의 정책결정을 지원해주는 능력을 분석하는 것이다. 본 연구에서는 이를 위해 현재 의료 산업 현장에서 환자 진료 시 운용되는 인공지능(AI)과 연구 개발중인 인공지능(AI)을 사례대상으로 선정하여 운용체계와 운용효과를 분석한다. 이를 통해 인공지능(AI)이 인간의 정책결정을 지원해주는 효과와 위기관리를 위해 실현 가능한 인공지능(AI) 기술과 활용 분야에 대하여 분석한다.

넷째, 인공지능(AI) 기반의 국가위기관리정책 영향 요인은 인공지능(AI)을 국가위기관리정책에 운용 시 긍정적 또는 부정적 영향을 주는 요소에 대하여 분석하는 것이다. 이는 정책결정권자의 인공지능(AI) 운용 결과에 대한 인식과 수용, 인공지능(AI) 기반의 국가위기관리정책을 위한 제반 여건에 관하여 분석한다.

다섯째, 인공지능(AI) 운용 관련 제도는 인공지능(AI)을 원활히 운용하기 위한 관련 법규, 감리, 윤리 등에 대하여 분석하는 것이다. 이는 기술적 관점보다는 사회적 관점에서 인공지능(AI)에 대한 신뢰에 관하여 사회적 이슈 측면에서 분석한다.

2. 분석의 틀

본 연구에서는 분석 요소를 객관적이고 타당하게 분석하기 위해 다양한 정성적 연구 방법과 연구자의 주관적 개입을 최소화하고 연구 결과의 객관성을 유지하기 위해 정량적 분석 방법을 적용하여, 한국의 인공지능(AI)을 기반으로 하는 국가위기관리정책의 발전 요소를 도출한 후 발전전략을 수립하였다. 따라서, 인공지능(AI) 기반의 국가위기관리정책 발전을 위한 분석 틀을 〈그림 3-2〉와 같이 설정한다.

〈그림 3-2〉 분석의 틀

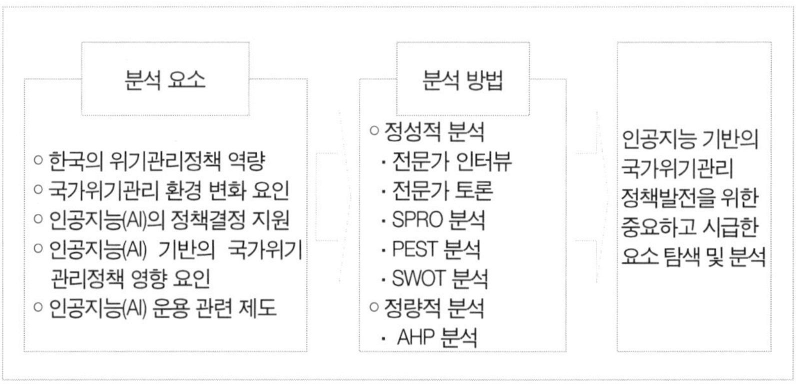

3. 분석 절차

본 연구에서는 질적 연구방법으로 문헌분석, 전문가 인터뷰, 전문가 토론, 내부역량(SPRO) 분석, 외부환경(PEST) 분석, SWOT 분석을 실시한 후, 연구결과의 객관성과 타당성을 보장하기 위해서 양적 연구방법인 AHP 분석을 실시하는 순차적 다각화 모형을 적용한다.

순차적 다각화는 질적 연구와 양적 연구를 시점을 달리해서 순차적으로 실시하는 것으로, 선행하는 방법의 연구 결과가 후행하는 연구 방법의 설계와 실시에 도움을 제공하는 경우이다. 순차적 다각화에서는 한쪽 연구 방법이 또 다른 연구 방법을 보조하는 예비적 연구 방법으로 활용될 수 있다. 따라서 주된 연구방법이 매우 엄밀하게 설계됨으로써 연구의 완결성을 유지할 수 있도록 해야 하며, 보조적 방법은 이러한 연구의 강점에 기여하도록 설계되어야 한다.[358]

순차적 다각화 모형은 질적 연구 방법 적용 후에 양적 연구 방법을 적용하는 것과 그 반대의 순서로 적용하는 두 가지 방법이 있으며, 본 연구에서는 질적 연구 방법 적용 후에 양적 연구 방법을 순차적으로 적용한다. 이는 연구과정에서 상황이나 대상에 대한 맥락적 이해를 위해 질적 자료를 수집 · 분석한 후, 분석된 결과에 대한 일반화를 목적으로 양적 방법이 보완적으로 활용된다. 이러한 방식의 연구 다각화는 질적인 연구를 통해 연구모형이나 이론을 개발하고, 이를 양적연구를 통해 검증하는데 이용될 수 있다. 특히, 표준화된 측정 도구를 개발하고, 시험할 때 적합하다. 반면에, 질적 연구로부터 양적연구 자료수집으로 이어지는 정밀한 연계 구조를 설계하기가 어려운 것이 단점이다.

---

358) 심준섭, "행정학 연구의 대안적 방법으로서의 방법론적 다각화(Triangulation): 질적 방법과 양적 방법의 결합," 『한국행정연구』 제17권 제2호 (2008), pp. 3-31.

본 연구에서는 의도적 표본추출과 세평적 사례선택 방법으로 전문가를 선정하였다. 의도적 표본추출은 연구를 통해 구체화하고 싶은 이론을 도출하기 위해서 의도적으로 표본을 선정하는 방법으로, 특정 사례의 깊은 이해를 제공하고자 할 때 용이한 자료수집 방법이다. 세평적 사례선택은 특정분야에 오랫동안 재직하였거나 경험이 풍부한 전문가에게 연구에 적절한 사례 또는 참여자를 의뢰하고 소개를 받아 자료를 수집하는 방식이다.[359] 전문가는 인공지능(AI) 등 정보통신기술(ICT) 분야와 안보 및 재난 분야에서 오랜 기간 재직하고 있는 현직자로 선정하여 인터뷰, 토론, 설문을 실시한다. 선정한 분석 요소에 대한 세부 연구 절차와 모형은 다음과 같다.

첫째, 문헌분석은 인공지능(AI) 운용, 위기관리, 정책결정에 관한 연구 및 학위논문과 단행본, 정부 정책자료, 언론 보도자료, 기타 자료 등을 중심으로 실시한다.

둘째, 전문가 인터뷰는 인공지능(AI)의 운용과 연구개발(R&D)을 담당하는 현직의 전문가를 대상으로 실시한다. 인터뷰 결과 유의미한 내용은 전문가 토론 의제 구성시 우선 반영한다.

셋째, 전문가 토론은 인공지능(AI) 등 정보통신기술(ICT) 분야와 안보 및 재난 분야에서 오랜 기간 동안 재직 중인 전문가를 산 · 학 · 연 · 정부 중앙부처별로 구분하여 선정해서 실시한다. 토론 결과 유의미한 내용은 SWOT 분석 결과 발전전략 수립 시 우선 반영한다.

넷째, 한국이 인공지능(AI)을 기반으로 하는 국가위기관리정책을 하기 위한 한국의 강점과 약점 등 내부역량(SPRO 분석)과 정치 · 경제 · 사회 · 기술적 관점에서의 외부환경(PEST 분석)을 분석한다.

다섯째, SPRO 분석과 PEST 분석 결과를 바탕으로 SWOT 분석을 하여 인공지능(AI) 기반의 국가위기관리정책의 발전 요소를 도출한다.

여섯째, SWOT 분석 결과 도출된 발전 요소들의 중요도와 우선순위를

---

359) 김윤옥, 『교육연구를 위한 질적연구방법과 설계』(서울: 문음사, 2001).

선정하기 위해 AHP 분석을 실시한다. AHP 분석을 위한 설문 대상자는 전문가 토론 대상자와 동일하게 하여 일관성을 유지한다.

일곱째, AHP 분석 결과를 바탕으로 전문가 인터뷰 결과, 전문가 토론 결과, SWOT 분석 결과를 비교 분석한 후, 전문가 자문을 통해 인공지능(AI) 기반의 국가위기관리정책의 발전을 위한 전략을 수립한다.

전문가 인터뷰와 전문가 토론은 SWOT 분석 결과에 대한 자의적 해석을 방지하고 도출된 결과의 객관성과 타당성을 유지하기 위해 실시한다. 위와 같은 연구 절차는 〈그림 3-3〉과 같다.

〈그림 3-3〉 연구 절차

제2절 분석의 방법

1. 문헌분석

연구의 내용적 특성상 다학문적 접근과 분석이 필요하고 이질적인 학문 간 융복합의 절차를 거치게 되므로 심오한 고찰과 분석이 요구된다. 선행연구 고찰은 비판적 고찰을 바탕으로 국가위기관리정책의 패러다임 전환에 필요한 이론적 준거가 되도록 하였다.

국가위기관리정책에 관한 선행연구들은 대부분 특정 분야에 제한된 연구 경향을 지니고 있어서 다학문적 연구는 미흡하였다. 그러나 학문의 본질에 비추어 볼 때, 제4차 산업혁명시대에서 포괄안보 개념이 적용되는 국가위기관리정책에 관한 연구는 위기관리 분야뿐만 아니라 정책분야와 정보통신기술(ICT) 분야까지 다양한 분야의 이론이 융 · 복합되어 더욱 심화된 연구를 필요로 한다. 따라서 위기관리 분야뿐만 아니라 정책 분야와 정보통신기술(ICT) 분야, 특히 인공지능(AI) 분야에 관한 문헌자료를 수집하고 분석한다.

수집한 문헌자료는 분석과정에서 탐색 되는 위기관리 분야 대부분의 이론과 연구는 고전적 특징을 나타내기에 수집한 정책결정 분야와 정보통신기술(ICT) 분야의 문헌자료 분석내용과 연계하여 분석형 고찰 과정을 통해 다학문적 관점에서 분석하였다. 선행연구의 고찰은 연구의 동인을 제공해주고 방안을 발전시키는 과정에서 의미 있는 역할을 할 것이다.

문헌은 연구논문, 학위논문, 단행본, 정부 정책자료 등에서 주로 수집하고, 정부 및 언론의 보도자료는 인터넷 검색을 병행하여 수집한다. 이를 위해 〈표 3-1〉과 같이 주요 공공 및 민간부문의 데이터를 검색하여 자료를 수집한다. 특히, 코로나19로 인해 국립도서관 등 오프라인에서의 문헌자료 수집이 제한되는 경우에는 디지털도서관과 학술지 검색 사이트에서 문헌자료를 수집한다. 온라인에서 자료 수집시에는 인공지능(AI), 정책결정, 위기관리를 주요 검색어로 한다. 온라인에서 수집한 문헌자료와 주요 자료는 NAVER 클라우드(N Cloud)에 보관하여 자료의 이동과 휴대에 따른 손실과 훼손을 방지하고 시간과 장소의 제한 없이 상시 활용한다.

〈표 3-1〉 문헌자료 주요 수집처

구분	기 관 명
중앙 부처 및 국회	과학기술정보통신부, 국방부, 행정안전부, 4차산업혁명위원회, 방송통신위원회, 국회입법조사처 등
학술지 검색사이트	한국학술지인용색인, DBpia, KISS, RISS, Google Scholar 등
공공데이터	국가정책연구포털, 국가과학기술지식정보서비스(NTIS), POINT 정책정보포털, 국가법령정보센터, 대한민국 정책브리핑 등
연구 및 학술 기관	한국정보화진흥원(NIA), 한국전자통신연구원(ETRI), 한국과학기술기획평가원(KISTEP), 정보통신정책연구원(KISDI), 정보통신기획평가원(IITP), 과학기술정책연구원(STEPI), 한국산업기술평가관리원(KEIT), 한국경제연구원(KERI), 한국산업연구원(KIET), 대외경제정책연구원(KIEP), 국가안보전략연구원(INSS), 한국국방연구원(KIDA), 국립재난안전연구원, 외교안보연구소, 안보문제연구소(국방대), 국가위기관리연구소(충북대) 등
도서관	충남대학교 디지털도서관, 국립세종도서관 등
기타	주요 언론사(연합뉴스, 디지털타임스, 의학신문, 국방일보 등), 검색 포털(Google, NAVER 등), Exobrain 등

2. 전문가 인터뷰, 토론, 설문

인터뷰는 인공지능(AI)을 직접 운용하거나 연구개발(R&D)하는 전문가를 대상으로 실시한다. 전문가 인터뷰를 통해 문헌분석 결과에 대한 의견을 구하며, 필요시에는 연구 방향과 진행 방법 및 절차를 재설정해야 하기 때문이다.

질적 연구 방법인 인터뷰를 실시하는 이유는 제시되는 의견들을 통해 연구목적 달성을 위한 더욱 심도 있는 분석과 고찰을 하기 위함이다. 또한 동일한 질문에 대한 다양한 의견의 유사점과 차이점을 비교 분석하는 것이 가능하기에 재직 분야별로 이질적이면서도 인공지능(AI)이라는 동질적 매개체로 연관성 있는 전문가들의 의견을 비교 분석하기 위한 연구 방법으로 적합하다고 판단하였다.

인터뷰 질문지는 문헌분석 결과를 바탕으로 정보통신기술(ICT) 및 안보 및 재난 분야에서 오랜 기간 재직 중인 전문가에게 자문하여 구성하였다. 주요 질문은 인공지능(AI) 운용에 관한 의견, 인공지능(AI) 기반의 국가위기관리 정책결정에 관한 의견, 인공지능(AI) 운용을 위한 제반 여건에 관한 의견으로 구분하여 세부 인터뷰 질문지를 구성한다. 인터뷰 결과 유의미한 내용은 전문가 토론 의제로 우선 구성한다.

인터뷰 대상자는 실질적인 인터뷰가 가능하도록 인공지능(AI)을 운용하거나 연구개발(R&D)에 참여하는 전문가로 선정하여 〈표 3-2〉와 같이 구성한다.

전문가 토론은 문헌분석 결과, 전문가 인터뷰 결과를 바탕으로 정보통신기술(ICT) 및 안보 및 재난 분야에서 오랜 기간 재직 중인 전문가에게 자문하여 의제를 구성해서 실시한다.

전문가 토론은 정보통신기술(ICT) 및 안보 및 재난 분야에서 오랜 기간 재직 중인 전문가를 대상으로 실시한다. 토론 시작 전에 토론의 목적, 전문가 인터뷰 결과 등을 설명하여 토론의 취지에 대한 이해를 돕고 각 토론 의제를 설명한 후에 실시한다. 전문가들은 해 분야에서 다양한 직위에서의 오랜 근무경력 및 연구 활동에 참여하여 실무 및 기획 능력을 구비하고 있는 전문가이다. 전문가 토론 참여자의 구성은 〈표 3-3〉과 같다.

〈표 3-2〉 인터뷰 참여자 구성

대 상	본 연구와의 연관성
Watson 운용자	· 인공지능(AI) 운용자 · 인공지능(AI)의 정보 분석 및 학습기능이 국가 위기관리 정책결정에 미치는 영향과 유사
Alpha Law 연구개발 및 운용자	· 인공지능(AI)의 정보분석 및 학습기능이 국가 위기관리 정책결정에 미치는 영향과 유사
Exobrain 연구개발자	· 인공지능(AI) 연구개발자 · 인공지능(AI)의 자연어 처리와 추론기능이 국가 위기관리 정책결정에 미치는 영향과 유사
Deep View 연구개발자	· 인공지능(AI) 연구개발자 · 인공지능(AI)의 음성 및 영상정보 분석과 예측 기능이 국가위기관리 정책결정에 미치는 영향과 유사

질적 연구 방법인 문헌분석, 전문가 인터뷰 및 토론 결과를 바탕으로 SWOT 분석을 하여 객관성과 타당성을 갖춘 결과를 도출하고, 이에 논리적 정합성을 위해서 양적 연구 방법인 AHP 분석을 위한 설문을 실시한다.

〈표 3-3〉 토론 참여자 구성

구 분	인 원	본 연구와의 연관성
계	10	
산업계	2	정보통신기술(ICT) 분야 민간회사의 임원으로 인공지능(AI) 기반의 국가위기관리 정책결정 발전방안 제시 가능
학 계	3	정보통신기술(ICT) 및 위기관리 분야 대학교수로 인공지능(AI) 기반의 국가위기관리 정책결정 발전 방안 제시 가능
연구기관	3	정보통신기술(ICT) 분야와 안보 및 재난 분야 연구 기관의 연구원으로 인공지능(AI) 기반의 국가위기관리 정책결정 발전방안 제시 가능
정부 중앙부처	2	정보통신기술(ICT) 분야 재직자로 인공지능(AI) 기반의 국가위기관리 정책결정 발전방안 제시 가능

정량적 연구는 〈표 3-3〉과 같이 인공지능(AI) 등 정보통신기술(ICT) 분야와 안보 및 재난분야에서 오랜 기간 재직 중인 전문가를 산업계, 학계, 연구

기관, 정부 중앙부처로 구분하여 선정한 후, 도출한 발전 요소들을 중요성과 시급성 측면에서 가중치와 우선순위를 선정하기 위한 AHP 설문을 한다. 설문은 SWOT 분석 결과 도출된 발전 요소를 AHP 설문지로 구성하여 인공지능(AI) 기반의 국가위기관리정책 발전 요소에 대한 가중치와 우선순위를 선정한다. 분석 결과 가중치와 우선순위가 높은 발전 요소 위주로 발전 전략을 수립한다.

설문 대상자는 전문가 토론 대상자와 동일하게 구성하여 일관성과 결과에 대한 신뢰성을 유지한다. AHP 설문은 e-mail로 진행하고, Excel 2016을 이용하여 가중치를 산출한다.

3. SPRO, PEST, SWOT 분석

SPRO 분석은 전략(Strategy), 프로세스(Process), 자원(Resource), 조직(Organization)적 관점에서 조직의 내부역량인 조직의 강점(Strength)과 약점(Weakness)을 분석하는 기법이다. 연구의 목적을 달성하기 위해 선정한 분석 요소인 한국의 위기관리정책 역량, 국가위기관리 환경 변화 요인, 인공지능(AI)의 정책결정 지원, 인공지능(AI) 기반의 국가위기관리정책 영향 요인, 인공지능(AI) 운용 관련 제도에 대하여 포괄적으로 SPRO 분석하여 도출된 강점(Strength)과 약점(Weakness)을 바탕으로 SWOT 분석을 하여 발전 요소를 도출한다.

PEST 분석은 거시 환경 분석에서 주로 사용되는 방법론으로 관심의 대상이 되는 분야의 주요 요인을 정치적(Political), 경제적(Economic), 사회적(Social), 기술적(Technical) 사안으로 분류하여 상황을 객관화하는 방법론이다.[360] PEST 분석과 유사하게 거시 환경분석에 활용되는 STEEP 분석은 거

360) G. Lao and S. Jiang, "Risk Analysis of Third-Party Online Payment Based on PEST

시 환경분석을 위하여 주요 사안을 사회적(Social), 기술적(Technical), 경제적(Economic), 생태적(Ecological), 정치적(Political) 요인으로 분류하는 방법론으로 내용적으로는 PEST 분석과 유사하다. 그러나 STEEP 방법론은 분류할 요인이 많고 명확하게 구분하기 어려운 제한이 있다. 따라서 더욱 명확한 결론의 도출이 가능한 PEST 분석을 적용하여 도출된 기회(Opportunities) 요인과 위협(Threats) 요인을 바탕으로 SWOT 분석을 한다.

분석 요소로 선정한 한국의 위기관리정책 역량, 국가위기관리 환경 변화 요인, 인공지능(AI)의 정책결정 지원, 인공지능(AI) 기반의 국가위기관리 정책 영향 요인, 인공지능(AI) 운용 관련 제도에 대하여 포괄적으로 PEST 분석 결과와 내부역량 분석(SPRO 분석) 결과 도출된 강점(Strength) 및 약점(Weakness) 요인을 바탕으로 SWOT 분석을 하여 인공지능(AI) 기반의 국가위기관리정책 발전 요소를 도출한다.

SWOT 분석은 1960년대에 험프리(Albert S. Humphrey) 교수가 최초로 사용한 경영전략수립 방법으로서, 내부적으로는 강점(Strength)과 약점(Weakness)이 무엇인지를 이해하고, 외부적으로는 활용할 수 있는 기회(Opportunity)와 직면해 있는 위협(Threat)이 무엇인가를 밝힌 후, 강점과 기회를 활용하고 약점과 위협을 극복하는 전략을 수립하는데 사용되는 분석방법이다.[361] 즉, 강점(Strengths), 약점(Weaknesses), 기회(Opportunities), 위협(Threats)으로 이루어진 광범위한 환경 분석 방법으로 조직 전략의 강점과 약점에 대한 내부역량과 함께 기회와 위협과 같은 외부환경 사이의 적합성을 평가하는 분석방법으로 개발 초기에는 주로 경영분야에서 사용되었으나, 점차 다양한 분야에서 폭넓게 활용되고 있다.[362] 따라서, 비록 기업조직에 주로 활용된 분석기법이지

Model," (Management and Service Science 2009 International Conference, 2009), pp. 1-5.

361) Sepehr Ghazinorry, et al., "SWOT Methodology: A State-of-the-art Review for the Past, A Framework for the Future," *Journal of Business Economics and Management*, Vol. 12, No. 1 (2011), pp. 24-25.

만, 한국이 직면한 다양한 국내·외 환경들이 인공지능(AI) 기반의 국가위기 관리정책의 발전에 영향을 미치는 요소를 도출하고 발전전략 수립에 적합한 분석기법으로 판단된다.

SWOT 분석은 단순하면서도 포괄적이기 때문에 다양한 조직과 정책을 대상으로 전략 수립에서부터 내·외부 환경 분석에 따른 논리적인 대안 도출에 이르기까지 널리 활용되고 있다.[363)]

SWOT 분석에서 통상 강점과 약점은 조직 내부와 관련된 요인들이며, 기회와 위협은 조직 외부와 관련된 요인들이 도출되어, SWOT 분석을 내·외부환경 분석 혹은 내·외부 역량 매트릭스로 불리기도 한다. SWOT 분석에서 강점은 해당 조직이 비슷한 성격의 타 조직에 비해 차별적으로 갖고 있는 긍정적 환경이나 능력을 의미하며, 약점은 조직의 목표를 달성하는데 부정적 영향을 미치는 내부요소로서, 조직이 경쟁력을 갖추기 위해 개선되어야 할 사항에 해당된다. 기회는 조직의 발전과 경쟁력 향상에 긍정적 영향을 미치는 외부요소에 해당되며, 위협은 조직의 발전과 목표 달성에 부정적 영향을 줄 수 있는 외부요인에 해당된다.

SWOT 분석에서 파악된 강점, 약점, 기회, 위협을 매트릭스 형태로 나타낼 때 4가지 유형의 전략 수립이 가능하다. SO전략(강점과 기회)은 주어진 기회에 강점을 최대한 활용하는 전략, ST전략(강점과 위협)은 강점을 활용하여 위협요인을 회피하는 전략, WO전략(약점과 기회)은 기회를 활용하여 약점을 보완하는 전략, WT(약점과 위협)전략은 약점을 보완·극복하면서 위협 요인을 회피하는 전략을 의미한다. 이때 중요한 것은 SWOT 분석 시 반드시 사실에 기초하여야 하며, 편향성을 최소화하기 위해 외부 전문가의 참여가 필요하다. 또한, 엄정하고 체계적이며 창조적인 분석이 필요해서 정성적 및 정

---

362) 엄익천·조주연·이장재, "과학기술경쟁력의 제고전략 수립 방법론 개발과 적용에 관한 연구," 『한국행정학보』 제49권 제1호 (2015), p. 275.

363) N. Markovska et. al., "SWOT analyses of the national energy sector for sustainable energy development," *Energy*, Vol. 34, No. 6 (2009), pp. 752-756.

량적 자료를 모두 고려할 수 있어야 한다. 그렇지 않을 경우 정성적인 SWOT 요인들의 단순한 나열에 불과한 결과가 도출될 수 있다.[364)]

4. AHP 분석

계층분석적 의사결정방법(AHP: Analytic Hierarchy Process)은 1970년대 초반 피츠버그 대학의 Thomas L. Saaty 교수에 의해 개발된 '다수 대안에 대한 다면적 평가기준을 통한 의사결정지원 방법의 하나'로써, 불완전한 정보와 상반된 기준 하에서 다수의 대안들에 대한 우선순위를 선정한다.[365)] AHP 분석은 주로 사회과학 분야의 방법론 중 하나로 사업시행 타당성 등의 여부를 판단하기 위해 활용되며, 의사결정의 목표 또는 평가 기준이 다수이거나 복합적인 경우에 이를 계층화(Hierarchy)하여, 주요 요인과 그 주요 요인을 이루는 세부 요인들로 분해하고, 이러한 요인들을 쌍대비교를 통해 가중치를 산출하는 분석방법이다.[366)]

AHP 분석은 의사결정의 계층구조를 구성하고 있는 요소 간 쌍대비교에 의한 판단을 통하여 평가자의 지식, 경험, 직관을 포착하고자 하는 의사결정 방법으로, 구체적으로 해당 분야의 전문가들을 대상으로 보다 중요하다고 생각되는 정책을 설문함으로써 정책의 가중치와 우선순위를 탐색하고, 각 개선사항들의 가중치를 상대적으로 비교하여 결론을 도출하게 된다. AHP 설문은 일반 설문과 달리 해당 분야의 전문가를 대상으로 하기 때문에

---

364) 노동조, "SWOT 분석을 통한 도서관의 경쟁력 제고 방안에 관한 연구: Aeogkrry 도서관의 사례를 중심으로,"『한국문헌정보학회지』 제40권 제1호 (2006), pp. 335-351.

365) Thomas L. Saaty, ANALYTIC HIERARCHY PROCESS, (Pennsylvania: Encyclopedia of Operations Research & Management Science, 2001), pp. 19-28.

366) 조근태 · 조용곤 · 강현수,『앞서가는 리더들의 계층분석적 의사결정』(서울: 동현출판사, 2003), p. 4.

전문가 구성과 자료의 수집이 어렵지만, 설문 응답자의 응답 일관성을 파악할 수 있고 대안 간 순서 뿐 아니라 순서 간 질적 차이를 정량화시켜 나타내 주는 장점이 있다.[367)]

AHP 분석을 통해 인간의 자연적인 사고 과정을 반영하고, 현실적인 분석이 가능하며, 상위계층에 있는 요인(속성)을 기준으로 하위계층에 있는 각 요인의 가중치를 측정하는 방법으로, 상위계층의 요인 하에서 각 하위요인이 다른 하위요인에 비하여 얼마나 우수한지 비교가 가능하며, 일정한 일관성 있는 응답을 한 응답자들을 대상으로 분석을 할 수 있으므로 일관성 있는 결과와 함의를 도출해 낼 수 있다. 또한 AHP 분석은 정책결정권자의 오랜 경험이나 직관 등을 평가의 바탕으로 하기 때문에 수치로 표현할 수 있는 양적 평가 기준은 물론이고 정책결정 문제에 반드시 고려해야 하는 질적 평가 기준들도 비교적 쉽게 처리할 수 있다. 그러나 정책결정권자의 판단에 대한 오류가 있을 수 있기 때문에 일관성 검증이 필요하다.

AHP 분석기법은 다음과 같은 장점을 가지고 있다. 첫째, SWOT 분석기법 등에서 파악하기 어려운 다양한 의사결정 요인들의 가중치 및 우선순위를 파악할 수 있고, 둘째, 그 결과에 따라 선호도에 대한 정성적인 평가를 정량적인 평가로 전환해 측정이 가능함으로써 최선의 대안을 선택할 수 있다. 셋째, 평가자의 일관성을 검토할 수 있는 장치가 마련되어 있기 때문에 더욱 신뢰성 있는 결과를 도출할 수 있다. 넷째, 복잡한 의사결정 문제를 상대적인 비교를 통해 살펴볼 수 있는 장점을 가지고 있으며 여러 분야에 널리 활용되고 있다. 또한 한정된 자원의 운용효과를 극대화하고자 할 때 '선택과 집중'을 강조하는 경우가 있다. 특히 정부 정책을 수립할 때는 가용시간과 예산을 필히 고려해야 하는데, 이는 어떤 정책을 어느 시기에 집행할 것인지에 대한 판단이 필요하기 때문이다. AHP 분석은 이러한 판단에 필요한

367) 성욱준, "공공부문 빅데이터 정책 활성화 연구," 『한국정책학회보』 제25권 제2호 (2016), p. 134.

여러 대안들에 대한 평가와 우선순위에 따른 합리적인 대안 선정에 활용될 수 있다.[368] 한계점으로는 첫째, 설문의 유용성과 일관성을 유지하고, 계산상의 복잡성을 피하기 위해 평가 요인들의 수를 어느 정도 제한해야 한다. 둘째, 상대적으로 복잡한 AHP 설문의 특성과 일관성 유지가 어렵다. 따라서 소수의 의사결정권자를 상대로 직접 면담을 통해 의사를 파악하기에는 적합하지만, 설문조사와 같이 대중의 의사를 확인하고자 할 때는 적합하지 않을 수 있다. 셋째, 상대적 중요도에 대한 척도에서 평가자가 설문에 응답할 때, 척도의 순위 차이를 각 척도가 의미하는 정의를 통해 정확하게 구별해내기가 쉽지 않다.[369]

SWOT 분석이 전략 수립 단계에서 내ㆍ외부 환경 분석에 따른 논리적인 전략 대안 도출에는 유용하다. 그러나 SWOT 분석이 환경 분석결과를 정리하는 수준의 제시나 정성적 분석에 그치기 때문에 도출된 SWOT 요인에 대한 가치 판단 등에는 적절하지 못한 단점이 있다.[370] 이러한 단점을 극복하기 위하여 많은 연구자들이 SWOT 분석 결과에 AHP 기법을 적용하여 연구를 하였다.[371] 즉, 도출된 SWOT 요인에 대하여 AHP 기법으로 정량적 우선순위를 평가하여 앞서 살펴본 SWOT의 단점을 보완하면서 AHP의 장점인

---

368) 최원상ㆍ신진, "정부 비상대비정책 우선순위 도출에 관한 연구," 『융합보안논문지』 제20권 제2호 (2020), p. 94.

369) 송근원ㆍ이영, "AHP의 일관성 향상을 위한 척도 재구성," 『사회과학연구』 제29권 제2호 (2013), pp. 271-288.

370) M. Kajanus, J. Kangas and M. Kurttila, "The use of value focused thinking andthe A'WOT hybrid method in tourism management", *Tourism Management,* Vol. 25, Iss. 4 (2004), pp. 499-506.

371) M. Kurttila, M. Pesonen, J. Kangas and M. Kajanus, "Utilizing the analytic hierarchy process (AHP) in SWOT analysis — a hybrid method and its application to a forest-certification case," *Forest Policy and Economics*, Vol. 1, Iss. 1 (2000), pp. 41-52; J. Kangas, M. Pesonen, M. Kurttila and M. Kajanus, A'WOT: Integrating the AHP with SWOT analysis, In: K. Dellman (ed.), (Proceedings of the Sixth International Symposium on the Analytic Hierarchy Process ISAHP 2001, August 2-4, Kuraal Bern, Berne-Switzerland. Bern, 2001), pp. 189-199.

정량성을 강화한 것이다.

SWOT 분석결과 도출된 요인들에 대해서 1:1로 쌍대비교를 할 때 적용하는 척도는 일반적으로 <표 3-4>와 같이 Saaty 교수가 제시한 9점 척도를 적용한다. 본 연구에서도 9점 척도를 적용한다.

쌍대비교 행렬의 일관성 검증은 CI를 실험적 자료에 근거해 제시한 <표 3-5>의 확률지수(RI: Random Index)로 나눈 일관성 비율(CR: Consistency Ratio)에 의해 실행되며, 일관성 지수는 [식 1]의 계산식으로 구한다. 일관성은 쌍대비교 행렬의 최대 고유 값을 이용하여 확인할 수 있다. 의사결정요인 간에 쌍대비교를 했을 경우 일관성 지수는 (λmax-N)/ (N-1)로 계산한다. 일반적으로 이 계산식을 통해 평가요인의 항목 수(N)가 많아지면 자료의 일관성이 다소 떨어지는 경향이 있다는 것을 Saaty 교수는 제시하였다. 일관성 지수(CI)는 [식 1], 일관성 비율(CR)은 [식 2]에 의해 산출된다.[372]

<표 3-4> 쌍대비교시 중요도의 척도

척도	정의	설명
1	똑같이 중요하다	두개의 요소가 똑같이 중요하다고 판단되는 경우
3	약간 중요하다	어느 한 요소의 중요도가 다른 요소보다 약간 높다고 판단되는 경우
5	매우 중요하다	어느 한 요소의 중요도가 다른 요소보다 상당한 차이가 있다고 판단되는 경우
7	굉장히 중요하다	어느 한 요소가 다른 요소보다 확실하게 중요하다고 판단되는 경우
9	절대적으로 중요하다	어느 한 요소가 다른 요소보다 절대적으로 중요하다고 판단되는 경우
2, 4, 6, 8	근접한 수의 중간정도	필요한 경우에 사용함
위의 역수	한 요소가 다른 요소보다 중요한 경우, 후자의 중요도는 전자의 중요도와 비교하여 그 역수의 값을 가짐	

* 출처: Thomas L. Saaty(2001), *op. cit.*, p. 22.

372) 문경종 · 이성호, "AHP 기법을 활용한 정책집행의 우선순위 분석," 『한국지역개발학회지』 제27권 제1호 (2015), p. 213에서 재인용.

〈표 3-5〉 항목 수(N)에 따른 일관성 지수(CI)

N	1	2	3	4	5	6	7	8	9	10
RI	0.00	0.00	0.52	0.89	1.11	1.25	1.35	1.40	1.45	1.49

* 출처: Thomas L. Saaty(2001), *op. cit.*, p. 23.

CI = (max–N)/(N-1) ······················ [식 1]

CR = CI/RI ································· [식 2]

CI(Consistency Index): 일관성 지수
max: 최대 고유 값(스칼라)
N: 평가요인의 항목 수(동일 계층 내 비교 대상 요인의 수)
CR(Consistency Ratio): 일관성 비율
RI(Random Index): 확률 지수

중요도와 순위를 선정하기 위해서는 평가자의 일관성 있는 답변이 중요하며, 이를 확인하기 위해서 본 연구에서는 해당 그룹의 각 속성별 쌍대비교와 평가가 일관성이 있는지를 나타내는 일관성 지수(CI: Consistency Index)를 활용하였다. 일관성이란 평가자가 내린 판단의 논리적인 모순을 측정하는 것으로 평가 기준의 일관성을 검증하여 평가의 일관성이 미흡하다고 판단되는 의견은 재평가를 한다.

일관성이 완벽할 경우 일관성 지수는 0이 되고, 일관성이 미흡할수록 일관성 지수가 높아지기 때문에 일관성 비율이 0.1 이하인 경우에는 평가의 일관성이 있다고 판단되며, 0.2 이하의 범위에서도 일관성이 유지될 수 있는 것으로 본다.[373] 0.1을 초과할 경우에는 일관성이 떨어져 재평가를 실시하거나 설문지를 수정해야 한다는 권고도 있다.[374] 일반적으로 일관성 지

[373] T. L. Saaty and K. P. Kamas, Analytical Planning: The Organization of Systems (New York: Pergamon Press, Inc., 1985).

[374] E. Triantaphyllou, B. Kovalerchuk, L. Mann and J. Knapp, "Determining the Most Important Criteria in Maintenance Decision Making," *Quality in Maintenance Engineering*, Vol. 3, No. 1 (1997), pp. 16-28.

수가 0일 경우 일관성이 가장 높다고 할 수 있으나, 현실적으로 이런 결과가 나올 가능성은 거의 없고, 경험적인 법칙에 의해 일관성 지수가 0.1 이하가 되면 해당 설문 응답은 유효한 것으로 평가한다.

제 4 장

인공지능 운용사례 분석

제1절 개 요

이 장에서는 본 연구의 목적달성을 위해서 인공지능(AI) 기술을 적용하여 인간의 결정을 지원해주는 사례와 연구개발(R&D) 중인 사례를 분석하였다. 인공지능(AI) 기술의 등장으로 창의적인 운용과 프로세스를 개선하여 국가발전의 원동력으로 활용하기 위해서는 정책적으로 해결해야할 문제를 선정하여 해결 방안과 대안을 제시하고 이를 실행하는데 제한이 되는 요인은 사전에 제거하여 효율적으로 운용하는 과정이 필요하다.

국내 · 외에 인공지능(AI) 관련 다양한 분야에서 성과 있는 사례들이 있으며 이중에서 데이터 분석과 학습, 추론과 예측 등으로 문제 해결 프로세스를 완성하거나 진행 중인 사례를 선정하여 분석했다. 즉, 기술적으로나 정책적으로 유의미하고 성과 있는 사례분석을 통해 4차 산업혁명시대에서 국가정책 혁신을 극대화 할 수 있는 Big Innovation의 방향을 가늠해 볼 수 있는 사례분석을 통해 연구목적을 달성하고자 한다.

인간이 자신의 경험과 직관에 정보를 참고하는 정책보다는 인공지능(AI)을 활용한다면 보다 효율적이고 정확도가 향상되는 정책이 된다는 것은 이미 선행연구 고찰에서 살펴본 바와 같이 인간의 이해관계자와 관련된 정치적 성향의 경로의존성에 치중된 정책보다는 인공지능(AI)의 지원에 의한 정책이 정보 수집과 분석의 시간 단축과 정확도 향상, 오류 발생의 문제 개선, 자원과 예산의 효율적 집행 등으로 이성적이고 합리적인 정책의 집행이 가능하다는 것을 알 수 있다. 또한 인간의 이성적이지 못하고 감성적인 판단에 의한 실수나 정책결정권자 개인의 역량에 의한 오류와 문제점도 해결되고 국가의 공공활동과 대국민 지원 등을 위한 정책역량을 향상시키는데 기여하기 때문이다. 업무의 정확도 향상과 처리 속도가 빨라져 생산성이 증가하고 기회비용은 줄어들어 국가의 정책결정이 더욱 정교해져 오류 있는 정책으로 인한 예산낭비나 손실을 줄이거나 방지하고 정책 리스크가 감소되거나 제거되는 효과는 부수적일 것이다.

미국의 정치경제학자 슘페터(J. A. Schumpeter)는 1911년에 집필한 『경제발전의 이론』에서 국가발전의 원동력으로 '창조적 파괴'와 '혁신'이라는 개념을 제시하였다.[375] 혁신은 발명(invention), 혁신(innovation) 그리고 확산(diffusion)의 과정을 차례로 거치며 일어난다고 주장하며 기술혁신을 통한 창조적 파괴를 주장하였다.

변화의 충격과 속도에 정도의 차이는 있겠지만 1·2·3차 산업혁명과 마찬가지로 4차 산업혁명도 국가와 사회의 변화와 혁신을 초래하고 있다. 4차 산업혁명에 대비하는 기술 경쟁력 확보에 노력하고 선도적인 대비책을 준비하는 것은 4차 산업혁명에 뒤처지기 보다는 국가발전의 원동력으로 삼으려는 노력으로 볼 수 있다. 따라서 국가의 성장과 발전을 위해 발명 개념에 머무르기보다는 현재 발명된 기술, 비즈니스 모델 등을 활용해 혁신하는 단계로 나아갈 필요가 있다.

이러한 혁신은 제품, 서비스, 기술을 변화하여 목표를 달성하는 데 필요한 방법, 과정, 제도 등 다양한 영역에 걸쳐 발생할 수 있다. 단순히 신기술을 적용하는 것만이 아니라 해결해야 할 문제를 명확히 파악해서 시스템이나 프로세스상의 대안을 제시하고 기존의 프로세스와 기술을 분석해서 개선하고 신기술의 적용이 가능한 부분을 도출하여 목표를 설정하고 해결하는 것이 필요하다.

---

375) 정선양, "슘페터와 기술혁신: 「경제발전의 이론」독일어 제1판의 주요 내용과 현대에 대한 시사점," 『기술혁신학회지』 제23권 제2호 (2020), pp. 181-207.

제2절 Watson for Oncology

1. 개 요

'Watson for Oncology'는 암 환자에게 최적의 치료법을 권고하기 위해 글로벌 IT 대기업인 IBM에서 개발한 인공지능(AI) 컴퓨터 시스템이다.[376] 이를 위해 Watson for Oncology(이하 Watson)는 자연어 처리 기술을 통해 다양한 의학 논문과 교과서 등을 학습하고 분석한다. 60만개 이상의 의학적 근거, 42개 의학저널에서 2백만 쪽 이상의 문헌자료, 6만개 이상의 임상시험 자료, 1500건 이상의 폐암케이스, 14,700시간 이상의 현장실습 훈련을 2017년 이전에 받았고 지금도 계속 스스로 학습중이다. 세계에서 가장 오래된 최대 규모의 민간 암센터인 뉴욕의 메모리얼 케터링 슬론 암 센터(MSKCC: Memorial Sloan Kettering Cancer Center)의 의사들과 함께 2012년 3월부터 폐암환자의 진료를 학습하고 이곳의 데이터도 함께 활용했다.[377]

---

376) IBM에서는 여러 Watson 서비스를 제공하고 있다. 예를 들어, Watson for Oncology, Watson for Genomics, Watson for Clinical Trial Matching, Watson for Drug Discovery 등 여러 가지가 있다. 국내 병원이 도입하는 Watson은 주로 Watson for Oncology이다. 부산대 병원은 유일하게 Watson for Genomics를 도입했다. 본 연구에서 다루고자 하는 Watson은 Watson for Oncology이다. 2016년 1월에 인천에 소재한 가천대학교 길병원에서 국내 최초로 Watson을 도입한 이후 현재 부산대학교병원(2017.1), 건양대학교병원(2017.4), 대구가톨릭대학교병원(2017.4), 계명대학교 동산병원(2017.4), 조선대학교병원(2017.9), 전남대학교병원(2017.10), 중앙보훈병원(2017.12), 지샘병원(2018.8)에서 유방암, 폐암, 결장암, 직장암, 위암, 자궁암, 난소암, 전립선암 등의 진료에 활용하고 있다. 이다은, "4차 산업혁명과 의료? 길병원의 왓슨 도입을 중심으로," (한국과학기술학회 학술대회논문집, 2017), pp. 198-199; 한국정보화진흥원(NIA), "4차 산업혁명, 대한민국의 미래를 찾다," (IT&Future Strategy 2017 총괄본, 2018), p. 25.

377) 왓슨은 2013년 10월 부터는 MD앤더슨에서 백혈병 환자의 진료에 대한 '트레이닝'을

Watson은 컴퓨터 프로그램이다. 의사가 치료법을 알고자 하는 암 환자의 관련 정보(성별, 몸무게, 연력, 검사 결과 등)를 입력하고 클릭하면 Watson은 해당 암 환자의 치료법을 알려준다. 그리고 왜 특정 치료법을 권고하는지, 고려 가능한지, 혹은 권고하지 않는지, 해당 암 치료법의 생존률, 재발율 등에 대하여 관련 의학 논문으로 근거도 함께 제시한다. 인공지능(AI) 시스템은 다양한 질병의 진단, 치료, 진단 예측에서 임상의사를 지원할 수 있는 잠재력을 가지고 있다.[378)]

의료정보는 매년 그 양이 두 배로 증가하고 있으며 의사는 의학 문헌, 연구, 가이드 라인 및 우수 사례를 빠르게 학습해야 하는 과제를 갖고 있다. MSKCC에서는 의사가 새로운 의료정보를 보다 쉽게 수집할 수 있도록 혁신적인 내용의 논문들을 게시하고 있으나 최신 의학 문헌을 학습하며 의학지식을 갖추기에는 시간적 제한이 있다. 현대 의료에서 사용하는 지식의 약 20%만이 근거에 기반하고 있다고 한다.[379)] 그래서 종양의 치료를 통해 환자

시작했다. 머신러닝을 통해 방대한 양의 의학 논문, 임상 시험, 케이스 스터디, 가이드라인 등을 학습하고 수천 시간의 수작업 트레이닝도 거쳤다. 2014년 6월 미국의 임상 종양 학회(ASCO)에서는 MD 앤더슨의 의사들이 '닥터 왓슨'의 실력을 공개했다. 200명의 백혈병 환자를 대상으로 왓슨이 제시한 표준 치료법을 MD 앤더슨 의사들의 판단과 비교했을 때, 전반적인 정확도는 82.6%이었다. 왓슨이 권고한 치료법이 부정확한 경우는 2.9%에 불과했다. 즉, 왓슨이 상당한 정확도로 백혈병 환자들을 진료한 것이다. 현재 IBM 왓슨은 세계적인 암센터인 시카고 앤 앤드 로버트 H 루리 어린이 병원, 벤쿠버 BC 암협회, 시티 오브 호프 메디컬센터, 듀크 암 연구소, 네브라스카주 오마하의 프레드 앤드 파멜라 버핏 암센터, 세인트루이스 워싱턴대학의 맥도넬 게놈연구소, 뉴욕 게놈센터, 샌포드 헬스, 캔자스대학 암센터, 노스캐롤라이나대학 라인버거 암센터, 서던캐롤라이나 대학 노리스 복합암센터, 워싱턴대학 메디컬 센터, 예일 암센터 등이 IBM과 암연구를 함께 하고 있다. 메모리얼 슬론케터링 암센터에서는 왓슨 종양내과 부서를 만들어서 적극적으로 활용하는 단계까지 왔다. 이동규 · 이성훈, "스마트 머신(Smart Machine) 사례 - IBM Watson," 『한국정보기술학회지』 제14권 제2호 (2016), pp. 29-30.

378) D. A. Hashimoto, G. Rosman, D. Rus, and O. R. Meireles, "Artificial intelligence in surgery: promises and perils," *Annals of Surgery*, Vol. 268, No.1 (2018), pp. 70-76.

379) S. Kumar & D. B. Nash, Health care myth busters: Is there a high degree of scientific certainty in modern medicine? (March 25, 2011); 이강윤 · 김준혁, "인공지능(AI) 왓슨

의 상태를 개선하려는 목적으로 의학적 근거의 활용도와 접근성을 높이기 위해 IBM의 Watson이 선택된다. 암을 시작으로 분자 및 유전자 데이터를 통합하고 임상 전문기술과 암 사례를 저장하여 근거에 기반한 솔루션을 구축하여 대량의 환자 자료를 분석한다. 종양학 의사가 환자에 대한 권장사항을 제공하는 치료지침, 연구보고서, 환자의 의료정보를 비교하여 지원할 수 있도록 Watson을 훈련 시키는 것이다. Watson의 자연어 처리능력을 통해 국립종합암네트워크(NCCN: National Comprehensive Cancer Network) 및 여타 경로를 통해 검색한 언론보도기사, 의학논문, 의사의 주의사항, 진료지침, 우수 임상 사례 등을 이해하는 등 비정형 데이터를 활용하는 것이다. 특히, Watson 솔루션이 환자와 전문가에게 결정을 위한 정보를 제공할 뿐 아니라 암의 진단과 치료를 시작하는 교육생에게도 교육을 위한 좋은 교재로 활용되는 것도 인공지능(AI)으로 바뀌는 환경이 될 것이다. 궁극적으로 Watson 솔루션이 추구하는 것은 암 영역에 있어 전문가의 지식 접근경로를 제공하는 것이다. Watson이 의사를 대체하는 것이 아니라 방대한 분량의 의료자료를 경험과 통합하여 환자 상담과 진료시 근거가 되는 자료를 제시하여 환자와 의사간 소통과 결정을 지원하여 정보의 측면에서 의료진을 보조하는 것이다.[380]

가천대학교 길병원이나 건양대학교 병원은 5명의 의사가 1명의 환자를 진료하는 '다학제 진료'에 Watson을 도입하고 있다.[381] Watson에게 접근 권

기술과 보건의료의 적용," 『의학교육논단』 제18권 제2호 (2016), p. 55에서 재인용.

380) 이강윤 · 김준혁(2016), 상게논문, p. 55.

381) 다학제 통합진료(Multdisciplinary care servce)는 환자 한 명을 진료할 때 서로 다른 분야의 전문의 4명 혹은 5명 이상이 참여하는 진료방식이다. 암과 같은 복잡한 질환을 치료하기 위해서는 여러 전문가의 협력진료가 필요하고 동시에 환자 한 명이 여러 전문가들을 일일이 찾아가야하는 불편함을 해소할 수 있어 2014년 8월 정식으로 다학제 진료가 급여항목으로 인정되었다. 이대호, "다학제 통합진료: 문제점과 해결방안," 『JKMA』 제59권 제2호 (2016), pp. 95-102; 『의학신문』(2017.5.18), "건양대병원, '왓슨+다학제 진료'로 경쟁력 제고," http://www.bosa.co.kr/news/articleView.html?idxno=2061063 (검색일: 2020.8.2.)

한이 있는 의사라면 개인진료실에서도 Watson에 접속하여 일대일 진료에 사용할 수 있다. Watson 다학제 진료를 하기 위해서는 5~6명의 의사들이 한 명의 암 환자 진료를 위해 10분~20분가량 시간이 소요되기 때문에 의사 1명이 개별 진료에 Watson을 활용한다면 그 시간 동안 더 많은 환자를 진료할 수 있을 것이다.

Watson은 미국에서 개발되어 주로 미국 의학저널의 데이터를 학습하고 MSKCC의 치료방식을 토대로 암 치료법을 제시하기 때문에 항암제의 동서양 인종 차이를 반영하지 못하는 경우가 있다. 그래서 한국의 의료진은 Watson이 아닌 의료진의 권고대로 치료를 진행할 것을 제안한다. 이때 의사는 Watson에 대한 환자의 기대감을 유지하면서 한국의 실정을 반영하지 못하는 Watson의 치료법을 환자에게 적용하지 않는 이유를 설명해야 한다.

이처럼 Watson과 의사의 권고가 일치하지 않을 때 의료진은 환자에게 어떻게 설명하고 의료진이 원하는 치료 방향으로 설득할 수 있을까? 의사는 Watson이 아닌 의료진의 권고대로 치료를 하기 위해서 의사 1명보다는 5명의 의료진이 더 낫다고 판단한다. 의사는 Watson의 행동을 예측할 수 있어야 하고 예측하지 못한 행동은 통제할 수 있어야 하며 Watson의 행동을 예측하기 위해 환자 진료 전에는 Watson의 결과를 미리 확인한다.

인공지능(AI) 컴퓨터 시스템인 Watson이 암 환자를 진료하고 치료방법을 제시하기 위해 관련 데이터를 스스로 수집 · 처리 · 분석하는 운용체계는 국가 위기 상황 시 인공지능(AI)이 정책결정권자에게 최적의 대응 방안을 제시하는 체계와 유사하다고 볼 수 있다.

2. 운용 체계

Watson은 환자의 치료 계획을 세우기 위해 먼저 정형, 비정형 데이터로 기록된 진료 노트와 보고서 등 환자의 의료기록을 분석한다. 의미와 맥락을 분석할 수 있는 인지능력을 통하여 환자의무 기록의 주요 정보를 추출한 후 다양한 증거에 기반하여 치료 옵션들을 식별해 낸다. 파악된 환자의 속성을 전문 의료지식, 외부 연구, 관련 데이터 등과 결합함으로써 특정 환자를 위하여 의사가 고려할 수 있는 가능한 치료 계획들을 식별한 후 다양한 출처로부터 입증 자료를 검색하여 식별된 치료 옵션에 우선 순위를 정하고 각각의 옵션에 대한 근거 자료를 제공함으로써 의사들이 환자의 치료 계획을 수립하고 치료법 처방을 결정하는데 도움을 준다. 이를 위해 Watson은 MSKCC가 보유한 문헌과 문서, 290개 이상의 의학 학술지, 200개 이상의 교과서, 1200만 장에 달하는 문서를 포함 하는 방대한 자료 속에서 필요한 결과를 도출하고 환자 상태에 가장 적합한 치료법 후보들을 찾아내서 이들을 뒷받침할 과학적 근거를 이미 학습한 방대한 전문지식에서 추론하고 요약, 정리해서 보여준다.[382] 이 과정에서 치료법과 근거에 대한 신뢰도를 계산하고 환자에게 적합한 치료법을 도출하여 의사에게 추천하는데 추천된 치료법은 치료법에 대한 과학적 근거 문헌, 독성 및 안정성에 대한 유의점, 치료 일정 등으로 정리되어 있다. 의사는 정리된 내용을 확인한 후 어떤 치료법이 적합한지 최종적으로 결정하고 진료준비를 마치게 된다.[383] 〈그림 4-1〉은 이러한 절차를 보여준다.

인간의 인지능력으로는 빅데이터의 처리와 방대한 분량의 디지털화된 지식의 활용이 불가능해졌고 기존의 방식으로도 한계에 도달했다. 2020년에는 전 세계에서 1년간 생성되는 데이터가 44제타바이트[384]에 이르고 그

---

382) S. P. Somashekhar, M.-J. Sepulveda, S. Puglielli et al., "Watson for oncology and breast cancer treatment recommendations: agreement with an expert multidisciplinary tumor board," *Annals of Oncology*, Vol. 29, No. 2 (2018), pp. 418-423.

383) 한국산업연구원(KIRT), "현실 속으로 확장하고 있는 인공지능(AI)," 『KEIT PD Issue Report』 제16-9호 (2016), p. 25.

384) 데이터 정보량을 나타내는 디지털 정보 표시단위로 약어는 ZB이다. 1제타바이트는 1024엑사바이트(1EB=1024PB)로 1조1000억 기가바이트 (GB)에 해당된다. 3MB 안팎

중 85%가 사진이나 영상같은 비정형 데이터일 것으로 예측되고 있다. 헬스케어 분야의 문헌정보는 3년 단위로 약 두 배씩 증가하고 매년 약 70여 만 건의 논문이 등재되고 있다. 전자의무기록을 포함한 환자 데이터는 유전자 정보뿐 아니라 웰니스 서비스용 웨어러블 디바이스로부터 생성되는 데이터에 이르기까지 넓은 범위에서 폭증하고 있어 임상의사들은 급속히 확장되는 지식기반을 이용하여 개인 맞춤 진료를 해야 하는 어려움을 겪고 있다.[385)]

〈그림 4-1〉 Watson for Oncology의 운용체계

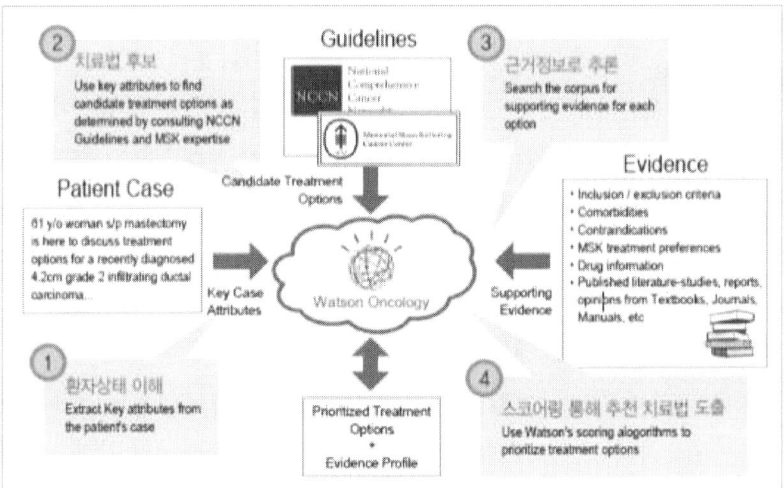

* 출처: 한국산업연구원(KIET)(2016), 상게논문, p. 26.

의 MP3 곡을 281조5000억 곡을 저장할 수 있는 용량이다. 단위의 크기는 bit 〈 byte 〈 kilo byte 〈 mega byte 〈 giga byte 〈 tera byte 〈 peta byte 〈 exa byte 〈 zeta byte 〈 yotta byte 순이다. 네이버시사상식사전. https://terms.naver.com/entry.nhn?docId=2080225& cid=50305&categoryId=50305 (검색일: 2020.8.2.)

385) D. D. Miller and E. W. Brown, "Artificial intelligence inmedical practice: the question to the answer?," *American Journal of Medicine*, Vol. 131, No. 2 (2018), pp. 129-133.

3. 운용 효과 분석

가천대학교 길병원은 Watson 도입 이후 2018년 3월부터 9월까지 126건의 다학제 진료 결과 Watson이 제시한 추천 치료방침과 의료진의 의견 일치율이 7% 증가하였으며 높은 환자 만족도를 나타낸 것으로 분석되었다.[386) 다음은 분석결과의 주요 내용이다.

Watson을 이용한 다학제 진료 126건에서 Watson에서 제시한 결과와 의료진의 최종 치료방법 결과를 분석하면 Watson이 제시한 추천과 정확히 일치하는 사례는 84건(66.7%)이며 고려로 제시된 치료 방침과 일치하는 사례까지 함께 포함하면 121건(96.0%)이 일치하는 것으로 분석되었다. 이 중 20건은 추천방법의 일부와 고려방법의 일부를 함께 사용한 경우이었다. Watson에서 추천하지 않은 방법이나 제시하지 않은 치료법을 최종 치료 방안으로 선택한 사례는 126건 중 5건(4.0%)으로 분석되었다.

Watson에 대한 의료진의 전반적 만족도는 10점 만점에 6.74±2.08점으로 조사되었다. 결과에 대한 신뢰도는 10점 만점에 7.13±1.80점이었으며 사용에 대한 편리성은 10점 만점에 6.70±1.84점이었다. 향후 Watson의 사용 희망은 10점 중 7.13±2.12점으로 조사되었다.

사후분석 결과 진료과에서는 외과가 내과보다 Watson의 편리성과 사용의사를 높게 평가하였으며 연령별로는 30대보다 50대가 Watson에 대해 높은 신뢰도를 나타냈다. 참여 건수에 따라서는 한 달에 7건 이상 참여하는 의료진의 Watson에 대한 신뢰도와 사용 의사가 1~3건 참여하는 의료진보다 높았다. 의료진이 생각하는 Watson의 장점은 병원 홍보에 도움, 환자의 치료에 대한 순응도 증가, 의료진 및 진료 결과에 대한 환자의 신뢰도 향상,

---

386) 이경아 · 김찬희 · 백정흠 · 심선진 · 안성민 · 안희경 · 이언 · 이선희, "Concordance Assesment and Medical Staff Satisfaction of the AI Watson," *J Health Tech Assess* 제7권 제2호 (2019), p. 113.

의료진 간 의사소통 원활, 담당 의료진의 진료 부담 감소 순으로 조사되었다. 의료진이 생각하는 Watson의 약점으로는 인종 및 문화적 차이 이해 한계, 한국의 건강보험 급여 여부 미반영, Watson에 대입하는 변수 부족 순으로 조사되었다.

MSKCC의 보고서에 의하면 Watson과 의료진의 진단결과 일치율은 그 범주를 어떻게 정하느냐에 따라 다소 달라진다. 대부분의 연구에서 추천과 고려를 포함하여 일치율을 제시하고 있다. 태국에서는 2015년~2016년에 유방암, 결장직장암, 위암 및 폐암 환자의 치료방침 결과를 Watson과 비교한 연구에서 전반적인 일치율은 83%로 제시되었으며 인도에서는 2014년~2016년에 유방암 환자 638명의 치료방침을 Watson과 비교한 결과 일치율이 93%로 분석되었다.[387] 중국에서는 2013년~2017년에 유방암 환자를 대상으로 전반적인 일치율을 분석한 결과 69.4%로 나타났으며 2017년 암 환자 362명을 대상으로 Watson의 치료방침과의 일치율을 분석한 결과 암종에 따라 최소 12%에서 최대 96%의 일치율을 보였다. 한국에서는 2009년~2016년에 대장암 환자 656명의 치료 방법과 Watson의 치료 방법에서 추천으로 나온 치료 방침과의 일치율이 48.9%로 분석 되었다. 한국의 위암 환자 65명을 대상으로 2016년~2017년에 Watson의 결과와 의료진의 치료방침을 비교한 결과 추천과 일치율은 41.5%, 고려까지 포함하면 87.7%의 일치율이 나타났다.[388]

---

387) P. W. Simoes, R. Borges Vicente, P. D. Simoes Pires et al., "Accuracy of decision support systems for breast cancer-initial results," *Studies in Health Technology and Informatics*, Vol. 245 (2017), p. 1380; A.-Y. Chok, B. K. P. Goh, Y.-X. Koh et al., "Validation of the MSKCC gastrointestinal stromal tumor nomogram and comparison with other prognostication systems: single-institution experience with 289 patients," *Annals of Surgical Oncology*, Vol. 22, No. 11 (2015), pp. 3597-3605.

388) Youn I. Choi et al., "Concordance Rate between Clinicians and Watson for Oncology among Patients with Advanced Gastric Cancer: Early, Real-World Experience in Korea," *Canadian Journal of Gastroenterology and Hepatology*, Vol. 2019 (2019), p. 3.

126건의 암 환자 진료 건수를 분석한 결과 최종 치료 방법이 Watson이 제시한 추천과의 일치율은 66.7%이었고 고려까지 포함할 경우에는 96.0%로 분석되었다. 이는 기존 연구 결과보다 다소 높은 수치로 연구 방법의 차이로 인한 결과로도 고려할 수 있다. 불일치율이 발생한 원인은 Watson이 비추천으로 제시한 방법을 이용하거나 아예 Watson에게 제시 되지 않은 방법을 최종 치료방침으로 결정한 것이다. 그 이유로는 보험 적용과 의료비 차이로 인한 비용적 차이, 인종과 지역마다 통상적 치료 방법의 차이로 인한 문화적 차이, 환자 연령 및 특수 상황에 따른 차이 등으로 Watson이 인지하지 못하는 환경, 문화적, 환자의 개별적 특성으로 인한 것이다.[389] 진료 분석 결과 실제로 Watson에서 추천으로 제시한 방법이 한국에서는 보험 적용이 되지 않는 치료법인 경우도 있었으며 통상적으로 외국에서는 시행하나 한국에서는 우선적으로 시행하지 않는 방법이 추천이나 고려로 제시된 경우가 있었다. 또한 환자의 컨디션과 선호도, 협조 정도에 대한 특수한 판단은 Watson이 고려할 수 없기 때문에 의료진에서는 이를 고려하여 Watson이 비추천로 제시하였거나 아예 제시하지 않은 치료 방법을 최종 치료지침으로 결정한 경우도 발생하였다. 유사한 다른 연구에서도 Watson과 다학제 팀 간의 불일치 주요 원인을 환자의 병력에 대한 Watson의 인지 부족, 오래된 진료지침, 실험 연구의 미반영, 의료보험 미반영, 국소 약물, 치료 기준의 차이, 종양 전문의의 선호도 차이, 환자와 가족의 선호도 차이 등으로 분석

389) S. Y. Cho, J. W. Park, Y. Liu et al., "Sporadic early-onset diffuse gastric cancers have high frequency of somatic CDH1 alterations, but low frequency of somatic RHOA mutations compared with late-onset cancers," *Gastroenterology*, Vol. 153, No. 2 (2017), pp. 536-549. e526; M.-L. Zhou, L. Wang, J.-Z. Wang et al., "Validation of the memorial sloan kettering cancer center nomogram to predict disease-specific survival in a chinese gastric cancer population receiving postoperative chemoradiotherapy after an R0 resection," *Oncotarget*, Vol. 7, No. 40 (2016), pp. 64757-64765; G. Luo, Y. Zhang, P. Guo, L. Wang, Y. Huang and K. Li, "Global patterns and trends in stomach cancer incidence: Age, period and birth cohort analysis," *International Journal of Cancer*, Vol. 141, No. 7 (2017), pp. 1333-1344.

되었다.[390] 즉, Watson은 치료방침에 많은 도움을 주지만 아직은 각 지역의 특성을 반영하지 못하는 경우가 있어 이를 개선해야 하며 의료진은 Watson을 이용하여 환자를 진료할 때 환자의 상황을 고려하여 최선의 치료방침을 정하도록 해야 한다.

4. 시사점

2016년에 개최된 전이성 암 검출 대회(CAMELYON16)에서 하버드 의대의 앤드류 백 교수팀은 인공지능(AI) 기반 시스템을 활용하여 92%의 성공률로 암을 검출하여 우승하였다. 하버드 의대 팀의 분석 결과 인간(병리학자)과 인공지능(AI)이 협업한 경우 암 진단 오류율은 0.5%, 인간(병리학자)만 수행한 경우에는 3.5%, 인공지능(AI)만 수행한 경우에는 7.5%로 나타났다. 이는 인공지능(AI)보다는 인간의 검출률이 더 높았으나 인공지능(AI)과 인간이 협업하면 암 진단 정확도가 더욱 높아진다는 분석결과이다.[391]

제4차 산업혁명시대가 본격 전개되면서 인간과 인공지능(AI)의 협업 즉, 인공지능(AI)이 인간을 대체하기보다는 보조적인 역할을 하거나 상호 공존하는 형태가 될 것으로 전망된다. 인간과 인공지능(AI)의 공존으로 사회적 복잡성은 늘어날 수 있지만 효율적인 관계로 발전하고 인간과 인공지능(AI)의 대결이 아닌 협업으로 인한 새로운 문화와 가치 창출이 가능할 것이다.

---

390) Suwanvecho S, Suwanrusme H, Sangtian M, Norden AD, Urman A, Hicks A, et al., "Concordance assessment of a cognitive computing system in Thailand," *J Clin Oncol*, Vol. 35 (2017), p. 6589; Park J. Y., Kim Y. W., "Requirements to improve multidisciplinary cancer care," *J Korean Med Assoc*, Vol. 59 (2016), pp. 103-107.

391) 『헬스경향』(2019.3.8.), "인공지능(AI) 시대의 도래: 병리과의 현실과 미래," http://www.k-health.com/news/articleView.html?idxno=42787 (검색일: 2020.8.2.) ; https://camelyon16.grand-challenge.org/ (검색일: 2020.8.2.)

이는 모라벡의 역설(Moravec's Paradox)[392]처럼 인간과 인공지능(AI)의 역할이 구분되어 상호 공존하는 것이다.

Watson은 암 환자의 치료 방법을 의사에게 지원하기 위해 다양한 증거에 기반하여 치료 옵션 식별, 전문 의료지식, 외부 연구 등 방대한 정형 및 비정형 데이터를 분석하여 의사가 고려할 수 있는 가능한 치료 계획들을 식별한 후 다양한 출처로부터 입증 자료를 검색하고 우선 순위를 매기고 각각의 옵션에 대한 근거 자료를 제공함으로써 의사들이 환자의 치료 계획을 수립하고 치료법 처방을 결정하는데 도움을 준다. 이는 인공지능(AI)이 국가위기 상황 시 현장과 실시간대 영상 및 음성 자동 공유, 위기 상황 관련 정형 및 비정형 데이터 수집 · 처리 · 분석, 위기 상황에 대비한 시뮬레이션 분석 결과, 가용한 인적 물적 자원의 효율적 운용 방안 도출, 도출된 방안들의 효율적이고 효과적인 적용 우선순위 선정, 상황과 적합한 위기 사태 선포 단계 등의 대응 방안을 정책결정권자에게 지원하는 프로세스와 유사하다. 상황과 대상이 다를 뿐 인공지능(AI)이 학습하는 데이터와 운용되는 알고리즘을 달리하면 인공지능(AI) 기술을 필요한 목적에 맞게 운용하는 것은 기술적으로 가능하다.

392) 인간에게 쉬운 것은 컴퓨터에게 어렵고 반대로 인간에게 어려운 것은 컴퓨터에게 쉽다는 역설로 인공지능(AI)은 기존 자료를 재해석하여 효율적인 정책결정 지원환경을 제공하고 인간의 창의성은 알고리즘으로 증명하기 어려운 직관적 판단을 내릴 수 있다. 한국정보화진흥원(NIA)(2018c), 전게서, p. 32.

제3절 Exobrain

1. 개 요

Exobrain은 자연어를 이해하여 지식을 스스로 학습하고 인간과 기계의 지식소통이 가능한 언어지능 SW(Soft Ware) 기술 개발을 목표로 2013년 5월부터 2023년 2월까지 10년간 3단계로 구분하여 〈그림 4-2〉와 같이 인간과 지식소통이 가능한 인공지능(AI)을 개발하기 위해 과학기술정보통신부 주관으로 관련 기관들이 컨소시엄 형태로 추진하는 국가프로젝트이다.[393]

〈그림 4-2〉 Exobrain 프로젝트

* 출처: 『대한민국 정책브리핑』(2015.6.11.) http://www.korea.kr/news/pressReleaseView.do?newsId=156057749 (검색일: 2020.8.2.)

393) 『대한민국 정책브리핑』(2013.11.11.), "인간과 의사소통이 가능한 인공지능(AI) SW 개발 본격 논의," http://www.korea.kr/news/pressReleaseView.do?newsId=155926712 (검색일: 2020.8.2.)

Exobrain 개발은 10년간 3단계로 구분되어 추진된다. 1단계는 2013년 5월부터 2017년 2월까지 4년간 일반지식 대상 분석형 Exobrain SW 기반기술 개발을 목표로 추진되며, 2단계는 2017년 3월부터 2019년 12월 까지 3년간 전문지식 대상 협업추론형 Exobrain SW 응용기술 개발을목표로 추진되고, 3단계는 2020년 1월부터 2023년 2월까지 3년간 글로벌 전문지식 대상 문제해결형 Exobrain SW 상용기술 개발을 목표로 추진된다. Exobrain은 자연어 질의응답 기술개발을 위한 글로벌 경쟁이 연구의 배경이 된다. 자연어 처리는 인공지능(AI) 기술 분야 중 가장 고난이도의 기술로 아직은 미개척 분야이다. 〈그림 4-3〉은 Exobrain 연구개발(R&D) 배경을 데이터 · SW · 시장 측면에서 나타낸 것이다.

〈그림 4-3〉 Exobrain 연구개발 배경

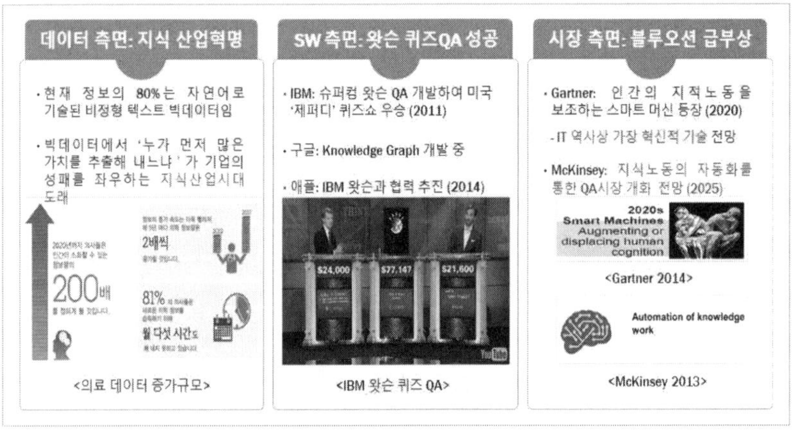

* 출처: 『Exobrain 소개』(ETRI, 2020)

Exobrain 개발 목표는 전문분야를 대상으로 질의응답 핵심기술의 개발 및 산업화이다. 이를 위해 3단계의 연구 단계 중 1단계에서는 단답형 질의응답을 가능하게 하는 문장 단위 문법처리, 일반 지식학습 및 추출, 단답형 추론(단방향) 기술을 개발하고, 2단계에서는 전문직종 종사자와 지식소통이 가능한 서술형 질의응답을 문맥 단위 의미처리, 전문지식 학습 및 추출, 서술형 추론(양방향)을 가능하게 하는 기술개발을 목표로 한다. Exobrain의 연구개발 추진단계는 〈그림 4-4〉와 같다.

〈그림 4-4〉 Exobrain 연구개발 추진 단계

* 출처: 『인공지능(AI) 국가전략프로젝트 사업단 블로그』 https://blog.naver.com/aiia1206/221134628458 (검색일: 2020.8.2.)

Exobrain 개발은 3가지의 세부과제 연구결과를 통합하여 목표를 달성하는 프로세스로 추진된다. 1세부과제는 한국전자통신연구원(ETRI)에서 지능진화형 WiseQA 플랫폼 기술을 개발하고, 2세부과제는 솔트룩스㈜에서 자가학습형 지식 베이스 구축 및 추론 기술을 개발하며, 3세부과제는 KAIST에서 인간 모사형 자가학습 지능 원천기술을 개발하는 것이다. 연구개발은 〈그림 4-5〉와 같이 세부과제간 협력하며 진행된다.

〈그림 4-5〉 Exobrain 연구개발 세부과제 간 협력체계

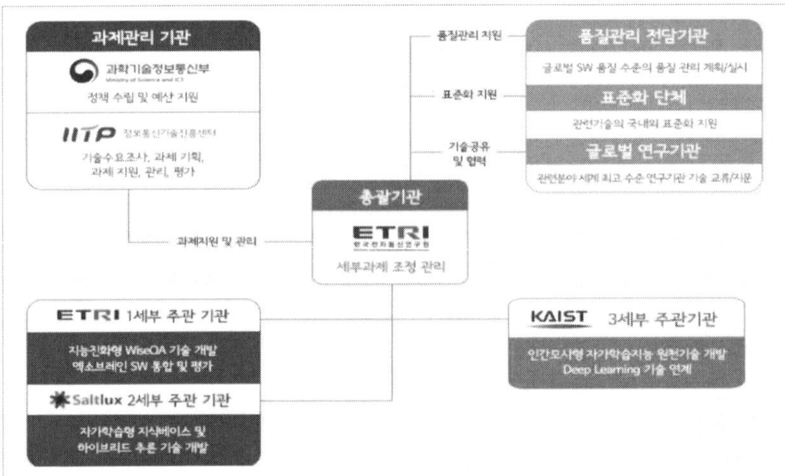

* 출처: 『인공지능(AI) 국가전략프로젝트 사업단 블로그』 https://blog.naver. com/aiia1206/221134628458 (검색일: 2020.8.2.)

Exobrain 개발의 기대효과를 3가지 측면에서 볼 때 먼저 기술적 측면에서는 고위험 · 고비용 · 고난이도 국가 혁신형 지능처리 SW 원천기술확보를 통해 국가 SW산업의 미래 경쟁력이 확보되며, 산업적 측면에서는 지능형 서비스 및 지식처리 신산업을 창출하는 것이다. 또한 다양한 산업 영역의 스마트화를 견인하고 활용하며 사회적 측면에서는 전문가 문제 해결과 의사결정을 위한 고품질 지식서비스 제공이 가능하다.

2. 운용 체계

Exobrain은 개발 1단계 기간인 2016년 11월에 수준을 점검하기 위해 수능 만점자, 장학퀴즈 상 · 하반기 우승자, 방송사 두뇌게임 프로그램 준우승

자 등을 대상으로 퀴즈대결을 하여 모두에게 승리하였다.[394] 하지만 이 당시에는 아직 기술적 한계가 있어 〈그림 4-4〉와 같이 3단계 개발 완성 후에 가능하게 되는 Exobrain의 운용 체계에 의한 자연어 처리를 통한 질의응답은 제한되었다. 즉, 인공지능(AI) 기술이 갖고 있는 언어에 대한 독해 능력에 한계가 있었던 것이다. 음성을 알아듣지 못하기 때문에 질문을 키보드로 입력해야 했고 복잡한 추론이 요구되거나 수학적 계산이 필요한 문제나 시청각을 통해 판단해야 하는 퀴즈는 해결하지 못했다. 이 당시의 인공지능(AI) 기술은 인간의 말을 이해하고 의미를 분석하는 것이 아니라, 통계 처리를 통해 확률이 가장 높은 답을 이끌어내는 방식이었다. 그러나 Exobrain의 운용 체계는 〈그림 4-6〉과 같이 복잡한 자연어로 기술된 문제의 의미를 이해하고 정답을 추론하여 생성하는 것으로 개발되고 있어 이전의 단점이 극복될 것으로 전망된다.

〈그림 4-6〉 Exobrain 운용 체계

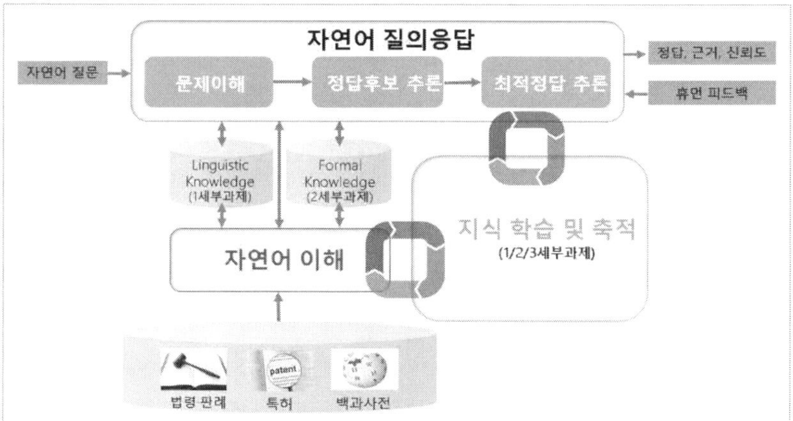

* 출처: 『Exobrain 소개』(ETRI, 2020)

394) 『연합뉴스』(2016.11.20.), "엑소브레인의 승리…인간은 과연 AI를 이길 수 있을까," https://www.yna.co.kr/view/AKR20161119031500063?input=1195m (검색일: 2020.8.2.)

3. 운용 효과 분석

Exobrain 개발 1단계 시작인 2013년부터 2단계가 종료된 2019년까지 7년간의 연구개발 결과 지식재산권(특허, 실용신안, 의장, 디자인, 상표, 규격, 신품종, 프로그램), 국제 및 국내 기술표준화, 기술수출,[395] 기술 이전, 기술 개방(오픈 API 형태로 한국어 언어처리, 한국어 및 영어 음성처리, 한국어 기계학습용 데이터 제공)[396] 등의 성과가 있었으며 개발 종료인 2023년에는 연구개발 목표가 달성될 것으로 전망된다. 특히 민간 기업으로의 기술 이전과 기술 개방은 산업계의 발전과 함께 공공 및 민간 부문의 협업 강화에도 크게 기여하였다. 민간 부문으로의 기술 이전으로 인공지능(AI) 기술의 활용과 적용 분야가 더욱 다양해지고 기술의 고도화가 이루어지고 있는 것이다.[397] Exobrain 개발

---

395) Exobrain 2세부과제를 연구하는 솔트룩스(주)는 사람의 말을 이해하고 지식을 학습, 추론해 심층 대화와 전문가 수준의 질의응답이 가능한 인공지능(AI) 플랫폼 기술을 상용화하고 국내 최초로 이 기술을 해외에 수출하였다. 『연합뉴스』 (2019.9.9.), "솔트룩스, AI '엑소브레인' 기술 해외 수출…글로벌 서비스 추진," https://www.yna.co.kr/view/AKR 20190909058500848?input=1195m (검색일: 2020.8.2.)

396) API(Application Programming Interface)란 특정 프로그램을 레고 블럭처럼 재조합하여 활용할 수 있도록 제공하는 프로그래밍 인터페이스로 국내 중소 벤처기업과 연구자 등이 공공지원으로 개발된 인공지능(AI) 기술을 응용하여 보다 쉽고 효율적으로 인공지능(AI) 제품과 서비스 개발에 도전할 수 있도록 지원하기 위한 것이다. 인공지능(AI) 오픈 API를 활용하면 음성인식 개인비서, 지능형 폐쇄회로 텔레비전(CCTV) 등 인공지능(AI) 제품 서비스 개발 시 시간과 비용을 절감할 수 있다. 『대한민국 정책브리핑』(2017.11.5.), "과기정통부, 국책연구로 지원한 인공지능(AI) 기술 누구나 쓸 수 있게 개방한다," http://www.korea.kr/news/pressReleaseView.do?newsId=156235364 (검색일: 2020.8.2.)

397) SK, 네이버, 카카오 등의 기업들도 인공지능(AI) 기술에 대한 투자 계획 발표를 이어가는 등 인공지능(AI) 기술 관련 연구개발(R&D)이 활발해지고 있다.

- (SKT) 인공지능(AI) 전담 조직인 'T 브레인(2016.10.)'을 설립하고 인공지능 (AI) 등 신산업 분야에 3년간 5조원 투자 계획
- (네이버) 인공지능(AI) 등 미래기술 개발 전담 조직인 '네이버랩스(2017.1.)', 'J팀(2016.10.)' 등을 설립하고 관련 분야에 5년간 5,000억원 투자 계획
- (카카오) 인공지능(AI) 생태계 발전 및 차세대 성장 동력 확보를 위해 200억원을 투자

2단계 기간인 2017년 3월부터 2019년 12월까지 3년간 달성한 주요 개발 성과는 〈표 4-1〉과 같다.

〈표 4-1〉 Exobrain 개발 2단계(2017년~2019년) 주요 성과

구 분	평 가 항 목	개발목표	개발결과
1세부 사업	전문분야 WiseQA 정확률/응답률	93%/85%	(일반분야) 94.18%/85% (법률분야) 94.0%/85%
	자연어 구문분석 정확률	94%	(일반분야) 95.24% (전문분야) 94.13%
	문답담화 질문의도 분석 정확률	80%	(어휘정답유형) 89.94% (의미정답유형) 85.34%
2세부 사업	지식 추출 정확도	70.3	74.35
	지식자원 통합 정확도	95%	95%
	추론기반 지식 증강도	90%	90.4%
3세부 사업	Deep-Symbolic 하이브리드 질의응답 성능(질의유형: 단답형)	64.5%	68.7%
	전문지식 질의문 수정을 위한 문서교정 정확도	90%	(오류검색) 99.41% (오류교정) 92.31%
	Knowledge-powered Deep Learning 기반 비감독어의 중의성 해소 성능	93%	(기존모형) 92.3% (새로운모형) 86.6%

* 출처: 『엑소브레인 SW 기술 개발 2단계 3년차 결과보고서』(ETRI, 2019), 과학기술정보통신부에서 시행한 정보통신·방송연구개발사업의 결과임.

Exobrain 개발 2단계 시작인 2017년 4월에는 Exobrain을 공공분야에 적용하면 예산이 절감되는 효과와 국민에 대한 서비스의 품질도 개선되는 것을 기대하며 인공지능(AI)을 활용한 지능형 정부의 구현에 인공지능(AI) 운용의 필요성이 조명되었다.[398] Exobrain 개발 3단계 시작인 2020년 8월에는 언

해 인공지능(AI) 전문 자회사 '카카오 브레인(2017.2.)' 설립. 『대한민국 정책브리핑』(2017.3.8.), "지능정보사회 선도를 위한 인공지능(AI) 연구개발 본격 추진," htttp://www.korea.kr/news/pressReleaseView.do?newsId=156189375 (검색일: 2020.6.13.)

398) 『대한민국 정책브리핑』(2017.4.25.), "지능형 정부, 인공지능(AI)으로 국민을 더 편리하게," http://www.korea.kr/news/pressReleaseView.do?newsId=156197917 (검색일: 2020.8.2.)

어 분석 API를 공개하였다.[399] 2017년에 언어 분석 API(이 당시는 문어체)를 최초공개한 이후로 이제는 사람이 말하는 구어체 학습도 가능해져서 사람의 대화를 분석할 때 나타나는 오류를 최대 41%까지 줄이는 것이 가능해졌다.

4. 시사점

2013년부터 2023년까지 10년간 연구개발(R&D)이 추진되는 Exobrain은 자연어를 이해하여 인간과 기계의 소통이 가능한 언어지능 SW 기술개발을 목표로 한다. 자연어 질의응답 기술개발은 인공지능(AI) 기술 분야 중 가장 높은 수준의 기술이다.

국내 인공지능(AI) 분야 연구개발(R&D)은 지난 2016년 알파고(Alpha Go)와 프로 바둑 기사 이세돌의 대국 이전부터 정부와 민간에서 추진되어왔으며 4차 산업혁명의 중요성이 더욱 부각 되고 국내 · 외적 관심도가 높아짐에 따라 확대 · 강화되고 있는 추세이다. 과학기술정보통신부는 그간 발표한 지능정보산업 발전전략(2016)과 지능정보사회 중장기 종합대책(2016)에 따라 2017년부터 인공지능(AI) 기술 관련 연구개발(R&D)을 정책적으로 추진하기 위해 산업적 수요가 높은 시각 · 음성 · 언어 지능 분야의 원천기술 개발을 고도화시키고 중장기적으로 기술 우위 확보를 위해서 선도적으로 차세대 학습 및 추론 등의 인공지능(AI) 기술을 연구하는 '인공지능(AI) 국가전략프로젝트'를 추진하고 있다. 이의 일환으로 개발되는 Exobrain의 언어처리 주요 기술을 산 · 학 · 연이 제한 없이 활용할 수 있도록 기술을 개방(오픈 API 형태)하고 법률 · 특허 · 금융 분야의 사업화 기술개발도 진행중이다.[400]

---

399) 『연합뉴스』(2019.8.6.), "국산 인공지능(AI) '엑소브레인' 이제 구어체도 알아듣는다," https://www.yna.co.kr/view/AKR20200806036400063?input=1195m (검색일: 2020.8.2.)

과학기술정보통신부는 4차 산업혁명에 성공적으로 대응하기 위해서는 민간이 주도하고 정부는 기초 및 원천기술의 연구개발(R&D)을 수행하는 형태가 바람직하다고 판단하고 인공지능(AI) 분야에 대한 전략적 연구개발(R&D)을 추진하여 지능정보사회의 도래에 적극 대응한다는 계획이다. 이를 통해 산업생태계 활성화 지원을 위한 연구 성과물 공유, 오픈 API 플랫폼을 통한 언어분석 API 공개 등을 하였다. 2020년에 신규 공개한 언어분석 API는 사람의 대화까지 정확하게 이해할 수 있어서 인공지능(AI) 비서, 챗봇 등 언어지능 서비스 개발에 기여 할 것으로 기대되고 있다.

Exobrain 개발 2세부과제를 주관하는 솔트룩스(주)는 인간의 대화를 이해하며 지식을 학습하고 추론해서 심층 대화와 전문가 수준의 질의응답이 가능한 인공지능(AI) 플랫폼 기술을 상용화하고 이 기술을 국내 최초로 해외에 수출하여 글로벌 서비스를 추진하고 있다. 지난 2019년에 솔트룩스(주)가 수출한 '서비스형 AI(AIaaS: AI as a Service) 플랫폼'은 Exobrain의 지식학습과 지식베이스 구축기술을 다국어화해서 만든것으로 지난 수 년간 산 · 학 · 연 · 관의 적극적인 협력과 오픈 이노베이션을 통해 얻은 결과로 그 의미가 매우 크다.

이러한 기술력을 갖추고 있는 Exobrain은 위기 상황 시 정책결정권자의 대응 방안 도출과 선정에도 적용될 수 있을 것이다. 관련 데이터를 분석하여 현 상황과 유사했던 사례나 시뮬레이션 학습 결과를 바탕으로 가용한 자원의 운용을 포함한 최적의 대응 방안을 정책결정권자에게 사람의 말로써 대화형으로 제시하는 것이 가능할 것이다. 특히 촌각을 다투는 급박한 재난 위기 상황에서는 그 효과가 더욱 클 것이다.

Exobrain이 인간과 의사소통이 가능한 자연어 질의응답 기술로서 개발

---

400) 『대한민국 정책브리핑』(2017.3.8.), "지능정보사회 선도를 위한 인공지능(AI) 연구개발 본격추진," http://www.korea.kr/news/pressReleaseView.do?newsId=156189375 (검색일: 2020.8.2.)

이 완료되면 지능처리 SW 원천기술 확보를 통해 국가 SW산업 미래 경쟁력 확보, 지능형 서비스 및 지식처리 신산업 창출, 다양한 산업 영역 스마트화 견인 및 활용, 전문가 문제 해결 및 의사결정 지원, 고품질 지식서비스의 제공으로 급박한 국가위기 상황 시 정책결정권자에게 상황 조치와 대응을 위한 최적의 방안 제시를 더욱 신속하게 지원이 가능할것으로 전망된다.

제4절 Deep View

1. 개 요

Deep View는 사람처럼 시각을 통해 대규모 이미지 및 동영상 빅데이터를 분석하여 내용을 이해하고 실시간으로 상황 예측을 수행하는 시각 인공지능(AI) SW 기술 개발을 목표로 2014년 4월부터 2024년 2월까지 10년간 3단계로 구분하여 〈그림 4-7〉과 같이 인지와 예측이 가능한 인공지능(AI)을 개발하기 위해 과학기술정보통신부 주관으로 관련 기관들이 컨소시엄 형태로 추진하는 국가프로젝트이다.[401]

Deep View 개발은 10년간 3단계로 구분되어 추진된다. 1단계는 핵심기술개발 단계로 2014년 4월부터 2017년 12월까지 4년간 다중객체 및 행동을 동시에 분석하는 시각지능 SW 개발을 목표로 추진되며, 2단계 는 응용기술

401) 『대한민국 정책브리핑』(2017.1.18.), "창의적 아이디어와 혁신적 원천기술 개발로 4차 산업혁명 시대 이끌어야," http://www.korea.kr/news/pressReleaseView.do?newsId=156179482 (검색일: 2020.8.2.)

개발 단계로 2018년 1월부터 2020년 12월까지 3년간 영상 내용을 이해하는 기술을 통해 도시 규모의 영상을 이해하는 시각지능 SW 개발을 목표로 추진되고, 3단계는 글로벌 기술 개발 단계로 2021년 1월부터 2024년 2월까지 3년간 복합상황 이해 및 예측 기술을 갖춘 시각지능 SW 개발을 목표로 추진된다. 〈그림 4-8〉은 Deep View의 연구개발 추진단계이다.

〈그림 4-7〉 Deep View 프로젝트

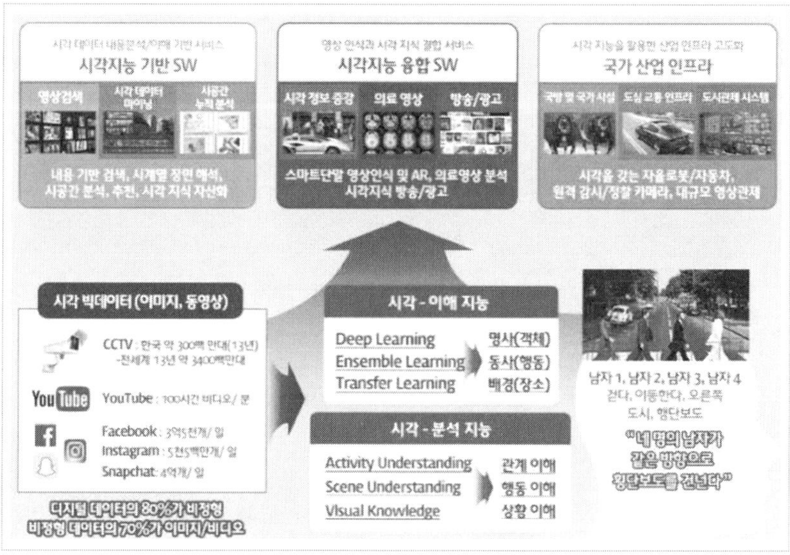

* 출처: 『인공지능(AI) 국가전략프로젝트 사업단 블로그』 https://blog.naver.com/aiia1206/ 221141453542 (검색일: 2020.8.2.)

Deep View 개발은 모두 3개의 세부과제 연구결과를 통합하여 목표를 달성하는 프로세스로 추진이 된다. 1세부과제는 한국전자통신연구원(ETRI), 충북대학교 등에서 시각지능 핵심 기술을 개발하고, 2세부과제는 광주과학기술원, 고려대학교 등에서 시각지능 응용기술을 개발하며, 4세부과제는 포항공과대학교, 서울대학교 등에서 글로벌 시장 진출기술을 개발하는 것이다. 연구개발은 〈그림 4-9〉와 같이 세부과제간 협력하며 진행된다.

〈그림 4-8〉 Deep View 연구개발 추진 단계

* 출처: 『인공지능(AI) 국가전략프로젝트 사업단 블로그』 https://blog.naver.com/aiia1206/221141453542 (검색일: 2020.8.2.)

〈그림 4-9〉 Deep View 연구개발 세부과제 간 협력체계

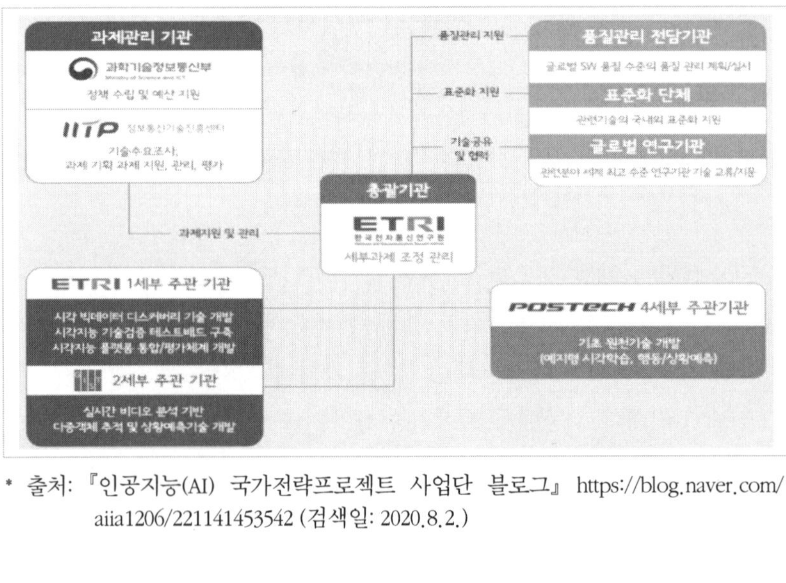

* 출처: 『인공지능(AI) 국가전략프로젝트 사업단 블로그』 https://blog.naver.com/aiia1206/221141453542 (검색일: 2020.8.2.)

Deep View 개발 이후 기대효과는 스마트 기기, CCTV, 드론카메라 등에서 생성되는 방대한 분량의 이미지 및 영상 데이터의 분석을 통해 발생할 수 있는 위기를 사전에 예방하거나 대응하는 것이 가능하다는 것이다. 또한 개발된 시각지능 원천기술은 산업체의 품질검사, 의료영상 분석, 자율주행 자동차, 지능형 로봇 등 다양한 산업 분야에 적용되어 사람의 눈을 대신할 수 있다.

2. 운용 체계

Deep View 개발 1단계 시기인 2017년에 세계 인공지능(AI) 이미지 인식 대회인 '이미지넷 첼린지 2017'에 출전하여 사물 종류별 검출성능 분야에서 2위와 3위를 하였다.[402] 또한 교통사고 발생 시 3초 안에 감지하여 경보를 발령해주는 지능형 CCTV를 개발해서 운용중이며 지방자치단체인 세종시, 서울시 은평구와 협의하여 무단쓰레기 투척을 방지하기위해 CCTV에 Deep View 기술을 적용하여 사람의 움직임을 감지·분석해서 경고방송을 한다.[403]

Deep View는 이미지와 동영상에 등장하는 사물, 행동, 장소를 직관적으로 파악하여 그 관계나 의미를 이해하고 동일 공간의 이미지와 동영상을

402) 『연합뉴스』(2017.7.27.), "전자통신연구원, 세계 인공지능(AI) 이미지 인식대회서 2·3위," https://www.yna.co.kr/view/AKR20170727079900063?input=1195m (검색일: 2020.8.2.)

403) 『문화일보』(2019.10.1.), "3초안에 교통사고 감지→경보…CCTV, 지능을 장착하다," http://www.munhwa.com/news/view.html?no=2019100101032603009002 (검색일: 2020.8.2.); 『문화일보』 (2018.11.22.), "쓰레기 무단투기 잡는 AI 은평 CCTV http://go.seoul.co.kr/news/newsView.php?id=20181123018020&wlogtag3=naver (검색일: 2020.8.2.)

시간 순으로 누적 분석하여 현재의 상황을 이해하고 예측하는 인공지능(AI) SW 기술이다. 즉, 영상에 나타나는 다양한 사물과 사물들의 복합적 움직임을 이해하는 〈그림 4-10〉과 같이 인식과 분석의 체계인 시각지능 플랫폼 인공지능(AI) 기술이다.

〈그림 4-10〉 Deep View 운용 체계

* 출처: 『Deep View 소개』(ETRI, 2020)

3. 운용 효과 분석

Deep View 개발은 현재 2단계 응용기술개발 단계이며, 현재 개발된 주요 기술 현황은 〈그림 4-11〉과 같다.

〈그림 4-11〉 Deep View 주요 기술 현황

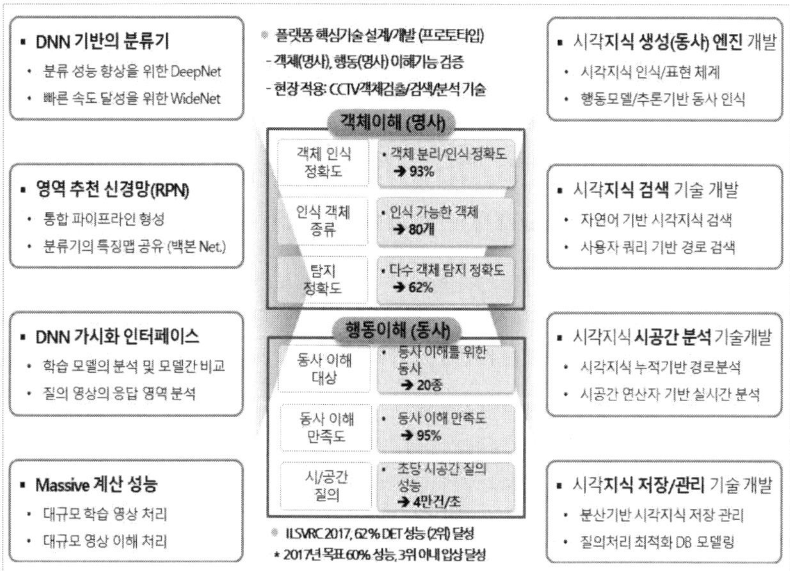

* 출처: 『Deep View 소개』(ETRI, 2020)

Deep View 개발의 최종 목표는 대규모 이미지와 동영상을 실시간으로 수집하여 도심공간의 다차원 · 시계열 변화를 이해하고 위험예측을 실시간으로 수행하는 고성능 비주얼 디스커버리 플랫폼 기술을 개발하는 것이다. 개발완료 후에는 메트로 수준의 실시간 위험 상황 및 범죄 예측 시스템(CCTV 포함), 위험의 전역적 예측을 제공하는 국가 통합 플랫폼(SW) 구축이 가능하다. Deep View 개발 2단계 기간인 2018년 1월부터 2020년 12월 중 2019년에 달성한 주요 개발 성과는 〈표 4-2〉와 같이 평가 항목별 개발목표를 모두 달성하였으며 2021년부터는 3단계 연구개발 중이다.

〈표 4-2〉 Deep View 개발 2-2단계(2019) 주요 성과

구 분	평 가 항 목	개발목표	개발결과
1세부 사업	(사물추적) 속도와 정확도(MOTA)	45%	45.01%
	(행동인식) 클립행동 인식 정확도	72%	75.33%
2세부 사업	전역적 시공간 객체추적 성공률	(고정) 68% (이동) 58%	(고정) 68% (이동) 58%
	이상행동 검출 및 인식 성공률	(고정) 80% (이동) 55%	(고정) 80% (이동) 55%
	번호판 인식률	(고정) 90% (이동) 90%	(고정) 91% (이동) 90.5%
	얼굴 인식률	(고정) 91% (이동) 91%	(고정) 91% (이동) 91%
3세부 사업	다중 객체 검출율	82%	82%
	휴먼 행동 및 상호작용 인식 정확도	94%	94.5%
	객체 동작/흐름 예측 정확도	50%	51.3

* 출처: 『대규모 실시간 영상이해 기반의 시각지능 플랫폼 개발 2단계 2년차 보고서』(ETRI, 2019), 과학기술정보통신부에서 시행한 정보통신 · 방송연구개발사업의 결과임.

4. 시사점

Deep View는 Exobrain과 함께 과학기술정보통신부 주관으로 관련 기관들이 컨소시엄 형태로 추진하는 국내 인공지능(AI) 분야 연구개발(R&D)로, 사람처럼 시각을 통해 이미지나 동영상 데이터를 수집하고 분석하여 실시간으로 상황 예측과 추론을 통한 예측이 가능한 시각 인공지능(AI) SW 기술개발 국가프로젝트이다. Exobrain의 언어지능 기술과 Deep View의 추론 · 예측 기술이 정책결정권자의 위기 상황 예방과 대비 그리고 대응을 위한 정책을 지원한다면 급박한 위기상황에서 더욱 신속하고 효율적인 위기관리가 가능할 것이다.

Deep View의 개발 기간 중 달성된 세부 연구과제들의 결과는 〈표 4-2〉와 같이 목표를 상회하였다. 특히, 생활밀착형으로 기술개발의 실험이 이루어져 재난안전 분야에서 그 효용성이 더욱 클 것으로 예상이 된다. 한국의 공공기관에서 운영하는 CCTV와 17개 시 · 도에서 운영하는CCTV 통합관제센터에서 Deep View가 운용된다면 재난안전분야 사고 예방과 대응을 위한 실시간대 조치는 물론이고 수집된 데이터를 분석하여 추론과 예측을 통한 정책결정권자에게 데이터에 근거한 정책지원이 가능할 것이다.[404]

위기 상황을 예방하고 대응하기 위해서는 현장의 비정형 데이터를 수집하고 분석하는 과정이 필요하다. 이러한 과정에 시각지능 인공지능(AI)인 Deep View의 역할은 그 필요성이 점차 커질 것이다.

제5절 소결론

사례분석을 통해 알 수 있듯이 인공지능(AI) 기술의 개발은 인간이 직접하기 제한되거나 불가한 일을 대신 해주어 상대적으로 더욱 효율적이고 효과적인 결과를 기대할 수 있게 해준다. 이는 인간과 인공지능(AI)에게 앞서 설명한 모라벡의 역설(Moravec's Paradox)이 적용되어 서로 잘하는 분야를 구분하여 목적을 달성하는 원리이다.

---

404) 한국의 공공기관에 설치 및 운영되는 CCTV는 범죄예방, 시설안전 및 화재예방, 교통단속, 교통정보수집 및 분석과 제공 등을 목적으로 전국에 1,148,770대가 운영중이며, 지방자치단체에서 운영하는 CCTV 통합관제센터는 17개 시 · 도에 229개소가 설치되어 운영중이다. (2019.12.31. 기준), 『2020 행정안전통계연보』 (행정안전부, 2020), pp. 110-111.

Watson이 환자 진료에 바쁜 의료진을 대신하여 암환자와 관련된 국내·외의 방대한 문헌 및 임상자료와 유사 진료사례를 분석하여 최적의 치료 방법을 의사에게 제시해 주는 것은 의사가 환자 진료에 집중할 수 있게 해주는 것은 물론이고 환자에게 더욱 적합한 치료법을 적용할 수 있게 해준다. 만약 의사가 Watson의 역할까지 하면서 환자를 진료한다면 시간적 제한으로 더 좋은 치료법을 찾는 것이 어려울 것이다. Exobrain은 스스로 데이터를 수집하고 분석하여 추론의 결과를 인간에게 제시해 준다. 인간의 구어체까지 이해하고 분석하는 자연어 처리 기술로 인간과 질의응답이 가능한 수준으로 개발되고 있다. 아직은 개발중에 있으나 이미 개발된 전문가 수준의 질의응답과 심층 대화가 가능한 인공지능(AI) 플랫폼 기술과 인공지능(AI) 비서, 챗봇(chat-bot) 등 언어지능 서비스가 높은 수준으로 제공되고 있다. Deep View는 인간처럼 시각을 통해 비정형 데이터인 이미지나 동영상 데이터를 수집하고 분석하여 실시간으로 상황 예측이 가능한 시각 인공지능(AI)으로 추론을 통한 예측 결과를 인간에게 지원해준다.

사례분석 대상들의 공통점은 스스로 데이터를 수집하고 학습하여 분석한 후 객관적이고 타당한 추론과 예측 절차를 통해 더욱 효과적이고 효율적인 대응 방안을 인간에게 지원해 준다는 것이다. 인공지능(AI)의 이러한 데이터의 수집과 분석, 추론과 예측은 위기관리 단계인 예방, 대비, 대응, 복구 단계와 연계하여 살펴볼 수 있다. 위기관리 단계는 학자별로 연구관점마다 다르게 구분된다. 여기서는 국가위기관리의 관점에서 분류되는 예방, 대비, 대응, 복구 4단계의 구분을 적용하였다.[405] 위기관리 단계별로 사례분석에서 살펴 본 인공지능(AI) 기술은 국가위기관리정책에 다음과 같이 적용될 수 있다.

첫째, 언어와 추론지능의 적용이다. 언어지능은 자연어 처리 기술로서 문헌자료나 인간의 말을 이해하고 의사소통하며 응답하는 기술이다.

---

405) 『제4차 국가안전관리기본계획: 2020년∼2024년』(중앙안전관리위원회, 2019).

Watson이나 Exobrain은 주로 정형 데이터를 분석해서 스스로 의미를 찾아가는 딥러닝(Deep Learning) 알고리즘에 따라 결과를 산출한다. 위기 상황 발생 시 각 위기 단계별 대응 방안을 찾기 위해 인공지능(AI)을 운용한다면 데이터를 수집하고 분석하여 추론하고 예측한 결과를 정책결정권자에게 최적의 대응 방안으로 제시하는 것이 가능하다. 이러한 방식의 언어지능 인공지능(AI) 기술은 이미 오래전부터 인간의 일상생활에 인공지능(AI) 스피커 형태나 휴대폰 등에 장착되어 이용되고 있다. 정책결정권자는 이제 인간이 아닌 인공지능(AI)과 의사소통을 하면서 제시된 방안 중에서 선택만 하는 것이 가능해지는 것이다.

둘째, 인지와 예측지능의 적용이다. 이는 사진이나 동영상 등 비정형 데이터를 수집하고 처리하여 분석하는 기술을 적용하는 것이다. Watson이나 Exobrain과는 다른 형태의 알고리즘에 의해 운용되는 인공지능(AI) SW 기술이다. Deep View는 이러한 알고리즘에 의해 비정형 데이터를 수집하고 분석하여 인간에게 결과를 지원해 준다. 인간의 눈에 해당하는 기능을 수행하는 CCTV가 운용되어 수집한 데이터를 분석하고 예측하여 스스로 대응하거나 인간에게 대응 방안을 제시해 준다.

위기 상황 시 현장의 모습을 실시간대로 수집하고 분석하여 예측한다면 위기로부터의 피해 규모를 줄이거나 회피하는 것이 가능할 것이다. 또한 Watson이나 Exobrain과 함께 운용된다면 기존의 국내 · 외 유사한 위기사례들을 분석하여 Deep View의 예측 결과와 비교 분석해서 최적의 대응 방안을 정책결정권자에게 제시하는 것이 가능하다.

인공지능(AI)을 위기 상황에 대응하여 정책결정권자에게 상황판단지원, 정책결정지원, 정부 조직간 네트워크 및 서버와의 연동, 데이터 공유, 인프라 및 통합 플랫폼 공유 등의 국가위기관리에 적용 할 수 있는 운용체계를 모델화하면 〈그림 4-12〉와 같다. 국가 위기 상황이 발생하면 인공지능(AI)은 빅데이터, 사물인터넷, 무인자율체계, 클라우드 컴퓨팅 등을 활용하여 상황을 인지하고 해결 방안을 탐색하여 정책결정권자에게 조치 방안을 제시한다. 이를 적용 후 결과를 분석하고 학습하여 환류과정을 통해 추론과 예측 수준을 스스로 향상시킨다.

〈그림 4-12〉 인공지능(AI) 기반의 국가위기관리정책체계

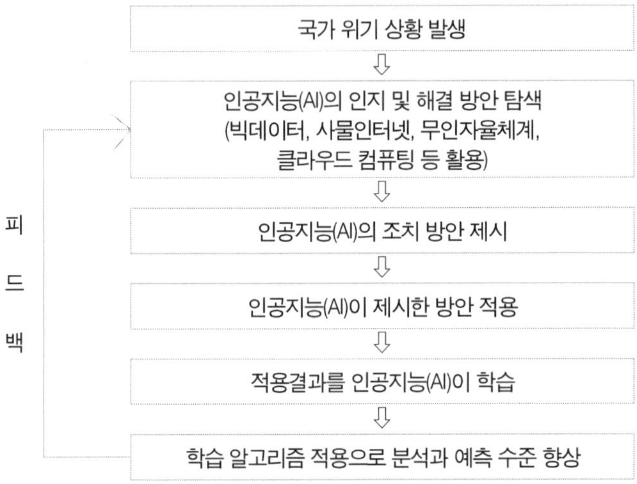

* 출처 : 최원상 · 신진(2019b), 전게논문, p. 37.

선행연구 고찰에서 살펴보았듯이 1980년대부터 1990년대에 선진국에서 개발한 위기관리 프로그램인 CASCON, POLICON / FACTIONS, FRED 등이 오늘날 컴퓨팅 파워의 발전으로 인해 인공지능(AI) 형태로 발전된 것으로 볼 수 있다. 즉, 이들 위기관리 프로그램은 키보드로 입력되어 저장된 데이터에서 과거의 유사사례를 분석하여 적용한 대응 방안과 현재의 대응 방안을 비교 · 평가하고 대응 결과와 결정된 정책을 집행 시 예상되는 사태를 예측하여 데이터 입력과 처리 그리고 분석 등의 과정을 통해 최적의 대응 방안을 정책결정권자에게 제시하는 프로세스로 오늘날 인간과 구어체로 의사소통을 하고 데이터를 스스로 수집하고 학습하는 것이 가능한 Watson이나 Exobrain으로 불리우는 인공지능(AI) SW 기술로 발전된 것으로 볼 수 있다.

따라서, 정보통신기술(ICT)이 발전된 4차 산업혁명시대에서 인공지능(AI)을 활용한 국가위기관리는 기술적으로 가능한 것으로 판단된다.

국가의 위기관리를 위해 오래전부터 선진국에서는 위기관리 프로그램을 개발하여 운영했음을 선행연구 고찰에서 살펴보았다. 또한 Watson, Exobrain, Deep View와 같은 인공지능(AI) SW 기술개발로 언어와 추론지능, 인지와 예측지능을 갖추고 최적의 방안을 도출하여 제시하는 것이 가능하다는 것을 사례분석에서 살펴보았다. 이들의 공통점은 인간이 입력한 데이터이든 스스로 수집한 데이터이든 모두 데이터를 바탕으로 미리 짜여져 있는 알고리즘에 의해 분석하고 결과를 도출한다는 것이다. 여기서 두가지 사항에 대하여 논의가 필요하다.

첫째, 데이터이다. 데이터는 정형이든 비정형이든 그 형태에 관계없이 인공지능(AI) 운용에 필수불가결한 요소이다. 인공지능(AI)이 추론하고 인지하고 예측하는 근거이다. 이러한 데이터에 오류가 있거나 사실과 다른 데이터가 입력이 되어 이를 근거로 인공지능(AI)이 운용된다면 본래의 운용 취지와 목적에 맞지 않는 결과를 인간에게 제시하거나 심지어 인간에게 이롭지 않은 결과가 초래되는 제시를 할 수도 있다.

인공지능(AI)이 적용되는 자율주행 자동차의 기술 개발이 오랜 시간이 소요되고 많은 시행착오와 자율 주행 중 사고 발생 등은 이러한 이유에서이다. 또한 개인정보의 무단 수집과 유출에 따른 사생활의 침해와 그에 따른 제2의 사고 발생 등 사회적 문제가 대두되기도 한다.

이러한 데이터에 대한 선별과 관리, 즉 데이터 검증이 필요하다. 인공지능(AI)이 검증된 데이터를 활용해서 도출한 결과는 더욱 신뢰도가 높을 것이다. 방대한 정형 및 비정형 데이터를 인간이 검증하는 것은 거의 불가하다. 검증을 위한 인공지능(AI) SW 기술이 필요한 이유이다.

둘째, 알고리즘이다. 문제를 해결하기 위한 일정한 절차나 방법인 알고리즘은 인간이 만든다. 강한 인공지능(AI)의 형태는 스스로 필요한 알고리즘을 만들 수도 있으나 현재의 인공지능(AI) 기술은 그 정도 수준은 아니기에 인간이 알고리즘을 만들어서 인공지능(AI) SW에 입력하여 운용한다. 여기서 논의가 될 수 있는 것은 불순한 의도가 개입된 알고리즘이 적용된 인공지능(AI)의 운용이다. 이는 검증되지 않은 데이터를 활용하는 것만큼이나 인공지능(AI)에 대한 신뢰도 측면에서 매우 중요한 요소가 될 것이다. 알고리즘의 공개가 대안이 될 수도 있으나 국가위기관리를 위한 인공지능(AI)의 알고리즘을 공개하는 것은 제한이 있을 수 있다. 또한 인공지능(AI)에 대한 규제나 감리제도로 통제 할 수도 있으나 아직 한국의 인공지능(AI) 기술 개발의 수준을 고려할 때 아직은 규제나 감리보다는 기술개발에 더욱 정책적 관심이 필요하다. 인공지능(AI) 기술 개발 초기단계인 현 시점에서 인공지능(AI) 윤리가 사회적 이슈가 되는 이유이기도 하다.

위 두 가지 논의는 인공지능(AI) 기술개발을 진행하거나 일정 수준으로 완료된 이후에도 지속적으로 제기되는 기술적, 사회적 문제가 될 여지가 크다. 인공지능(AI) 기술의 개발과 함께 관련 제도의 개선도 함께 이루어져야 기술의 원활한 운용이 가능하다.

제 5 장

국가위기관리정책 발전방향과 발전전략

제1절 전문가 인터뷰와 토론 분석

1. 개 요

인터뷰는 인공지능(AI)을 운용하거나 연구개발(R&D) 하는 전문가를 대상으로 선정하여 실시했다. 인공지능(AI)을 직접 운용하고 연구개발(R&D)을 하기에 인공지능(AI)을 어느 분야에 어떤 방식으로 운용하고 보다 효과적이고 효율적으로 운용되기 위해서 어떻게 기술이 개발되어야 하며, 운용을 위한 제반 여건 등에 관하여 유의미한 인터뷰가 진행될 것으로 판단했기 때문이다. 〈표 5-1〉은 인터뷰 대상 전문가들의 일반적 특성이다.

〈표 5-1〉 인터뷰 대상자의 일반적 특성

소 속	직 책	학 위	재직기간
가천대학교 길병원 (인천광역시 소재)	Watson 운용 교수	의학박사	30년이상
인텔리콘 메타연구소 (서울특별시 소재)	Alpha Law 개발 · 운용 임원	이학사 (변호사)	5년이상
한국전자통신연구원 (대전광역시 소재)	Exobrain 책임연구원	공학박사	20년이상
	Deep View 선임연구원	이학박사	20년이상

인터뷰는 비교하기 용이하도록 반구조화된 질문지를 미리 준비하여 인터뷰를 진행하였으며, 인터뷰 내용은 수첩에 기록했다. 질문지 문항은 문헌분석 결과를 바탕으로 전문가에게 자문하여 인공지능(AI) 운용에 관한 의견,

인공지능(AI) 기반의 국가위기관리 정책결정에 관한 의견, 인공지능(AI) 운용을 위한 제반 여건에 관한 의견으로 구분하여 10개 문항으로 구성하였다.

인터뷰를 종료한 후에는 기록한 인터뷰 내용을 수차례 검토한 후, 인공지능(AI) 등 정보통신기술(ICT) 분야와 안보 및 재난분야에서 오랜 기간 재직 중인 전문가에게 자문하여 연구목적 달성에 유의미한 내용과 인터뷰 대상자 4명 중 3명 이상 공통된 의견은 전문가 토론 의제 선정 시 우선 반영하여 연구내용의 객관성과 신뢰성을 높이고자 했다. 인터뷰 질문지 구성내용은 〈표 5-2〉와 같이 인공지능(AI) 운용과 관련된 내용, 안보 및 재난 분야의 국가위기 상황 시 인공지능(AI)의 정책결정과 관련된 내용, 인공지능(AI) 운용 여건과 관련된 내용 등으로 구분하여 모두 10개의 질문으로 구성하였다.

전문가 토론은 본 연구의 목적을 달성하기 위해 선정한 분석 요소인 한국의 위기관리정책 역량, 국가위기관리 환경 변화 요인, 인공지능(AI)의 정책결정 지원, 인공지능(AI) 기반의 국가위기관리정책 영향 요인, 인공지능(AI) 운용 관련 제도에 대하여 심층 있는 분석과 연구를 위해 연구자가 가장 비중 있게 연구한 단계이다. 왜냐하면 문헌분석, 전문가 인터뷰 분석 결과를 바탕으로 전문가 토론 의제를 선정한 후, 토론 결과와 AHP 분석 결과를 바탕으로 인공지능(AI) 기반의 국가위기관리정책 발전 전략을 수립하기 때문이다. 따라서 토론 참여자는 다양한 관점에서 토론이 가능하도록 산업계, 학계, 연구기관, 정부 중앙부처로 구분하여 구성하였다. 토론 참여자들의 공통점은 인공지능(AI) 등 정보통신 기술(ICT)과 안보 및 재난 분야에서 오랜 기간 재직 중인 전문가라는 점이다. 특히, 현재 재직 중이라 최근의 직무지식을 바탕으로 각 의제에 대하여 다각적인 관점에서 전체적인 통찰과 함께 구체적인 내용으로 토론이 가능하여 토론의 내용이 연구 목적 달성에 매우 큰 도움이 될 것으로 판단하였다.

〈표 5-2〉 인터뷰 질문지 구성

구 분	질 문
인공지능(AI) 운용에 관한 의견	① 인공지능(AI) 운용에 따른 기대효과는 무엇인가? ② 인공지능(AI)의 원활한 운용을 위해서는 무엇이 갖추어져야 하는가? ③ 인공지능(AI)이 인간을 지원하는 것이 아닌 결정 행위도 가능한가?
인공지능(AI) 기반의 국가위기관리정책 결정에 관한 의견	④ 안보 및 재난 분야의 국가위기 상황 시 정책결정에 인공지능(AI)을 활용하는 것에 대한 의견은? ⑤ 안보 및 재난 분야의 국가위기 상황시 정책 결정에 관하여 인간을 지원하는 것이 아닌 결정 행위를 하는 것에 관한 의견은? ⑥ 안보 및 재난 분야의 국가위기 상황시 정책 결정에 인공지능(AI)을 활용하기 위해 갖춰져야 할 사항은?
인공지능(AI) 운용을 위한 제반 여건에 관한 의견	⑦ 인공지능(AI)을 운용시에는 양질의 데이터가 필요한데, 데이터 수집 · 처리 · 관리에 관한 의견은? ⑧ 인공지능(AI)의 판단 결과에 대하여 법적 책임을 물을 수 있는가? ⑨ 인공지능(AI)을 개발하고 운용하는데 따른 제도, 감리, 윤리 등의 제정이 필요한가? ⑩ 인공지능(AI)의 향후 활용 전망에 관한 의견은?

토론 현장에 참석하지 못한 전문가에게는 토론을 실시하기 전 연구에 대하여 설명한 자료와 질문지를 e-mail로 보내어 토론 의제에 대한 의견을 받아 토론 결과 분석에 반영하였다. 토론에 참여하는 전문가들의 일반적 특성은 〈표 5-3〉과 같다.

〈표 5-3〉 토론 참여자의 일반적 특성

재직분야	소 속	직 책	학 위	재직기간
산업계	네이버시스템(주)	수석연구원	경영과학석사	5년이상
	㈜토이스미스	임원	학사	5년이상
학계	한국과학기술원(KAIST)	교수	기계공학박사	5년이상
	연세대학교	교수	경영학박사	15년이상
	국민대학교	교수	행정학박사	5년이상
연구기관	한국전자통신연구원(ETRI)	책임연구원	이학박사	20년이상
	한국정보화진흥원(NIA)	책임연구원	정보시스템학박사	5년이상
	국립재난안전연구원	선임연구관	공학박사	10년이상
정부 중앙부처	국토교통부	과장	행정학석사	15년이상
	행정안전부	과장	학사	15년이상

토론을 시작하기 전에 연구의 배경과 목적 등에 관하여 설명을 하고 토론의 방향과 취지에 대한 이해를 도왔다. 토론은 참여자들의 다양한 의견 개진을 보장하기 위해 토의 의제에 제한사항을 두지 않았다.

토론 의제는 전문가 인터뷰 질문지를 연구 목적에 부합하게끔 인터뷰 결과를 고려하여, 인공지능(AI) 운용을 위한 데이터에 관한 의견, 국가위기관리를 위한 인공지능(AI) 운용에 관한 의견, 인공지능(AI) 운용을 위한 제반 여건에 관한 의견으로 구분하였고, 전문가 인터뷰 분석 결과를 바탕으로 인공지능(AI) 등 정보통신기술(ICT) 분야와 안보 및 재난분야에서 오랜 기간 재직 중인 전문가에게 자문을 구해 10개 의제로 구성하였다. 특히, 전문가 인터뷰 분석 결과, 연구목적 달성에 유의미한 내용은 의제로 우선 반영하여 연구의 방향성과 일관성을 유지하였다. 토론 의제 구성은 〈표 5-4〉와 같다.

〈표 5-4〉 토론 의제 구성

구 분	토 론 의 제
인공지능(AI) 운용을 위한 데이터에 관한 의견	① 정부 기관의 정보체계 플랫폼 구축
	② 데이터 거버넌스를 위한 공공 및 민간부문 클라우드 인프라 구축
	③ 데이터 플랫폼 구축으로 데이터 효율성 향상
국가위기관리를 위한 인공지능(AI) 운용에 관한 의견	④ 인공지능(AI)을 활용한 국가위기관리 정책결정 체계 구축
	⑤ 국가위기관리 정책결정기구의 인공지능(AI) 수용과 운용
	⑥ 인공지능(AI) 신뢰 확보를 위한 위기 관련 데이터 검증과 알고리즘 공개
인공지능(AI) 운용을 위한 제반 여건에 관한 의견	⑦ 인공지능(AI) 개발과 운용에 관한 규제 개선
	⑧ 인공지능(AI) 운용을 위한 감리 제도 수립
	⑨ 인공지능(AI) 윤리 규율 수립
	⑩ 인공지능(AI) 운용을 위한 사이버 보안 강화

2. 분석 결과

전문가를 대상으로 실시한 인터뷰와 토론 내용 중 연구목적 달성에 유의미한 내용은 발전 전략 수립 시 우선 고려한다. 인터뷰에 참여한 전문가들은 인공지능(AI) 운용에 관한 의견(질문 ①~③)에서는 인공지능(AI)이 도입되는 분야에 종사하는 사람들은 처음에는 대부분 반대하지만, 활용하면서 업무에 대한 지원수단으로 인식하여 점차 활용 범위가 넓어질 것으로 보이고, 많은 데이터를 짧은 시간에 분석하는 것이 가능하며, 특히 비정형데이터의 분석은 인공지능(AI)에 의존할 수밖에 없다는 의견을 주었다. 이를 위해 인공지능(AI)이 학습할 수 있는 데이터 수집 · 저장 · 관리 체계와 검증된 데이터 및 알고리즘의 설계가 중요하며, 인공지능(AI)의 결정 행위도 기술적으로는 가능하나 그것을 사회와 인간이 어디까지 수용할지의 여부가 관건이라는 의견을 주었다. 빠른 시간에 방대한 데이터를 수집하고 분석하는 인공지능(AI) 기술은, 이를 개발하여 활용하고자 하는 이유 중 하나이며 국가위기상황 시에도 위기관리와 대응을 가능하게 해주고 이를 위한 관련 데이터와 알고리즘 관리의 중요성을 알 수 있다. 또한 인공지능(AI)에 의한 정책 결정은 기술적으로 가능하지만 아직까지는 사회와 인간의 수용 문제가 있어 사회적 합의와 제도화 등 더욱 심층된 연구와 검토가 필요함을 알 수 있다. 인터뷰 질문 ①~③에 대한 전문가들의 주요 의견은 〈표 5-5〉와 같다.

인공지능(AI) 기반의 국가위기관리정책 결정에 관한 의견(질문 ④~⑥)에서는 관련 데이터가 충분하고 알고리즘 설계에 이상이 없다면 위기상황 시 인공지능(AI)은 가장 효율성이 높은 지원수단이 될 것이며, 인공지능(AI)의 결정에 따른 결과에 대하여 인간이 어떻게 받아들여야 하는지 제도적 법적으로 정해져야 한다는 의견을 주었다. 또한 그러한 상황에 대처할 수 있게끔 특화된 인공지능(AI) 프로그램이 개발되어져 야 하는데 비용이 많이 소요되어도 국민을 위한 것이기에 비용 대비 효과 판단은 적절하지 않다는 의견을 주었다. 이는 인공지능(AI) 운용을 위한 데이터와 알고리즘의 중요성이 강조되는 것이며, 인공지능(AI)의 결정에 따른 결과를 인간이 수용하는 것을 법제화하는 필요성을 표명한 것으로 인공지능(AI) 기술의 개발에 따른 사회적 이슈가 되고 있는 인공지능 윤리(AI Ethics)의 문제에 관하여 전문가들도 인지하고 있음을 알 수 있다. 국가 위기상황 시 국가의 존립과 국민의 안위를 우선하도록 인공지능(AI)의 알고리즘이 설계된다면 윤리의식이나 철학적 판단을 인공지능(AI)에게 기대하는 것은 제한될 것이다. 이는 합리적 정책 결정 관점에서는 모순으로 여겨질 수 있다. 2020년 정부 예산은 약 512조원이며, 이 중 공공질서·안전 분야는 약 20조원으로 편성되었으나 국방분야는 약 50조원이 편성되었다.[406] 합리성을 기준으로 한다면 근래의 코로나19와 같은 상황에서 설득력 있는 설명은 어렵다. 인터뷰 질문 ④~⑥에 대

406) 『대한민국 정책브리핑』(2019.12.11.), "내년 예산 512조 확정…홍 부총리 "상반기 70% 이상 배정," https://www.korea.kr/news/policyNewsView.do?newsId=148867419 (검색일: 2020.8.9.)

한 전문가들의 주요 의견은 〈표 5-6〉과 같다.

〈표 5-5〉 인터뷰 질문 ①~③에 대한 전문가들의 주요 의견

질 문	주 요 의 견
① 인공지능(AI) 운용에 따른 기대효과는 무엇인가?	· 방대한 데이터를 짧은 시간에 분석하는게 가능하며, 특히 인간이 분석하는 것이 거의 불가능한 음성, 영상, 사진 등 비정형데이터에 대한 분석의 정확도와 속도는 인공지능(AI)에 의존할 수밖에 없음 · 조건설정에 따라서 다양한 분석방법과 비교방법을 적용하여 원하는 결과의 도출이 가능하며, 도출된 결과 비교를 통해서 최선의 선택이 가능함 · 인공지능(AI)이 도입되는 분야에 종사하는 사람들은 처음에는 대부분 반대하나 활용하면서 자신의 업무에 대한 지원수단이라는 인식으로 바뀌어 점차 활용 범위가 확산될 것으로 보임
② 인공지능(AI)의 원활한 운용을 위해서는 무엇이 갖추어져야 하는가?	· 인공지능(AI)이 학습할 수 있는 데이터 수집 · 저장 · 관리 체계(사물인터넷, 고속통신망, 클라우드)와 검증된 데이터 및 알고리즘의 설계가 중요 · 인공지능(AI)이 갑자기 세상을 바꾸는 것이 아님. 지속적인 연구개발을 해야 하고 그렇게 할 수 있는 여건을 조성해야 함 · 인공지능(AI) 기술이 문제가 아니라 그것을 다루는 인간이 문제임. 특히, 정치적 사회적 영향을 받을 수 있으므로 정부의 역할이 중요함
③ 인공지능(AI)이 인간을 지원하는 것이 아닌 결정 행위도 가능한가?	· 기술적으로는 가능하나 그것을 사회와 인간이 어디까지 수용할지의 여부가 관건임 · 지금의 기술로는 제한되나 강한 인공지능(AI) 형태의 기술이 상용화되면 스스로 판단하고 결정하는 것도 가능함

〈표 5-6〉 인터뷰 질문 ④~⑥에 대한 전문가들의 주요 의견

질 문	주 요 의 견
④ 안보 및 재난 분야의 국가위기 상황 시 정책 결정에 인공지능(AI)을 활용하는 것에 대한 의견은?	· 지금도 인공지능(AI)은 많은 분야에서 인간보다 우수한 능력이 증명되고 있음. 따라서 국가위기 상황 시에도 인공지능(AI) 활용이 가능함 · 국가의 플랫폼과 인프라 구축이 선행되어야 하며 이를 위해 현재 구축되어 있는 것을 소프트웨어적으로 연결하는 것이 하드웨어적으로 연결하는 것보다 비용과 시간을 줄일 수 있음 · 관련 데이터가 충분하고 알고리즘 설계가 좋다면 국가위기시 인공지능(AI)은 가장 효율성이 높은 지원수단이 될것임

⑤ 안보 및 재난 분야의 국가위기 상황시 정책 결정에 관하여 인간을 지원하는 것이 아닌 결정 행위를 하는 것에 관한 의견은?	· 기술적으로는 가능하나 국가위기 상황인만큼 인공지능(AI)이 인간을 대신하여 대응을 위한 행위를 결정하는 것은 아직은 시기상조임. 보다 많은 시뮬레이션이 필요함 · 영화처럼 인공지능(AI)이 스스로 알아서 위기에 대처할 정도의 기술완성은 아직은 알 수 없음 · 그렇게 된다면 결정에 따른 결과에 대하여 인간이 어떻게 받아들여야 하는지 제도적 법적으로 정해져야 함
⑥ 안보 및 재난 분야의 국가위기 상황시 정책 결정에 인공지능(AI)을 활용하기 위해 갖춰져야 할 사항은?	· 관련 데이터가 충분해야 하며 지속적으로 수집되고 분석되어야 하고 인프라 구축이 필요함 · 그러한 상황에 대처 할 수 있게끔 특화된 인공지능(AI) 프로그램이 개발되어져야 하는데 비용이 생각보다 많이 소요됨. 그러나 국민을 위한 것이기에 비용대비 효과 고려는 적절하지 않음

인공지능(AI) 운용을 위한 제반 여건에 관한 의견(질문 ⑦~⑩)에서는 개인정보보호, 사이버 공격 대비 등의 의견을 표명하였다. 특히, 인공지능(AI)의 윤리적 문제에 대해서는 실효성 있는 가이드라인을 통해 기술진흥이 가능하도록 해야 한다는 의견을 표명하였다. 인공지능(AI)은 데이터로 운용되기에 개인정보의 무분별한 수집과 그에 따른 사회 문제 발생을 예방하는 것이 필요하다. 국회는 2020년 1월에 개인정보 관련 법의 개정을 의결하여 개인정보보호를 강화하면서 데이터로서의 가치와 활용도를 높였다.[407] 또한 인공지능 윤리(AI Ethics)의 제도화는 앞서 제2장 제2절 인공지능 정책에서 살펴 본 바와 같이 인공지능(AI) 개발에 제한이 될 수 있어 신중한 접근이 필요하다. 인터뷰 질문 ⑦~⑩에 대한 전문가들의 주요 의견은 〈표 5-7〉과 같다.

[407] 2019년 12월에 국회 법제사법위원회 전체회의에서 개인정보보호법, 신용정보의 이용 및 보호에 관한 법률(약칭, 신용정보법), 정보통신망 이용촉진 및 정보보호 등에 관한 법률(약칭, 정보통신망법) 등 데이터 3법이라 불리우는 이 세 가지 법안이 국회와 정부 그리고 기업의 절실한 요구와 필요 속에서 처리되고, 2020년 1월 본회의에 상정되어 의결되었다. 최원상 · 이종용 · 신진, "4차 산업혁명기 인공지능(AI)과 빅데이터 운용을 위한 개인정보 보호와 이용에 관한 연구," 『융합보안논문지』 제19권 제4호 (2019), pp. 64-71.

〈표 5-7〉 인터뷰 질문 ⑦~⑩에 대한 전문가들의 주요 의견

질 문	주 요 의 견
⑦ 인공지능(AI)을 운용 시에는 양질의 데이터가 필요한데, 데이터 수집·처리·관리에 관한 의견은?	· 데이터를 수집하기 위해서는 센싱기술과 사물인터넷, 초고속무선통신망 그리고 클라우드가 필요하며, 이러한 인프라 구축이 선행되어야 함 · 개인정보보호도 중요하며, 해킹과 같은 사이버 공격에도 대비해야 함
⑧ 인공지능(AI)의 판단 결과에 대하여 법적 책임을 물을 수 있는가?	· 인공지능(AI) 적용에 대한 공공의 수용성을 높이기 위한 법률을 제정하여 국가위기와 같은 특수한 상황에 대비하도록 법적 기반을 구축해야 함 · 책임의 주체를 누구로 설정할 지에 대한 문제는 개발자, 제공자, 사용자로 한정할 것이 아니라 제3의 패러다임을 통해 접근할 필요가 있음
⑨ 인공지능(AI)의 개발과 운용하는데 따른 제도, 감리, 윤리 등의 제정이 필요한가?	· 인공지능(AI)의 윤리적 문제에 대해서는 기술개발을 규제하는 방향이 아니라 실효성 있는 가이드라인을 통해 기술진흥이 가능하도록 해야 함 · 인공지능(AI)과 관련된 미래지향적 선제적 가이드라인을 구축하여 해외에 배포하면 한국이 인공지능(AI) 시장에서 선진국가로 도약할 수 있으며 기술개발도 활성화 될 것임
⑩ 인공지능(AI)의 향후 활용 전망에 관한 의견은?	· 인공지능(AI)의 활용분야는 제한이 없음. 오히려 활용이 안되는 분야를 찾아서 활용이 되게끔 하는 선제적 인공지능(AI) 기술개발이 필요함 · 인공지능(AI)이 다양한 산업과 기술 분야에 적용되고 있지만 그 중에서도 의료분야, 즉 헬스케어와 금융 및 법률분야인 리걸테크(Legal Tech)임. 세계에서 한국이 잘 할 수 있는 분야로 집중해서 개발하고 활용해야 함

인터뷰에 참여한 전문가 4명 모두 공통된 주요 의견으로는, 인공지능(AI)을 운용하면 시간과 자원이 절약되고, 더욱 정확하고 효과적인 결과의 도출이 가능하며, 안보 및 재난 분야의 국가위기 상황 시 정책결정에 인공지능(AI)을 활용하는 것이 가능하며, 인공지능(AI)의 판단 결과에 대하여 법적 책임을 묻는 것은 기술적, 사회적 관련된 여러 제도의 발전이 필요하고, 인공지능(AI)의 활용범위는 제한이 없다는 것이다. 특히, 인공지능(AI) 윤리 등과 같은 근래의 사회적 이슈가 되는 사항에 관하여도 전문가들은 공통된 의견을 주었다. 〈표 5-8〉은 인터뷰에 참여한 전문가 4명 중 3명 이상의 공통

된 주요 의견이다.

〈표 5-8〉 인터뷰 대상자들의 공통된 주요 의견

구 분	전문가 A	전문가 B	전문가 C	전문가 D
인공지능(AI)을 운용하면 시간과 자원이 절약되고, 더욱 정확하고 효과적인 결과의 도출이 가능하다.	○	○	○	○
인공지능(AI)이 인간을 지원하는 것이 아닌 결정행위를 하기 위해서는 결과에 대한 신뢰와 수용이 선행되어야 한다.		○	○	○
안보 및 재난 분야의 국가위기 상황 시 정책결정에 인공지능(AI)을 활용하는 것이 가능하다.	○	○	○	○
인공지능(AI)을 개발하고 운용하는데 따른 제도, 감리, 윤리 등의 제정은 필요하나 현재로서는 기술개발이 우선이다.	○		○	○
인공지능(AI)의 판단 결과에 대하여 법적 책임을 묻는 것은 기술적, 사회적 관련된 여러 제도의 발전이 필요하다.	○	○	○	○
인공지능(AI)의 활용범위는 제한이 없다.	○	○	○	○

전문가들은 인공지능(AI)의 운용에 대하여 대부분 긍정적인 의견을 표명하였다.[408] 또한, 현재의 인공지능(AI) 기술 수준은 아직 인간을 완전히 대체할 수 있는 수준은 아니나, 기술과 제반 여건이 발전하면 가능할 것이라며 다음과 같은 사항을 강조하였다.

· 인간의 능력으로 제한되는 분야는 인공지능(AI)의 지원으로 가능하게

408) 페이스북 CEO 마크 저커버그도 인공지능(AI) 긍정론자로 알려졌다. 『경향신문』(2016.1.28.), "저커버그 'AI, 두려워할 필요 없다'···인공지능(AI)이 화두로," http://biz.khan.co.kr/khan_art_view.html?artid=201601281647011&code=920301 (검색일: 2020.8.9.), 하지만, 작고한 영국 캠브리지대학교 스티븐 호킹 교수와 테슬라 CEO 엘런 머스크는 인공지능(AI)에 대해 경각심을 가져야 한다고 강조하는 대표적인 부정론자이다. 『연합뉴스』(2017.11.7.), "스티븐 호킹 'AI, 인류 문명史 최악의 사건 될 수 있다." https://www.yna.co.kr/view/AKR20171107012 000072?input=1195m (검색일: 2020.8.9.); 『ZDNet Korea』(2014.10.26.), "엘론 머스크,'인공지능(AI) 연구' 악마 부른다," https://zdnet.co.kr/view/?no=20141026165058 (검색일: 2020.8.9.)

되고, 그 분야는 기술의 발전과 비례해서 증가할 것이다.

· 인공지능(AI) 기술이 발전하게 되면 인공지능(AI)이 인간의 결정 행위도 일정한 조건하에서 대체 할 수 있을 것이다.
· 인공지능(AI)을 운용하면 공개되고 허용된 범위에서는 자료(데이터) 수집의 제한이 거의 없게 되어 결정에 따른 오류의 범위도 거의 없게 될 것이다.
· 인공지능(AI)의 원활한 운용을 위해서는 기술의 발전과 함께 관련 제도 등 제반 여건도 함께 발전되어야 한다.
· 국가위기 상황 시 인공지능(AI)을 운용하여 정책결정이나 상황조치를 하기 위해서는 통합된 데이터 운용 등 국가차원에서의 인프라 구축과 플랫폼 마련이 선행되어야 한다.

토론에 참여한 전문가들은 인공지능(AI) 운용을 위한 데이터에 관한 의견(질문 ①~③)에서는 정부 기관의 정보체계 플랫폼은 데이터의 활용성 증대를 위해 단순 구축이 아닌 통합된 플랫폼 형태가 되어야 하며, 위기관리를 위한 데이터 수집체계가 확보된다면 필수적으로 필요하나 데이터 민감도 때문에 보안성이 가장 우수한 형태의 프라이빗 클라우드(Private Cloud)가 적합하다고 의견을 주었다. 또한, 국가위기관리를 위한 체계적이고 보안성이 강화된 관련 데이터의 플랫폼 구축이 필요하다는 의견을 주었다. 전문가 인터뷰와 같이 데이터의 중요성을 강조하는 의견이 표명되어 데이터가 인공지능(AI) 운용에 필수적임을 알 수 있다. 따라서 국가위기관리 시 운용되는 인공지능(AI)이 활용할 데이터의 관리가 중요함을 알 수 있다. 토론 의제 ①~③에 대한 전문가들의 주요 의견은 〈표 5-9〉와 같다.

〈표 5-9〉 토론 의제 ①~③에 대한 전문가들의 주요 의견

의 제	주 요 내 용
① 정부 기관의 정보체계 플랫폼 구축	· 단순 구축이 아닌 통합된 플랫폼 형태가 되어야 하며 이를 통해 데이터의 활용성이 증대됨 · 현재 운용중인 정보체계 플렛폼 연계를 고려한 인공지능(AI) 정보체계 플랫폼 구축 필요 · 정부 부처에서 개별적으로 정보 플랫폼 구축은 부정적인 상황임. 따라서 기존 플랫폼 활용의 우선 고려가 필요함 · 인공지능(AI)의 적용 범위를 한정하는 것이 필요하며, 정부가 정보를 독점하기보다 민간부문으로 일부 이관 필요
② 데이터 거버넌스를 위한 공공 및 민간부문 클라우드 인프라 구축	· 단순히 데이터만 많이 수집하는 것이 아닌, 데이터간 연계 및 데이터 레이블링(Data Labeling)*이 가능하도록 수집체계가 구축되어야 함 *데이터마다 태그를 부착하는 것 · 위기관리를 위한 데이터 수집체계가 확보된다면 필수적으로 필요하나 데이터 민감도 때문에 Private Cloud*가 적합함 *보안성이 가장 우수한 형태의 Cloud · 인프라는 초연결 통신망으로 연결되어야 활용성이 있음
③ 데이터 플랫폼 구축으로 데이터 효율성 향상	· 데이터 플랫폼을 구축하면 데이터의 가치와 효율성은 더욱 커지며, 데이터간의 상호성을 중심으로 확장해야 함 · 활용은 데이터 개방 및 분석 기술 개발과 밀접한 관련이 있음. 따라서 위기관리에서 지속적으로 활용 할 수 있는 데이터 분석 기술의 개발이 중요함 · 국가위기관리를 위한 체계적인 관련 데이터의 플랫폼 구축이 필요하며 보안성도 고려되어야 함 · 플랫폼으로의 접근을 용이하게 해야 함

국가위기관리를 위한 인공지능(AI) 운용에 관한 의견(토론 의제 ④~⑥)에서는 인공지능(AI) 기술이 아직 완전하지 않으며 위기관리 시 고려해야 할 관련 데이터도 충분하지 않고, 인공지능(AI)을 활용한 정책결정에서 인공지능(AI)은 보조적 수단으로 활용하고 최종결정은 인간이 해야 한다는 의견을 주었다. 시급한 국가위기관리 상황 발생 시 인공지능(AI)은 인간의 정책결정 소요시간을 단축시켜 주는 것이 가능하며 공공 및 민간 부문에서의 개발 참여 확대를 위해서 데이터와 알고리즘의 공개가 필요하다는 의견을 주었다. 또한, 위기 상황에서 인공지능(AI)이 인간을 대신하여 상황 조치를 위한 결

정을 할 정도의 기술적 완성 단계에는 아직 이르지 못하기에 전문가들은 최종결정은 인간이 해야 함을 강조하였다. 토론 의제 ④~⑥에 대한 전문가들의 주요 의견은 〈표 5-10〉과 같다.

〈표 5-10〉 토론 의제 ④~⑥에 대한 전문가들의 주요 의견

의 제	주 요 내 용
④ 인공지능(AI)을 활용한 국가 위기관리 정책결정 체계 구축	· 인공지능(AI)을 활용한 정책결정에서 최종결정은 인간이 해야 하며, 인공지능(AI)은 보조적 수단으로 활용해야 함 · 인공지능(AI) 기술은 아직 완전하지 않으며 위기관리시 고려해야 할 관련 데이터도 충분하지 않음 · 인공지능(AI)을 인간의 정책결정 후보군 추천도구로 활용하고 인간은 최종결정을 하는 것이 바람직함 · 장기적으로는 필요하겠지만 인공지능(AI)을 위한 위기 관리 데이터, 즉 실시간 및 정밀한 데이터의 확보(수집)가 선행되어야 함 · 국가위기관리 플랫폼은 초연결통신망 구축과 병행하여 데이터의 원활한 유통이 보장되어야 함 · 국가위기관리 컨트롤 타워와 정부 부처에서 운용하는 정보체계를 통폐합 운용하여 정책결정을 하는 것이 필요함
⑤ 국가위기관리 정책결정기구의 인공지능(AI) 수용과 운용	· 인간이 한번에 인지하고 판단 할 수 있는 데이터의 범위는 한계가 있으므로, 인공지능(AI)을 보조적 수단이면서 데이터 분석용으로 수용하여 정책결정시 활용한다면 매우 유용할 것임 · 시급한 국가위기관리 상황 발생시 인공지능(AI)은 인간의 정책결정 소요시간을 단축시켜 주는 것이 가능함 · 실질적인 위기관리 컨트롤 타워의 기능 및 통합적 운용이 관건임 · 정책결정권자의 결정에 따른 책임이 있을 수 있으므로 데이터를 통한 결정이 필요함 · 국가위기관리 정책결정에 인공지능(AI) 활용은 필수가 될 것이며, 이를 위해서는 정확하고 다양한 정보(데이터)가 필수임
⑥ 인공지능(AI)신뢰 확보를 위한 위기관련 데이터 검증과 알고리즘 공개	· 정부의 대국민 정책 및 서비스를 위한 인공지능(AI)은 당연히 검증 및 공개를 해야겠지만 알고리즘 공개가 기술적으로 가능한지는 검토할 필요가 있음 · 리빙랩(Living Lab)*을 통한 데이터 검증과 알고리즘 공개가 필요함 *생활속에서 문제를 해결하는 방안을 찾는 것 · 모든 인공지능(AI) 시스템에 필수임 · 공공 및 민간 부문에서의 개발 참여 확대를 위해서라도 적극적인 공개가 필요함

인공지능(AI) 운용을 위한 제반 여건에 관한 의견(토론 의제 ⑦~⑩)에서는 인공지능(AI) 기술개발은 아직 초기단계이므로 규제를 강조하는 것은 기술개발에 부정적 영향을 줄 수 있으므로 규제보다는 발전을 장려하는 정책이 필요하므로 Negative System 방식의 규제로 개선하여 포괄적으로 허용하는 형태의 규제가 되어야 한다는 의견을 주었 다. 인공지능(AI)은 데이터를 지속적으로 수집하고 학습하기 때문에 유효한 감리방법을 갖추기가 쉽지 않으나 필요한 사항이라는 의견을 주었다. 인공지능(AI) 윤리에 관하여는 현재 유럽연합(EU) 등 여러 국가에서 수립되고 있으며 인공지능(AI) 기술이 발전할수록 더욱 강조될 것이며, 향후 사회문제화 될 가능성이 매우 큰 분야이므로 미리 선진국의 사례를 확인하며 준비하는 것이 필요하다고 많은 전문가들이 강조하며 의견을 주었다. 또한, 인공지능(AI)의 안정적인 운용을 위해 클라우드에 대한 보안강화를 강조했다. 토론 의제 ⑦~⑩에 대한 전문가들의 주요 의견은 〈표 5-11〉과 같다.

〈표 5-11〉 토론 의제 ⑦~⑩에 대한 전문가들의 주요 의견

의 제	주 요 내 용
⑦ 인공지능(AI) 개발과 운용에 관한 규제 개선	· 인공지능(AI) 기술은 아직 초기단계임. 따라서 규제를 강조하는 것은 기술개발에 부정적 영향을 줄 수 있으므로 규제보다는 발전을 장려하는 정책이 필요함 · 연구용 기술에 대한 규제는 제한을 두지 않되, 상용 기술에 대한 규제는 도출되는 문제점을 보완하는 방향으로 개선되어야 함 · Negative System 방식의 규제로 개선하여 포괄적으로 허용하는 형태의 규제가 되어야 함 · 데이터 3법(개인정보보호법, 정보통신망법, 신용정보법) 개정으로 규제는 예전보다 많이 완화되었으나, 위기관리를 위한 인공지능(AI) 기술의 적용을 위해서 기존 제도에서 추가적인 보완이 필요한지 새로운 규제를 마련하는 것이 필요한지 검토가 필요함
	· 인공지능(AI)은 데이터를 지속적으로 수집하고 학습하기 때문에 유효한 감리방법을 갖추기가 쉽지 않으나 필요한 사항임 · 인공지능(AI) 기술의 검증 이후 적용이 적절함

⑧ 인공지능(AI) 운용을 위한 감리제도 수립	· 인공지능(AI) 뿐만이 아니라 시스템을 운용시에는 필요한 제도임 · 아직 인공지능(AI) 기술이 정착되지도 않았고 발전이 되려면 더욱 많은 시간이 필요한데 감리제도를 마련하면 기술개발이 더 늦어질 것임
⑨ 인공지능(AI) 윤리규율 수립	· 인공지능(AI)과 관련하여 개인정보보호와 인공지능(AI) 윤리에 대한 사회적 이슈가 있지만, 오히려 인공지능(AI)을 운용하는 인간의 오용이 더 위협임 · 인공지능(AI) 규율 준수도 필요하지만, 기술 발전을 위해 민감한 기술은 규율에서 제외하는 것이 바람직함 · 현재 EU 등 여러 국가에서 수립되고 있으며 인공지능(AI) 기술이 발전할수록 더욱 강조될 것임 · 향후 사회문제화 될 가능성이 매우 큰 분야이므로 미리 선진국의 사례를 확인하며 준비하는 것이 필요함
⑩ 인공지능 (AI) 운용을 위한 사이버보안 강화	· 인공지능(AI)을 해킹하는 것은 일부 결과값 외에는 가져갈 것이 없을 정도로 인공지능(AI) 개발자조차 알고리즘을 이해할 수 없는 것이 인공지능(AI)이며 인공지능(AI)에게 영향을 끼칠 수 있는 것은 데이터뿐임. 오히려 데이터를 보호하는 것이 더욱 중요함 · 인공지능(AI) 운용을 위한 보안 강화라면 데이터 서버, 즉 클라우드에 대한 보안을 강화하는 것이 곧 인공지능(AI)의 보안을 강화하는 것임 · 개인정보를 포함한 빅데이터 활용을 위한 보안기술 및 가이드는 체계화되어 있으므로 이를 활용하면 됨 · 서버와 사용자 단말기 간 스텔스보안체계 적용이 필요함

토론에 참여한 전문가들은 인공지능(AI)의 운용과 이를 기반으로 하는 국가위기관리 정책결정의 필요성은 공통적으로 인정하였다. 그러나 이를 위해 갖춰야 할 제반 여건에 대해서는 다양한 의견을 표명하며 다음과 같은 사항을 강조하였다.

· 국가위기관리 정책결정 기구가 인공지능(AI)을 인간의 정책결정을 위한 지원수단으로 활용하려면, 검증된 다양한 데이터가 필요하며, 이를 통해 인공지능(AI) 분석 결과에 대한 신뢰도가 더욱 향상되고 수용의 폭도 커질 것이다.
· 국가위기관리 정책결정시 인공지능(AI)을 운용하기 위해서는 데이터의 수집 · 처리 · 분석이 필요하며, 이를 위한 각각의 단계에서 적용해야 하는 기술도 함께 개발되어야 한다.

- 정부 기관의 정보체계 플랫폼 구축은 통합된 형태로 해야 하며 이를 위해서는 국가위기관리 컨트롤 타워 기능의 기관이 정부부처별 정보체계를 통합 운용하면서 정책결정을 하는 것이 효과적이고 효율적이다.
- 인공지능(AI)을 기반으로 하는 국가위기관리 정책결정은 방대한 정형 및 비정형 데이터가 필요하므로 데이터의 원활한 유통을 위해 초고속 통신망으로 데이터 인프라를 구축하고 보안성이 강화된 플랫폼을 운영하는 것이 필요 하다.
- 인공지능(AI)과 관련된 제도, 규율, 윤리 등의 마련도 필요하나, 기술의 개발과 발전 수준에 비추어 볼 때, 아직은 시기가 이르므로 기술발전의 정도를 고려해서 포괄적으로 허용하는 방향으로 준비하는 것이 바람직하다.
- 인공지능(AI), 클라우드 등에 대한 보안을 강화해야 오랜 시간 개발한 기술과 분석한 데이터를 보호할 수 있다. 물리적(자연재해 등)이고 내부적(관리의 미흡 등)인 요인은 물론이고 기술적(사이버 공격 등) 요인에 대비하는 보안기술도 개발하고 발전해야 한다.

3. 시사점

인터뷰에서 전문가들은 인공지능(AI) 운용에 관하여는 데이터의 수집과 분석, 분석 결과에 대한 인간의 수용 등의 선행요건이 갖춰진다면 지금보다 더욱 강한 형태의 인공지능(AI) 기술이 가능하며, 이 경우 인공지능(AI)은 인간을 지원하는 것이 아닌 스스로 결정하고 판단하는 것이 가능하다는 의견을 주었다. 그러나 이러한 기술의 발전은 지속적인 연구개발(R&D)이 필요하다고 하였다. 인공지능(AI) 기반의 국가위기관리정책 결정에 관하여는 이미 많은 산업 분야에서 인공지능(AI)의 능력이 인간보다 우수하다는 것이 현장에서 증명되고 있기 때문에 기술적으로는 인공지능(AI) 기반의 국가위기관리 정책결정이 가능하나 관련 데이터가 충분해야 하고 알고리즘의 설계가 중요하다고 하였다. 또한 무엇보다도 정책 결정에 대하여 인간이 어떻게 받아들여야 할지 제도적 정비가 필요하다고 하였다. 이는 인공지능(AI)이 스스로 결정하고 판단한 결과에 대하여 인간의 수용이라는 선행요건 측면에서 사회적 합의와 제도적 정비 등 더욱 면밀한 고찰이 필요하겠다. 인공지능(AI) 운용을 위한 제반 여건에 관하여는 인공지능(AI)의 판단 결과에 대한 법적 책임은 공공의 수용성을 높이기 위한 법률을 제정하여 국가 위기와 같은 특수한 상황에 대비하는 것이 필요하나, 기술적 사회적 관련 제도의 발전도 함께 고려해야 한다는 의견이 제시되었다. 또한, 인공지능(AI) 기술에 관한 감리제도나 윤리는 한국의 인공지능(AI) 기술개발 수준을 고려해 볼 때, 법제화는 아직은 시기상조라는 의견을 주었다. 전문가들은 인공지능(AI) 기술이 인간에게 필요한 기술이며 그래서 점차 확대되어가는 추세라고 했다. 지금의 인공지능(AI) 기술보다 더욱 고도화된 기술의 발전이 이루어진다면 인간을 대신하여 결정하고 판단하는 것이 가능하다는 것이 전문가들의 공통된 의견이었다. 그러나 이를 위한 사회적 제도적 기술적 선행요건을 갖추는 것이 필요한 것으로 확인되었다.

토론에서 전문가들은 의제마다 다양한 의견을 표명하였다. 특히 국가 위기상황 시 인공지능(AI)을 운용해서 대응하는 것이 필요하다는 것이 공통적인 의견이었다. 그리고 이의 선행요건으로서 충분한 데이터가 강조되었다. 그러나 아직 인공지능(AI) 기술개발이 초기단계인 만큼 이에 대한 관련 규제의 검토는 시기상조라는 의견이 많았다. 인공지능(AI)은 정보통신기술(ICT) 분야 중 하나이다. 인공지능(AI)을 원활히 운용하기 위해서는 고성능 컴퓨팅 파워, 데이터 수집을 위한 사물인터넷(IoT)과 센싱 기술, 데이터 분석기술, 데이터의 저장과 관리, 데이터 유통을 위한 초고속통신망, 사이버 공격에 대비하는 보안체계 등 관련 기술의 발전도 함께 이루어져야 한다. 또한 인공지능(AI) 관련 규제사항도 필요하다. 인공지능(AI)의 운용과 이를 위한 제반 여건에 관한 토의에서 이러한 사항에 관하여 확인할 수 있었다. 전문가 인터뷰에서도 국가위기관리를 위한 인공지능(AI) 운용은 필요하나 아직 관련 데이터가 충분하지 않으므로, 최종결정은 인간이 하고 인공지능(AI)은 보조적 수단으로서 데이터 분석용으로 활용되어야 한다고 강조되었다. 또한 장기적으로는 위기관리 데이터의 확보가 선행되어야 함이 강조되었다.

인공지능(AI)은 국가 위기 상황 시 급박한 상황에서 정책결정권자에게 이러한 기능을 발휘하여 효과적이고 효율적인 대응을 가능하게 해준다. 충분한 데이터의 학습과 이를 통한 추론과 예측의 결과를 제시해 주는 것이다. 따라서 인공지능(AI) 기술 SW의 개발뿐 아니라 데이터의 수집 · 처리 · 분석 기술, 데이터 저장 및 유통 기술 등 다른 기술 분야와 협업적 발전이 필요하다. 또한 불순한 의도로부터 데이터를 보호하기 위한 기술도 함께 개발이 필요하며 인공지능(AI)을 개발하고 운용하기 위한 관련 규제도 기술 개발의 수준에 맞추어 마련되어야 한다는 것이다. 인공지능(AI)을 원인행위로 하여 발생하는 사고에 대한 귀책과 사전 예방적인 감리와 윤리 규율의 마련도 기술 개발 못지않게 필요하다.

인공지능(AI) 관련 한국의 유일법인 '지능형 로봇 개발 및 보급 촉진법(약칭, 지능형로봇법)'은 규제보다는 지원과 진흥을 위한 내용이며, 인공지능(AI) 윤리는 유럽연합(EU)이 적용 중인 'AI 윤리 가이드라인'[409]과 OECD와 파트너 국가들이 인공지능(AI)에 관한 첫 정부 간 정책 가이드라인으로 공식 채택한 '인공지능(AI)에 관한 OECD의 원칙'[410] 권고안과 같이 한국은 방송통신위원회에서 '이용자 중심의 지능정보사회를 위한 원칙'[411]을 발표하였으

409) 『연합뉴스』(2019.4.8.), "EU, AI 분야 연구 · 개발 박차…'AI 윤리 가이드라인' 발표," https://www.yna.co.kr/view/AKR20190408171800098?input=1195m (검색일: 2020.8.16.)

410) 『연합뉴스』(2019.5.22.), "'인공지능(AI), 인권 · 민주주의 존중해야' 국제사회 AI원칙 첫 채택," https://www.yna.co.kr/view/AKR20190522171100081?input=1195m (검색일: 2020.8.16.)

411) '이용자 중심의 지능정보사회를 위한 원칙'의 배경 및 필요성은 새로운 지능정보기술의 장점을 극대화하면서도 새로운 기술의 특성에 따라 나타날 수 있는 예기치 못

나 기본적 내용만을 담고 있어 인공지능(AI) 윤리의 적용 범위와 대상 등 내용의 구체화와 인공지능(AI) 기술의 개발에 지원이 되는 내용을 담을 필요가 있다.

전문가 토론에서 인공지능(AI) 운용의 필요성은 전 산업 분야에서 점차 확대되어가고, 많은 국가들도 인공지능(AI) 기술의 개발을 위해 국가 정책적으로 적극적인 노력을 하는 추세이기 때문에, 국가 위기 상황 시에도 인공지능(AI)을 운용하여 정책결정권자가 대응 방안을 결정할 수 있도록 지원하는 체계의 마련이 필요하다는 의견이 강조되었다. 앞서 문헌분석에서 살펴보았듯이, 산업혁명 발전의 속도는 더욱 빨라지고 적용의 범위도 더욱 넓어지고 있다. 또한 제4차 산업혁명시대에서 인공지능(AI)은 국가 위기 상황 시, 위기관리 단계별로 정책결정권자에게 최적의 정책을 지원해주는 수단이 될 것이다.

포괄안보 관점에서 볼 때 국가위기관리를 위한 정보통신기술(ICT)의 발전은 필요하며, 이를 통해 다양한 유형의 위기를 발전된 정보통신기술(ICT)로 사전에 예측하고 대응하는 것이 가능하다. 탈냉전 이후 포괄안보 개념이 적용되는 각 국가의 안보 상황은 신속하고 효과적인 국가위기관리체계의 구축을 요구하고 있다. 대부분의 국가들이 정보화와 세계화의 고도화와 안정적 정착에 노력하고 있어 정보통신기술(ICT)의 발전은 더욱 낮은 사회적, 재정적 비용으로 안보 유지를 위한 위기관리를 가능하게 해줄 것이다.

한 기술적, 사회적 위험을 최소화할 수 있도록 하는 고려가 필요하며, 지능정보서비스 제공자와 이용자가 변화하는 방송통신 환경에 적합한 각각의 역할을 수행할 때, 새로운 지능정보서비스의 출현을 촉진하고, 지능정보사회로의 진전을 가속화할 수 있을 것이며, 목적은 신기술의 도입이 초래할 수 있는 기술적, 사회적 위험으로부터 안전한 지능정보서비스 환경을 조성하기 위해 지능정보사 회의 모든 구성원들이 고려할 공동의 기본 원칙을 제시하는 것이다. 지능정보서비스 기본 원칙은, 사람중심의 서비스 제공, 투명성과 설명가능성, 책임성, 안전성, 차별 금지, 참여, 프라이버시와 데이터거버넌스 등이다. 『대한민국 정책브리핑』(2019.11.11.), "방통위, 「이용자 중심의 지능정보사회를 위한 원칙」 발표," http://www.korea.kr/news/pressReleaseView.do?newsId=156360183 (검색일: 2020.8.16.)

6 · 25전쟁 이후 자주국방을 추진하는 한국에게 과학기술의 발전은 필요하며, 이는 제4차 산업혁명시대의 주요 정보통신기술(ICT)의 발전과 그 맥락을 같이 한다고 볼 수 있다. 따라서 제4차 산업혁명시대에 포괄안보 개념이 적용된 국가 안보를 위해서는 정보통신기술(ICT)의 발전이 필요하며, 이러한 정보통신기술(ICT)의 발전은 사회적 비용과 노력의 낭비를 감소시키고 제한되는 자원의 효율적 운용을 가능하게 해주어, 국가위기관리를 가능하게 해줄 것이다. 따라서 안보와 재난의 위기 영역 구분이 의미가 필요하지 않은 포괄안보 개념이 적용된 제4차 산업혁명시대에서 인공지능(AI)의 운용에 따른 이점을 극대화하고 국가 위기관리의 품질을 혁신적으로 향상시키기 위해서는 인공지능(AI)을 기반으로 하는 국가위기관리정책의 발전이 필요하다.

제2절 내부역량과 외부환경 분석

1. 개 요

한국은 6 · 25전쟁의 당사국으로서 근대화와 함께 자주국방을 추진하며 경제발전에 매진하였다. 국제 안보 정세는 탈냉전화되어 비전통적 안보의 중요성이 대두되고 있으며, 정보통신기술(ICT)의 발전으로 제4차 산업혁명시대가 본격화 되어가고 있다. 한국은 올림픽 개최(1988), OECD 가입(1996), G20 정상회의 개최(2010) 등으로 국제사회에서 중진국으로서의 면모를 갖추어 가고 있다.

급변하는 안보와 경제 환경에서 포괄안보 개념이 적용되는 4차 산업혁명시대의 정보통신기술(ICT)을 국가 정책적으로 적극 수용하고 개발하는 한국의 내부역량을 분석하여 도출된 강점(Strength) 요인과 약점(Weakness) 요인은 다음 연구수행단계인 외부환경 분석(PEST 분석) 결과 도출된 기회(Opportunities) 요인 및 위협(Threats) 요인을 바탕으로 SWOT 분석을 하였다.

2. 분석 결과

앞서 실시한 문헌분석, 전문가 인터뷰, 전문가 토론 결과를 바탕으로 인공지능(AI) 기반의 국가위기관리정책 발전에 영향을 주는 내부역량 요인과 외부환경 요인을 다양한 관점에서 긍정적 요인과 부정적 요인으로 분류한 후 강점과 약점, 기회와 위협 요인이 도출되었다.

내부역량 분석에서 긍정적 요인으로는 위기관리 분야 최상위 문서인 『국가위기관리기본지침』에 포괄안보 개념 반영하여 제정, 재난 및 안전관리기본법 제정, 재난 발생시 소요 자원 평시 관리 유지 체계 구축, 정부 전담기관 설립(재난안전관리본부, 4차산업혁명위원회, 질병관리청 등) 등이 도출되었으며, 부정적 요인으로는 4차 산업혁명 관련 정책의 법제화 미실시, 범부처 합동 추진으로 추진력 미흡, 데이터에 근거한 정책결정 미흡, 인공지능(AI) 등 정보통신기술(ICT) 관련 인력 양성 및 연구 · 근무 여건 미흡, 재난 관련 정부기관의 통 · 폐합으로 일원화된 재난대응 필요 등이 도출되었다.

도출된 요인들을 토대로 강점 요인으로 『국가위기관리기본지침』에 포괄안보 개념을 반영하여 국가위기관리 강화, 4차 산업혁명시대를 선제적으로 대응하기 위한 담당기관 및 법령 마련 등으로 도출되었으며, 약점 요인으로는 제4차 산업혁명 관련 정부정책을 다부처 합동추진과 법제화 미실시로 추진 제한, 재난 및 4차 산업혁명 관련 정부 기관의 통 · 폐합으로 추진력 미흡 등이 도출되었다. 〈표 5-12〉는 전략·프로세스·자원·조직적 관점에서 내부역량 분석 결과 도출된 강점(Strength)과 약점(Weakness) 요인이다.

외부환경 분석에서 긍정적 요인으로는 4차 산업혁명시대 정보기술(IT) 발전으로 위기 예방 강화, 4차 산업혁명시대의 신기술 개발과 활용으로 새로운 경제적 이윤 창출 기회 확대, 4차 산업혁명시대 신기술의 적용으로 사회적 인프라 확대 및 국가정책 대국민 서비스 향상 등이 도출되었으며, 부정적 요인으로는 탈냉전 이후 테러, 사이버 공격 등 비군사적 위협 증가, 미 · 중 무역 분쟁 심화로 세계 경제에 부정적 영향, 코로나19 등 감염병 확산에 따른 사회적 비용 증가 및 국가 간 갈등 고조, 기후변화 등 대규모 재난재해 발생에 따른 국가 간 분쟁 증가, 군사과학기술의 진보로 안보 불안감 증가 등이 도출되었다.

도출된 요인들을 토대로 기회 요인으로 비전통 안보분야 위기관리 능력 향상 등 탈냉전 이후 포괄안보 개념의 적용으로 국가위기관리 강화, 4차 산업혁명시대 정보기술(IT) 발전으로 국가위기관리 능력과 국력 강화 가능 등이 도출되었다. 위협요인으로는 탈냉전 이후 국지적 군사 충돌의 확전 우려 증대, 정보기술(IT) 발전에 따른 윤리의식 약화 등이 도출되었다. 〈표 5-13〉은 정치·경제·사회·기술적 관점에서 외부환경 분석 결과 도출된 기회(Opportunities)와 위협(Threats) 요인이다.

〈표 5-12〉 SPRO 기법에 의한 내부역량 분석 결과

구분	내 부 역 량	
	긍정적 요인	부정적 요인
전략적 관 점	·『국가위기관리기본지침』에 포괄안보 개념 반영하여 제정(2004) - 국가안보에 재난 포함 · 4차 산업혁명 관련 국가정책발표 - 'I-KOREA 4.0' (2017) - '인공지능(AI) 국가전략' (2019) - '이용자 중심의 지능정보사회를 위한 원칙 (2019)	· 한반도 비핵화 등 대북정책기조 약화로 안보불안 지속 · 4차 산업혁명 관련 정책의 법제화 미실시 및 범부처 합동 추진으로 추진력 미흡
프로 세스 관점	· 관련 법규 제 · 개정 - 재난 및 안전관리기본법(2004), 4차 산업혁명위원회 설치 및 운영에 관한 규정(2017), 정부조직법 개정(필요시), 데이터 3법 개정(2020) · 5G 및 재난안전통신망 구축으로 초연결 기반 마련	· 재난 및 인공지능(AI) 등 정보 통신기술(ICT) 교육체계 미흡 - 재난교육기관 추가 지정 및 신설로 재난 현장대응능력 강화 필요 - 인공지능(AI) 대학원의 추가 지정 및 설립 필요 · 데이터에 근거한 정책결정 미흡
자원적 관 점	· 재난 발생시 소요 자원 평시 관리 유지 체계 구축 -NDMS(국가재난관리시스템), DRSS(재난관리자원공동활용 시스템) · 산 · 학 · 연 · 정부 협업체계 강화로 선제적 4차산업혁명시대 대응	· 재난 발생시 복구 · 지원 소요자원의 추가 확보 필요 · 인공지능(AI) 관련 논문 등재 및 특허 출원 등록 미흡 · 인공지능(AI) 등 정보통신기술(ICT) 관련 인력 양성 및 연구 · 근무 여건 향상 미흡
조직적 관 점	· 정부조직개편으로 전담기관 설립 - 재난안전관리본부(2017), 4차산업혁명위원회(2017), 질병관리청(2020)	· 재난관련 정부기관의 통 · 폐합으로 일원화된 재난대응 필요 · 4차 산업혁명 관련 정부 기관들의 효율적 운영 필요

분석결과

강점(Strength) 요인	약점(Weakness) 요인
·『국가위기관리기본지침』에 포괄안보 개념을 반영하여 국가위기관리 강화 · 4차 산업혁명시대를 선제적으로 대응하기 위한 국가정책 및 법령 마련 · 정부의 4차 산업혁명 및 재난 담당 기관 설치 및 관련법 제 · 개정 · 산 · 학 · 연 · 정부 협업체계 강화로 연구개발 등 4차 산업혁명시대를 정부가 주도하며 선제적으로 대응	· 4차 산업혁명 관련 정부정책을 다부처 합동 추진과 법제화 미실시로 효과적이고 효율적인 추진 제한 · 재난 및 4차 산업혁명 관련 정부 기관의 통 · 폐합으로 추진력 강화 필요 · 인공지능(AI) 등 정보통신기술(ICT) 관련 인력 양성 위한 교육체계 필요 · 데이터에 근거한 정책결정 미흡 · 인공지능(AI) 운용 여건 미흡

〈표 5-13〉 PEST 기법에 의한 외부환경 분석 결과

구분	외 부 환 경	
	긍정적 요인	부정적 요인
정치적 관 점	· 탈냉전 이후 포괄안보 개념의 적용으로 국제협력 강화(환경, 기후, 보건 등) · 4차 산업혁명시대 정보기술(IT) 발전으로 각종 위기 예방 강화 · 4차 산업혁명시대 적극 대응을 각국의 관련 정책 추진 · 4차 산업혁명시대의 전개로 국가간 기술협력을 통한 투자강화로 상호간 신뢰도 향상	· 탈냉전 이후 비군사적 위협 증가(테러, 사이버공격 등) · 국제 안보환경의 급격한 변화(안보레짐 심화 등) · 강대국 경쟁의 심화와 다자주의 약화(미·중 경쟁 심화 등) · 미국의 글로벌 리더십 약화 · 군비통제의 모멘텀 상실 · 핵 및 재래식 군비경쟁 심화 · 우주 공간의 군사화 심화
경제적 관 점	· 4차 산업혁명시대의 신기술 개발과 활용으로 새로운 경제적 창출 기회 확대 · 4차 산업혁명시대의 도래로 국가간 기술협력을 통한 투자 강화로 경제력 향상 · 국가간 기술교류 진전으로 인한 경제협력 활성화 기대	· 범세계적 민족주의 강화로 글로벌 경제 성장 둔화 · 보호무역주의 강화 · 코로나19 팬더믹으로 세계 경제 저성장 · 미중 무역분쟁 심화로 세계 경제에 부정적 영향 · 세계적인 저성장 기조 현상
사회적 관 점	· 4차 산업혁명시대 신기술의 적 용으로 사회적 인프라 확대 및 국가정책 대국민 서비스 향상 · 코로나19 등 감염병 확산에 대비하는 사회적 대응 강화 · 4차 산업혁명시대의 기술발전으로 사전 예측 강화를 통한 사회 위험 최소화 및 개인밀착 서비스로 사회적 비용 감소	· 민주주의 저하와 권위주의 강화 · 가짜뉴스로 사회적 혼란 증가 · 코로나19 등 감염병 확산에 따른 사회적 비용 증가 및 국가간 갈등 고조 · 기후변화 등 대규모 재난재해 발생에 따른 국가 간 분쟁 증가 · 한정된 자원의 분배 문제 악화 · 생산가능 인구 감소
기술적 관 점	· 4차 산업혁명시대 신기술의 부상으로 비대칭 군사력 확충의 기회 증대 · 4차 산업혁명시대의 우수한 기술력으로 위기 대응 능력 강화 · 4차 산업혁명시대 정보기술(IT) 발전으로 선제적 대응능력 강화	· 군사과학기술의 진보로 안보 불안감 증대 · 무기체계의 무인화, 정밀화, 고도화로 군사적 긴장 증대 · 개인정보의 무분별한 유출 · 기술 의존성 심화로 사람중심의 기술발전 저해

분석결과

기회(Opportunities) 요인	위협(Threats) 요인
· 탈냉전 이후 포괄안보 개념의 적용으로 국가위기관리 강화 - 비전통 안보분야 위기관리 능력 향상 - 제한된 자원의 효율적 운용 강화 · 4차 산업혁명시대 정보기술(IT) 발전으로 국가위기관리능력과 국력 강화 가능 - 데이터에 근거하는 위기관리 강화 - 사전 위기 예측 및 대응 능력 향상 - 인공지능(AI) 등 정보통신기술(ICT) 발전을 위한 국가정책 추진	· 탈냉전 이후 테러, 분쟁 등 국지적 군사위기 증가 및 군사기술 발전 - 국지적 군사 충돌의 확전 우려 증대 - 초소형 · 무인화 무기개발로 위기 고조 - 사이버 공격 강화로 정보체계 무력화 · 4차 산업혁명시대 정보기술(IT)의 부정적 영향 증대 - 신무기 개발로 군사적 위협 증대 - 정보통신기술(ICT)에 의한 인명사고 - 정보기술(IT)발전에 따른 윤리의식 약화

3. 시사점

탈냉전 이후 급변하는 국제 안보와 경제 정세에서 한국은 내부의 역량 향상을 위한 국가 정책적 대응을 적극 추진하고 있다. 국가위기관리 최상위 문서인 『국가위기관리기본지침』에 포괄안보 개념을 반영하여 국가위기관리 강화, 제4차 산업혁명시대를 선제적으로 대응하기 위한 국가정책 및 법령 마련, 재난 및 제4차 산업혁명 대응을 위한 정부 기관 설치 및 관련법 제 · 개정, 산 · 학 · 연 · 정부 협업체계의 연구개발(R&D) 강화 등 제4차 산업혁명시대를 정부가 주도하며 선제적으로 대응하는 것이 강점 요인으로 분석되었다. 반면에 제4차 산업혁명 관련 정부정책을 다부처 합동 추진과 법제화 미실시로 효과적이고 효율적인 추진 제한, 인공지능(AI) 등 정보통신기술(ICT) 관련 인력 양성 위한 교육체계 필요, 재난 및 제4차 산업혁명 관련 정부 기관의 통 · 폐합으로 추진력 강화 필요, 인공지능(AI) 운용 여건 미흡, 데이터에 근거한 정책결정 미흡 등이 약점 요인으로 분석되었다.

포괄안보 개념이 적용되고 정보통신기술(ICT)의 비약적인 발전으로 제4차 산업혁명시대가 본격적으로 전개되면서 세계 각국은 자국의 국익을 최대화하기 위한 관련 정책 추진 등 많은 노력을 하고 있다. 이에 한국도 포괄 안보 개념을 적용하여 다양한 유형의 위기관리에 정보통신기술(ICT)을 적용하여 대응하고 있으며, 이를 위해 정부 조직을 개편하고 관련 법령의 제·개정과 정책을 수립하며 추진하고 있다.

특히, 제4차 산업혁명시대를 정부가 주도하여 적극적으로 대처하기 위해서 대통령 직속기구인 '4차산업혁명위원회'를 설치하고, 코로나19로 한국뿐만 아니라 전 세계가 안보·경제적으로 부정적 영향을 받고 있는 상황에서 감염병으로 인한 국가위기에 효과적으로 대응하기 위해 보건복지부 산하기관인 질병관리본부를 '질병관리청'으로 승격하여 독립기관으로 개편한 것은 정부의 위기에 대한 적극적인 대응 의지로 평가할 수 있다. 그러나 국가위기상황 시 신속한 정책결정과 효율적 대응을 고려한 정부 기관의 조직개편은 더욱 면밀한 검토와 신중한 접근이 필요하다. 왜냐하면 국가위기상황 시에는 여러 정부 기관들이 지휘통제 관계에 따른 갈등 없고 효율적인 통합된 협업과 대응이 필요하기 때문이다. 또한 이러한 제도의 추진을 뒷받침해주는 관련 법규의 정비도 법리적 충돌과 갈등 없는 제·개정이 필요하다.[412] 선진국의 제4차 산업혁명에 대비한 일부 미흡한 사항이 보완된다면 위기환경의 변화에 부합되는 국가위기관리가 가능할 것이다.

포괄안보의 개념이 적용되는 안보환경에서 안보와 재난의 영역 구분은 의미가 퇴색되었으나, 포괄안보의 개념을 적용하여 제4차 산업혁명시대에 대응하는 한국의 정책적 노력은 지능정보사회로의 변화를 더욱 가능하게

---

412) 국가위기관리를 위한 현행 법령으로 재난분야는 지난 2004년에 행정안전부에서 제정한 '재난 및 안전관리 기본법'이 있으며, 제4차 산업혁명과 관련된 것은 지난 2008년에 산업통상자원부에서 제정한 '지능형 로봇 개발 및 보급 촉진법(약칭, 지능형로봇법)', 2008년에 국토교통부에서 제정한 '유비쿼터스도시의 건설 등에 관한 법률'을 2017년에 개정한 '스마트도시 조성 및 산업진흥 등에 관한 법률(약칭, 스마트도시법)', 2019년에 국토교통부에서 제정한 '드론 활용의 촉진 및 기반조성에 관한 법률(약칭, 드론법)'과 '자율주행자동차 상용화 촉진 및 지원에 관한 법률(약칭, 자율주행자동차법)' 등이 유효하다. http://www.law.go.kr (검색일: 2020.8.23.)

할 것이다. 정보통신기술(ICT)의 발전으로 지능정보사회가 구현되면 위기 상황 조치를 위한 공공과 민간부문의 협업과 정책구현을 위한 합의가 더욱 신속하고 합리적으로 이루어지는 것이 가능해진다. 왜냐하면 인공지능(AI) 등 정보통신기술(ICT)의 발달에 따라 인간의 경로의존성이 아닌 객관적 데이터를 근거로 하는 정책이 가능해지기 때문이다.[413)]

탈냉전 이후 포괄안보 개념이 적용되고 제4차 산업혁명시대가 전개되면서, 비전통적 안보 위협에 대한 관심이 증가하여 비전통 안보분야 위기관리 능력 강화, 제한된 자원의 효율적 운용 강화, 데이터에 근거하는 위기관리 강화, 사전 위기 예측 및 대응 능력 향상, 인공지능(AI) 등 정보통신기술(ICT) 발전을 위한 국가정책 추진 등이 기회 요인으로 분석되었다. 반면에 국지적 군사 충돌의 확전 우려 증대, 초소형 · 무인화 무기개발로 군사적 위협 증대, 사이버 공격 강화로 정보체계 무력화, 신무기 개발로 군사위기 고조, 정보통신기술(ICT)에 의한 인명사고, 정보기술(IT) 발전에 따른 윤리의식 약화 등이 위협 요인으로 분석되었다.

트럼프 행정부는 '미국 우선주의(America First)', '힘을 통한 평화(Peace through Strength)'를 강조하며 동맹국을 포함한 세계 각국에 대한 안보 정책뿐만 아니라 경제정책에 현실주의적 기조로의 변화를 보여주고 있다.[414)] 한국은 미국과 가치동맹, 포괄적 전략동맹, 글로벌 파트너십 등을 강조하며 반세기 이상 동맹관계를 유지하고 있다. 그러나 한미방위비 분담금 증액, 한미 FTA 재협상을 통한 관세 증액 등은 한국의 안보와 경제를 어렵게 하는 동인이 되고 있다. 이외에도 중국의 동북아 패권 확보를 위한 일대일로 정책과 이에 대응하기 위한 미국의 인도-태평양전략, 러시아와 일본의 군비 확충, 북한의 핵 군사 기조 유지 등으로 동북아 안보 정세는 불안정한 상황

---

413) 최원상 · 신진, "지능정보사회에서 지능형 국가위기관리체계 구축에 관한 연구," *Crisisonomy*, Vol. 16, No. 1 (2020), pp. 167-168.

414) 최원상 · 신진, "트럼프 행정부의 동맹정책 변화에 관한 연구," 『융합보안논문지』 제19권 제4호 (2019), p. 56.

이다. 중동의 정치적 불안정, 기후변화로 말미암은 세계 각 지역의 식량 및 식수 부족과 환경 문제, 대규모 난민과 불법 체류자의 증가 등으로 세계 안보 정세는 매우 불안정한 추세이다. 또한 2019년 창궐한 코로나19로 인해 전 세계 국가들은 경제 등 거의 모든 분야에서의 활동이 그 이전에 비해 매우 정태적으로 변하였다. 이에 개인정보 유출과 가짜뉴스 확산으로 사회균열 등 부정적 영향이 증가하는 추세이다. 이러한 외부환경에서 한국이 한 단계 더 성장하고, 포스트 코로나19를 대비하여 국제사회에서 글로벌 리더로서의 역할을 수행하기 위해서는 기회와 위협이 되는 요인에 대하여 전략적으로 대응하는 것이 필요하다.

한국은 OECD 국가 중 정보기술(IT) 수준이 상위권에 속하고 국가 정책적으로 기술개발을 적극 추진한다는 것은 연구의 배경에서 살펴보았다. 따라서 제4차 산업혁명시대에 정보통신기술(ICT), 특히 인공지능(AI)에 의한 정형 및 비정형의 방대한 데이터를 수집 · 처리 · 분석하여 기회를 전략적으로 이용하고 그 효과를 극대화하면 위협을 제거하거나 최소화가 가능한 대응방안을 마련하여 위기의 관리와 대응이 가능한 인공지능(AI) 기반의 국가위기관리정책이 필요하다.

제3절 발전 요소 도출과 우선순위 선정

1. 개 요

SPRO 분석을 통해 내부역량을 분석하고, PEST 분석을 통해 외부환경을 정치적, 경제적, 사회적, 기술적 관점으로 분류하여 분석하였다. 이를 바탕으로 SWOT 분석을 통해 인공지능(AI) 기반의 국가위기관리정책 발전 요소가 도출되었다.

SWOT 분석에서 도출된 발전 요소를 바탕으로 각 요소별로 중요성과 시급성을 기준으로 AHP 기법을 적용해서 쌍대비교를 할 수 있도록 9점 척도의 설문지를 구성하여 앞서 실시한 전문가 토론 참석자를 대상으로 e-mail로 실시하였다.[415] 1차 배부 후 회수한 설문지 10부 중 4부는 일관성 검사 결과가 0.1 이상으로 나타나서 2차 배부하여 재회수 후 일관성 검사 결과 0.1 이하로 나타나 유효한 표본으로 판단하였다. 일관성 검사와 가중치는 Excel 2016을 활용하여 산출하였다. 설문 결과를 바탕으로 SWOT 요인들의 우선순위를 선정하여 중요성과 시급성에서 우선순위가 높은 요인을 우선 고려하여 SWOT 관점에서의 발전 전략을 수립하였다.

SWOT 요인을 체계적으로 도출하고자 PEST 분석이나 STEEP 분석과 같은 거시환경 분석과 결합된 PEST-SWOT, STEEP-SWOT 연구가 실시되기도 한다. 두 분석 방법 모두 SWOT 요인들의 도출 과정에 대한 관점의 차이만 있을 뿐이므로 본 연구에서는 상대적으로 단순하면서 유의미한 결과의 도출이 가능한 PEST-SWOT 분석방법을 내부역량 분석인 SPRO 분석방법과 정합하여 적용한다.

SPRO-PEST-SWOT 분석은 SWOT 요인을 고려할 때 정치적(Political), 경제적(Economic), 사회적(Social), 기술적(Technical) 관점과 전략적(Strategy), 프로세스적(Process), 자원적(Resource), 조직적(Organization) 관점에서 SWOT 요인을 도출

---

415) AHP 설문분석은 표본으로 모수를 추정하는 일반적인 통계분석기법이 아닌 전문가들의 전문적 견해에 바탕을 둔 의견수렴형 설문이라는 점에서 일반통계에서 요구하는 표본의 크기가 아닌 해당 분야 전문성이 높은 전문가의 질적인 의견을 성공적으로 얻을 수 있는지가 관건인 조사분석 방법이며, 설문대상은 10명 이내로 이루어지는 경우가 많다. 진상기 · 박영원, "제4차 산업혁명의 미래전략체계에 관한 연구: AHP 분석을 중심으로," 『한국지역정보화학회지』 제20권 제3호 (2017), p. 47에서 재인용.

하는 분석방법이다.[416] 즉, SPRO-PEST-SWOT 분석은 관심의 대상이 되는 분야의 주요 요인을 내부역량 요소인 전략 · 프로세스 · 자원 · 조직으로 분류해서 외부환경 요소인 정치 · 경제 · 사회 · 기술적 관점에서 상황을 객관화하는 방법론이다.[417] 특히, PEST 분석은 SWOT 요인의 도출에 대한 지침을 제공할 수 있다는 측면에서 유용하다. SWOT 분석 시 특정 요인에 치중되거나 혹은 미처 고려하지 못한 요인을 반영해낼 수 있기 때문이다.

PEST 요인 분류는 내부와 외부로 구분하고, 이를 다시 긍정적 요인과 부정적 요인으로 구분하여 SWOT 분석과 연계되도록 도출 과정을 설정하여, 내 · 외부, 긍 · 부정적 요인을 조합하여 내부이며 긍정적 요인은 강점(Strength) 요인으로, 내부이며 부정적 요인은 약점(Weakness) 요인으로, 외부이며 긍정적 요인은 기회(Opportunity) 요인으로, 외부이며 부정적 요인은 위협(Threat) 요인으로 분류하여 SWOT 분석으로 연계되는 논리적 정합성을 강화하였다. SWOT 분석은 분석 요소인 한국의 위기관리정책 역량, 국가위기관리 환경 변화 요인, 인공지능(AI)의 정책결정 지원, 인공지능(AI) 기반의 국가위기관리정책 영향 요인, 인공지능(AI) 운용 관련 제도에 대하여 SPRO 분석과 PEST 분석 결과를 바탕으로 포괄적으로 분석하였다. 〈표 5-14〉는 SPRO-PEST-SWOT 분석의 연계를 나타낸 것이다.

---

416) 정치적 관점은 조직에 영향을 미칠 수 있는 법의 제정이나 규제, 구체화된 정책 등을 의미한다. 경제적 관점은 세금, 이율, 인플레이션 등과 같은 경제적인 부분을 의미한다. 사회적 관점은 생활양식의 변화나 사회적 경향, 미디어, 윤리적·문화적 이슈 등과 같은 부분을 말한다. 기술적 관점은 혁신, 기술적 접근, 제조, 연구보조금 등과 관련된 사항들을 뜻한다. PEST-SWOT 분석 시 PEST 요인을 SWOT 관점에서 명확하게 구분하기가 제한된다. 하지만 PEST-SWOT 분석은 SWOT 요인의 체계적인 도출에 목적이 있지 PEST의 명확한 분류에 목적이 있지 않다. 엄익천 · 조주연 · 이장재(2015), 전게논문, pp. 275-276.

417) 장한수 · 최원재 · 도현수, "PEST-SWOT-AHP 방법론을 적용한 국가 과학기술전략 수립에 관한 연구: 핵융합 연구개발 사례를 중심으로,"『기술혁신학회지』 제15권 제4호 (2012), pp. 766-782.

〈표 5-14〉 SPRO-PEST-SWOT의 연계 구성도

구 분		SWOT 요소			
		내부 역량		외부 환경	
		긍정적 요인	부정적 요인	긍정적 요인	부정적 요인
		강점(S)	약점(W)	기회(O)	위협(T)
PEST 분류	정치적(P)	PS	PW	PO	PT
	경제적(E)	ES	EW	EO	ET
	사회적(S)	SS	SW	SO	ST
	기술적(T)	TS	TW	TO	TT

2. 분석 결과

본 연구에서는 SWOT 분석 결과의 편향성을 최소화하기 위해 SPRO 분석 결과, PEST 분석 결과, 전문가 인터뷰 결과, 전문가 토론 결과를 바탕으로 인공지능(AI) 기반의 국가위기관리정책 발전에 영향을 주는 요소를 도출하였다. 도출된 요소는 인공지능(AI) 등 정보통신기술(ICT) 분야와 안보 및 재난 분야에서 오랜 기간 재직 중인 전문가에게 자문하여 최종적으로 〈표 5-15〉와 같이 내부역량과 외부환경으로 구분하여 강점(Strength), 약점(Weakness), 기회(Opportunity), 위협(Threat) 요소를 도출하였다.

내부역량의 긍정적 요인인 강점 요인으로는 정부의 포괄안보 및 산업혁명 변화 적극 수용과 대응, 한국의 우수한 정보통신 인프라 구축으로 비용 절감 등이 도출되었으며, 내부역량의 부정적 요인인 약점 요인으로는 데이터를 근거로 하는 정부 정책결정, 미흡 정보통신기술(ICT) 개발 협업의 제한으로 산업생태계 발전 제한, 사이버 공격에 대한 예방 및 대응 체계 미흡 등이 도출되었다. 외부환경의 긍정적 요인인 기회 요인으로는 인공지능(AI) 등 정보통신기술(ICT) 관련 국가정책 적극 추진, 정보통신기술(ICT)에 의한

위기 상황 예측 및 대응 강화, 정보통신기술(ICT)을 활용한 위기 대응 강화 등이 도출되었으며, 외부 환경의 부정적 요인인 위협 요인으로는 정보통신기술(ICT) 발전으로 신무기 개발로 인한 군사위협 증대, 인공지능(AI) 개발과 운용에 따른 윤리 문제 발생 등이 도출되었다. 〈표 5-15〉는 정치·경제·사회·기술적 관점에서 내부역량 분석 결과 도출한 강점(Strength)과 약점(Weakness) 요인과 외부환경 분석 결과 도출한 기회(Opportunities)와 위협(Threats) 요인이다.

〈표 5-15〉 SPRO-PEST-SWOT 요소 도출

구 분		SWOT 요소			
		내부 역량		외부 환경	
		긍정적 요인 강점(S)	부정적 요인 약점(W)	긍정적 요인 기회(O)	부정적 요인 위협(T)
PEST 분류	정치적 (P)	정부의 포괄안보 및 산업혁명변화 적극 수용과 대응	데이터를 근거로 하는 정부 정책결정 미흡	인공지능(AI) 등 정보통신기술(ICT) 관련 국가정책 적극 추진	정보통신기술(ICT) 발전으로 신무기 개발로 인한 군사위협 증대
	경제적 (E)	한국의 우수한 정보통신 인프라 구축으로 비용 절감	정보통신기술(ICT) 개발 협업의 제한으로 산업생태계 발전 제한	정보통신기술(ICT)에 의한 위기 상황 예측 및 대응 강화	국가위기상황 발생시 막대한 복구비용 지출
	사회적 (S)	산·학·연·정부 협업체계 강화로 4차산업혁명시대 선제적 대응	인공지능(AI) 등 정보통신기술(ICT) 관련 인력 양성 및 연구 여건 미흡	정보통신기술(ICT)을 적용하는 대상 및 범위 확대 추세	인공지능(AI) 개발과 운용에 따른 윤리 문제 발생
	기술적 (T)	정보통신기술(ICT)의 연구개발(R&D) 혁신정책 추진	사이버 공격에 대한 예방 및 대응 체계 미흡	정보통신기술(ICT)을 활용한 위기 대응 강화	자국의 정보통신기술(ICT) 보호정책 강화

인공지능(AI) 기반의 국가위기관리정책 발전 전략 수립을 위해 고려해야 할 객관적이고 타당한 우선 요소를 도출하기 위하여 SWOT 분석을 실시하였으며, 실시 결과 다양한 요소들을 AHP 설문을 위해 〈표 5-16〉과 같이 구성하였다.

〈표 5-16〉 AHP 평가요소

영역	요소
강점 (S)	S1. 정부의 포괄안보 및 산업혁명변화 적극 수용과 대응
	S2. 한국의 우수한 정보통신 인프라 구축으로 비용 절감
	S3. 산 · 학 · 연 · 정부 협업체계 강화로 4차산업혁명시대 선제적 대응
	S4. 정보통신기술(ICT) 연구개발(R&D) 혁신정책 추진
약점 (W)	W1. 데이터를 근거로 하는 정부 정책결정 미흡
	W2. 정보통신기술(ICT) 개발 협업의 제한으로 산업생태계 발전 제한
	W3. 인공지능(AI) 등 정보통신기술(ICT) 연구인력양성 및 연구여건 미흡
	W4. 사이버 공격에 대한 예방 및 대응체계 미흡
기회 (O)	O1. 인공지능(AI) 등 정보통신기술(ICT) 관련 국가정책 적극 추진
	O2. 정보통신기술(ICT)에 의한 위기 상황 예측 및 대응 강화
	O3. 정보통신기술(ICT)을 적용하는 대상 및 범위 확대 추세
	O4. 정보통신기술(ICT)을 활용한 위기 대응 강화
위협 (T)	T1. 정보통신기술(ICT) 발전으로 신무기 개발로 인한 군사위협 증대
	T2. 국가위기상황 발생시 막대한 복구 비용 지출
	T3. 인공지능(AI) 개발과 운용에 따른 윤리 문제 발생
	T4. 자국의 정보통신기술(ICT) 보호정책 강화

계층분석 구조의 최상위 단계는 인공지능(AI) 기반의 국가위기관리정책 발전으로 선정하고, 이를 달성하기 위한 강점(S), 약점(W), 기회(O), 위협(T) 영역별 요소들을 중요성과 시급성 측면에서 각각 쌍대비교하여 가중치와 우선순위를 도출하였다. 또한 영역별 요인도 쌍대비교하여 가중치와 우선순위를 도출한 후 전체 가중치와 우선순위를 도출하였다.

가. 중요성 측면에서의 분석 결과

SWOT 분석 결과 도출된 요소들에 대한 중요성 측면에서 평가한 SWOT 영역별 일관성 지수(CI)와 일관성 비율(CR)은 〈표 5-17〉과 같이 모두 0.1 이하로 나타나 유효한 표본으로 판단하였다.

〈표 5-17〉 중요성 측면의 일관성 검사 결과

영 역	CI		CR	
	영역내	전 체	영역내	전 체
강점(S)	0.0149	0.0059	0.0166	0.0066
약점(W)	0.0107		0.0119	
기회(O)	0.0024		0.0027	
위협(T)	0.0112		0.0124	

중요성 측면에서의 우선순위를 살펴보면, 영역별로는 위협(T) 영역이 가중치 0.4673으로 1순위로 평가되었다. 이를 통해, 한국이 인공지능(AI) 기반의 국가위기관리정책의 발전을 위해서 위협이 되는 요소들에 대한 중요성의 인식이 높다는 것을 알 수 있었다. 이어서 약점(W) 영역이 가중치 0.3007로 2순위, 기회(O) 영역이 가중치 0.1222로 3순위, 끝으로 강점(S) 영역이 가중치 0.1098로 4순위로 평가되었다. 강점(S) 영역의 요소들은 한국 정부가 현재 추진 중 이거나 일부 성과가 나타나서 상대적으로 중요성의 인식이 낮은 것으로 해석할 수 있었다.

요소별로는 인공지능(AI) 개발과 운용에 따른 윤리 문제 발생이 위협(T) 영역 내와 전체에서 1순위로 평가되어 가장 중요한 요소로 분석되었다. 이는 제4차 산업혁명시대에 인공지능(AI) 기술의 발전에 따른 윤리 문제가 근래에 사회 이슈화 되는 현상에 대하여 전문가들도 인지를 하고 있는 것으로 알 수 있다. 이어 2순위는 자국의 정보통신기술(ICT) 보호정책 강화가, 3순위는 정보통신기술(ICT) 개발 협업의 제한으로 산업생태계 발전 제한으로 분석되었다.

영역별 가중치가 가장 높은 요소로 강점(S) 영역에서는 한국의 우수한 정보통신 인프라 구축으로 비용 절감, 약점(W) 영역에서는 정보통신기술(ICT) 개발 협업의 제한으로 산업생태계 발전 제한, 기회(O) 영역에서는 정보통신기술(ICT)을 활용한 위기 대응 강화, 위협(T) 영역에서는 인공지능(AI) 개발과 운용에 따른 윤리 문제 발생이 각각 1순위 요소로 분석되었다.

영역별 가중치가 가장 낮은 요소로 강점(S) 영역에서는 정부의 포괄안보 및 산업혁명변화 적극 수용과 대응, 약점(W) 영역에서는 인공지능(AI) 등 정보통신기술(ICT) 연구인력 양성 및 연구 여건 미흡, 기회(O) 영역에서는 인공지능(AI) 등 정보통신기(ICT) 관련 국가정책 적극 추진, 위협(T) 영역에서는 정보통신기술(ICT) 발전으로 신무기 개발로 인한 군사위협 증대가 각각 1순위 요소로 선정되었다. 중요성 측면에서 전문가를 대상으로 실시한 분석 결과를 정리하면 〈표 5-18〉, 〈표 5-19〉와 같다.

〈표 5-18〉 중요성 측면의 계층 분석 결과

영역	가중치/순위	요소	중요성			
			영역내		전체	
			가중치	순위	가중치	순위
강점(S)	0.1098 / 4	S1. 정부의 포괄안보 및 산업혁명변화 적극 수용과 대응	0.1471	4	0.0162	15
		S2. 한국의 우수한 정보통신 인프라 구축으로 비용 절감	0.3024	1	0.0332	11
		S3. 산·학·연·정부 협업체계 강화로 4차산업혁명시대 선제적 대응	0.2719	3	0.0299	13
		S4.정보통신기술(ICT) 연구개발(R&D) 혁신정책 추진	0.2786	2	0.0306	12
약점(W)	0.3007 / 2	W1. 데이터를 근거로 하는 정부 정책 결정 미흡	0.1778	3	0.0535	7
		W2. 정보통신기술(ICT) 개발 협업의 제한으로 산업생태계 발전 제한	0.3533	1	0.1062	3
		W3. 인공지능(AI) 등 정보통신기술(ICT) 연구인력양성 및 연구 여건 미흡	0.1611	4	0.0484	8
		W4. 사이버 공격에 대한 예방 및 대응체계 미흡	0.3077	2	0.0925	4
기회(O)	0.1222 / 3	O1. 인공지능(AI) 등 정보통신기(ICT) 관련 국가정책 적극 추진	0.1042	4	0.0127	16
		O2. 정보통신기술(ICT)에 의한 위기 상황 예측 및 대응 강화	0.2309	3	0.0282	14
		O3. 정보통신기술(ICT)을 적용하는 대상 및 범위 확대 추세	0.3243	2	0.0396	10
		O4.정보통신기술(ICT)을 활용한 위기 대응 강화	0.3407	1	0.0416	9
위협(T)	0.4673 / 1	T1.정보통신기술(ICT) 발전으로 신무기 개발로 인한 군사위협 증대	0.1512	4	0.0706	6
		T2. 국가위기상황 발생시 막대한 복구 비용 지출	0.1733	3	0.0810	5
		T3. 인공지능(AI) 개발과 운용에 따른 윤리 문제 발생	0.3417	1	0.1597	1
		T4. 자국의 정보통신기술(ICT) 보호 정책 강화	0.3339	2	0.1560	2

〈표 5-19〉 중요성 측면의 요소별 순위

순위	가중치	요 소
1	0.1597	T3. 인공지능(AI) 개발과 운용에 따른 윤리 문제 발생
2	0.1560	T4. 자국의 정보통신기술(ICT) 보호정책 강화
3	0.1560	W2. 정보통신기술(ICT) 개발 협업의 제한으로 산업생태계 발전 제한
4	0.0925	W4. 사이버 공격에 대한 예방 및 대응체계 미흡
5	0.0810	T2. 국가위기상황 발생시 막대한 복구 비용 지출
6	0.0706	T1. 정보통신기술(ICT) 발전으로 신무기 개발로 인한 군사위협 증대
7	0.0535	W1. 데이터를 근거로 하는 정부 정책 결정 미흡
8	0.0484	W3. 인공지능(AI) 등 정보통신기술(ICT) 연구인력양성 및 연구 여건 미흡
9	0.0416	O4. 정보통신기술(ICT)을 활용한 위기 대응 강화
10	0.0396	O3. 정보통신기술(ICT)을 적용하는 대상 및 범위 확대 추세
11	0.0332	S2. 한국의 우수한 정보통신 인프라 구축으로 비용 절감
12	0.0306	S4. 정보통신기술(ICT) 연구개발 (R&D) 혁신정책 추진
13	0.0299	S3. 산 · 학 · 연 · 정부 협업체계 강화로 4차산업혁명시대 선제적 대응
14	0.0282	O2. 정보통신기술(ICT)에 의한 위기상황 예측 및 대응 강화
15	0.0162	S1. 정부의 포괄안보 및 산업혁명변화 적극 수용과 대응
16	0.0127	O1. 인공지능(AI) 등 정보통신기(ICT) 관련 국가정책 적극 추진

나. 시급성 측면에서의 분석 결과

SWOT 분석 결과 도출된 요소들에 대한 시급성 측면에서 평가한 SWOT 영역별 일관성 지수(CI)와 일관성 비율(CR)은 〈표 5-20〉과 같이 모두 0.1 이하로 나타나 유효한 표본으로 판단하였다.

〈표 5-20〉 시급성 측면의 일관성 검사 결과

영 역	CI		CR	
	영역내	전 체	영역내	전 체
강점(S)	0.0034	0.0064	0.0038	0.0071
약점(W)	0.0150		0.0167	
기회(O)	0.0028		0.0032	
위협(T)	0.0048		0.0053	

시급성 측면에서의 우선순위를 살펴보면, 영역별로는 위협(T) 영역이 가중치 0.4150으로 1순위로 평가되었다. 이를 통해, 한국이 인공지능(AI) 기반의 국가위기관리정책의 발전을 위해서 위협이 되는 요소들에 대한 시급성의 인식이 높다는 것을 알 수 있었다. 이어서 약점(W) 영역이 가중치 0.3326으로 2순위, 기회(O) 영역이 가중치 0.1684로 3순위, 끝으로 강점(S) 영역이 가중치 0.0840으로 4순위로 평가되었다. 강점(S) 영역의 요소들은 한국 정부가 현재 추진중이거나 일부 성과가 나타나서 상대적으로 시급성의 인식이 낮은 것으로 해석해 볼 수 있었다.

요소별로는 인공지능(AI) 개발과 운용에 따른 윤리 문제 발생이 위협(T) 영역내와 전체에서 1순위로 평가되어 가장 시급한 요소로 평가되었다. 시급성 측면에서 전문가를 대상으로 실시한 분석 결과를 정리하면 〈표 5-21〉, 〈표 5-22〉와 같다.

〈표 5-21〉 시급성 측면의 계층 분석 결과

영역	가중치/순위	요소	시급성			
			영역내		전체	
			가중치	순위	가중치	순위
강점(S)	0.0840 / 4	S1. 정부의 포괄안보 및 산업혁명변화 적극 수용과 대응	0.1581	4	0.0133	16
		S2. 한국의 우수한 정보통신 인프라 구축으로 비용 절감	0.3502	1	0.0294	12
		S3. 산·학·연·정부 협업체계 강화로 4차산업혁명시대 선제적 대응	0.2653	2	0.0223	13
		S4. 정보통신기술(ICT) 연구개발 (R&D) 혁신정책 추진	0.2264	3	0.0190	14
약점(W)	0.3326 / 2	W1. 데이터를 근거로 하는 정부 정책 결정 미흡	0.1396	3	0.0464	7
		W2. 정보통신기술(ICT) 개발 협업의 제한으로 산업생태계 발전 제한	0.3767	1	0.1253	2
		W3. 인공지능(AI) 등 정보통신기술(ICT) 연구인력양성 및 연구 여건 미흡	0.1117	4	0.0372	11
		W4. 사이버 공격에 대한 예방 및 대응체계 미흡	0.3721	2	0.1238	3
기회(O)	0.1684 / 3	O1. 인공지능(AI) 등 정보통신기술 (ICT)관련 국가정책 적극 추진	0.1095	4	0.0184	15
		O2. 정보통신기술(ICT)에 의한 위기 상황 예측 및 대응 강화	0.2268	3	0.0382	10
		O3. 정보통신기술(ICT)을 적용하는 대상 및 범위 확대 추세	0.2565	2	0.0432	9
		O4. 정보통신기술(ICT)을 활용한 위기 대응 강화	0.4072	1	0.0686	6

위협(T)	0.4150 / 1	T1. 정보통신기술(ICT) 발전으로 신무기 개발로 인한 군사위협 증대	0.1077	4	0.0447	8
		T2. 국가위기상황 발생시 막대한 복구 비용 지출	0.2839	3	0.1178	5
		T3. 인공지능(AI) 개발과 운용에 따른 윤리 문제 발생	0.3111	1	0.1291	1
		T4. 자국의 정보통신기술(ICT) 보호 정책 강화	0.2973	2	0.1234	4

〈표 5-22〉 시급성 측면의 요소별 순위

순위	가중치	요소
1	0.1291	T_3. 인공지능(AI) 개발과 운용에 따른 윤리 문제 발생
2	0.1253	W_2. 정보통신기술(ICT) 개발 협업의 제한으로 산업생태계 발전 제한
3	0.1238	W_4. 사이버 공격에 대한 예방 및 대응체계 미흡
4	0.1234	T_4. 자국의 정보통신기술(ICT) 보호정책 강화
5	0.1178	T_2. 국가위기상황 발생시 막대한 복구 비용 지출
6	0.0686	O_4. 정보통신기술(ICT)을 활용한 위기 대응 강화
7	0.0464	W_1. 데이터를 근거로 하는 정부 정책 결정 미흡
8	0.0447	T_1. 정보통신기술(ICT) 발전으로 신무기 개발로 인한 군사위협 증대
9	0.0432	O_3. 정보통신기술(ICT)을 적용하는 대상 및 범위 확대 추세
10	0.0382	O_2. 정보통신기술(ICT)에 의한 위기 상황 예측 및 대응 강화
11	0.0372	W_3. 인공지능(AI) 등 정보통신기술(ICT) 연구인력양성 및 연구 여건 미흡
12	0.0294	S_2. 한국의 우수한 정보통신 인프라 구축으로 비용 절감
13	0.0223	S_3. 산·학·연·정부 협업체계 강화로 4차산업혁명시대 선제적 대응
14	0.0190	S_4. 정보통신기술(ICT) 연구개발 (R&D) 혁신정책 추진
15	0.0184	O_1. 인공지능(AI) 등 정보통신기술(ICT)관련 국가정책 적극 추진
16	0.0133	S_1. 정부의 포괄안보 및 산업혁명변화 적극 수용과 대응

3. 시사점

전문가 인터뷰와 토론 결과를 바탕으로 인공지능(AI) 기반의 국가위기관리정책 발전에 영향을 주는 긍정적 부정적 내부역량 요인들을 전략적, 프로세스적, 자원적, 조직적 관점으로 분류한 후(SPRO 분석) 강점과 약점 요소를 도출하고, 긍정적 부정적 외부환경 요인들을 정치적, 경제적, 사회적, 기술적 관점으로 분류한 후(PEST 분석) 기회와 위협 요인을 도출하였다.

도출한 요소들은 SWOT 요소들의 단순 나열이 아닌, 앞서 실시한 분석 결과에 근거하며, 연구자의 편향성을 최소화하고 객관성을 유지하기 위해 인공지능(AI) 등 정보통신기술(ICT) 분야와 안보 및 재난 분야에서 오랜 기간 재직 중인 전문가에게 자문하여 최종적인 SWOT 요소를 도출하였다. 이렇게 도출한 SWOT 요소는 SPRO-PEST-SWOT 분석의 논리적 정합성을 갖추었으며, 발전 전략 수립의 근거가 된다.

SWOT 분석 결과 도출된 인공지능(AI) 기반의 국가위기관리정책 발전 요소를 바탕으로 수립하게 되는 발전전략은, 시 · 공간적으로 탈냉전 이후 제4차 산업혁명시대가 본격적으로 전개되고 미국과 중국의 안보와 경제정책이 첨예하게 대립하는 한국에서, 코로나19라는 국가 위기 상황을 극복하고 한국판 뉴딜 정책을 통해 경제 대전환을 위한 다양하고 다각적인 정책을 마련하고 추진하기 위해 우선 고려되어야 할 포스트 코로나19에 대비하는 디지털 뉴딜정책에 관한 전략이기도 하다.[418]

인공지능(AI) 기반의 국가위기관리정책의 발전을 위해 SWOT 분석 결과 도출된 요소들을 중요성과 시급성을 기준으로 전문가에 의해 평가하였다.

평가 결과, 우선순위 1순위로 평가된 위협(T) 영역은 인공지능(AI) 기반의 국가위기관리정책의 발전을 위해 중요성 및 시급성 측면에서 모두 가장 우선적으로 인식되고 있다는 것을 알 수 있었다. 영역별 우선순위 4순위로 평가된 강점(S) 영역은 현재 한국 정부가 적극적으로 추진하거나 일부 성과가 나타나고 있는 정책들이 요인으로 포함되어 있기 때문에 중요성 및 시급성 측면에서 상대적으로 낮게 인식되어 평가된 것으로 해석할 수 있었다.

전체 요소 중에서 중요성과 시급성 측면에서 동일하게 1순위로 평가된 요소는 인공지능(AI) 개발과 운용에 따른 윤리 문제 발생이었으며, 이외에도

418) 한국판 뉴딜정책은 디지털 뉴딜과 그린 뉴딜정책으로 구성되어 데이터 · 5G · AI 등 디지털 인프라 구축과 비대면 산업 집중 육성, SOC의 디지털화 등 3대 프로젝트하에 10대 중점 추진과제로 추진된다. 『대한민국 정책브리핑』(2020.5.7.), "'한국판 뉴딜' 시동…원격교육 플랫폼 구축 · 비대면 의료 확대," http://www.korea.kr/news/policyNewsView.do?newsId=148872166 (검색일: 2020.8.30.)

상위 우선순위로 평가된 요소는 자국의 정보통신기술(ICT) 보호 정책 강화(중요성 2순위, 시급성 4순위), 정보통신기술(ICT) 개발 협업의 제한으로 산업생태계 발전 제한(중요성 3순위, 시급성 2순위), 사이버 공격에 대한 예방 및 대응체계 미흡(중요성 4순위, 시급성 3순위)으로 분석되었다. 특히, 1~5순위는 모두 W영역과 T영역의 요소들이 선정되어 전문가들은 중요성과 시급성 측면에서 인공지능(AI) 기반의 국가위기관리정책의 발전을 위한 약점 요소와 위협 요소에 대한 정책이 모두 중요하고 시급한 것으로 판단한 것을 알 수 있었다.

AHP 설문은 전문가 토론에 참여한 전문가들을 대상으로 실시하였다. 표본의 특성이 그러하기에 설문 결과에 따라 중요성과 시급성 측면에서 우선순위가 높은 요소 위주로 인공지능(AI) 기반의 국가위기관리정책 발전 전략을 수립하는 것이 필요한 것으로 판단된다.

제4절 분석 결과에 의한 발전 전략 수립

1. 개 요

본 연구의 목적을 달성하기 위한 분석의 틀에 의해 인공지능(AI) 기반의 국가위기관리정책 발전을 위한 요소를 도출하였다. 이를 바탕으로 중요성과 시급성을 기준으로 요소별 가중치와 우선순위를 전문가 집단에 의해 평가하였다. 평가 결과에 따라서 중요성과 시급성을 모두 고려한 정책 영역을 구분하여 요소들을 분류하였다. 이를 바탕으로 SWOT 발전전략을 수립할 수 있다. SWOT 분석 결과에 따른 발전전략 수립은 중요성과 시급성을 기준으로 AHP 분석 결과 영역별 가중치가 높은 요소를 우선 고려하였다.

발전전략은 앞서 실시한 전문가 인터뷰와 토론 결과, SPRO 분석, PEST 분석, SWOT 분석 결과를 바탕으로 실시한 AHP 분석 결과에 대하여 다음과 같은 기준을 적용하여 수립하였다. 첫째, 내부역량의 강점 요인을 강화하고 약점 요인은 보완하며 둘째, 외부환경의 기회 요인은 최대한 활용하고 위협 요인은 최소화 하거나, 제거 또는 회피한다. 셋째, 위 내용을 바탕으로 발전 전략의 실행력을 강화하기 위하여 강점은 강화하고 기회는 활용하는 SO전략, 강점을 활용하여 외부의 위협을 극복하는 ST전략, 외부환경의 기회를 활용하여 내부 약점을 보완하는 WO전략 그리고 약점을 보완하여 위기를 극복하기 위한 WT전략 등으로 조합하여 전략을 구성한다. 넷째, 전략 조합 시에는 각 영역별로 우선순위가 가장 높은 요소를 조합하여 전략을 수립한다. 또한 AHP 분석 결과 발전전략 수립을 위해 중요성과 시급성 두 가지를 기준으로 포트폴리오를 구성하였는데 이는 인공지능(AI) 기반의 국가위기관리정책의 발전을 위해 상대적으로 더욱 비중 있는 정책과 현재 신속한 대응이 필요한 정책이 있을 수 있으며, 양자 간에 다른 정책적 우선순위가 있는 경우 중요성과 시급성을 고려한 종합적인 고찰이 필요하기 때문이다.

2. 발전 전략 수립

가. 중요성 기준의 분석 결과에 의한 발전 전략 수립

SWOT 영역별 가중치가 가장 높은 요소를 적용하여, 강점으로 기회를 활용하는 SO전략은 강점인 S2. 한국의 우수한 정보통신 인프라 구축으로 비용 절감과 기회인 O4. 정보통신기술(ICT)을 활용한 위기 대응 강화, 강점으로 위협에 대응하는 ST전략은 강점인 S2. 한국의 우수한 정보통신 인프라 구축으로 비용 절감과 위협인 T3. 인공지능(AI) 개발과 운용에 따른 윤리 문제 발생, 기회를 활용하여 약점을 보완하는 WO전략은 약점인 W2. 정보통신기술(ICT) 개발 협업의 제한으로 산업생태계 발전 제한, O4. 정보통신기술(ICT)을 활용한 위기 대응 강화, 약점과 위협을 회피하는 WT전략은 약점인 W2. 정보통신기술(ICT) 개발 협업의 제한으로 산업생태계 발전 제한, T3. 인공지능(AI) 개발과 운용에 따른 윤리 문제 발생 요인을 적용하여 〈표 5-23〉과 같이 전략을 수립하였으며, 지각도는 〈그림 5-1〉과 같다. 전략별 가중치를 기준으로는 WT전략(0.7679), ST전략(0.5772), WO전략(0.4227), SO전략(0.2320)순으로, 중요성 측면에서는 WT전략이 가장 우선적인 전략으로 분석되었다.

〈표 5-23〉 SWOT-AHP 분석에 따른 중요성 측면의 발전전략

구 분	강 점(Strength)	약 점(Weakness)
기 회 (Opportunity)	〈SO전략: 활용전략〉 강점으로 기회를 활용하는 전략	〈WO전략: 보완전략〉 기회를 활용하여 약점을 보완하는 전략
위 협 (Threat)	〈ST전략: 대응전략〉 강점으로 위협에 대응하는 전략	〈WT전략: 회피전략〉 약점과 위협을 회피하는 전략

구 분		강 점(S)	약 점(W)
		S_2(0.0332) S_4(0.0306) S_3(0.0299) S_1(0.0162)	W_2(0.1062) W_4(0.0925) W_1(0.0535) W_3(0.0484)
기회 (O)	O_4(0.0416) O_3(0.0396) O_2(0.0282) O_1(0.0127)	〈S_2O_4 전략〉 정보통신 인프라를 강화하여 정보통신기술(ICT)을 활용하는 효율적인 국가위기관리	〈W_2O_4 전략〉 산 · 학 · 연 · 정부의 정보통신기술(ICT) 개발 협업으로 국가위기관리 강화
위협 (T)	T_3(0.1597) T_4(0.1560) T_2(0.0810) T_1(0.0706)	〈S_2T_3 전략〉 공공 및 민간부문의 통합된 정보통신 인프라 구축으로 인공지능(AI) 윤리 문제 해결	〈W_2T_3 전략〉 산 · 학 · 연 · 정부의 정보통신기술(ICT) 개발 협업을 통한 인공지능(AI) 윤리 강화

〈그림 5-1〉 SWOT-AHP 분석에 따른 중요성 측면의 지각도

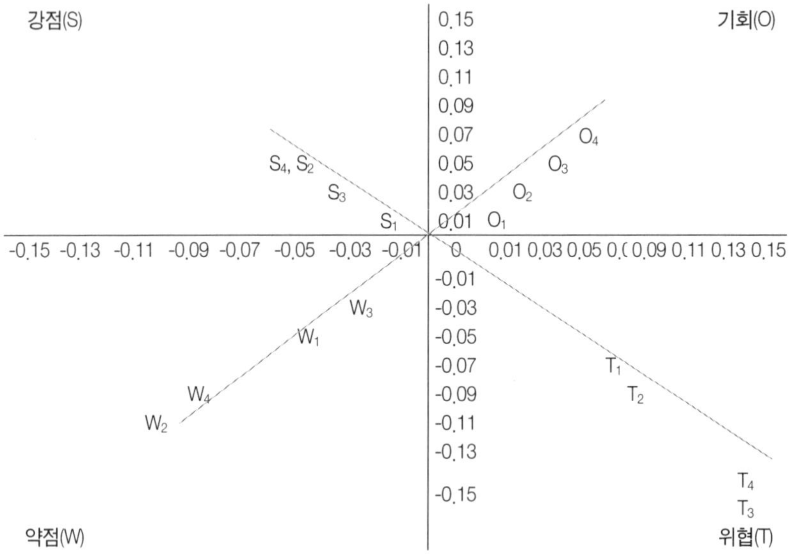

나. 시급성 기준의 분석 결과에 의한 발전 전략 수립

시급성 측면에서의 분석 결과는 중요성 측면에서의 분석 결과와 강점 영역의 요소별 우선순위만 다르고, 다른 영역별 요소의 우선 순위는 모두 같은 것으로 분석되었다. SWOT 영역별 가중치가 가장 높은 요소를 적용하여, 〈표 5-24〉와 같이 전략을 수립하였으며, 지각도는 〈그림 5-2〉와 같다. 전략별 가중치를 기준으로는 WT전략(0.7477), WO전략(0.5011), ST전략(0.4990), SO전략(0.2524) 순으로, 시급성 측면에서도 중요성 측면과 동일하게 WT전략이 가장 우선적인 전략으로 분석되었다.

〈표 5-24〉 SWOT-AHP 분석에 따른 시급성 측면의 발전 전략

구 분	강 점(Strength)	약 점(Weakness)
기 회 (Opportunity)	〈SO전략: 활용전략〉 강점으로 기회를 활용하는 전략	〈WO전략: 보완전략〉 기회를 활용하여 약점을 보완하는 전략
위 협 (Threat)	〈ST전략: 대응전략〉 강점으로 위협에 대응하는 전략	〈WT전략: 회피전략〉 약점과 위협을 회피하는 전략

구 분		강 점(S) S2(0.0294) S3(0.0223) S4(0.0190) S1(0.0133)	약 점(W) W2(0.1253) W4(0.1238) W1(0.0464) W3(0.0372)
기회 (O)	O4(0.0686) O3(0.0432) O2(0.0382) O1(0.0184)	〈S2O4 전략〉 정보통신 인프라를 강화하여 정보통신기술(ICT)을 활용하는 효율적인 국가위기관리	〈W2O4 전략〉 산・학・연・정부의 정보통신기술(ICT) 개발 협업으로 국가위기관리 강화
위협 (T)	T3(0.1291) T4(0.1234) T2(0.1178) T1(0.0447)	〈S2T3 전략〉 공공 및 민간부문의 통합된 정보통신 인프라 구축으로 인공지능(AI) 윤리 문제 해결	〈W2T3 전략〉 산・학・연・정부의 정보통신기술(ICT) 개발 협업을 통한 인공지능(AI) 윤리 강화

〈그림 5-2〉 SWOT-AHP 분석에 따른 시급성 측면의 지각도

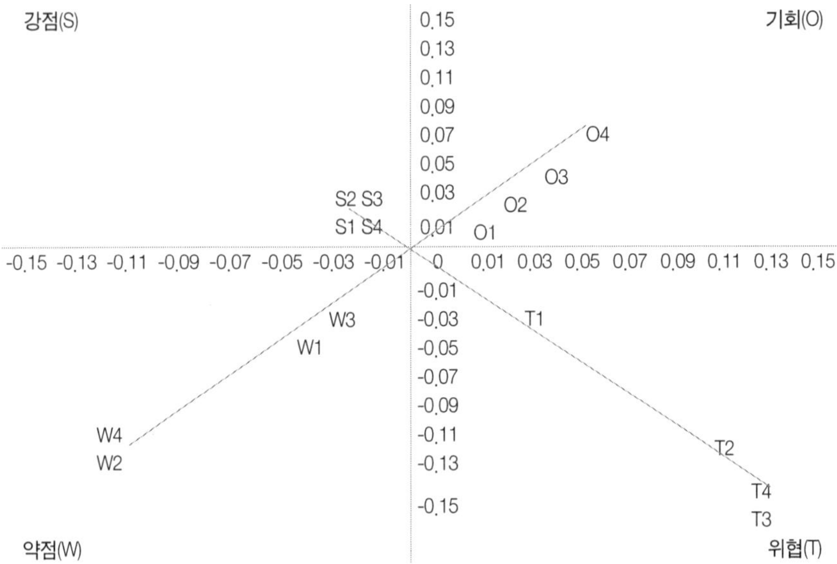

다. 정책 포트폴리오 구성

중요성과 시급성 기준의 평가결과에 따른 요소별 정책수립의 우선순위를 판단하기 위해 포트폴리오를 〈표 5-25〉와 같이 구성하였다.

〈표 5-25〉 중요성과 시급성에 따른 요소별 정책 영역

시급성	낮음 (중요성)	높음 (중요성)
높음	II영역 단기적 정책과제	I 영역 최우선 정책과제
낮음	IV영역 현 수준 유지	III영역 중장기적 정책과제

· I 영역 : 중요성과 시급성이 모두 높아 최우선적으로 고려되어야 하는 정책

· II 영역 : 중요성은 낮으나 시급성이 높아 긴급한 대응이나 지원의 필요성이 높은 정책으로 단기적 추진 고려

· Ⅲ영역 : 중요성은 높으나 현재 신속한 대응이나 지원의 순위는 상대적으로 낮은 정책
· Ⅳ영역 : 중요성과 시급성이 모두 낮은 정책으로 향후 현재와 같은 수준을 유지하며 중장기적으로 추진할 정책

포트폴리오는 중요성과 시급성별 각 요소들의 전체 우선순위를 기준으로 〈그림 5-3〉과 같이 구성하였다.

〈그림 5-3〉 중요성과 시급성에 따른 정책 포트폴리오

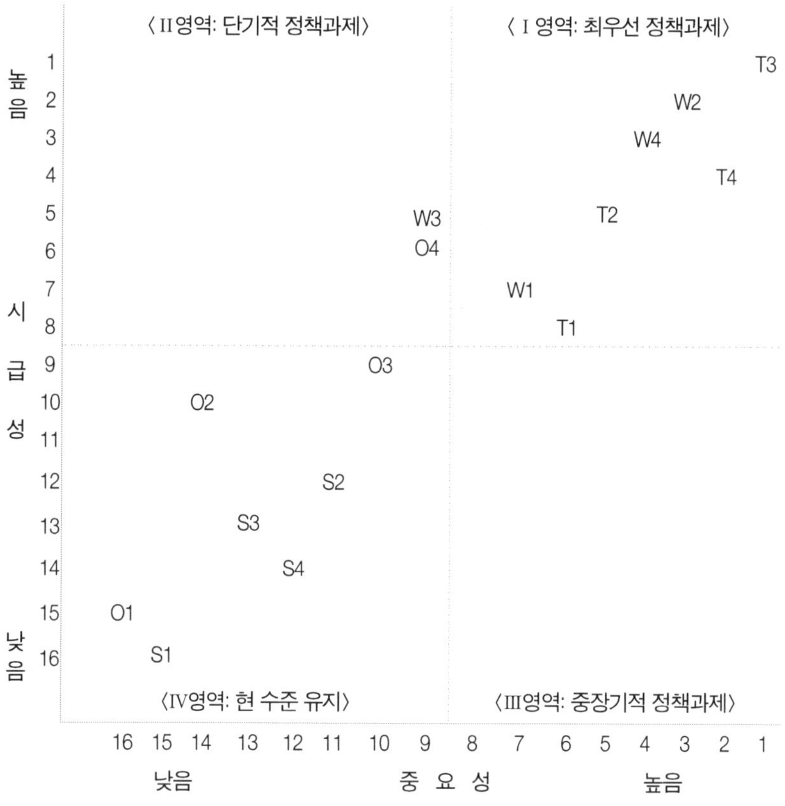

시급성	〈III영역: 중장기적 정책과제〉	〈IV영역: 현 수준 유지〉
높음 1–8	•O4. 정보통신기술(ICT)을 활용한 위기 대응 강화 •W3. 인공지능(AI) 등 정보통신기술(ICT) 연구인력 양성 및 연구 여건 미흡	•T3. 인공지능(AI) 개발과 운용에 따른 윤리 문제 발생 •W2. 정보통신기술(ICT) 개발 협업의 제한으로 산업생태계 발전 제한 •T4. 자국의 정보통신기술(ICT) 보호 정책 강화 •W4. 사이버 공격에 대한 예방 및 대응체계 미흡 •T2. 국가위기상황 발생시 막대한 복구비용 지출 •W1. 데이터를 근거로 하는 정부 정책 결정 미흡 •T1. 정보통신기술(ICT) 발전으로 신무기 개발로 인한 군사위협 증대
9–16 낮음	•O3. 정보통신기술(ICT)을 적용하는 대상 및 범위 확대 추세 •O2. 정보통신기술(ICT)에 의한 위기 상황 예측 및 대응 강화 •S2. 한국의 우수한 정보통신 인프라 구축으로 비용 절감 •S3. 산·학·연·정부 협업체계 강화로 4차 산업혁명시대 선제적 대응 •S4. 정보통신기술(ICT) 연구개발(R&D) 혁신정책추진 •O1. 인공지능(AI) 등 정보통신기술(ICT) 관련 국가정책 적극 추진 •S1. 정부의 포괄안보 및 산업혁명 변화 적극 수용과 대응	
	〈 I 영역: 최우선 정책과제〉	〈II영역: 단기적 정책과제〉

세로축 시급성: 높음 1 2 3 4 5 6 7 8 9 10 11 12 13 14 15 16 낮음

가로축 중요성: 16 15 14 13 12 11 10 9 8 7 6 5 4 3 2 1 (낮음 — 중 요 성 — 높음)

제5절 소결론

분석 결과의 주요 특징을 살펴보면, 첫째, 중요성과 시급성 측면에서 인공지능(AI) 기반의 국가위기관리정책 발전을 위한 요소 중 우선순위 1순위로 동시에 일치하는 요소가 있었다. 이는 전문가들이 중요하면서 동시에 시급하게 필요한 정책을 동일하게 인식하고 있는 것으로 해석할 수 있다. 따라서 우선순위 1순위 요소인 인공지능(AI) 개발과 운용에 따른 윤리 문제 발생에 대하여 우선적인 발전 전략을 마련하는 것이 필요함을 알 수 있었다. 둘째, 전문가들은 중요성과 시급성 측면에서 현재 한국 정부가 추진 중이거나 일부 성과가 있는 강점(S) 영역의 요인보다는 위협(T) 영역의 요인들을 우선적으로 평가하였다. 즉, 인공지능(AI) 기반의 국가위기관리정책 발전을 위한 중요하면서도 시급한 영역으로 인식을 같이 하여 평가한 것으로 볼 수 있다. 셋째, 인공지능(AI) 기반의 국가위기관리정책 발전을 위해서는 기술 개발이나 정책의 추진 등 현재 진행 중인 것보다는 현재의 문제점이나 미래에 발생 가능한 문제에 대하여 우선적으로 인식하고 있다는 것을 알 수 있다. 특히, 중요성과 시급성 측면에서 모두 1순위로 평가된 인공지능(AI) 개발과 운용에 따른 윤리 문제 발생은 기술적 측면보다는 제도적 측면의 발전이 필요한 부분이다. 이미 유럽연합(EU)과 OECD에서 이와 관련한 문제의 발생을 예방하고자 정책적 추진을 하였으며, 한국 정부도 이와 같은 정책을 추진했음을 앞서 살펴보았다.

분석 결과에 따라서, 인공지능(AI) 기반의 국가위기관리정책 발전을 위한 전략적 정책은 약점(W) 및 위협(T) 영역에 있는 요인 중에서 중요성과 시급성 측면에서 우선순위가 상위인 요인을 우선으로 수립하는 것이 필요하다.

중요성과 시급성을 기준으로 평가했을 때 두 가지 기준에서 모두 WT전략이 가장 우선적인 전략으로 분석되었으며, 각 전략들의 영역별 가중치가 가장 높은 요소들도 모두 동일하였다. 따라서 영역별 전략도 동일하게 수립하였다.

WT전략은 W2. 정보통신기술(ICT) 개발 협업의 제한으로 산업생태계 발전 제한과 T3. 인공지능(AI) 개발과 운용에 따른 윤리 문제 발생을 고려한 W2T3전략이 선정되었다. 이 전략은 정보통신기술(ICT) 개발을 위한 산·학·연·정부의 협업을 강화하여 산업생태계의 발전을 통해 인공지능(AI)의 개발과 운용시 발생 할 수 있는 윤리 문제를 사전에 방지하거나 해결하여 인공지능(AI)을 기반으로 하는 국가위기관리에 대한 신뢰도를 높일 수 있는 전략이다. 이 전략은 S2T3전략과 같이 국가위기관리 시 인공지능(AI) 운용에 대한 신뢰도가 향상되는 기대효과가 있다.

ST전략은 S2. 한국의 우수한 정보통신 인프라 구축으로 비용 절감과 T3. 인공지능(AI) 개발과 운용에 따른 윤리 문제 발생을 고려한 S2T3전략이 선정되었다. 이 전략은 공공부문간, 공공 및 민간부문간 통합된 정보통신 인프라를 구축하여 데이터와 알고리즘에 대한 투명성 제고를 통해 인공지능(AI) 운용에 대한 윤리적 문제를 해결하는 전략이다. 이 전략은 W2T3전략과 같이 국가위기관리 시 인공지능(AI) 운용에 대한 신뢰도가 향상되어 인공지능(AI) 운용 결과에 대한 인식과 수용이 향상될 것으로 기대되는 전략이다.

WO전략은 W2. 정보통신기술(ICT) 개발 협업의 제한으로 산업생태계 발전 제한과 O4. 정보통신기술(ICT)을 활용한 위기 대응 강화를 고려한 W2O4전략이 선정되었다. 이 전략은 산·학·연·정부의 정보통신기술(ICT) 개발 협업을 통해 국가위기관리를 강화하는 전략이다. 이 전략은 인공지능(AI) 운용을 위한 기술개발이 더욱 향상되는 기대효과가 있다.

SO전략은 S2. 한국의 우수한 정보통신 인프라 구축으로 비용 절감과 O4. 정보통신기술(ICT)을 활용한 위기 대응 강화를 고려한 S2O4전략이 선정되었다. 이 전략은 인공지능(AI) 기반의 국가위기관리정책 발전을 위해 한국의 우수한 정보통신 인프라를 더욱 강화하여 정책에 소요되는 시간적 기회적 비용을 낮추고 효율적인 국가위기관리를 가능하게 하는 전략이다. 이 전략은 국가 위기 상황 시 더욱 효과적이고 효율적인 대응이 가능해지는 기대효과가 있다.

WT전략과 ST전략은 앞서 SWOT 영역별 요소들에 대한 중요성과 시급성을 기준으로 가중치와 우선순위를 평가했을 때, 두 가지 기준에서 모두 1순위로 평가된 T3. 인공지능(AI) 개발과 운용에 따른 윤리 문제 발생에 대한 전략으로서, 전문가들이 공통으로 인식하고 있는 인공지능(AI) 윤리에 대한 전략이 수립되어, 전략 수립의 논리적 타당성이 갖추어져 있음을 알 수 있다.

본 연구의 목적 달성을 위하여 연구자의 주관성을 최대한 배제하고 연구 결과의 객관성과 타당성을 유지하기 위하여 정성적 연구방법인 전문가 인터뷰, 전문가 토론, SPRO 분석, PEST 분석, SWOT 분석과 정량적 분석방법인 AHP 분석을 순차적으로 실시하여 논리적 정합성을 강화하였다. 또한 각 단계별 분석 결과는 전문가에게 자문하여 정리하고, 다음 단계의 연구방법에 적용하여 연구방법간의 논리적 연계성 유지와 논의의 근거가 되도록 했다. 이러한 절차를 거쳐 도출한 요소에 대하여 중요성과 시급성을 기준으로 가중치와 우선순위를 평가하였다.

평가 결과, 중요성과 시급성 두 가지 기준 모두에서 동일하게 1순위로 평가된 영역은 위협(T) 영역이었으며, 요소는 위협(T) 영역의 인공지능(AI) 개발과 운용에 따른 윤리 문제 발생이었다. 이는 전문가들이 우선적인 위협(T) 영역과 요소에 대하여 공통적으로 인식하고 있는 것으로 해석할 수 있다. 특히, 중요성을 기준으로 평가한 상위 1~2순위의 요인은 인공지능(AI) 개발과 운용에 따른 윤리 문제 발생, 자국의 정보통신기술(ICT) 보호 정책 강화이며, 시급성을 기준으로 평가한 상위 1순위 요인은 중요성을 기준으로 평가한 상위 1순위와 동일한 요인이며 2순위 요인은 정보통신기술(ICT) 개발 협업의 제한으로 산업생태계 발전 제한으로서 4가지 요인 모두 제도적 요인으로 기술의 발전보다는 제도의 발전이 우선해야 함을 전문가들이 공통으로 인식하고 평가한 것으로 해석할 수 있다. 따라서 인공지능(AI) 기반의 국가위기관리정책 발전을 위한 SWOT 전략은 인공지능(AI) 운용과 관련한 제도개선정책을 우선적으로 수립할 필요가 있는 것을 알 수 있다.

제 6 장

맺음말

포괄안보의 개념이 적용되는 제4차 산업혁명시대에서 사회과학 분야나 정책학 분야에서 더욱 다양한 관점에서의 연구와 학문적 논의가 필요한 인공지능(AI) 기반의 국가위기관리정책 발전에 관한 연구를 위해 연구자의 주관성을 최대한 배제하고 객관성과 타당성을 유지할 수 있는 연구방법을 적용하였다. 즉, 학술적이고 이론적인 접근의 부족함을 극복하기 위해 본 연구에서는 위기관리, 정책결정, 인공지능(AI) 운용에 관한 이론적 논의와 선행연구에 대한 고찰을 통한 다학제적 융합, 인공지능(AI) 운용과 연구개발(R&D)에 직접 참여하는 전문가를 대상으로 실시한 인터뷰, 인공지능(AI) 등 정보통신기술(ICT) 분야와 안보 및 재난 분야의 산 · 학 · 연 · 정부 중앙 부처에서 오랜 기간 재직 중인 전문가를 대상으로 실시한 전문가 토론 등의 다양한 방법으로 본 연구의 목적을 달성하기 위해 선정한 분석 요소인 한국의 위기관리정책 역량, 국가위기관리 환경 변화 요인, 인공지능(AI)의 정책결정 지원, 인공지능(AI) 기반의 국가위기관리정책 영향 요인, 인공지능(AI) 운용 관련 제도에 대하여 다양한 연구방법을 적용하고 포괄적으로 분석하여 인공지능(AI) 기반의 국가위기관리정책 발전 요소를 도출하였다. 도출한 요소에 대하여 정책적 중요성과 시급성을 기준으로 전문가 토론 참여자를 대상으로 AHP 설문을 하였다. 즉, 본 연구는 산업과 연구개발(R&D) 현장, 학문 탐구, 정책 수립을 담당하고 있는 현업 중심 전문가들의 전문성을 기초로 탐색적으로 분석하는 방법론에 의한 연구를 수행하였다.

본 연구는 이러한 현장 중심의 연구를 통해서 포괄안보의 개념이 적용되는 제4차 산업혁명시대가 본격적으로 전개되는 시점에서 한국이 처해 있는 국내 · 외 정치적 · 경제적 · 사회적 · 기술적 환경에서 인공지능(AI)을 기반으로 하는 국가위기관리정책의 발전을 위한 요소와 요소 간 우선순위를 도출하여 발전전략을 수립한 것에 대하여 학문적 의의가 있겠다. 이러한 본 연구의 결과를 요약하면 다음과 같다.

포괄안보의 개념이 적용되는 제4차 산업혁명시대에서는 인공지능(AI)을 기반으로 하는 국가위기관리가 필요하다는 것을 정보통신기술(ICT)과 안보 및 재난 분야에서 오랜 기간 재직 중인 전문가들과의 인터뷰, 토론, 설문 등을 통해서 확인하였다. 또한 국가위기관리에 인공지능(AI)이 효과적이고 효율적으로 활용될 수 있음을 알 수 있었다.

이에 대하여 전문가 집단에 의한 SWOT-AHP 분석 결과, 중요성과 시급성을 기준으로 평가했을 때, 두 가지 기준에서 모두 1순위 요소로 평가된 인공지능(AI) 개발과 운용에 따른 윤리 문제 발생 요소가 전문가들이 공통으로 인식하는 것임을 알 수 있었다. 중요성과 시급성 기준의 평가 결과에 따른 요소별 정책 수립의 우선순위를 판단한 포트폴리오에서 최우선 정책과제로 분석된 요소들은 모두 WT전략이 적용되는 요소들로서 WT전략에 의해 가장 우선적으로 수립되어야 하는 정책대상으로 분석되었다. WT전략은 산 · 학 · 연 · 정부의 정보통신기술(ICT) 개발 협업을 통한 인공지능(AI) 윤리 강화이며, ST전략은 공공 및 민간부문의 통합된 정보통신 인프라 구축으로 인공지능(AI) 윤리 문제를 해결하고, WO전략은 산 · 학 · 연 · 정부의 정보통신기술(ICT) 개발 협업으로 국가위기관리 강화이고, SO전략은 정보통신 인프라를 강화하여 정보통신기술(ICT)을 활용하는 효율적인 국가위기관리 전략이 수립되었다.

본 연구의 목적을 달성하기 위해 연구한 결과, 중요성과 시급성을 기준으로 최우선 정책과제로 분류된 요소들을 고려하여 정치적 · 경제적 · 사회적 · 기술적 · 운용적 관점에서 정책적 제언을 하고자 한다.

첫째, 정치적 관점의 제언으로서 인공지능(AI) 기반의 국가위기관리체계를 구축하여야 한다. 탈냉전 이후 포괄안보 개념이 적용되는 제4차 산업혁명시대에는 급변하는 환경으로 말미암아 새로운 위협 요인들이 발생하여 국가의 존립과 국민의 안녕을 위태롭게 한다. 따라서 위기관리 단계별로 제한되는 자원을 효율적으로 운용하여 대응하는 것이 필요하다. 이를 위해 지능정보사회에서 지능형 정부의 인공지능(AI)을 기반으로 하는 국가위기관리체계의 구축이 시급하다.

둘째, 경제적 관점의 제언으로서 데이터를 근거로 하는 국가위기관리 정책결정이 이루어져야 한다. 정보통신기술(ICT)과 컴퓨팅 기술의 발전으로 데이터 수집 · 보관 · 처리 · 분석 등 정책결정을 위한 데이터 관리와 운용 환경은 과거와 비교할 수 없을 정도로 향상되었다. 인공지능(AI)은 이러한 데이터를 근거로 하는 정책결정을 위해 운용되는 기술이다. 따라서 정책결정권자는 인공지능(AI) 운용에 필요한 데이터를 근거로 하는 정책결정에 따른 기회비용과 사회적 비용을 최소화하면서, 더욱 실효성 높고 효율적인 정책의 집행이 가능하다.

셋째, 사회적 관점의 제언으로서 인공지능(AI) 기술 개발 수준을 고려한 윤리적 법적 제도의 마련이 필요하다. 인공지능(AI)의 상용화와 자율적 의사결정의 범위가 넓어짐에 따라 알고리즘의 불완전성으로 인한 불안감과 도덕적 이슈, 사생활 및 인격 침해, 인공지능(AI)의 자율적 의사결정에 대한 법적 책임 소재, 인공지능(AI) 윤리 등이 사회문제화 되어가고 있다. 이미 선진국에서는 인공지능(AI) 기술의 윤리적, 법률적 문제에 대하여 적극적으로 대응하고 있다. 한국도 선진국의 대응을 참고하여 인공지능(AI)의 기술 개발 수준을 고려한 윤리적, 법적 제도를 마련하는 것이 필요하다. 그러나 과도한 제재는 오히려 기술 개발의 저해 요인이 될 수 있다는 것도 고려해야 한다.

넷째, 기술적 관점의 제언으로서 산 · 학 · 연 · 정부의 인공지능(AI) 연구개발(R&D)을 위한 협업을 강화해야 한다. 제4차 산업혁명시대의 동인은 정보통신기술(ICT)의 발전에 있다. 인공지능(AI)은 그러한 기술들을 통합하여 구현하는 첨단에 위치한다. 산 · 학 · 연 · 정부의 인공지능(AI) 연구개발

(R&D) 협업을 통해 한국은 국제사회에서 인공지능(AI) 기술의 선도적 역량 발휘가 가능하다. 따라서 인공지능(AI) 연구개발(R&D)을 위한 다양한 측면에서의 산 · 학 · 연 · 정부 협업의 강화가 필요하다.

다섯째, 운용적 관점의 제언으로서 인공지능(AI)의 원활한 운용을 위한 데이터 인프라와 통합플랫폼의 구축이 이루어져야 한다. 공공기관 간, 공공 및 민간부문 간 정보체계 연동을 통한 데이터 공유와 초고속 통신망을 바탕으로 하는 데이터 인프라와 통합플랫폼의 구축은 인공지능(AI) 운용을 위한 데이터 수집과 학습기능을 더욱 강화시켜 정책결정권자에 대한 지원능력이 향상되어, 인공지능(AI) 운용 결과에 대한 신뢰도가 더욱 향상 될 것이다. 또한 이러한 정보체계에 대한 사이버 공격으로부터의 보호체계도 함께 강구되어야 한다. 이제 데이터는 새로운 자본적 요소가 되어가고 있다. 따라서 사이버 공격에 선제적으로 대응하여 안정적인 정보체계의 운용과 데이터 보호가 이루어져야겠다.

본 연구의 결론이 국가위기관리에 정책적으로 미치는 영향과 실무적으로 적용할 수 있는 시사점은 다음과 같다. 첫째, 위기관리 정책결정권자가 인공지능(AI) 운용에 관한 필요성을 인식할 것으로 기대된다. 위기의 원인과 유형이 다양해지고 그에 따른 피해의 규모와 형태가 복합 대형화되면서 복원력이 점차 약해지고, 방대한 분량의 정형 및 비정형 데이터가 끊임없이 생산되는 현대사회에서 위기관리 단계별로 데이터에 근거한 최적의 대응방안을 정책결정권자에게 제시해 주는 인공지능(AI) 운용의 필요성에 대한 인식은 더욱 증대될 것이다. 둘째, 국가위기관리에 활용되는 인공지능(AI) 등 다양한 정보통신기술(ICT)에 대한 산 · 학 · 연 · 정부의 연구개발(R&D) 등 관계기관들의 협업이 더욱 강화될 것으로 기대된다. 특히, 공공부문간 그리고 공공부문과 민간부문간 다양한 영역에서의 인프라와 통합플랫폼 구축은 지능정보사회에서 더욱 합리적인 인공지능(AI) 기반의 국가위기관리정책을 발전되게 할 것이다. 셋째, 인공지능(AI) 기반의 국가위기관리체계 구축을 위한 기술개발과 함께 현실적인 윤리 제도의 마련이 기대된다. 정책결정권자의 인공지능(AI) 운용에 따른 결과에 대한 인식과 수용의 향상과 기술개발 등을 위한 산 · 학 · 연 · 정부의 협업체계 강화를 위해 지속적인 신뢰 향상을 위해서는 기술의 수준과 부합하는 현실적인 윤리 제도의 마련이 필요하다.

본 연구의 목적을 달성하기 위한 연구방법으로 인공지능(AI) 등 정보통신기술(ICT)과 안보 및 재난 분야에서 오랜 기간 재직 중인 전문가를 대상으로 실증분석을 하였다. 하지만 전문가의 특성상 특정 분야에 국한되었기에 국가위기관리라는 포괄적 개념에 대하여 통찰하는 관점에서의 분석은 제한되어, 연구결과의 유효성에 한계가 있다. 이러한 한계를 바탕으로 후속 연구의 발전을 위한 연구 방향은 다음과 같다.

첫째, 다양한 분야에서의 전문가를 대상으로 하는 연구가 필요하다. 본 연구는 특정 분야에 한하여 전문가 표본 수를 제한해서 더욱 유의미한 실증분석에 한계가 있다. 특히, 국방분야 인공지능(AI) 운용과 연구개발(R&D) 전문가를 표본에 포함하지 못했으며, 분야별 소수의 전문가를 표본으로 구성하여 해 분야 전체의 일반적 의견으로 해석될 수 있는 생태적 오류가 있어 근본적인 한계를 지니고 있다. 표본 구성에 따라 도출되는 요인과 우선순위가 달라질 수 있으므로, 표본의 대상과 수를 다양하게 한다면 더욱 유의미한 연구 결과의 도출이 가능할 것이다.

둘째, 본 연구는 정성적 분석 방법과 정량적 분석 방법을 순차적으로 적용하였다. 그러나 다양한 정성적 연구 방법의 적용과 달리 정량적 연구 방법은 AHP 분석만을 적용하여 연구자의 주관적 개입의 여지가 있을 수 있다. 따라서 연구자의 주관적 개입을 최소화하고 연구의 객관성과 타당성을 유지하기 위해서 델파이(DELPHI) 기법 등 다양한 정량적 연구 방법을 다층적으로 적용하는 연구가 필요하다.

셋째, 인공지능(AI) 운용과 연구개발(R&D) 관련 국내 · 외 다양한 분야에서의 사례분석 연구가 이루어지는 것이 더욱 유의미한 연구 결과의 도출에 필요하다. 포괄안보 개념이 적용된 국가위기관리는 다양한 분야의 사례연구는 실질적인 연구 결과 도출에 도움이 될 수 있다. 따라서 향후 연구에서는 사례에 대한 분석이 필요하다.

넷째, 본 연구 결과의 객관성과 타당성을 유지하기 위해 전문가의 자문을 구해서 인터뷰 질의지, 토론 의제 등을 구성하였으나, 연구에 참여한 전문가 중 일부를 대상으로 연구자가 개별적으로 자문을 구했기에 이러한 절차에 대한 객관성을 보장할 수 있는 연구 방법을 개발하여 적용하는 것이 필요하다.

다섯째, 본 연구에서는 SWOT-AHP 분석 결과 도출된 요인 중 전략 영역별 1순위의 요인만을 고려하여 발전전략을 수립하였다. 하지만 차순위 요인들도 논리적으로 정교한 절차에 따라 전문가에 의해 도출된 중요한 요인이므로 가급적 다양한 요인들을 고려하여 전략을 수립하는 방법론의 개발도 유의미할 것이다.

영어약어

- ADD: Agency for Defense Development (국방과학연구소)
- AHP: Analytic Hierarchy Process (계층분석적 의사결정방법)
- AI: Artificial Intelligent (인공지능)
- AIaaS: AI as a Service (서비스형 인공지능)
- AR: Augmented Reality (증강현실)
- ARF: ASEAN Regional Forum (아세안지역포럼)
- CPS: Cyber-Physical System (사이버-물리 시스템)
- CSCE: Conference on Security and Cooperation in Europe (유럽안전보장협력회의, 1996년 OSCE로 개칭)
- DARPA: The Defence Advanced Research Projects Agency (고등연구계획국, 미국)
- DEFCON: Defense Readiness Condition (방어준비태세)
- DRSS: Disaster Resource Sharing System (재난관리자원공동활용시스템)
- EMP: Electro-Magnetic Pulse (전자기폭탄)
- EBP: Evidence-Based Policy-making (증거기반 정책수립)
- ETRI: Electronics and Telecommunications Research Institute (한국전자통신연구원)
- FEMA: Federal Emergency Management Agency (연방재난관리청, 미국)
- GIS: Geographic Information System (지리정보시스템)
- GPS: Global Positioning System (위성항법장치)
- ICT: Information and Communications Technology (정보통신기술)
- IoT: Internet of Things (사물인터넷)
- IT: Information Technology (정보기술)
- ITU: International Telecommunication Union (국제전기통신연합)
- LBS: Location Based Services (위치기반기술)
- MR: Mixed Reality (혼합현실)

- NCCN: National Comprehensive Cancer Network (국립종합암네트워크, 미국)
- NDMS: National Disaster Management System (국가재난관리정보시스템)
- NGO: Non-Governmental Organization (비정부기구)
- NPT: Nuclear nonproliferation Treaty (핵 확산금지 조약)
- OECD: Organization for Economic Cooperation and Development (경제협력개발기구)
- RFID: Radio Frequency Identification (무선전자태그)
- SLBM: Submarine-Launched Ballistic Missile (잠수함 발사 탄도미사일)
- SNS: Social Network Services (사회관계서비스)
- SW: Soft Ware (컴퓨터 관리 프로그램)
- VR: Virtual Reality (가상현실)
- WEF: World Economic Forum (세계경제포럼)
- WMD: Weapons of Mass Destruction (대량살상무기)
- XAI: eXplainable AI (설명 가능한 인공지능)

참고문헌

1. 국내 문헌

가. 단행본

김열수,『21세기 국가위기관리체제론』, 서울: 오름, 2005.

김영준,『국가이익과 국가정책』, 서울: 신명문화사, 2005.

김윤옥,『교육연구를 위한 질적연구방법과 설계』, 서울: 문음사, 2001.

구영록,『한국의 국가이익』, 서울: 법문사, 2005.

국정기획자문위원회,『문재인 정부 국정운영 5개년 계획』, 서울: 진한엠엔비, 2017.

마쓰오 유타카, 박기원 편,『인공지능(AI)과 딥러닝』, 서울: 동아엠앤비, 2015.

미카엘 한델, 김진호 역,『약소국생존론』, 서울: 대왕사, 1995.

박우순,『현대조직론』, 서울: 법문사, 1996.

박휘락,『정보화 시대 국방개혁의 이론과 실제』, 서울: 법문사, 2008.

앨빈 토플러, 원창엽 역,『제3의 물결』, 서울: 홍신문화사, 2006.

유기웅 외,『질적연구방법의 이해』, 서울: 박영사, 2015.

온만금,『국가안보론』, 서울: 박영사, 2001.

이달곤 외,『정책사례 연구』, 서울: 대영문화사, 2006.

이동훈,『위기관리의 사회학』, 서울: 집문당, 1999.

이재은,『위기관리학』, 서울: 대영문화사, 2012.

전호훤,『국가안보론 이론과 실제』, 대전: 한밭대학교 출판부, 2009.

정정길 · 이시원 · 정준금 · 김재훈 · 권혁주 · 문명재 · 김두래,『새로운 패러다임 행정학』, 서울: 대명출판사, 2017.

정찬권,『21세기 포괄안보 시대의 국가위기관리론』, 서울: 대왕사, 2010.

조근태 · 조용곤 · 강현수,『앞서가는 리더들의 계층분석적 의사결정』,서울: 동현출판사, 2003.

조영갑,『국가위기관리론』, 서울: 선학사, 2006.

존 케네스 갤브레이스, 원창화 역, 『불확실성의 시대』, 서울: 홍신문화사, 2011.
채경석, 『위기관리정책론』, 서울: 대왕사, 2007.
하정열, 『국가전략론』, 서울: 박영사, 2009.
한영수 · 강현철, 『국가위기관리 법제의 개선방안 연구』서울: 한국법제연구원, 2010.
한용섭, 『자주냐 동맹이냐』, 서울: 오름, 2004.
한창수 · 류영선, 『지능형 서비스 로봇의 설계와 응용』, 서울: 청미디어, 2008.
황진환, 『협력안보시대에 한국의 안보와 군비통제: 남북한, 동북아 국제군비통제를 중심으로』, 서울: 도서출판 봉명, 1998.
허범, 성균관대학교 편, 『행정학개론』, 서울: 대영문화사, 1998.
Cresswell, J. W., 조흥식 · 정선욱 · 김진숙 · 권지성 역, 『질적 연구방법론: 다섯 가지 접근』, 서울: 학지사, 2012.
Toffler, A., 유재천 역, 『제3의 물결』, 서울: 학원사, 1986.

나. 논 문

강희조, "공공안전 재난관리를 위한 차세대 통합무선 재난통신," 『한국정보기술학회논문지』 제9권 제10호, 2011.
______, "4차 산업혁명 기반 스마트 재난안전관리 대응체계 구축," 『디지털콘텐츠학회논문지』 제19권 제3호, 2018.
권설아 · 이재은 · 변성수 · 조민상 · 류상일, "국가안전관리 기본계획의 실태 분석 및 개선 방안," 『한국정책논집』 제18권, 2018.
권오윤 · 김규동, "사물인터넷 활용사례 분석을 통한 발전방안," 『IT마케팅학회 논문집』 제1권 제1호, 2015.
길병옥 · 허태회, "국가 위기관리체계 확립방안 및 프로그램 개발에 관한 연구," 『국제정치논총』 제43권 제1호, 2003.
김덕영, "21세기 국가안보의 경제적 쟁점: 경제안보 이론체계의 구상," 『국방연구』 제43권 제1호, 2000.
김병운, "인공지능(AI) 동향분석과 국가차원 정책제언," 『정보화정책』 제23권 제1호, 2016.
김병조, "'사회안보'이론의 한국적 적용: 도입, 채택, 발전," 『국방연구』 제54권 제1

호, 2011.
김병조 · 은종환, "행정-정책 의사결정에서 머신러닝(machine learning) 방법론 도입의 정책적 함의: 기계의 한계와 증거기반 의사결정," 『한국행정학보』 제54권 제1호, 2020.
김성한, "미국 트럼프 행정부 출범과 한미관계의 방향," 『신아세아』 제24권 제1호, 2017.
김열수 · 김경규, "트럼프 시대의 한미 군사쟁점과 대응방향," 『신아세아』 제24권 제1호, 2017.
김영철 · 정재필 · 이상미, "IT와 재난관리," 『전자공학회지』 제35권 제12호, 2008.
김영호, "비전통적 안보위협과 군의 역할," 『평화연구』 제17권 제2호, 2009.
김용현 · 박영주, "국가정체성 확립을 위한 대학생의 안보의식 실태 및 고취방안에 관한 연구," 『한국위기관리논집』 제7권 제1호, 2011.
김진항, "포괄 안보시대의 한국 국가위기관리시스템 구축에 관한 연구," (경기대학교 대학원 박사학위논문), 2010.
김형렬, "인식상대주의 관점에서 위기관리에 대한 방법론," 『한국위기관리논집』 제1권 제1호, 2005.
______, "정책집행에 있어서 위기관리에 관한 연구," 『사회과학논집』 제18권, 1987.
노동조, "SWOT 분석을 통한 도서관의 경쟁력 제고 방안에 관한 연구: Aeogkrry 도서관의 사례를 중심으로," 『한국문헌정보학회지』 제40권 제1호, 2006.
마정목, "미래전 대응을 위한 자율능력 관리 방안," 『국방정책연구』 제33권 제2호, 2017.
명승환, "업무수행에 있어서의 정보기술의 영향," 『한국정책학회보』 제6권 제1호, 1997.
명승환 · 최영훈 · 허철준, "정보기술이 정책결정과정에 미치는 영향: 주요 광역자치단체 공무원의 인식 변화를 중심으로," 『한국행정학보』 제41권 제4호, 2007.
문경종 · 이성호, "AHP 기법을 활용한 정책집행의 우선순위 분석," 『한국지역개발학회지』 제27권 제1호, 2015.
목진휴·최영훈·명승환, "정보기술이 정책결정과정에 미치는 영향: 주요 광역자치단체를 중심으로," 『한국행정학보』 제32권 제3호, 1998.
박계호, "한반도 위기발생시 미국의 역할 결정요인에 관한 연구," (충남대학교 대학원 박사학위논문), 2012.
박종선, "인공지능(AI)에 대한 주요국의 대응전략 및 한국의 정치발전을 위한 제언," 『법학논집』 제41권 제3호, 2017.
박진수, "이익인가, 신뢰인가?: 한미동맹의 안정적 유지를 위한 이론적 검토와 정책적 함의," 『동서연구』 제29권 제4호, 2017.
부형욱 · 최수온, "국가위기 양상의 변화와 대응방향," 『국방정책연구』 제30권 제1호, 2014.
백성호, "비대칭 안보동맹의 변화에 관한 연구," 『세계지역연구논총』 제20집, 2003.
백승익 · 임규건 · 여등승, "인공지능(AI)과 사회의 변화," 『정보화 정책』 제23권 제4호, 2016.
서상국 · 장세훈 · 김용삼, "제4차 산업혁명기 한국군의 군사력 건설 시스템 혁신 방향: 소요창출을 위한 전투발전체계 혁신을 중심으로," 『국방정책연구』 제33권 제1호, 2017.
서형준, "4차 산업혁명시대 인공지능(AI) 정책의사결정에 대한 탐색적 논의," 『정보화정책』 제26권 제3호, 2019.
설현주 · 이수훈 · 길병옥, "4차 산업혁명과 항공무인무기체계 발전 전망," 『한국군사학논총』 제6집 제2권, 2017.
성욱준, "공공부문 빅데이터 정책 활성화 연구," 『한국정책학회보』 제25권 제2호, 2016.
손화철, "인공지능(AI) 시대의 과학기술 거버넌스," 『철학사상』 제68권, 2018.
송근원 · 이영, "AHP의 일관성 향상을 위한 척도 재구성," 『사회과학연구』 제29권 제2호, 2013.
송병주, "정책결정: 정치적 결정과 행정적 결정, 탈원전 정책을 중심으로," (서울행정학회 학술대회 발표논문집), 2017.
송주일 · 장초록 · 장문엽, "지자체 현장조치 행동매뉴얼 활용성 증대를 위한 개선방안 연구," 『한국방재학회지』 제19권 제2호, 2019.
신성호, "한국의 국가안보전략에 대한 소고: 참여정부의 평화번영정책," 『국가전략』 제14권 제1호, 2008.
신진, "한국의 국방정책과 안보," 『국제정치논집』 제40집 제2호, 2000.
심준섭, "행정학 연구의 대안적 방법으로서의 방법론적 다각화(Triangulation): 질적 방법과 양적 방법의 결합," 『한국행정연구』 제17권 제2호, 2008.
안병철 · 김정렬, "정책결정모형의 얼개짜기," 『한국행정논집』 제14권 제3호, 2002.
양종모, "인공지능(AI)의 위험의 특성과 법적 규제방안," 『홍익법학』 제17권 제4호, 2016.
연현식, "9 · 11이후 동북아시아 안보환경의 변화양상과 영향: 미국 · 중국 · 일본 3국을 중심으로," 『신아세아』 제11권 제2호, 2004.
유홍준, "정보화에 따른 조직구조변화: IT 산업," (한국사회학회 2000년도 춘계심포지움 발표집), 2000.
윤광석, "행정정보공동이용제도의 개선방안에 관한 연구," 『정보화정책』 제19권 제4호, 2012.
윤상오, "전자정부 구현을 위한 개인정보보호 정책에 관한 연구," 『한국지역정보화학회지』 제12권 제2호, 2009.
______, "전자정부와 정부신뢰의 관계에 관한 연구," 『한국지역정보화학회지』 제18권 제4호, 2015.
윤상오 · 이은미 · 성욱준, "인공지능(AI)을 활용한 정책결정의 유형과 쟁점에 관한 시론," 『한국지역정보화학회지』 제21권 제1호, 2018.
윤이숙, "환경적 쟁점과 한국의 안보," 『국방연구』 제52권 제1호, 2009.
오철호, "정보공개, 증거기반 정책 그리고 빅데이터," (행정정보공유추진센터 세미나 발표자료), 2012.
______, "정책결정과정에서의 정보사용에 대한 합리모형비판," 『한국정책학회보』 제6권 제7호, 1998.
______, "정책평가와 활용: 정치심리학적 관점에서," 『행정논총』 제44권, 2006.
엄익천 · 조주연 · 이장재, "과학기술경쟁력의 제고전략 수립 방법론 개발과 적용에 관한 연구," 『한국행정학보』 제49권 제1호, 2015.
이경규, "정보권력의 견제와 균형: 빅데이터 환경의 함의를 중심으로," 『법학연구』 제17권 제4호, 2014.

이경아 · 김찬희 · 백정흠 · 심선진 · 안성민 · 안희경 · 이언 · 이선희, "Concordance Assessment and Medical Staff Satisfaction of the AI Watson," 『J Health Tech Assess』 제7권 제2호, 2019.

이다은, "4차 산업혁명과 의료? 길병원의 왓슨 도입을 중심으로," (한국과학기술학회 학술대회논문집), 2017.

이대호, "다학제 통합진료: 문제점과 해결방안", 『JKMA』 제59권 제2호, 2016.

이동규 · 이성훈, "스마트 머신(Smart Machine) 사례 - IBM Watson," 『한국정보기술학회지』 제14권 제2호, 2016.

이민호, "정보공유 및 시스템 연계통합 추진 효과성의 영향요인 탐색," 『한국사회와 행정연구』 제26권 제2호, 2015.

이성순, "평시와 전시를 연계한 효율적인 국가위기관리체계 구축방안," (경기대학교 대학원 박사학위논문), 2014.

이수지 · 정현철 · 김남주 · 서광규, "국내 클라우드 정책 현황과 클라우드 해외 진출 정책 방안," (대한안전경영과학회 춘계학술대회 발표논문집), 2018.

이수형 · 전재성, "국제안보 패러다임의 변화와 동북아 안보체제," 『국방연구』 제48권 제2호, 2005.

이신화, "국가위기관리와 조기경보: 미국 NGO 및 정당의 위기관리역할," (한국정치학회 Post-IMF Governance 하계학술회의 발표논문집), 2000.

______, "비전통적 안보와 동북아지역 협력," 『한국정치총론』 제2집 제2호, 2008.

이윤식, "정보관리와 정책과정," 『한국행정학보』 제24권 제2호, 1990.

이은미, "빅데이터의 정부 의사결정 반영에 관한 탐색적 연구: 사회적 관심의 재난위기단계 적용을 중심으로," 『한국정책학회보』 제24권 제4호, 2015.

이정일, "국가 통합위기관리체계 구축에 관한 연구," (광운대학교 대학원 박사학위논문), 2006.

______, "한국 재난관리체계에 대한 담당공무원들의 인식에 관한 연구," 『한국화재소방학회논문지』 제24권 제5호, 2010.

이주호 · 안철현 · 이재권 · 심형섭, "한국의 국가 위기관리 감사체계의 발전 방향," 『한국위기관리논집』 제8권 제5호, 2012.

이중기, "인공지능(AI)을 가진 로봇의 법적 취급: 자율주행자동차 사고의 법적 인식과 책임을 중심으로," 『홍익법학』 제17권 제3호, 2016.

이종범 · 안문석 · 이정준 · 윤견수, “정책분석에 있어서 딜레마 개념의 유용성,” 『한국행정학보』 제24권 제4호, 1991.

이재은, “국가안보 환경의 변화와 국가위기관리: 포괄적 안보개념 하에서의 국가위기 유형,” 『한국위기관리논집』 제9권 제2호, 2013.

______, “국가 위기관리의 학문적 체계화의 의의와 필요성,” 『한국위기관리논집』 제1집 제1호, 2005a.

______, “위기관리 정책에 관한 연구,” 『한국행정논총』 제10권 제1호, 1998.

______, “위기관리정책 효과성 제고와 집행구조 접근법,” 『한국정책학회보』 제9권 제1호, 2000a.

______, “통합 위기관리 시스템의 효율화 방안,” 『한국위기관리논집』 제1집 제2호, 2005b.

______, “포괄적 안보 개념하에서의 국가 위기관리 법제화의 의의와 내용 분석,” 『한국위기관리논집』 제2권 제2호, 2006.

______, “한국의 위기관리정책에 관한 연구,” (연세대학교 대학원 박사학위논문), 2000b.

이창은, “재난 구조용 다중 로봇을 위한 GNSS 음영지역에서의 TWR 기반 협업 측위 기술,” 『로봇학회논문지』 제11권 제3호, 2016.

이채언, “한국의 국가위기관리 조직체계에 관한 연구,” 『한국위기관리논집』 제8권 제4호, 2012a.

______, “한국의 국가위기관리체계 소개 및 발전방향,” 『한국군사』 제30호, 2012b.

이헌경, “테러와 비대칭 위협에 직면한 국제안보환경과 동북아 안보환경,” 『평화연구』 제12권 제2호, 2004.

이형직 · 류법모 · 임수종 · 장명길 · 김현기, “빅데이터 지식처리 인공지능(AI) 기술동향,” 『전자통신동향분석』 제29권 제4호, 2014.

이홍기, “국가 통합위기관리체제 구축 방안,” (대진대학교 대학원 박사학위논문), 2013.

임준형 · 강영철, “전자정부시스템이 공공조직 의사결정에 미치는 영향: 종합업무관리시스템을 중심으로,” 『한국지역정보화학회지』 제16권 제4호, 2013.

장필성, “2016 다보스포럼: 다가오는 4차 산업혁명에 대한 우리의 전략은?” 『과학기술정책』 제26권 제2호, 2016.

장한수 · 최원재 · 도현수, "PEST-SWOT-AHP 방법론을 적용한 국가 과학기술전략 수립에 관한 연구: 핵융합 연구개발 사례를 중심으로," 『기술혁신학회지』 제15권 제4호, 2012.

전웅, "21세기와 한국의 안보: 국제환경변화에 따른 한국의 안보 위협들," 『국방연구』 제48권 제2호, 2005.

정선양, "슘페터와 기술혁신:「경제발전의 이론」독일어 제1판의 주요 내용과 현대에 대한 시사점," 『기술혁신학회지』 제23권 제2호, 2020.

정지범, "행정학 패러다임에 입각한 국가위기관리의 진화," 『한국위기관리논집』 제6권 제2호, 2010.

정찬권, "국가위기관리체계변화의 결정요인에 관한 연구: 냉전기와 탈냉전기의 비교를 중심으로," 『군사논단』 제3호, 2008.

정충식, "국가정보화 추진체계에 대한 비판적 검토," 『한국지역정보화학회지』 제12집 제4호, 2009.

주수기, "현대 국가안보의 복합성: 군사적 · 비군사적 측면의 병합," 『단국행정논총』 제3권, 1995.

조남인, "포괄안보시대의 국가위기관리 체제에 관한 연구: 법령 및 기구개편을 중심으로," (충남대학교 대학원 박사학위논문), 2014.

조민상 · 조호대, "위기 대응 역량 강화를 위한 통합무선연결망 구축방안," 『한국위기관리논집』 제8권 제5호, 2012.

조진삼 · 안성윤 · 정운섭, "인공지능(AI) 발전이 회계감사 시장에 미치는 영향," 『회계저널』 제27권 제3호, 2018.

진상기 · 박영원, "제4차 산업혁명의 미래전략체계에 관한 연구: AHP분석을 중심으로," 『한국지역정보화학회지』 제20권 제3호, 2017.

최상일, "선진형 위기관리체계 구축을 위한 실증적 연구," (서울행정학회, International Conference), 2007.

최원상, "인공지능(AI) 기반의 지능형 재난안전관리체계 구축에 관한 연구," 『한국방재학회논문집』 제20권 제1호, 2020.

최원상 · 신진, "정부 비상대비정책 우선순위 도출에 관한 연구," 『융합보안논문지』 제20권 제2호, 2020a.

______, "지능정보사회에서 지능형 국가위기관리체계 구축에 관한 연구,"

『Crisisonomy』 제16권 제1호, 2020b.

______, "트럼프 행정부의 동맹정책 변화에 관한 연구," 『융합보안논문지』 제19권 제4호, 2019a.

______, "4차 산업혁명기 정부 비상대비정책의 패러다임 전환에 관한 연구," 『Crisisonomy』 제15권 제7호, 2019b.

최원상 · 이종용 · 신진, "4차 산업혁명기 인공지능(AI)과 빅데이터 운용을 위한 개인정보 보호와 이용에 관한 연구," 『융합보안논문지』 제19권 제4호, 2019.

최진욱, "제4차 산업혁명이 정부 정책분석평가에 미치는 영향에 대한 탐색," 『정책분석평가학회보』 제27권 제4호, 2017.

하영국, "자율주행 자동차를 위한 딥러닝 기술," 『로봇과 인간』 제15권 제3호, 2018.

한세억, "이음새 없는 행정: 정책연계성에 대한 고찰과 실천적 적용가능성," 『한국행정학보』 제32권 제3호, 1998.

황종성, "한국식 정보화 모델의 탐색," 『정보화정책』 제14집 제4호, 2007.

허유선 · 이연희 · 심지원, "왜 윤리인가: 현대 인공지능(AI) 윤리 논의의 조망, 그 특징과 한계," 『인간 · 환경 · 미래』 제24호, 2020.

허태회·이상호·길병옥, "위기관리이론과 사이버안보 강화 방안: 이론과 정책과제," 『국방연구』 제48권 제1호, 2005.

홍용표, "탈냉전기 안보개념의 확대와 한반도 안보환경의 재조명," 『한국정치학회보』 제36권 제4호, 2002.

Laudon, K. C., and Laudon, J. P., *Management Informati* 『한국지역정보화학회지』 제18권 제4호, 2015.

Lee, J. I, Research about Recognition of Government Officials Regarding Korean Disaster Management System in Charge. *Journal of Korean Institute of fire Science and Engineering*, Vol. 24, No. 5, 2010.

다. 기 타

과학기술정책연구원(STEPI), "국가안보 및 재난관리와 과학기술: 9 · 11테러에 대한 미국 과학기술계의 대응과 국토안보(Homeland Security)에서 과학기술의 역할," 2003.

________________, "인공지능(AI) 기술 전망과 혁신정책 방향: 국가 인공지능(AI) R&D 정책 개선방안을 중심으로, 『정책연구』 제13호, 2018.
국가안보실, 『문재인 정부의 국가안보전략』, 2018.
국가안전보장회의, 『평화번영과 국가안보』, 2004.
국가정보화전략위원회, 『빅데이터를 활용한 스마트 정부 구현(안)』, 2011.
국방대학교, 『안보관계용어집』, 2005.
김열수, "비군사적 국가위기관리체제 발전방향: 평시 국가위기관리 정책방향과 과학기술 적용방안," 육군발전협회 지상전연구소, 2007.
노현송 · 양형일, "국가 통합위기관리체계 개편을 위한 정책제언," 『국회 행정자치위원회, 정기국회 정책자료집 II』, 2005.
송희준, "정보화와 전자정부: 비판적 성찰과 향후 과제," (한국행정학회 Conference 자료), 2008
이동준 · 김태규 · 한정규 · 제갈대훈, "인공지능(AI) 및 M&S 기반 지휘결심지원체계 개발방안," 『국방과 기술』 제456호, 2017.
이명철, "한 · 미 동맹의 발전적 조정을 위한 제언," 『주간국방논단』 제1689호, 2017.
정부 관계부처합동, 『인공지능(AI) 국가전략』, 2020.
정보통신정책연구원(KISDI), 『행정정보화의 행정조직구조 및 운영에 대한 효과분석』, 2005.
________________, 『4차 산업혁명시대 산업별 인공지능(AI) 윤리의 이슈 분석 및 정책적 대응방안 연구』, 2018.
중앙안전관리위원회, 『제4차 국가안전관리기본계획: 2020년∼2024년』, 2019.
조성환, "냉전기 동북아의 세력경쟁질서," 『국제문제연구』, 2007.
한국경제연구원(KRRI), "빅데이터 산업 활성화를 위한 개인정보보호규제 개선 검토," 『KERI Brief』 제15-28호, 2015.
한국과학기술기획평가원(KISTEP), "인공지능(AI) SW," 『기술동향브리프』 제16호, 2018.
한국산업기술평가관리원(KEIT), "현실속으로 확장하고 있는 인공지능(AI)," 『KEIT PD Issue Report』 제16-9호, 2016.
한국산업연구원(KIET), "각국의 인공지능(AI) 선점을 위한 개발경쟁 실태," 『산업

경제분석』 제1호, 2017.

한국전자통신연구원(ETRI), 『대규모 실시간 영상이해 기반의 시각지능 플랫폼 개발 2단계 2년차 보고서』, 2019.

______________________, 『엑소브레인 SW 기술 개발 2단계 3년차 결과보고서』, 2019.

______________________, "인공지능(AI) 기술과 산업의 가능성," 『Issue Report』 제4호, 2015.

______________________, "인공지능(AI)분야 국가경쟁력 제고 및 사업화 혁신 방안," (정책세미나 발표자료), 2016.

______________________, 『Deep View 소개』, 2020.

______________________, 『Exobrain 소개』, 2020.

한국정보화진흥원(NIA), "글로벌 인공지능(AI) 특허 동향과 시사점," 『DNA 플러스 2019』, 2019a.

__________________, "데이터 증거기반의 과학적 정책 수립 방안," 『IT&Future Strategy』 제6호, 2015.

__________________, "데이터로 살펴보는 글로벌 인공지능(AI) 수준과 시사점: 스탠포드 AI Index 2019를 중심으로," 『IT&Future Strategy』 제2호, 2020.

__________________, "문재인 정부 출범 100일의 ICT 정책 방향," 『Hot Issue Report』 제11호, 2017a.

__________________, "모바일 시대를 넘어 AI 시대로," 『IT&Future Strategy』 제7호, 2018a.

__________________, "서비스 사용자에 의해 창조되는 차세대 전자정부: UCG(User Created Government)," 『전자정부포커스』 No. 7, 2007.

__________________, "신뢰 가능 AI 구현을 위한 정책 방향: OECD AI권고안을 중심으로," 『IT&Future Strategy』 제2호, 2019b.

__________________, "인공지능(AI)시대의 정부-인공지능(AI)이 어떻게 정부를 변화시킬 것인가?" 『IT&Future Strategy』 제3호, 2017b.

__________________, "인공지능(AI)을 선도하는 주요국의 핵심전략," 『IT&Future Strategy』 제12호, 2018b.

__________________, "지능화 시대의 패러다임 변화와 대응전략," 『IT&Future

Strategy』 제11호, 2016.
__________________, “창조적 가치연결, 초연결사회의 도래,” 『IT&Future Strategy』 제10호, 2013.
__________________, “2016년 다포스포럼 4차 산업혁명 발표 전후 주요국 국가정보화 전략 분석 및 시사점,” 『Hot Issue Report』 제13권, 2017c.
__________________, “2017년 정부 부처 업무계획에서 본 4차 산업혁명: 빅데이터 분석을 중심으로,” 『Hot Issue Report』 제7호, 2017d.
__________________, “4차 산업혁명, 대한민국의 미래를 찾다,” 『IT&Future Strategy 2017 총괄본』, 2018c.
합동참모본부, 『합동 · 연합작전 군사용어사전』, 2014.
허명환, “시군구 행정종합정보화,” 『나라경제』 제13권 제12호, 2002.
행정안전부, 『광화문1번가 국민인수위원회: 100일간의 기록』, 2017.
__________, 『비상대비관련 법령정비방안』, 정책연구용역보고서, 2011.
__________, 『전자정부 통합수준 진단 및 지표개발 연구』, 2007.
__________, 『행정안전부 주요통계집』, 2019.
__________, 『2020 행정안전통계연보』, 2020.
4차산업혁명위원회, 『4차산업혁명대응계획 I-KOREA 4.0』, 2017.
『과학기술정보통신부』, www.msit.go.kr/
『경향신문』, http://biz.khan.co.kr/
『국가법령정보센터』, http://www.law.go.kr/
『국립국어원』, https://stdict.korean.go.kr/
『국방부』, http://www.mnd.go.kr/
『국방일보』, http://kookbang.dema.mil.kr/
『네이버』, https://www.naver.com/
『대한민국 정책브리핑』, http://www.korea.kr/
『문화일보』, http://www.munhwa.com/
『블록체인뉴스』, http://blockchainai.kr/
『서울신문』, https://www.seoul.co.kr/
『세계일보』, http://www.segye.com/
『연합뉴스』, https://www.yna.co.kr/

『엑소브레인』, http://www.exobrain.kr/
『의학신문』, http://www.bosa.co.kr/
『조선일보』, http://news.chosun.com/
『지디넷코리아』, https://zdnet.co.kr/
『행정안전부』, https://www.mois.go.kr/
『헬스경향』, http://www.k-health.com/
『4차산업혁명위원회』, https://www.4th-ir.go.kr/

2. 국외 문헌

가. 단행본

Alan, Collins, *Introduction: What is Security Studies?*, in Alan Collinseds, Comtemporary Security Studies, New York: Oxford University Press, 2007.

Allison, Graham, *Essence of Decision*, Boston: Little, Brown and Company, 1999.

Ayoob, Mohammed, *The Third World Security Predicament: State Making, Regional Conflict and the International System*, London: Boulder, 1995.

Barton, Laurence, *Crisis in Organizations: Managing and Communicating in the Heat of Chaos*, Cincinnati, Ohio: South-Western Publishing Co., 1993.

Bjorn, Moller, *Common Security and Nonoffensive Defense: A Nonrealist Perspective*, Boulder, Colorado: Lynner Rienner Publishers, Inc., 1992.

Boin, Arjen, Paul't Hart, Eric Stern, & Bengt Sundelius, *The Politics of Crisis Management: Public Leadership under Pressure*, Cambridge, NY: Cambridge University Press, 2016.

Boin, Arjen, "From Crisis to Disaster: Toward an Integrative Perspective," in Ronald W. Perry & E. L. Quarantelli (eds.), *What is a Disaster? New Answer to Old Questions*, Philadelpia, PA: Xlibris, 2005.

Brown, D. M., Information Systems for Improved Performance Management: Developed Approaches in US Public Agencies, In Richard Heeks, ed., *Reinventing Government in the Information Age*, London, England: Routledge, 1999.

Buck, Richard Clutter, *International Crisisand Conflict*, New York: ST. Martin's Press Inc, 1993.

Buzan, Barry, *People, States & Fear: An Agenda for International Studies in the Post-Cold War Era*, 2nd. ed., London: Harvester Wheatsheaf, 1991.

Chapman, J. W. M., Drifte R. and Gow, I. T. M., *Japan Quest for Comprehensive Security*, New York: St. Martin's Press, 1982.

Charniak, E. & McDermott, D., *Introduction to Artificial Intelligence*, Reading: Addison-Wesley, 1985.

Comfort, Louise K., "Designing Policy for Action: The Emergency Management System," in L. K.Comfort (ed.), *Managing Disaster: Strategies and Policy Perspectives*, Durham, North Carolina: Duke University Press, 1988.

Crawford, Kate, Dobbe, Roel, Dryer, Theodora, Fried, Genevieve, Green, Ben, Kaziunas, Elizabeth, Kak, Amba, Mathur, Varoon, McElroy, Erin, Sánchez, Andrea Nill, Raji, Deborah, Rankin, Joy Lisi, Richardson, Rashida, Schultz, Jason, West, Sarah Myers, and Whittaker, Meredith, *AI Now 2019 Report*, New York: AI Now Institute, 2019.

Denzin, N. K., & Lincoln, Y. S., *The Sage handbook of qualitative research* (3rd ed.), Thousand Oaks, CA: Sage, 2005.

Dunn, Willian N., *Public Policy Analysis*, Englewood Cliffs, N. J.: Prentices-Hall, 1994.

Edwards III, George C. & Ira Sharkansky, *The Policy Predicament: Making and Implementing Public Policy*, San Francisco: Freeman, 1978.

Eggers, William D., Schatsky, David, and Viechnicki, Peter, *AI-Augmented Government: Using Cognitive Technologies to Replace Public Sector Work*, New York: Deloitte University Press, 2017.

Estevez, E., Fillottrani, P., & Janowski, T., "Information sharing in government - conceptual model for policy formulation," *Proceedings of The 10th European Conference on e-Government(ECEG)*, University of Limerick, Ireland, 2010.

Fjeld, Jessica, Nele Achten, Hannah Hilligoss, Adam Nagy, and Madhulika Srikumar,

Principled Artificial Intelligence: Mapping Consensus in Ethical and Rights-based Approaches to Principles for AI, Berkman Klein Center for Internet & Society, 2020.

Fredette, John, Marom, Revital, Steinert, Kurt, Witters, Louis, The Promise and Peril of Hyperconnectivity for Organization and Societies in Soumitra Dutta and Beñat Bibao-Osorio (eds.), *The Global Information Technology Repor: Living in a Hyper-connected World*, Geneva: World Economic Forum, 2012.

Galbraith, John K., *The Age of Uncertainty*, US: Houghton, 1977.

Gilbert R. Winham (ed.), *New Issue in International Crisis Management*, Boulder: Westview Press, 1988.

Gualtier, R., *Impact of the Emerging Information Society on the Policy Development and Democratic Quality*, Paris: OECD Publication Service, 1998.

Guba, E., & Lincoln, Y., *Effective evaluation*, San Francisco CA: Jossey Bass, 1981.

Hastings, C., *The New Organization*, London: McGraw-Hill, 1996.

Heckscher, C., Defining the Post-bureaucratic Type. In C. Heckscher and A. Donnellon, eds. *The Post-bureaucratic Organization*, Thousand Oaks, CA: Sage, 1994.

Hermann, Charles F., *Crisis in Foreign Policy: A Simulation Analysis*, Indianapolis: The Bobbs-Merrill Company, Inc., 1969.

________________, *Crisis,* in Joel Krieger (ed.) The Oxford Companion to Politics of the World, New York: Oxford University Press, 1993.

________________, Defining National Security, in John F. Richard and Steven R. Sturm (eds.), *American Defense Policy*, 5th ed., Baltimore: JohnHopkins University Press, 1982.

________________, "International Crisis as a Situational Variable," in James. N. Rosenau (ed.), *International Politics and Foreign Policy*, New York: The Free Press, 1969.

________________, *International Crisis: Insight from Behavioral Research*, New York: Pree Press, 1972.

________________, "Some Issues in the Study of International Crisis," in Charles F.

Hermann (ed.), *International Crises: Insights from Behavioral Research*, New York: The Free Press, 1972.

Kangas, J., Pesonen, M., Kurttila, M., and Kajanus, M., *A'WOT: Integrating the AHP with SWOT analysis*, In: Dellman, K. (ed.). Proceedings of the Sixth International Symposium on the Analytic Hierarchy Process ISAHP 2001, August 2-4, Kuraal Bern, Berne-Switzerland. Bern, 2001.

Kurzweil, R., Robert, R. & Schneider, M. L., *The Age of Intelligent Machines*, Cambridge: MIT Press, 1990.

Larson, James S., *Why Government Program Fail: Improving Policy Implementation.* New York: Praeger, 1980.

Laudon, K. C., and Laudon, J. P., *Management Information Systems: Managing the Digital Firm* (8th ed), N. J.: Prentice Hall, 2004.

Liebowitz, Jay, ed., *The Handbook of Applied Expert Systems, CRC Press, 1997.*

Mandel, Robert *The Changing Face of National Security: a Conceptual Analysis*, Westwood, Connecticut: Greenwood Press, 1994.

March, J. & H. Simon, *Organization*, N. Y.: John Wiley and Sons, 1958.

March, J. & J. Olsen, *Ambiguity and Choice in Organization*, Bergen: Universitatforlaget, 1976.

McCarthy, J., Minsky, M. L., Rochester, N. & Shannon, C. E. *A Proposal for the Dartmouth Summer Research Project on Artificial Intelligence*, Dartmouth College: AI Magazine, 1955.

McConell, Allan, "Overview: Crisis Management, Influences, Responses and Evaluation," in Arjen Boin (ed.) *Crisis Management*, Vol. III, Thousand Oaks, CA: SAGE Publications Ltd., 2008.

Mclelland, Charles A., "Access to Berlin: The Quantity Variety of Events, 1948～1963," David Singer, eds. *Quantitative International Politics*, New York: Free Press, 1968.

McNamara, Robert S., *The Essence of Security*, New York: Harper & Row, 1968.

Mely Ralf Emmersand Amitav Acharya, *Understanding the Dynamics of Securitizing Non-Traditional Security, Non-Traditional Security in Asia: Dilemmasin*

Securitization, Hampshire: Ashgate, 2006.

Morgenthau, Hans J., *Politics among Nations: The Struggle for Power and Peace*, New York: Alfred A. Knoff, 1973.

Murray, James A. H. et. al., *The Oxford English Dictionary*, London: Oxford University Press, 1961.

Nolan, Janne E. ed., *Gobal Engagement: Cooperation and Security in the 21st Century*, Washington DC: The Brookins Institution, 1994.

OSCE, *Conference on Security and Cooperation in Europe Final Act, Helsinki 1975*, Viena: OSCE, November 1999.

Osgood, Robert E., *Ideas and Self-Interest in America's Foreign Relations*, Chicago: University of Chicago, 1953.

Quarantelli, F. L., *What is disaster: Perspective on the question*, London: Routledge, 1998.

Radtke, Kurt W. and Raymond Feddema, eds., *Comprehensive Security in Asia: Views from Asia and the West on a Changing Security Environment*, Boston: Brill Academic Publishers, 2000.

Rich, E. & Knight, K., *Artificial Intelligence*, New York: McGraw-Hill, 1991.

Robert Sparrow, Linda Sparrow, *In the hands of machines? The future of aged care*, Mind Mach, 2006.

Robinson, James A., *Crisis: An Appraisal of Concepts and Theory*, in Charles F. Hermann (ed.), *International Crises: Insights from Behavioral Research*, New York: The Free Press, 1972.

Saaty, Thomas L., *ANALYTIC HIERARCHY PROCESS*, Pennsylvania: Encyclopedia of Operations Research & Management Science, 2001.

Saaty, T. L. and K. P. Kamas, *Analytical Planning: The Organization of Systems*, New York: Pergamon Press, Inc., 1985.

Schilling, William R. *Nontraditional Warfare: Twenty First Century Theatsand Responses*, Verginia: Brassey's Inc., 2002.

Schwab, K., *The Fourth Industrial Revolution*, Geneva: World Economic Forum, 2016.

Sharpe, Andrew, *New Directions for Intelligent Government in Canada: An Introduction* in Fred Gorbet and Andrew Sharpe (eds.), *New Directions for Intelligent Government in Canada: Papers in Honour of Ian Stewart*, Ottawa: Center for the Study of Living Standards, 2011.

Shuman, Howard E., Congress and Bureaucracy, *Bureaucratic Politics and National Security*, Boulder, Colorado: Lynne Reinner, 1988.

Smoke, Richard and Andrei Kortunov, eds., *Mutual Security: A New Approach to Soviet-American Relation*, New York: ST. Martin's Press, 1991.

Snellen, Ignace, *E-Government: A Challenge for Public Management*, in Ferlie, Ewan, Lynn, Jr. Laurence E. and Pollitt, Christopher (eds.), The Oxford Handbook of Public Management, Oxford University Press, 2005.

Snow, Donald M., *Uncivil Wars: International Security and the New Internal Conflict.* Boulder: Lynne Rienner Publishere Inc., 1996.

Snyder, Glenn H. and Paul Diesing, *Conflict Among Nations: Bargaining, Decisionmaking and System Structurein International Crisis*, Princeton: Princeton University Press, 1977.

Stake, R., *The Art of Case Study Research*, Thousand Oaks, CA: Sage, 1995.

Stake, R. E., *Qualitative case studies*, In N. K. Denzin, N. K. & Y. S. Lincoln (eds.), *The Sage handbook of qualitative research* (3rd ed.), Thousand Oaks, CA: Sage, 2005.

Toffler, Alvin, *The Third Wave*, US: Morrow, 1980.

Van de Ven, H. Andrew, Three Rs of Administrative Behavior, In Hall, Richard Robert E, Quinn, eds., *Organizational Theory and Public*, Beverly Hills: SAGE Publications, 1987.

Waltz, Stephen M., The Origins of Alliances, Cornell University Press, 1987.

West, Sarah Myers, Meredith Whittaker and Kate Crawfor, *Discriminating Systems Gender, Race, and Power in AI*, New York: AI Now Institute, 2019.

Williams, Phil, *Crisis Management: Confrontation and Diplomacy in the Nuclear Age*, London: Martin Robertson, 1976.

Williams, Phil et. al., *Crisis Management*, London: Groom Helm, 1978.

Yin, R. K., *Case Study Research: Design and Method* (3rd ed.), Thousand Oaks, CA: Sage, 2003.

Young, Oran R., *The Intermediaries*, Princeton: Princeton University Press, 1967.

나. 논문

Alexander, D., "From Civil Defence to Civil Protection and Back Again," *Disaster Prevention and Management*, Vol. 11, No. 3, 2002.

Boose, J. H., "A Knowledge Acquisition Program for Expert Systems based on Personal Construct Psychology," *International Journal of Man-Machine Studies*, Vol. 23, No. 5, 1985.

Buzan, Barry "New Patterns of Global Security in the Twenty-first Century," *International Affairs*, Vol. 67, No. 3, 1991.

Chok, A.-Y., B. K. P. Goh, Y.-X. Koh et al., "Validation of the MSKCC gastrointestinal stromal tumor nomogram and comparison with other prognostication systems: single-institution experience with 289 patients," *Annals of Surgical Oncology*, Vol. 22, No. 11, 2015.

Cohen, M, J. March and J. Oisen, "A Carbage Can Model of Organizational Choice," *Administrative Science Quarterly*, No. 17, 1972.

Dante Marino and Guglielmo Tamburrini, "Learning robots and human responsibility," *International Review of Information Ethics*, Vol. 6, 2006.

D'Aveni, Richard A. & Ian C. MacMillan, "Crisis and the Content of managerial Communications: A Study of the Focus of Attention of Top Managers in Surviving and Failing Firms," *Administrative Science Quarterly*, No. 35, 1990.

DeSanctis, G., & R. B. Gallupe, "A Foundation for the Study of Group Decision Support Systems," *Management Science*, Vol. 33, No. 5, 1987.

Erik, Albek, "Between Knowledge and Power: Utilization of Social Science in Public Policy Making," *Policy Sciences*, No. 28, 1995.

Gallupe, R. B., G. DeSanctis & G. W. Dickson, "Computer-based Support for Group Problem-Finding: An Experimental Investigation," *MIS Quarterly*, Vol. 12,

No. 2, 1988.

Gorry, G. A. & M. S. Scott, "A framework for management information systems," *Sloan Management Review*, No. 13, 1971.

Hashimoto, D. A., G. Rosman, D. Rus and O. R. Meireles, "Artificial intelligence in surgery: promises and perils," *Annals of Surgery*, Vol. 268, No. 1, 2018.

Heintze, T. & S. Bretschneider, "Information Technology and Restructuring in Public Organizations: Does Adoption of Information Technology Affect Organizational Structures, Communications, and Decision Making?" *Journal of Public Administration Research and Theory*, Vol. 10, No. 4, 2000.

Huber, G. P., "A Theory of the Effects of Advanced Information Technologies on Organizational Design, Intelligence, and Decision Making," *Academy of Management Review, No. 15, 1990.*

Kajanus, M., J. Kangas and M. Kurttila, "The use of value focused thinking and the A'WOT hybrid method in tourism management," *Tourism Management*, Vol. 25, Iss. 4, 2004.

Kurttila, M., M. Pesonen, J. Kangas and M. Kajanus, "Utilizing the analytic hierarchy process (AHP) in SWOT analysis - a hybrid method and its application to a forest-certification case," *Forest Policy and Economics*, Vol. 1, Iss. 1, 2000.

Landsbergen, D. & G. Wolken, "Realizing the promise: government information systems and the fourth generation of information technology," *Public Administration Review*, Vol. 61, No. 2, 2001.

Langley, P. and H. A. Simon, "Applications of Machine Learning and Rule Induction," *Communications of the ACM*, Vol. 38, No. 11, 1995.

Lee, Jae-Eun, "Comprehensive Security and Crisis & Emergency Management for Protecting Critical Infrastructure," *International Journal of Contents, Vol. 5, No. 3, 2009.*

Markovska, N. et. al., "SWOT analyses of the national energy sector for sustainable energy development," *Energy*, Vol. 34, No. 6, 2009.

McCormick, James M., "International Crises: A Note on Definition," *The Western Political Quarterly*, Vol. 31, No. 3 (Sep.), 1978.

McGowan, R. P. & G. A. Lombardo, "Decision Support Systems in State Government: Promises and Pitfalls," *Public Administration Review*, No. 46, 1986.

McLoughlin, David, "A Framework for Integrated Emergency Management," *Public Administration Review*, Vol 45 (Special Issue) (Jan.), 1985.

Miller, Kent S. & Ira Iscoe, "The Concept of Crisis: Current Status and Mental Health Implications," *Human Organization*, Vol. 22, No. 3 (Fall), 1963.

Molloy, S. & C. R. Schwenk, "The Effects of Information Technology on Strategic Decision-Making," *Journal of Management Studies*, No. 32, 1995.

Morrow, James D., "Alliances and Asymmetry: An Alternative to the Capability Aggregation Model of Alliance," *American Journal of Political Science*, Vol. 35, No. 4, 1991.

Mukhopadhyay, T. & R. B. Cooper, "Impact of Management Information Systems on Decisions," *Omega*, Vol. 20, No. 1, 1992.

Petak, W. J., "Emergency Management. A Challenge for Public Administration," *Public Administration Review*, Vol. 45, No. 3, 1985.

Hass, Richard N., "Paradigm Lost," *Foreign Affairs*, Vol. 74, No. 1, 1995

Robbins, M. D., B. Simonsen, B. Feldmanm, "Citizens and resource allocation: Improving decision making with interactive web-based citizen participation," *Public Administration Review*, Vol. 68, No. 3, 2008.

Rupnik, R., M. Kukar & M. Krsper, "Integrating Data Mining and Decision Support Through Data Mining Based Decision Support System," *The Journal of Computer Information Systems*, Vol. 47, No. 3, 2007.

Samuel, Arthur L., "Some moral and technical consequences of automation a refutation," *Science*, Vol. 132, No. 3429, 1960.

Saunders, C. & J. W. Jones, "Temporal Sequences in Information Acquisition for Decision Making: A Focus on Source and Medium," *Academy of Management Review*, Vol. 15, No. 1, 1990.

Searle, J. R., "Minds, Brains, and Programs," *Behavioral and Brain Sceinces*, Vol. 3 No. 3, 1980.

Sepehr, Ghazinorry et al., "SWOT Methodology: A State-of-the-art Review for the

Past, A Framework for the Future," *Journal of Business Economics and Management*, Vol. 12, No. 1, 2011.

Simon, H. A., "Applying Information Technology to Organizational Design," *Public Administration Review*, Vol. 33, No. 3, 1973.

Sloan, Stephan, "Organizing for National Security: The Challenge of Bureaucratic Innovation in the War against Terrorism," *Public Administration Review*, No. 62 (Special Issue), 2002.

Smith, Thomas B., "Policy Implementation Process," *Policy Science*, No. 4, 1973.

Snyder, Glenn H., "Alliance Theory: A Neorealist First Cut," *Journal of International Affairs*, Vol. 44, 1990.

Teng, T. C. James & K. J. Calhoun, "Organizational Computing as a Facilitator of Operational and Managerial Decision Making: An Exploratory Study of Managers' Perception," *Decision Sciences*, Vol. 27, No. 4, 1996.

Triantaphyllou, E., B. Kovalerchuk, L. Mann and J. Knapp, "Determining the Most Important Criteria in Maintenance Decision Making," *Quality in Maintenance Engineering*, Vol. 3, No. 1, 1997.

Turing, Alan M., "Computing machinery and intelligence," *MIND A Quarterly Review of Psychology and Philosophy*, Vol. 59, No. 236, 1950.

Van Bruggen, G. H., A. Smidts and B. Wierenga, "Improving Decision Making by Means of a Marketing Decision Support System," *Management Science*, Vol. 44, No. 5, 1998.

Van Meter, S. Donald & Carl E. Van Horn, "The Policy Implementation Process: a Conceptual Framework," *Administration and Society*, Vol. 6, No. 4, 1975.

Walt, Stephen M., "The Renassance of Security Studies," *International Studies Quarterly*, Vol. 35, No. 2 (Jun.), 1991.

Waltz, Kenneth N., "The Emerging Structure of international Politic," *International Security*, Vol. 18, No. 2, 1993.

Wiener, Norbert, "Some moral and technical consequences of automation," *Science*, Vol. 131, No. 3410, 1960.

Xavier Boutin & Georg Clemens, "Defining 'Big Data' in Antitrust," *Antitrust*

Chronicle, August, Vol. 2, summer, 2017.

Yang, T-M. & T. A. Maxwell, "Information-sharing in public organizations: a literature review of interpersonal, intra-organizational and inter-organizational success factors," *Government Information Quarterly*, Vol. 28, No. 2, 2011.

Yueh-Hsuan Weng, "Beyond Robo Ethics: On a Legislative Consortium for Social Robotics," *Advanced Robotics*, Vol. 24, 2010.

다. 기 타

Atabakhsh, H. et. al., Information Sharing and Collaboration Policies within Government Agencies, *Intelligence and Security Informatics*, 2004.

Bandar Seri Begawan, Brunei Darussalam, *Chairman's Statement the second ASEAN Regional Forum* (August, 1995), ASEAN Secretariat, 2003.

________________, *Chairman's State the Ninth ASEAN Regional Forum* (July, 2002), ASEAN Secretariat, 2003.

BCC Research, *Smart Machine: Technologies and Global Markets*, 2014.

____________, *Facts and Forecasts: Boom for Learning Systems*, 2016.

Goertzel, B., *Creating an AI Sociopolitical Decision Support System, ROBAMA: ROBotic Analysis of Multiple Agents,* an informal, rough "vision document".

ITU, "Measuring the Information Society Report 2016," *Internaonal CH-1211*, Geneva Switzerland, 2016.

Jobin, Anna, Marcello Ienca, and Effy Vayena, *Artificial Intelligence: the global landscape of ethics guidelines*, arXiv preprint arXiv: 1906.11668, 2019.

Kumar, S. & D. B. Nash, *Health care myth busters: Is there a high degree of scientific certainty in modern medicine?*, 2011.

Lao, G. and S. Jiang, "Risk Analysis of Third-Party Online Payment Based on PEST Model," *Management and Service Science 2009 International Conference*, 2009.

Manila, Philippines, *Chairman's State the Fifth ASEAN Regional Forum* (July, 1998), ASEAN Secretariat, 2003.

Navarrete et. al., "Multinationa e-government collaboration, information sharing, and interoperability: an integrative model," *The 43rd Hawaii International Conference on System Sciences(HICSS), IEEE*, 2010.

OECD, *The e-Government Imperative*, 2004.

Tractica, *Artificial intelligence for enterprise applications*, 2015.

Venturescanner, *The State of Artificial Intelligence in Six Visual*, 2015.

http://asdun.org/

https://camelyon16.grand-challenge.org/

https://www.ibm.com/watson-health/oncology-and-genomics/

http://www.information-age.com/

https://www.gartner.com/

https://www.weforum.org/

https://www8.cao.go.jp/

저자 약력

○ 성　명 : 최원상(崔源相)

○ 주요 약력
- 행정안전부 비상계획전문경력관
- 한남대학교 경영국방전략대학원 겸임교수
- 한성대학교 국방과학대학원 겸임교수

○ 주요 학력
- 충남대학교 군사학박사(2021)
- 한성대학교 국제안보전략학석사(2006)
- 충남대학교 경제학사(1994)
- 서대전고등학교(1990)

○ 주요 논문(한국연구재단 등재학술지 게재 논문)
- A Study on the Development Strategy of National Crisis Management Policy (*Journal of Safety and Crisis Management*, Vol.11, No.6, 2021)
- 국가위기관리를 위한 인공지능 활용 가능성에 관한 고찰: 인공지능 운용과 연구 개발 사례를 중심으로(한국디지털정책학회, 2021)
- SPRO-PEST-SWOT 분석에 의한 인공지능 기반의 국가위기관리정책 발전요인과 발전전략에 관한 연구(한국융합보안학회, 2021)
- 정부 비상대비정책 우선순위 도출에 관한 연구(한국융합보안학회, 2020)
- 인공지능 기반의 지능형 재난안전관리체계 구축에 관한 연구(한국방재학회, 2020)
- 지능정보사회에서 국가위기관리의 지능화에 관한 연구(*crisisonomy*, 2020)
- 4차 산업혁명기 인공지능과 빅데이터 운용을 위한 개인정보 보호와 이용에 관한 연구(한국융합보안학회, 2019)
- 트럼프 행정부의 동맹정책 변화에 관한 연구(한국융합보안학회, 2019)
- 4차 산업혁명기 정부 비상대비정책의 패러다임 전환에 관한 연구(*crisisonomy*, 2019)

○ 주요 연구
- 2040년대 비전통 안보위협에 대한 적정 국방의 역할 및 요구능력 연구(국방부, 2022)

○ 주요 수상
- 신안보논문상 공모전 최우수상(국가안보전략연구원, 2021)
- 박사과정 졸업 성적우수 총장상(충남대학교, 2021)
- 학술대회 신진상(한국방재학회, 2021)
- 위기관리 신진학자 전국학술대회 우수논문상(충북대학교 국가위기관리연구소, 2020)
- 전국재난안전 논문공모전 우수논문상(한국방재학회, 2019)
- 학술대회 우수논문상(한국융합보안학회, 2019)
- 석사과정 졸업 최우수논문 총장상(한성대학교, 2006)